비 파 적
주의
실제

KB090312

Critical Multiculturalism : Theory and Praxis

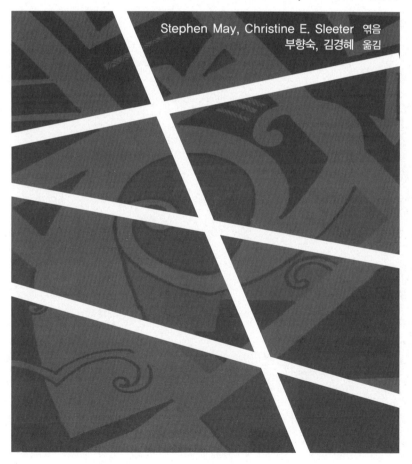

Stephen May, Christine E. Sleeter 엮음
부향숙, 김경혜 옮김

Σ시그마프레스

차례

비 판 적
다문화주의
이론과 실제

비 판 적
다문화주의
이론과 실제

역자 서문

Stephen May와 Christine E. Sleeter의 *Critical Multi-culturalism: Theory and Praxis*라는 책을 『비판적 다문화주의 이론과 실제』라는 제목으로 출판하게 되어 매우 기쁩니다. 2010년도부터 한양대학교 다문화교육연구센터에서 매월 진행하는 이론연구회에서 질적 연구방법론과 비판이론 등을 공부하며, 현장에서 분야별로 이것을 어떻게 적용해야 하는지에 대해 조금은 막연한 상황에서 이 책을 만났습니다. 연구회를 함께 꾸려 가는 김경혜 교수님의 소개로 알게 된 이 책은 그런 요구를 충분히 채워 줄 수 있는 좋은 사례가 들어 있었습니다. 이 책에는 다양한 저자들이 비판적 다문화교육이 어떻게 이루어질 수 있는지 자신의 경험을 토대로 알려주고 있습니다. 이런 점 때문에 다문화교육 실천의 생생한 길잡이로 사용될 수 있다고 판단해 필요한 분들이 쉽게 읽을 수 있도록 번역서로 나오면 좋겠다는 생각을 가졌습니다.

이미 교과별로 다문화교육의 실천 사례가 연구 결과들로 나오고는 있지만 이렇게 포괄적으로 다양한 분야의 사례를 접하는 것은 쉽지 않을 것 같습니다. 지난 해 김경혜 교수님과 의기투합해서 함께 번역을 하기로 하고 1년 만에 결실로 나와서 뿌듯하지만 다른 한편 걱정이 앞서기도 합니다. 저자의 의도와 다르게 오역된 부분들이 많지 않을까, 빈약한 단어 선택으로 놓치는 부분들이 많진 않을까 걱정입니다. 그러나 정작 저는 이 책을 번역하면서 자신도 알지 못하는 부당한 상황에서 주눅 들어 살아가고 있는 누군가의 주체성을 세우기 위해, 혹은 정의로운 사회로 나아가자는 소망을 갖고 고군분투하는 많은 사람들의 소리를 들으면서 그 열정에 감동받는 경험을 했습니다. 이 책 전체를 통해 저는 어떤 사회에서 살건, 어떤 피부색을 가지고 태어났건, 어떤 조건에 놓여 있건 인간은 누구나 주체성을 가질 자격이 있다는 외침을 들었습니다. 이 책이 더 가치 있는 이유는 허공에 던지는 단순한 외침만이 아니라 체계적이고 인내심 있게 설득하고 실행하는 저자들의 접근법과 아이디어들로 가득 차 있어 실질적인 도움을 받을 수 있기 때문입니다.

이 책에서 서론과 1장, 2장, 11장, 12장, 13장, 14장, 15장은 제가 번역을 했고 3장, 4장, 5장, 6장, 7장, 8장, 9장 10장은 함께 책을 출간하게 된 김경혜 교수님께서 번역하셨습니다. 김경혜 교수님과는 번역을 위한 두 번의 만남으로 기본 틀과 개념을 공유하는 시간을 가졌습니다. 많이 미흡하지만 다양한 실천 영역에서 이 책이 도움이 되었으면 하는 바람입니다.

마지막으로 군대에 가기 전에 일부러 시간을 내어 번역 내용을 처음부터 끝까지 읽어 준 제 둘째 아들 국녕에게 고맙다는 말을 전하고 싶습니다. 앞으로 다문화교육이 교육현장에 좀 더 뿌리내려 경쟁사회에서 외면되고 있는 인성과 시민성, 공동체성 등 인간으로서의 기본 교육에 많은 기여를 할 수 있기를 소망해 봅니다.

한양대학교 다문화교육연구센터에서
역자 부향숙

서론
비판적 다문화주의 : 이론과 실제
STEPHEN MAY AND CHRISTINE E. SLEETER

학교에서는 10년 정도 전부터 다문화교육을 실천해 왔다. 미국, 캐나다, 영국, 뉴질랜드, 호주와 같은 서구사회에서 다문화교육을 호의적으로 보기 시작한 것은 1990년대로서 이는 30~40년의 역사가 있다. 여기서 다문화교육의 핵심 교리는 자유주의적 다문화주의라는 것에 대해 분명하여 문제를 제기하지 않는다. 사실 자유주의적 다문화주의가 말하는 것처럼 가르침과 배움에 대한 기초로 문화적 차이를 인정하고 존중하는데 잘못될 일이 도대체 뭐가 있을까? 교사와 학생 사이의 간문화적 존중과 참여를 지향하는 것은 정말 가치 있고 중요한 목적이 아닐까? 왜 우리는 교실에서 서로의 인종과 다문화적 차이를 인정하고 환영하고 그 이상이 될 수는 없는 것일까?

지난 10년 동안 교육과 다른 여러 분야의 공공정책에서 다문화주의가 축소되는 것을 보면서 이런 의문들을 가져 보았음 직하다. 미국에서는 인종의 다양성에 초점을 두었던 초기와는 달리 표준화 검사에 대한 움직임이 급속히 증가하고 있다. 이러한 변화는 미국의 국제적 우위가 교육제도의 저조한 성과로 인해 위협받게 될 것이라고 본 위기의 국가A Nation at Risk (National Commission of Excellence in Education, 1983)라는 보고서에서 시작되었다. 이렇게 표준화 검사를 통해 학생들의 성적을 측정하는 체계는 2001년 통과된 아동낙제방지법No Child Left Behind Act을 통해 더욱 확산되었고, 교사는 교육과정 기술자, 평가 관리자로 전락하게 되고 평가점수를 높이라는 압박을 받게 되었다(Valli, Croninger, & Chambliss, 2008). 이런 맥락에서 '성취 격차'를 줄이려는 노력이 강조되고 있음에도 불구하고, 다문화교육은 거의 사라져 가고 있다.

표준화의 움직임은 특히 9·11 사건 이후 확산된 '다양성'에 대한 회의론에서 가속화되었다. 이날 이후 인종적, 언어적, 문화적 다양성에 관한 주제는 더 이상 환영이 아닌, 기피하는 주제가 되어 버렸다. Barry(2000), Huntingdon(2005) 같이 다문화주의를 맹렬히 비판하는 사람들은 국가가 안정적으로 발전하기 위해서는 인종적, 문화적, 언어적, 종교적인 차이점은 더 이상 고려해서는 안 된다고 주장한다. 이때 다문화교육은 이러한 비판자들로부터 종종 공격의 대상이 되곤 하였다.

이처럼 다문화주의에 대한 강렬한 비판 및 관련 정치와 미디어의 활발한 활동으로 인해 다문화정책과 실천은 축소되는 방향으로 진행되어 왔다. 수십 년 전에 생긴 인종차별방지법과 아프리카계 미국인들의 시민권 개선이 고등교육으로의 접근에 관련해서는 대부분 후퇴한 것이 대표적인 예이다(Kellough, 2006). 특히 이중언어교육 조항provision of bilingual education 은 라틴계 미국인에게는 더 철저하게 제한적이 되었으며, 일부 주에서는 단일언어 영어철학을 촉진시키는 법안에 의해 아예 배척되기까지 했다(May, 2008). 한편 유럽에서의 다문화주의도 퇴조하는 경향을 보이고 있다. 유럽 국가들은 점차 소수집단들에게 '통합' 정책을 쓰거나, 시민정신을 준수하는 대가로 사회문화적, 언어적 및 특히 종교적인 관습을 인정하고 있다(Modood, 2007). Modood가 지적하는 것처럼 이런 정책을 펴는 목적은 이슬람교도와 이슬람인들을 동일시하거나 악마로 본다던가(이 책의 Rheddign-Jones 참조), 9 · 11 사건 이후 미국 Bush 대통령의 무책임하고도 편협한 표현인 '악의 축'에서도 분명히 드러난다.

이 이유뿐만 아니라 후기 자본주의의 핵심 동인motive인 자유시장 경제와 개인주의적 기회주의를 강조하는 신자유주의 경제철학 또한 다문화주의의 퇴조에 영향을 주고 있다. 이 철학은 2009년 미국 경제시장의 경기 폭락은 별론으로 하고, 개발도상국에 대한 지원을 통제하는 국제통화기금 International Monetary Fund, IMF이나 세계은행World Bank 같이 강력한 초국가적 조직처럼 근대 국가들의 사회 및 경제정책을 지배하고 있다. 이 과정에서 신자유주의는 이미 특권을 가진 이들과 겉도는 피지배층 사이의 접근과 기회에 대한 차별을 개선하기보다 오히려 굳건하게 만들었다. 신자유주의는 영국과 같은 여러 나라에서 교육을 '평등한 권리'에서 '경쟁에 의해 획득되는 포상'으로 바꿈으로써, 점차 '가진 자'가 사회적 자원을 활용하여 격차를 더 벌리는 것을 정당화하는 논리가 되어 왔다(Tomlinson, 2001). 인종, 민족, 성별, 계층의 경우도 이와 아주 비슷한 상황이란 것은 별로 놀랄 일이 아니다(Giroux, 2008).

이 정도에서 그치지 않았다. 다문화주의에 대한 비판은 점차 중산층, 백인, 남성, 그리고/혹은 단일언어로 영어를 말하는 사람들을 '새로운 소수집단', 즉 새롭게 불이익을 받는 사람으로 취급되도록 만들었다(예 : 이 책의 Barry, 2000 참조). 이것은 Kozol(1992)의 비판적인 관찰에서 보듯 권력과 특권을 독점해 왔던 집단이 이제 불행도 독점하기를 소원하고 있는 것이다. 원주민, 흑인, 기타 소외된 집단에 대한 사회적, 경제적 현실들은 계속해서 여러 이야기들을 전해 주는데 대부분 놀라울 만큼 비극적인 내용들이다. 미국의 거주세residential taxation는 시종일관 더 가난한 흑인, 라틴계, 미국 원주민이 거주하는 지역사회와 학교를 희생시키면서 부유한 백인이 거주하는 지역사회와 그 지역 학교들에게 특권을 주고 있다(Kozol, 1992; Pollock, 2008). 미국과 영국에서의 사회적 박탈은 아프리카계 미국인 남성들, 영국계 흑인 학생들이 과도하게 타깃이 되고 있다(Gillborn, 2008). 미국의 경우 일관되게 비백인, 혹은 제2언어로서 영어 학습자 숫자가 특수교육 교실에서 과도하게 나타나고 있다(Menken, 2008). 교사들은 여전히 원주민과 다른 소수집단의 학생이 좀 더 긴 기간 동안 학문적 성취가 부족한 것을 두고 '결핍'이라는 용어로 구인construct하고자 한다(Shields, Bishop, & Mazawi, 2005; 이 책의 Bishop 참조). 이 모든 경향성은 일관되게 소수집단 학생들에게 불이익이 될 수밖에 없는, 오랜 기간에 걸쳐 인종차별적으로 운영한 제도에서 나온 정책과 실행의 결과이다.

한편 다문화적 비판에 반대하여 사회, 경제, 문화적 자본 역시 더 많은 분배가 항상 많이 가진 측에 유리한 쪽으로 이루어지고 있다. 인종과 부wealth 사이의 연관성을 보라. 미국에서 백인과 흑인 가족을 비교할 때 동일한 소득을 벌 때조차 여전히 양쪽이 지닌 자산에는 차이가 있다. 예를 들면 흑인가정은 집을 소유하는 경우가 더 적으며, 집값이 훨씬 낮게 거래되는 소수집단과 이웃으로 살고 있을 가능성이 더 많다(Guinier & Torres, 2002). Guinier와 Torres는 이런 차이를 '가족의 부'라고 할 수 있는 세대 간에 걸친 결과라 보고 있다. 특히 위에서 Kozol이 강조한 것처럼 미국에서의 부와 교육에 접근할 기회 사이에는 가족과 같은 배경이 큰 영향을 주고 있다. Guinier와 Torres는 다음과 같이 결론을 내렸다 ― 이 사회(미국 사회)에서 "인종은 부의 통로가 되고, 부는 교육의 통로가 되며, 교육은 권

력을 향한 통로가 된다."(p. 48)

왜 이런 구조적인 불평등이 계속되는 것일까? 그리고 왜 다문화주의가 교육 내에서 그리고 교육 그 이상의 잠재적 해결책으로서 그렇게 단호하게 거부되는 것일까? 이 장은 두 가지 방식으로 이런 의문을 조사하고자 한다. 먼저 우리는 역설적이게도 차별금지로 인해 들여오게 된 문화나 문화의 수용으로 생긴 인종차별주의, 제도적 가난, 차별과 같은 불평등을 제대로 비판하지 못했다는 자유주의적 다문화주의의 결정적인 약점에 초점을 맞출 것이다. 둘째로 우리는 해방적인 교육과 실천, 또는 변혁된 사례들—반인종차별주의 교육, 비판적 인종이론, 비판적 교육 그리고 비판적 다문화주의—을 교대로 제공해서 더 비판적인 시각의 교육개념이 실제로 어떻게 실패했는지 탐구하게 될 것이다. 또한 이 책의 주요 관심은 교사와 교사 교육자 양쪽 중 정확하게 후자에 맞추어진다. 이런 맥락에서 이 책의 목적은 학문적 궤도에서 입지를 굳건히 하는 것보다 폭을 확장하고 보완하는 방식으로, 다양하고도 비판적인 패러다임을 총동원해 더 분명하고 일관된 연결고리를 만드는 데 두고 있다.

자유주의적 다문화주의의 한계

하나의 그림으로 시작해 보자. 대다수가 백인으로 구성된 미국의 어느 부유한 학교에서 아프리카계 미국인과 저소득층 멕시코계 이민자 학생이 점차 증가하는 그림을 그려 보자. 그 결과로, 이 학교에서 각각의 두 사람이 저자 중 한 명인 Christine과 만났다. 그중 하나는 멕시코계 이민자의 부모로서 교사가 멕시코계 학생들의 학습능력에 별 기대를 안 하고 있는 점과 학교에서 스페인어밖에 할 줄 모르는 학부모와 대화할 수 있는 사람이 없다는 것에 대해서 걱정했다. 그 학부모는 Christine이 학부모들의 기대와 태도에 관해 대신 교사에게 이야기해 주기를 원했다. 다른 사람은 백인인 관리자로서 학생들이 서로 상처를 주는 호칭으로 놀렸는데, 그것 중 일부는 인종과 관련된 것이기 때문에 문제가 있다고 보았다. 그는 학생들이 서로 간에 더 나은 관계를 맺기 위해 '소수집단의 활동'을 개발하기를 원했다. 양쪽은 학교가 직면한 '다문화적 문제'를 꽤나 다르게 규정하고 있다. 학부모는 교사의 인종적인 편견에 관심을 갖는 반면에 관리자는 학생들이 집에서부터 가져온 편견에 관심을 갖고 있다. 그러나 양쪽 다 교사를 위한 워크숍 혹은 학생들을 위한 인간관계 활동이라는 해결책을 통해 문화 간cross-cultural 이해를 도모하고자 한다.

이런 방식이 자유주의적 다문화주의의 핵심이다. 민족적, 문화적, 언어적 차이점을 존중하고 더 관대한 수용에 의해 더 잘 지내게 하는 것에 초점을 두면서도 채택된 접근은 문제해결 중심적인 것이다. 여러 가지 면에서 이것은 놀랄 일이 아니다. 미국에서 다문화교육은 초기 시민권 투쟁 가운데 확산되어 왔고 교육에서 인종차별주의에 대한 도전과 관련이 있다 할지라도 사람들에게는 대체로 민족성이라는 범주로 인식되고 있다. 매일 수많은 인간문제에 직면하는 실천가들은 차이와 형평성에 대해서 이해하고 응답할 때 대부분 일반적으로 적용하는 방법을 이용한다. 이것이 다문화교육이 초기에 학교에서 그런 견인을 얻을 수 있었던 이유이며, 인종과 민족적 다양성의 문제에 대해 준비되어 있는, 쉽게 실행할 수 있는 대답인 듯 보인다.

그러나 이것 역시 중요한 약점이 있다. 자유주의적 다문화교육은 실행하기 쉽긴 하지만 단지 그뿐이라서 불평등에 해당하는 특정 인식이라든가 불평등과 한정된 문화적 상호작용을 뒷받침해 주는 권력(좋은 뜻에서 시작했지만)에 대해서 제대로 그 할 일을 다 하지 못하고 있다. 사실 일련의 교육관행들이 권력관계에 덜 도전적일수록 학교들이 그 관행을 채택할 확률이 높아지는 것으로 보인다.

　그래서 다문화교육에서는 보통 갈등의 근원을 불평등한 권력관계에 두는 사례보다는 차이점을 잘못 이해한 듯이 나타나는 사례picture를 반영하여 구성한다. 민족성이 내재되거나 동일시된 문화는 개개인의 특징으로 여겨지곤 하며 설명될 수 있고 배울 수 있는 일련의 관습으로 간주한다. 그한 예로 최근 구글Google 조사에서 학교 다문화교육을 제시하는 첫 번째 웹사이트는 교육의 목표를 이렇게 설명했다.

> (1) 전통적인 교육과정에서 민족중심주의를 다루는 것, (2) 다른 문화의 평가와 인종 및 문화집단 사이의 이해를 도모하는 것, (3) 집단 간의 긴장과 갈등을 완화하는 것, (4) 한 국가의 다양한 인구에 대한 역사적 기여, 문화적 전통 및 경험과 연관하여 교육과정을 만드는 것
>
> (Webb, 2003-2005)

　이 목표들은 개개의 수업에서 전체 교육과정의 수정까지를 총망라하는 형태들로 조직될 수 있는 것으로, 다수의 민족적 문화의 역사 및 기여와 관점들을 개발함으로써 이루어진다. 문화들 간에 보일 수 있는 차이를 가르치는 것에 기초해 만들어진 이 수업계획들은 교사들이 쉽게 이용한다.

　문화를 일련의 구체적인 관습으로 보는 것은 지난 약 40년 동안 인류학자들의 연구를 지배해 왔던 진부한 식민사관을 생각나게 한다. Geertz(1995)가 말한 것처럼 이런 입장은 "그들은 그들만의 문화를 갖고 있고, 당신은 거기에 들어가서 그것이 무엇인지를 우리에게 말해 주는 것이 임무이다."(p. 43)라고 본다. 교실의 비교는 '타인들'이 저편에 있는 문화를 갖고 있으며 우리의 작업은 그들이 만든 가공물을 통해 그 문화를 연구하는 것이다. 그러나 이 방법은 문화를 허구로 각색하고, 차이를 낭만적으로 극화해 '상상화' 된 문화를 만들어 내게 하는데, 이것은 서술자들이 그 문화

의 구성원일 때조차 일어날 수 있는 과정이다(Ortiz, 2008).

문화에 대한 더 복잡한 관점은 문화란 인간생활 고유의 커다란 제약들로서, 인간이라는 존재를 생존 가능하게 만드는 지적 노력들로 보는 것이다(Nussbaum, 1997, p. 138). 개개인은 가족, 지역사회, 성별집단 등을 공유하고 있어 다수의 집합적 범주 내에 존재한다. 사람들이 어떻게 그들의 문화적 정체성에 대해 정의할지는 사회계층, 종교, 민족성 같은 다수의 공동사회 경험을 통해 왜곡되기도 한다(예 : Kirmani, 2008; Soudien, 2001). 학교는 다수의 지역 문화 공동체에서의 참여를 통해 교실에 있는 모든 학생이 문화적으로 구성되는 존재이며, 교실은 문화적 장소로 이해될 수 있다. 다문화교육 이론가의 관점에서 문화를 검토하려면 정체성, 관습, 교실에 있는 존재들의 층layer을 벗겨내는 것부터 시작해야 한다. 이것은 타인들의 관습 혹은 문화적 가공물을 연구하는 것보다 더 복잡하다. 그리고 그것은 대부분 교육자들이 연구해 오지 않은 문화에 대한 심층적인 이해를 요구하게 된다.

문화 속에서 다문화교육의 현주소를 찾는 것 또한 어려운데, 이는 정치적 자유주의에 근거한 가정을 토대로 성찰해 오고 있기 때문이다. 자유주의는 개인주의와 합리성을 강조하면서 개인과 국가 사이의 관계에 초점을 맞춘다. 자유주의적 다문화주의는 통합과 다양성을 연결하기 위한 시도로서 문화와 지역사회에 신분 부여를 덧붙여 거론하고 있다. 그 예로, 다문화 민주주의와 교육의 논의에서 Gutmann(2004)은 "개인들은 그들의 성별, 인종, 민족, 혹은 종교와 관계없이 평등한 시민으로 간주해야 한다."(p. 71)고 주장했다. 차이점을 무시한다기보다, 교육은 '아동이 살고 있는 세계와 사회를 구성하는 데 있어서 문화적 차이점들이 하는 역할'(p. 71)의 이해와 관용을 갖도록 가르쳐야 한다는 것이다. 그러나 모든 사람을 '동등한 시민'으로 구상하는 것은 현실적인 불평등을 외면하는 것이며, 무엇보다 사람들을 '인류의 개인'으로 구상하는 것은 집단들 가운데 존재하는 권력관계에 대한 관심에서 멀어지도록 하는 것이다.

이와 비슷하게 Nussbaum(1997) 같은 세계공동체주의 이론가들에 의해 옹호되는 '다중 정체성multiple identity'이나 Bhabha(1994), Gilroy(2000) 같은 포스트모던주의 '혼성hybdridity'을 옹호하는 자들은 모든 사람이 혼성의 정체성 중 그들에게 유용한 정체성을 자유롭게 선택하고 고를 수 있는 공평한 기회를 가질 수 있다는 가정을 한다. 그러나 이것은 단순하게 그렇게만 바라볼 경우가 아니다. 오히려 정체성의 선택은 권력관계 결과의 소산물, 즉 더 넓은 사회에서 그 사람이 갖는 직위에 의해 불가피하게 제약되고 구성된다. 민족성을 가지고 한 가지 사례를 들어 보면, 백인 미국인들은 외국계 귀화인이나 혼혈 등 자신의 민족적 정체성을 다양한 범위에서 선택할 수 있다. 이와는 대조적으로 아프리카계 미국인들은 흑인이라는 오직 단 한 가지의 선택지만 갖고 있다. 그들이 다른 민족적 정체성을 바라거나 말거나 말이다.

또한 Nussbaum(1997) 같은 세계공동체주의자들은 세계시민이라는 새롭게 탈인종화된 세계 정체성을 옹호하며 이 세계 정체성이 각 지역적인 민족과 문화를 신속하게 대체할 수 있다고 설명하고 있지만, 후자의 본질에 대한 것이나 무엇보다 선택과 제약의 현안들을 과소평가하고 있다. 세계공동체주의에 대해서 Cahhoun이 행한 강도 깊은 비판은 이를 대변한다.

사회의 결정으로부터 탈출하여 더 많은 자유의 영역으로 가고, 문화적 불평등에서 탈출하여 더 많은 보편주의로 간다는 매력적인 환상을 반성하자. 그리고 다음 단계로 현실적인 사회활동은 특정 연결망에 속할 수밖에 없는 현실적인 사람들을 대상으로 한다는 점을 생각해 본다면, 일반적인 인간이 아니라 특정한 타자들에 접촉해야 하는데, 거기에 지원을 거의 할 수 없을 정도로 추상적인 것에 대해서는 반성해 볼 필요가

> 있다. 세계공동체주의 학자가 민족성을 신분의 선택으로 취급하는 것은
> 사회적 정체성의 개념 정의에 이미 차별의 속성이 있음을 무시하는 것
> 이다. (2003, p. 536)

요컨대 정체성, 민족 혹은 기타 여러 가지는 실제로 자유롭게 선택한 것이 아니라 그럴 수밖에 없는 것이라면 다른 제시로 '시장 혹은 카페테리아'의 수준으로 삶을 환원하는 반역사적인 접근을 택하는 방법이 있다. McLaren(1997)은 정체성의 선택들은 계급, 민족, 성별 층, 객관적 구속과 역사적 결정물에 의해 이루어진다고 주장한다. 달리 말하면 개개인과 집단은 불가피하게 위치가 정해지면서 자본주의, 인종주의, 식민주의, 성별주의 같은 더 광범위한 구조적 요소들에 의해 종종 차별적으로 구속된다는 것이다. George Orwell은 그의 유명한 우화적이고 반이상적인 소설인 **동물농장**에서 풍자적으로 이렇게 표현했다. "모든 동물들은 평등하지만 일부 동물들은 다른 동물들보다 더 평등하다."

　문화를 본질화하고 탈정치화하는 다문화교육적 접근 — 문화를 한 사물로 보는 반면 그와 동시에 더 광범위한 사회 및 정치적 맥락을 무시하는 것 — 은 그래서 본래 한계가 있다. 중요한 문제는 Kincheloe와 Steinber (1997)가 지적하는 것처럼, 문화적 표현과 자원들 두고 하는 투쟁 가운데 권력을 토대로 한 관점들 없이 정체성을 구성하고 있다는 것이다. 오히려 그런 접근들에서 백인, 남성, 중산층이라는 계층의 밖에 있는 소외된 사람들에게 가장 중요한 현안은 권력 부재, 폭력, 가난인 경우가 대부분임에도 불구하고 말이다(p. 17). 이것이 반인종차별주의 교육, 비판적 인종이론, 비판적 교육과 비판적 다문화주의가 다양한 소리로 자유주의적 다문화주의를 비판하는 가장 큰 이유이다. 이제 다시 돌아가서 비판 내의 다양한 소

리들을 간략하게 언급하면 다음과 같다.

다문화주의에 대한 비판적 반응

자유주의적 다문화주의 교육의 한계는 그 제안자들조차 오래전부터 인정하고 있는 부분이다. 30년 전 Banks(1984)는 다문화교육이 소외된 민족집단들이 사회적 평등을 얻기 위하여 이루어졌던 운동의 일부분인데도 빈번히 자존감에 초점을 맞추는 수업이나 기념행사 취급을 받는 정도로 경시되어 왔다고 주장했다.

다문화교육 옹호자들에 의해 제기된 이런 자기반성적인 비판들은 비판주의 학자들에 의해 통렬한 비판으로 확산되었다. 신마르크스주의의 시각에서 그리고 영국적인 맥락에서 초기 저작을 한 반인종차별주의 교육학자들은 그들이 지지하는 사회정치적 목적들에 대해 순수하지만 오히려 극도로 그 목적에 역효과를 가져올 것이라는 이유로 다문화교육에 대한 문화주의자의 주장을 비판한 최초의 사람들 중 한 부류이다. 그들은 다문화교육이 교육과정 변화의 영향력을 과도하게 믿어서 소수에 속하는 학생들의 삶에 영향을 미치는 인종차별주의, 성차별주의, 차별과 같은 더 광범위한 구조적 제약들을 단순히 무시하거나 충분히 강조하지 않는다고 주장하였다. 고인이 된 Barry Troyna(1987, 1993)가 말한 이 반인종차별주의자 비판에서 보면 '자비심 많은 다문화주의자'라는 용어를 사용하면서 자유주의적 문화주의가 비록 인종차별 문제나 차별과 불평등을 다루고 있다고 하더라도, 문화와 문화차이를 제대로 다루는 데 실패한 구제불능의 '인종차별금지' 이론이라고 비판했다. 이렇듯 다문화교육에 관한 신랄한 비판은 영국 반인종차별주의 교육자인 Richard Hatcher(1987)의 관찰에 요약되어 있다.

> 문화는 다문화주의를 구성하는 중심개념이며, 그 개념은 오직 당연히 여기는 상식에만 의미를 부여하고 있어서 구체적으로 살아 있는 경험과 이론 양쪽 모두에 충분치 않다. 그것은 계급^{class}과 무관한 문화개념이다.
>
> (p. 188)

Hatcher의 멸시적인 평가는 1980년대와 1990년대(개관하려면 May, 1994 참조)를 통틀어 영국 반인종차별주의 이론들이 주장했던 공격의 일부분이 되어 후에 캐나다로 건너가고 궁극적으로 미국으로까지 확산되었다(예 : Dei, 1996 참조). 그러나 미국에서의 다문화교육에 대한 비판은 비판적 패러다임인 비판적 인종이론 내에서 틀을 잡아 간다는 점에서 구분된다. 비판적 인종이론은 비판적 법 연구에 그 기원이 있으며 이후 교육 내에서 광범위하게 영향을 주고 있다(예 : Delgado Bernal, 2002; Ladson-Billings, 1998; Ladson-Billings & Tate, 1995; Milner, 2008 참조). 그것은 때때로 범세계적인 논쟁과 밀접한 연관을 갖기도 하지만 대체로 미국에 기반을 둔 이론적 담론이다. 그러나 Gillborn(2008)과 Preston(2007) 같은 반인종차별주의 교육자들은 최근에 비판적 인종이론을 영국적 맥락에서 적용해 오고 있다.

반인종차별주의 교육처럼 비판적 인종이론 역시 다문화교육에 대한 문제점을 제기하면서 교육 분야에 이 이론들을 확립했다. 인정받은 Gloria Ladson-Billings와 William Tate의 공동논문에서 그들은 다음과 같이 설명하고 있다.

> 이제껏 확산되어 왔던 다문화의 패러다임은 다양성의 확산을 허용하는 자유주의자의 전통을 따른다. 불행하게도 다양성들 가운데 그리고 다양성에서의 갈등들은 좀처럼 의문이 제기되지 않는다(비판적으로 말이

다). 현대의 다문화는 현대의 질서가 급격한 변화를 겪는 것을 허용하지 않는 자유주의적 이데올로기에 빠져 있다. …   (1995, p. 62)

이 논문의 효과는 10년 후에 Gloria Ladson-Billings(2005)가 말한 비판적 인종이론과 교육에 대한 분야가 여전히 유아기에 머물러 있는 동안, 우리가 또한 새로운 해석으로 향하는 움직임과 문구의 해부가 여전히 진행되어야 한다는 학자로서의 서약을 보여 주는 데 있다(p. 119). 비판적 인종이론은 이론이 확립된 이래로 지속적으로 인종차별주의의 구조적인 뿌리와 백인집단에서 행해지는 권력과 물질 자원들에 대한 통제의 지속성을 검토하고, 인종과 인종차별주의에 관한 이론을 구체화하여, 우리에게 어떻게 통제가 민족 권력의 조직화된 궤도vector에서부터 비교적 자유로운 자유주의적 담론에서조차 행사될 수 있는지를 더 쉽게 이해할 수 있도록 하였다(Crenshaw, Gotanda, Peller, & Thomas, 1995, p. xxv; Delgado & Stefancic, 2001; Dixson & Rousseau, 2006; Taylor, Gillborn, & Ladson-Billings, 2009 참조). 여기서의 비판적 분석은 다른 것들 중에서도 '정치적인 인종'에 대한 생각을 강조하고 있다. 이 생각은 인종을 정치적 임무와 사회적 위치 양쪽 모두에 표시되는 하나의 개념으로 재구성하여, 유색인종사회의 관심과 현안으로 시작하는 통합 의제inclusive agenda를 세우기 위한 토대뿐만 아니라 적어도 잠재적으로 계급, 성별과 다른 불평등을 설명하는, 제도적으로 확산된 잠재적 토대로서도 활용하고 있다(Guinier & Torres, 2002). 방법론적으로 이 과정에서의 중요한 부분은 '반대의 시각으로 이야기하기'와 '답장 쓰기' 형태를 활용하여(Dixon &Rousseau, 2006; 이 책의 Bishop 참조) 소수집단 학생들이 겪은 차별의 경험을 강조함으로써 그 학생들이 스스로 목소리를 내게 하는 것이다.

'인종의 정치성'과 관련된 위의 경고는 '적어도 잠재적으로' 여기서도 중요하다. Guinier와 Torres(2002)는 사회적 변화를 위한 노력들이 유색인종사회의 요구를 중심으로 이야기되어야 하지만 거기서 끝나서는 안 된다고 보았다. 일부 비판적 인종이론주의자들은 인종차별주의를 다른 형태의 억압들과 연결하곤 하지만(예 : Delgado Bernal, 2000), 또 다른 비판적 인종이론주의자들은 위와 같은 행동이 유색인종과 관련된 인종차별주의의 다양한 징후를 발견하는 것을 제한하거나 최소한 방해할 수 있다는 이유로 그렇게 하지 않는다. 이 새로운 인종차별주의의 대표적인 사례는 9·11 사건 이후의 이슬람교와 아랍권 사람들에 대한 구인을 반자유주의적, 종교적 정체성을 실천하거나 상징하는 것으로 봄으로써 서구국가들 사이에 공동으로도 또한 단독으로도 위협적으로 보는 데 있다. 이슬람교도에 대한 환원주의적 구인은 문화 혹은 종교적 차이점이라는 단순한 이야기일 수 있다(그리고 유색은 전혀 언급하지 않는다). 그러나 분명히 그럼에도 불구하고 인종차별적이 된다(Modood, 2007).

Darder와 Torres(2002, pp. 246, 260)가 주장한 대로, 여전히 인종차별주의와 인종적 불평등을 중시하는 동안 그들이 하는 비판적 인종이론의 비판적 논의들 대신 종종 더 필요로 하는 것은 인종차별주의에 대한 다수의 사회적 표현들을 동시에 포함하는 '비판적 언어와 개념적 장치'이다. 이 도전 역시 자신이 초점을 맞춘 주요한 점을 특권화하는 불가피한 경향이 있기 때문에 다른 비판적 연구에도 적용될 수 있다. 그래서 비판적 그리고 마르크스주의자의 이론들에서 발견된 억압의 계급분석은 억압의 최초 축으로 계급을 특권화하려고 한다(예 : Hill, 2009). 이런 맥락으로 비판적 여성주의자들은 성을 특권화하려고 한다(예 : Brady & Kanpol, 2000). 비판적 장애이론은 장애를 특권화하려고 한다(예 : Pothier & Devlin, 2006). 식민주의 이론의 몇몇 견해는 식민 이론이 다양한 형태의 억압이 연결될 수 있고 의문을 가질 수 있는 공간을 제공할 수 있다고 하는 반면, 일부 또 다른 견해는 비판적 교육학이 비록 제약들이 있긴 해도 더 많은 부분을 포함하고 있으며 통합적이라고 보는 데 있다(예 : Asher, 2005).

비판적 교육은 다문화교육이 실행되고 있는 학교에서 쓰는 것으로서 목소리, 대화, 권력, 사회계급 같은 개념들이 유난히 무시되거나 혹은 충분히 이용하지 않고 있다고 주장한다. 예를 들면, Paulo Freire의 대화적인 의사소통이라는 생각은 모든 사람의 믿음이 동등하다는 생각과 지식의 일방적인 전달 양쪽을 거부한다(Freire, 1998). Freire(1970)는 '학생은 은행이고 교사는 은행에 저축하는 사람인 교육'의 '은행저축식 형태'를 거절한다. 그는 학생을 다문화된 교육과정의 운반자가 아니라 오히려 협력자로 여기며 그들이 비판적으로나 정치적으로 단어를 검토하여 그들 자신의 경험 및 역사적 위치와 관련하여 문제를 제기할 수 있도록 돕고자 한다(Giroux, 1988; Hook, 1994; 이 책의 Gutstein, McShay 참조).

많은 비판적 교육자들은 교실에서 이루어지는 다문화교육이 정체성과 권력의 복잡성에는 관심을 갖지 않고 사회계급과 세계 자본주의에 대해서는 무관심한 방향으로 문화를 전달하고 있는 점에 대해 일관되게 비판한다(예 : McCarthy, 1998 참조). 다문화교육은 주로 인종과 민족투쟁 중에 확산되어 온 반면, 비판적 교육은 주로 계급투쟁 중에 커져 왔다. 남미에서 Freire가 한 작업은 계급관계의 분석에 근거하며, Giroux와 McLaren 같은 교육자들에 의해 1980년대 미국에서 확산된 분석이다. 이것은 계급이 이론화 작업 중이며 특히 비판적으로 계급관계들을 검토하는 것에 대해 통상 기피하는 미국에서 계급 없는 사회는 신화이다. 이것은 미국에서는 환영할 만한 발전이라고 할 수 있는 것이, 미국은 계급 없는 사회를 상징하고 있기 때문에 비판적으로 계급관계를 연구하는 것에 대해 사람들이 일반적으로 거부반응을 일으켜서 연구에 치명적인 영향을 주고 있었기 때문이다. 그러나 비판적 교육학의 '인종에 대한 맹점'(Lynn, 2004, p. 153) 역시 때때로 인종차별을 당한 집단들을 침묵시키거나 충돌하도록 하는 개념과 가정들에 너무 큰 의미를 주곤 한다. Grande(2000)는 예를 들어 비판적 교육학이 원주민 근원적인 정체성과 민족이동에서 오는 위 정체성에 대한 향수를 비판하는 것은 원주민들이 경험해 왔던 문화적 혼성과 민족이동의 역사를 무시한다고 주장하고 있다. 원주민에게 민족이동은 '백인 주류의 미국에서 원주민의 땅, 역사와 문학, 영성의 관습을 이어 나가는 것'을 의미한다(p. 481; 이 책의 Bishop; Stewart 참조).

그래서 다문화교육에 관한 다양한 비판이 유익하며 활용할 만한 중요한 개념적 근거를 제공해 주는 반면, 단 하나의 비판은 다문화주의가 다루려고 하는 다양한 관심의 범위를 동시에 다룰 수 없다는 것이다.

비판적 다문화주의

우리의 관점에서 보면 비판적 다문화주의는 다양한 비판이론의 줄거리를 개선하고 통합하는 최고의 수단이다(May 1999, 2009; Sleeter & Delgado Bernal, 2004 참조). 억압에 관한 각각의 이론적 분석은 억압의 한 축에 초점을 맞추는 것이 단지 부분적 분석만을 제공할 뿐이라 해도 불평등한 권력관계 관행화와 작용을 분석할 때 유용하다. 우리는 우리 중 누군가가 직면한 억압에 대항하여 투쟁해 줄 다양한 사회와 연대감을 갖는 방법을 전문적으로나 학술적으로 배울 필요가 있다. 이런 필요에는 더 광범위한 담론들과 그들과 관련된 권력관계 속에서 우리 자신들과, 우리 자신의 개인 및 집단의 역사들을 비판적 · 성찰적으로 되돌아보는 것 역시 포함한다.

왜 향후에 비판적 다문화주의가 유용한 방식이 될 것이라고 보는 것일까? 비판적 다문화주의는 주류문화보다 반인종차별주의 교육과 비판적 인종이론처럼 불평등한 권력관계의 구조적인 분석을 하고 제도화된 불평등의 역할 분석을 우선시한다. 인종차별주의에 의해 어쩔 수 없이 이루어진 것이 아닌 불평등도 포함해서 말이다. Berlak과 Moyenda (2001)는 "비판적 다문화주의에서 가장 중심이 되는 것은 단순히 차이를 인정하고 환영하여 편견을 감소시키는 것이 아니라 여러 형태의 부정의와 인종차별주의를 적극적으로 지적하고 개선하는 것이다."(p. 92)라고 주장했다.

이런 종류의 구조적 분석의 영향으로 권력관계에 도전하는 것은 어떻게 권력이 사용되고 제도화되는지에 대한 이해로 변화를 가져올 집단적인 행동조치를 취하는 것이 필요하다. 자유 혹은 박애적인 다문화교육적 접근들에서처럼 누군가가 학교를 현존하는 권력과 물적 불평등을 구현하도록 계획하고 있다고 가정한다면, 문화적 차이점에 관하여 학생들과 교사에게 가르치는 것은 기껏해야 가볍고 일시적인 효과만을 가져올 뿐이다. 그보다는 불평등에 대한 물질적, 정치적 및 이데올로기의 배경과 사회에 표현된 직접적인 억압에 대해 배우거나 과거에 어떻게 불평등이 이루어졌는지 이해하는 것이 더 도움이 된다. 그리고 Banks(2006)는 "문화적 지식과 함께 많은 인종적 집단들이 제도적 인종차별주의와 계층에 의해 희생되었던 이유 역시 알아 두어야 한다."(p. 95)고 지적한다.

구조주의 분석은 구시대의 유물로서 문화의 틀을 잡기보다는 비판적 다문화주의를 이용해 권력관계가 얼마나 불평등한지, 서로 상호작용을 얼마나 하는지, 생산에 얼마나 기여하는지라는 맥락에서 틀을 잡는다. 여기서 문화와 정체성은 다양한 사회 범주를 포함하며, 다층적이면서 유연하고, 복잡함과 동시에 계속적인 참여를 통해 사회적 상황을 개선하는 것으로 이해된다. 예를 들면, 젊은이가 동료집단을 만들어서 미디어를 통해 공유하는 대중문화는 정체성과 의미를 갖는 데 있어 중요한 원천이 된다(예 :

Perry, 2007; Price, 2005). 이런 점에서 대중문화 역시 젊은이들이 주류 사회의 권력과 경쟁하는 장소 중 하나로 작동한다(McCarthy, 1998). 문화의 긍정적이고 역동적인 개념은 "모든 사람이 그 위치에 의한 선입견 없이 특정 경험, 특정 문화, 특정 역사 중에 특정 장소로부터 나타나는 것을 계속 인정하게 한다."(Hall, 1992; p. 258) 달리 말하자면, 우리 문화 및 역사적인 위치를 인식할 때 인종과 문화를 제약해서는 안 되며 동등하고 타당한 형태의 정체성과 타인들의 정당성을 손상하지 않도록 행동해야 한다.

이처럼 비판적으로 다문화정체성을 이해하는 것은 비판적 인종차별이론이 강하게 강조하는 인종의 과정 및 백인임이라는 규범적인 본질을 분석할 기회를 제공한다. 물질적인 맥락에서 다수의 정체성을 토대로 해서, 비판적 다문화주의 역시 이전 단락에서 이미 언급한 바 있는 멍청하게 뿌리 뽑히고, 정치에 무관심했던 혼성주의와 세계공동체주의를 피하는 데 유용하다. May(2009)는 그 점에 대해 다음과 같이 말하고 있다.

> 비판적 다문화주의식 접근은 많은 소수집단에게 영향을 주고 있는 구조적 불평등—달리 말해 위의 많은 소수집단이 직면하고 경험하는 것들—에 대한 비판적 분석과 더불어 이렇게 정체성에 대한 사회적 이해들—우리를 구성하는 다양하고 복잡한 흐름과 영향력—을 중시할 수 있게 한다. (p. 42)

교육학과 함께 사회학, 인류학, 정치학에서 비판적 다문화주의의 간학문적 장점은 이런 수준의 비판적 참여를 허용하면서, 이와 함께 비판적 인종차별주의 이론의 법적/교육적 축을 유용하게 확장하고 보완하는 데 있다.

비판적 다문화주의의 또 다른 장점은 국제성에 있다. 지난 몇 년간 인종차별주의, 문화 및 학교 교육에 대한 논쟁에서 무엇보다 중요한 특징은 국가라는 맥락 속에 이런 논쟁들의 구조는 대체로 의문도 제기되지 않았고 검토되지 않았다는 점이다. 근래 영국으로 비판적 인종이론이 확산되기 전까지는 다문화교육에 대한 미국에서의 논쟁들은 다문화교육의 필독서에 끼어 있는 부록 이상의 의미를 갖지 못했고 국경 너머로 확산되지도 못했다.[1] 특히 1980~1990년대에 영국의 논쟁들은 더 광범위한 논쟁으로 발전하지 못하고 다문화적 및 반인종차별주의 교육자 사이에 본능적인 내적 투쟁들에 의해 거의 모두 소멸되곤 하였다(May, 1994). 더 넓은 국제적 흐름에 더 가깝게 직접적으로 참여하는 것은 그것들을 특성화할 수 있는 공공의 실천과 함께 우리가 특별한 교육의, 그리고 사회의 다양한 흐름을 발전시킬 수 있다는 확신을 주었다.

이론과 실제

이론들의 범위에 따를 수 있는 비판적 작업은 개념적으로 풍부하다 해도 그런 비판이 어떻게 교실 속 실천에 적용될 수 있는지에 대해서는 상대적으로 거의 주의를 기울이지 않아 왔다. 비판적 인종주의 이론처럼 비판적 다문화주의도 역시 마찬가지 상황인데, 이것은 실제적인 적용보다 오히려 이론적인 매개들의 논쟁에 초점을 맞추고자 해 왔기 때문에 일어난 일이다(예 : Bigelow & Peterson, 2002; Gutstein & Peterson, 2005; May, 1994; Mayo, 1999; Shor, 1992, 1996; Sleeter, 1995). 그 예로 Morrell(2002)은 일상적인 생활에서 인종차별주의와 여러 부정의가 어떻게 구성되는지를 해독하기 위한 도구로 이론 텍스트들을 상대적으로 활용하는 법과 비판적으로 미디어를 분석하려는 학생들의 능력을 함양하기 위해 고등학교 영어를 도시 청소년의 힙합 문화, 대중영화, 텔레비전이 운영되는 방식을 가르치도록 계획했다(이 책의 Sharma 참조).

그러나 실무자들은 여전히 몇 가지 이유로 비판적 다문화주의보다 자유주의적 다문화주의를 근거로 노력할 가능성이 더 많다. 우선 자유주의는 비판적 다문화주의의 시각보다 특별히 진보된 자본주의 사회에서 주류 이데올로기와 더 많이 친숙해져 있다(Barry, 2000). 교육자들은 자유주의적 다문화주의의 가정들에 그것 자체로는 의문을 갖지 않거나 혹은 의문이 생겨도 그 사실을 인정하지 않는다. 둘째, 위에 지적한 바와 같이 여러 비판적 작업처럼 비판적 다문화주의는 소수의 실제 사례를 비교하는 것만으로도 개념적으로 복잡해진다. 셋째, 사례에서처럼 학교들은 비판적 다문화 접근이 너무 불안정하다고 판단하여 반대한다. 한 예로 Flores(2007)는 신임교사를 대상으로 한 연구에서 신임교사가 비판적 다문화주의 접근으로 수업을 준비했을 때, 학교는 베테랑 교사들이 제시하고 지지하는 '바람직한 학생'들을 규격화한 모형이나 학교 교육과정과 평가의 표준화 모형과 같은 다양한 수단을 통해 간접적으로 압력을 준다는 것을 발견했다.

이 책의 중심 목적은 교사와 교사 교육자 양쪽이 쉽게 일치될 수 있다는 예들을 통해 비판적 다문화주의가 어떻게 실제에 응용되는지를 보여 주는데 있다. 이 책은 4부로 구성되어 있다. I부를 이루는 5개의 장은 교사들의 전문성 개발과 준비에 대해 말하고자 한다. Michael Vavrus는 미국에서의 교사 교육에 특별히 초점을 맞추면서, 고등교육에서 다문화주의의 경쟁적 본질을 검토하고 있다. 그는 비판적 다문화주의를 옹호하는 심층적인 비판적 교수 방법에 대해 논의하면서 무비판적인 형태로 이루어지는 다문화주의의 제도화를 점검한다. Virginia Lea는 예비교사들이 역사적으로 주변화된 이데올로기들을 비판적으로 질문하도록 한, 주류 이데올로기 맥락에서의 연구에 참여하고 있는 '사회적 기초'라는 교사 교육의 한 사례를 제공한다. Lilia Bartolomé는 교과과정을 만드는 데 있어서나 영어교사와 소수화된 학생 사이의 불균형한 권력관계에 있어서 이데올로기가 어떤 역할을 하는지와 같은 비판적 다문화주의의 중심 견해를 포함시켜 어떻게 영어교사 교육 프로그램이 발전되었는지에 관한 세부적인 논의들을 제공했다. Russell Bishop은 원주민 및 다른 소수집단 사람들에게 불리한 교육 불평등에 초점을 맞추고 있는 '문화주의자' 혹은 '구조주의자'들의 이론들을 분석한 후에, 교육과 교사전문직 개발을 위한 비판적 함의를 주기 위해 관련 담론들을 활용하여 제시하고 있다. Jeanette Rhedding-Jones는 노르웨이에서 이슬람교 이민자 가족 및 그들의 아동과 함께한 자신의 연구사례들을 제시하면서 유아교육을 위한 비판적 다문화주의를 검토하고 있다.

II부는 비판적 다문화주의를 언어와 국어교육에 적용한다. Terry Locke는 국어교실에서의 변화에 응답하기 위한 다양한 패러다임을 검토하며 그것이 비판적 다문화주의와 관련해서 어떻게 제약하고 있는지를 보여 주고 있다. Ryuko Kubota는 제2의 언어/외국어로서의 영어교육이라는 맥락에서 인종과 인종차별주의를 검토하면서 언어교육에 대한 비판적 다문화주의의 함의들을 모색하였다. Sanjay Sharma는 비판적 다문화주의를 미디어 연구에 적용하고 있는데 그는 교사들이 학생들을 행위주체자 agency가 되도록 촉진하기 위해 대중매체를 사용할 수 있다고 주장하면서 그들의 일상적인 경험과 지식의 경계들을 포함시키는 창의적인 연결들을 만들고 조사하도록 격려하고 있다.

III부는 수학, 과학, 기술에 대한 비판적 다문화주의의 함의에 할애한다. Eric Gutstein은 수학에 Paulo Freire의 연구를 적용하였는데, 그는 미국의 도시 청소년들과 함께 연구한 수학을 통해 교사들이 학생들에게 실세계를 어떻게 가르치는지를 실례로 보여 주고 있다. James McShay는 Freire의 렌즈를 디지털 스토리들의 활용과 창조에 적용함으로써 기술에서의 비판적 다문화주의 사례를 보여 주고 있다. Gerogina Stewart는 과학에 후기 식민주의의 시각을 적용하는데 학자들이 원주민 지식의 사용을 어떻게 정의해 왔는지를 비판적으로 검토하기 위해 뉴질랜드 원주민 과학 교육과정Pūtaiao에서 지역 원주민 지식을 활용한 사례를 제시하고 있다.

IV부는 비판적 다문화주의를 인문학과 사회과학에 적용한다. Jill Flynn의 연구는 비판적 다문화주의가 미국 중학교 사회과에서 '실천in action' 중인 교실상황을 사례로 제공하여, 학생들을 '뜨거운 용암hot lava' 인 경쟁과 인종차별주의라는 주제에 참여시키기 위해 그가 어떻게 학습의 토대를 다지는지를 들여다본다. Katie Fitzpatrick은 체육에 있어서의 비판적 다문화주의의 의미에 관하여 논의한다. 특히 날씬한 백인 신체의 인종화된 구성과 비판적 체육교사의 사례를 분석해서 다섯 가지 주제로 비판적 다문화주의를 구체화한다. Mary Stone Hanley는 학생들이 여러 경험과 사회관계를 상상할 수 있기 위한 예술의 변혁적인 힘에 대해 논의하며 다양한 예술 장르로 그 사례를 보여 준다. 마지막으로 Charlene Morton은 음악을 검토하면서 우리가 문화, 권력, 음악에 관해 당연하다고 여겼던 가정들을 재고하도록 촉구하고 학교 음악 프로그램에 구현되는 유럽 중심주의의 구조와 가정들을 다문화주의의 시각에 근거하여 비판한다.

이 모든 장은 교육의 정책과 실천이나 비판다문화적 원칙이나 비판적 교육의 큰 약점을 이야기하는 것을 좀 더 일반적이면서도 자세하게 다루고 있다. 그렇게 하는 데 있어서 각 장은 교육에 대한 변혁된 비판적 다문화주의의 접근이 교사 교육자 혹은 교실 실천가에게 의미가 있다는 것을 직접 예시를 덧붙여 보여 준다. 각 장은 서론에서 강조한 보완적인 비판적 접근으로 간학문적 다리를 세우고 연결점을 만드는 것과 마찬가지로 이런 주요한 비판적 교육 패러다임을 총망라하여 적절한 연결고리를 만든다. 또한 각 장은 맥락에 상관없이 저자 국가의 맥락에 먼저 초점을 맞추지만 이 분야에서 이전의 학문적인 해석이 국가를 경계로 이루어진 특징과 함께 다문화교육에서 불가피하게 국가적 논쟁을 만드는 규범적인 가정들을 설

명한다. 우리는 이 모든 이유로 해서 이 책이 교육에 대한 비판적 다문화접
근을 더 많이 발전시키는 중요한 분기점이 될 것이라고 믿는다.

주

1. 최근의 알려진 예외는 Banks(2009)를 보라.

참고문헌

Asher, N. (2005). At the interstices: Engaging postcolonial and feminist perspectives for a multicultural education pedagogy in the South. *Teachers College Record, 107*(5), 1079–1106.

Banks, J. A. (1984). Multicultural education and its critics: Britain and the United States. *The New Era, 65*(3), 58–65.

Banks, J. A. (2006). *Race, culture and education.* New York: Routledge.

Banks, J. A. (Ed.). (2009). *The Routledge international companion to multicultural education.* New York: Routledge.

Barry, B. (2000). *Culture and equality: An egalitarian critique of multiculturalism.* Cambridge, MA: Harvard University Press.

Berlak, A., & Moyenda, S. (2001). *Taking it personally.* Philadelphia: Temple University Press.

Bhabha, H. (1994). *The location of culture.* London: Routledge.

Bigelow, B., & Peterson, B. (2002). *Rethinking globalization.* Milwaukee, WI: Rethinking Schools, Ltd.

Brady, J. F., & Kanpol, B. (2000). The role of critical multicultural education and feminist critical thought in teacher education: Putting theory into practice. *Educational Foundations, 14*(3), 39–50.

Calhoun, C. (2003). Belonging in the cosmopolitan imaginary. *Ethnicities, 3*(3), 531–553.

Crenshaw, K., Gotanda, N., Peller, G., & Thomas, K. (Eds.). (1995). *Critical race theory: The key writings that formed the movement.* New York: The New Press.

Darder, A., & Torres, R. (2002). Shattering the 'race' lens: Towards a critical theory of racism. In A. Darder, R. Torres, & M. Baltodano (Eds.), *The critical pedagogy reader* (pp. 245–261). New York: Routledge/Falmer.

Dei, G. S. (1996). *Anti-racism education: Theory and practice.* Black Point, NS: Fernwood Publishing Co.

Delgado, R., & Stefancic, J. (Eds.). (2001). *Critical race theory: The cutting edge* (2nd ed.). Philadelphia: Temple University Press.

Delgado Bernal, D. (2002). Critical race theory, Latino critical theory, and critical raced-gendered epistemologies. *Qualitative Inquiry, 8*(1), 105–126.

Dixson, A. D., & Rousseau, C. K. (Eds.). (2006). *Critical race theory in education: All God's children got a song.* New York: Routledge.

Flores, M. T. (2007). Navigating contradictory communities of practice in learning to teach for social justice. *Anthropology and Education Quarterly, 38*(4), 380–404.

Freire, P. (1970). *Pedagogy of the oppressed.* New York: Seabury Press.

Freire, P. (1998). *Pedagogy of freedom.* Boulder, CO: Rowman & Littlefield.

Geertz, C. (1995). *After the fact: Two countries, four decades, one anthropologist.* Cambridge, MA: Harvard University Press.

Gillborn, D. (2008). *Racism and education: Coincidence or conspiracy?* London; Routledge.

Gilroy, P. (2000). *Between camps: Nations, cultures and the allure of race.* London: Allen Lane/Penguin Press.

Giroux, H. A. (1988). Literacy and the pedagogy of voice and political empowerment. *Educational*

Theory, 38(1), 61–75.

Giroux, H. A. (2008). *Against the terror of neoliberalism: Politics beyond the age of greed.* Boulder, CO: Paradigm Publishers.

Grande, S. M. A. (2000). American Indian geographies of identity and power. *Harvard Educational Review, 70*(4), 467–498.

Guinier, L., & Torres, G. (2002). *The miner's canary: Enlisting race, resisting power, transforming democracy.* Cambridge, MA.: Harvard University Press.

Gutmann, A. (2004). Unity and diversity in democratic multicultural education. In J. A. Banks (Ed.), *Diversity and citizenship education: Global perspectives* (pp. 71–96). San Francisco, CA: Jossey-Bass.

Gutstein, E., & Peterson, B. (2005). *Rethinking mathematics.* Milwaukee, WI: Rethinking Schools, Ltd.

Hall, S. (1992). New ethnicities. In J. Donald & A. Rattansi (Eds.), *'Race', culture and difference* (pp. 252–259). London: Sage.

Hatcher, R. (1987). Race and education: Two perspectives for change. In B. Troyna (Ed.), *Racial inequality in education* (pp. 184–200). London: Tavistock.

Hill, D. (Ed.). (2009). *Contesting neoliberal education: Public resistance and collective advance.* London: Routledge.

hooks, b. (1994). *Teaching to transgress: Education as the practice of freedom.* New York: Routledge.

Huntingdon, S. (2005). *Who are we? America's great debate.* New York: Free Press.

Kellough, J. (2006). *Understanding affirmative action: Politics, discrimination, and the search for justice.* Washington, DC: Georgetown University Press.

Kincheloe, J., & Steinberg, S. (1997). *Changing multiculturalism.* Buckingham, England: Open University Press.

Kirmani, N. (2008). Competing constructions of "Muslim-ness" in the South Delhi neighborhood of Zakir Nagar. *Journal of Muslim Minority Affairs, 28*(3), 355–370.

Kozol, J. (1992). *Savage inequalities: Children in America's schools.* New York: HarperPerennial.

Ladson-Billings, G. (1998). Just what is critical race theory and what is it doing in a *nice* field like education? *International Journal of Qualitative Studies in Education, 11,* 7–24.

Ladson-Billings, G. (2005). The evolving role of critical race theory in educational scholarship. *Race, Ethnicity and Education, 8*(1), 115–119.

Ladson-Billings, G., & Tate, W. (1995). Towards a critical race theory of education. *Teachers College Record, 97,* 47–68.

Lynn, M. (2004). Inserting the "race" into critical pedagogy: An analysis of "race-based epistemologies." *Educational Philosophy and Theory, 36*(2), 153–165.

May, S. (1994). *Making multicultural education work.* Clevedon, England: Multilingual Matters.

May, S. (Ed.). (1999). *Critical multiculturalism: Rethinking multicultural and antiracist education.* London: RoutledgeFalmer.

May, S. (2008). Bilingual/immersion education: What the research tells us. In J. Cummins & N. Hornberger (Eds.), *Bilingual education: The encyclopedia of language and education,* 2nd ed., Vol. 5 (pp. 19–34). New York: Springer.

May, S. (2009). Critical multiculturalism and education. In J. A. Banks (Ed.), *The Routledge international companion to multicultural education* (pp. 33–48). New York: Routledge.

Mayo, P. (1999). *Gramsci, Freire and adult education: Possibilities for transformative action.* London: Zed Books.

McCarthy, C. (1998). *The uses of culture: Education and the limits of ethnic affiliation.* New York: Routledge.

McLaren, P. (1997). *Revolutionary multiculturalism: Pedagogies of dissent for the new millennium.* Boulder, CO: Westview Press.

Menken, K. (2008). *English language learners left behind: Standardized testing as language policy.* Clevedon, England: Multilingual Matters.

Milner, H. R. (2008). Critical race theory and interest convergence as analytic tools in teacher education policies and practices. *Journal of Teacher Education, 59*(4), 332–346.

Modood, T. (2007). *Multiculturalism: A civic idea.* Cambridge, England: Polity Press.

Morrell, E. (2002). Toward a critical pedagogy of popular culture: Literacy development among urban youth. *Journal of Adolescent & Adult Literacy, 46*(1), 72–77.

National Commission on Excellence in Education. (1983). *A Nation at risk: The imperative for educational reform.* Washington, DC: U.S. Department of Education.

Nussbaum, M. C. (1997). *Cultivating humanity.* Cambridge, MA: Harvard University Press.

Ortiz, W. P. (2008). Fictionalized history in the Philippines: Five narratives of collective amnesia. *Children's Literature in Education, 39,* 269–280.

Perry, L. (2007). Queering teen culture: All-American boys and same-sex desire in film and television. *Journal of Popular Culture, 40*(5), 898–900.

Pollock, L. (2008). *Because of race: How Americans debate harm and opportunity in our schools.* Princeton, NJ: Princeton University Press.

Pothier, D., & Devlin, R. (Eds.) (2006). *Critical disability theory.* Vancouver, BC: University of British Columbia Press.

Preston, J. (2007). *Whiteness and class in education.* Dordrecht, The Netherlands: Springer.

Price, R. J. (2005). Hegemony, hope, and the Harlem renaissance: Taking hip-hop culture seriously. *Convergence, 38*(2), 55–64.

Shields, C., Bishop, R., & Mazawi, A. (2005). *Pathologizing practices: The impact of deficit thinking on education.* New York: Peter Lang.

Shor, I. (1992) *Empowering education: Critical teaching for social change.* Chicago: University of Chicago Press.

Shor, I. (1996). *When students have power.* Chicago: University of Chicago Press.

Sleeter, C. (1995). Reflections on my use of multicultural and critical pedagogy when students are white. In C. E. Sleeter & P. L. McLaren (Eds.), *Multicultural education, critical pedagogy and the politics of difference* (pp. 415–438). Albany: SUNY Press.

Sleeter, C. E., & Delgado Bernal, D. (2004). Critical pedagogy, critical race theory, and antiracist education: Their implications for multicultural education. In J. A. Banks & C. M. Banks (Eds.), *Handbook of Research on Multicultural Education,* 2nd ed. (pp. 240–260). San Francisco, CA: Jossey Bass.

Soudien, C. (2001). Certainty and ambiguity in youth identities in South Africa: Discourses in transition. *Discourse: Studies in the Cultural Politics of Education, 22*(3), 311–326.

Taylor, E., Gillborn, D., & Ladson-Billings, G. (Eds.). (2009). *Foundations of critical race theory in education.* New York: Routledge.

Tomlinson, S. (2001). *Education in a post-welfare society.* Buckingham, England: Open University Press.

Troyna, B. (Ed.). (1987). *Racial inequality in education.* London: Tavistock.

Troyna, B. (1993). *Racism and education.* Buckingham, England: Open University Press.

Valli, L., Croninger, R. G., & Chambliss, M. J. (2008). *Test driven: High-stakes accountability in elementary schools.* New York: Teachers College Press.

Webb, M. (2003–2005). Multicultural education in elementary and secondary schools. ERIC Digest Number 76. Retrieved December 9, 2008 from http://www.ericdigests.org/pre-9218/secondary.htm

Worsley, P. (1984). *The three worlds: Culture and world development.* London: Weidenfeld & Nicholson.

PART 1

비판적
다문화주의와 교사

제1장 | 비판적 다문화주의와 고등교육
교사 교육 내에서의 저항과 가능성
MICHAEL VAVRUS

고등교육에서 근래의 다문화주의가 나타나기 시작한 것은 1960년대와 1970년대였다. 이 출현은 인종차별주의와 경제적 종속관계의 효과들이 역사적으로 소외되고 억압된 집단들의 해방을 위한 사회정치적 이유로 인식되면서 전 세계적으로는 식민정권에 대한 도전이 일고, 미국에서는 시민의 권리신장을 위한 적극적인 행동주의의 결과이다. 다문화교육은 기본적인 시민권을 위해 불안정한 국제적 동향 때문에 나타난 개혁운동으로 분류되었다. 유럽우월주의적인 생각과 접근방법으로 인해서 교사 교육을 비롯한 고등교육과정에 다문화적인 시각을 받아들이게 하려는 노력은 강한 저항에 부딪쳤다. 흑인, 멕시코계 미국인, 원주민에 대한 연구 등 반패권주의적 내용을 지닌 학문적 연구들을 통한 적극적인 투쟁은 궁극적으로 고등교육에 다문화주의를 통합하려는 요구들에 대한 길을 용이하게 만들었다.

이 초기의 적극성에도 불구하고, 오늘날 고등교육에서 집단 정체성의 차별이 구조적인 관행이 아니라 일탈로 보여지는 데는 국가를 단일문화로 보거나 모든 개개인을 위한 평등한 기회의 실체entity로 보는 규범적인 정서가 일반화되어 있기 때문이다. 인종, 성별, 종교의 범주를 따라 위치화된 집단 서열화는 "세계적 차원과 지역적 차원 양쪽 모두에서 존재하고, 자본주의 세계경제의 작동 및 사람의 삶에서 중대한 결과를 보여 주며, '진짜authentic' 국민이 되고자 하는 사람들을 완전하지 못한 지엽적 국민으로 해석하도록 만든다."(Wallerstein, 2004, p. 39) 그래서 경제, 정치, 사회, 이데올로기적인 수준은 부분적으로 인종적인 범주 혹은 인종에 속한 행위자의 문제로 자리매김해 단일문화의 민족국가주의자들은 인종차별이 만연화된 사회적 문제들을 지속적으로 부인해 왔다(Bonilla-Silva, 2005, p. 11).

제2차 세계대전 이후 영국과 함께 미국은 인종차별적인 계층 질서의 정치 및 경제적 현실들을 숨길 수 있도록 세계적으로 보편화된 업적주의의 가정에 근거한 교육모형을 수입해 왔다. 이런 제국주의적인 모형은, 국제적인 통화조직들을 통해서 초등교육을 받을 기회 같은 것을 포함한 공공 서비스를 위한 비용을 상위층 금융 자산을 지원하는 쪽으로 희생하도록 만드는 것처럼, 수백만의 삶에 부정적인 영향을 미치는 조치를 취하면서 영속화되어 가고 있는 빈곤을 외면하고 있다(Foster, 2007; Wroughton, 2008). 20세기 후반 25년 동안 고등교육에 대한 접근은 국제적으로 인종차별금지조항affirmative action이라는 법적 개선이 이루어졌지만 이와 상응하게 21세기는 역사적으로 피지배층에 있는 사람들을 위한 정책이 후퇴하는 것을 목격하고 있다. 고등교육에 대한 공평한 접근이 브라질과 같은 지역에서 정기적인 목표가 되어 왔지만, 부적절한 중등교육은 전통적으로 종속되어 왔던 위치에 있는 사람들의 성취를 제한하고 있다. Tomasevski

(2003)는 이것을 세계적인 수준에서 설명하였다.

> 대학에 대한 자유방임주의 정책은 주식의 가격이 증권거래소에서 정해지는 주식회사들에 의해 운영되는 사립대학들을 만드는 결과를 만들었다. 탈규제와 민영화의 혼합은 기하급수적으로 증가하는 사립대학에 풍부한 재원을 제공해 주었다. 이 비용은 공공 영역에서 사적 영역으로, 개별 학생에게로, 그 가족에게로, 기업 후원으로 부담 지워지고 있다.   (p. 115)

더구나 국제적으로 증가한 고등교육에 대한 요구 덕분에 공공 지출은 공공 투자보다 상대적으로 감소되어 왔다(Gordon, 2007). 그래서 1990년대 교육은 국제통상법에서 상품으로 적용되면서 저소득층에 있는 가난한 학생들의 고등교육에 대한 접근은 유의미한 감소현상을 보여 주고 있다(Tomasevski, 2003).

주─공립 초등교육, 중등교육, 고등교육─는 기업 자본주의로부터의 세수입에 의존하는 비중이 크기 때문에, 제도들은 이에 따라 이념적인 지향을 포함하여 차례로 서비스 자본으로 되돌아올 수 있는 선발과 배제로 행동조처를 취한다. 자본에 대한 의존성은 다문화주의에 역행하는 방향으로 대학과 공립학교를 이끌어 간다. 이런 풍토에서 Mahalingam과 McCarthy(2000)는 "전 세계 자본주의의 이익에 의해 전면적인 붕괴와 합병이 이루어지는 상황 속에서 다문화주의를 반영하는 최선의 제안이 필요하다."(p. 6)고 경고한다.

이 장은 국제 정치 및 경제적 환경 내 맥락에서 교사 교육을 고등교육에서 다문화주의의 경쟁적인 본질을 보여 주는 주요한 사례들로 활용하였다. 우선 서두는 다문화주의의 비전을 강조하지만 아직도 비판적 시각이 부재한 관행을 증명해 주는 교사 교육 프로그램들의 분리된 본질을 제시한다. 다음으로 미국에서 교사 교육 프로그램들을 준거로 제시되고 있는 고등교육 인증 기준들이 다문화주의에 끼치는 영향을 검토하고자 한다. 분석 대상이 된 인증 기준들은 다문화와 사회정의 담론에 문제의식을 가질 만한 구인에 초점을 맞추었다. 이어서 비판적 다문화주의를 예비교사들의 프로그램으로 반영시키려는 노력에 대한 미국 워싱턴 주 내의 교사 교육 제도들과 주 정부의 저항과 반응에 대한 사례연구를 제시한다. 이 장의 마지막은 교사 교육에서 비판적 다문화주의 관점들과 이 관점들에서 전망하는 논의로 결론을 맺는다.

다문화적 교사 교육에 비판의식 놓기

오늘날 고등교육에서 다문화교육은 현대의 초 · 중등교육 교사들을 대상으로 하는 전망 있는 학문적인 연구로 확고히 자리 잡고 있다. 다문화교육은 간학문적 연구 분야로서 사회학, 역사학, 법학, 경제학, 정치학, 사회철학, 사회심리학, 매스미디어 연구 등의 학문 분야와 연관되어 있다. 교사 준비 프로그램 속의 다문화교육은 자주 교육의 사회적 기초라는 우산 아래 실용적인 위치를 갖고 있으며, 전 교과에 선정되어 있긴 하지만 아직 지엽적이다.

21세기 시작과 함께, 저명한 다문화학자들의 주장들 가운데 유력하게 떠오르는 의견(Vavrus, 2002, pp. 2~6 참조)은 다문화교육의 해방적인 개념을 차별화된 학교 교육과 사회적 조건을 극복하여 제도 및 사회적 관계를 변혁시킬 수 있는 최선의 가능성으로 보는 것이다. Sleeter와 Bernal(2004)은 비판적 교육critical pedagogy, 비판적 인종이론critical race theory, 반인종차별주의 교육antiracist education, 비판적 다문화주의로부터 끌어온 이 개념이 어떻게 교육을 충분히 변혁시키는지 그 과정에 초점을 맞추고 있다(p. 252). 그러나 Sleeter와 Bernal이 적절히 관찰한 것처럼,

비판적 다문화주의에 대한 이론적인 합의로 고등교육의 실천 현장을 혼란스럽게 해서는 곤란하다.

실제로 교사 교육 프로그램을 다문화적인 것과 통합하는 것에 대해서는 대부분이 미적지근한 반응을 보이고 있다. 미국의 경우 과거 40년간 이런 교사 교육 프로그램의 중심을 개인의 심리적 · 기술적 방향으로 두기 위해 해 왔던 다문화적 표현과 임무는 전반적으로 성공적으로 이루어졌다. Cochran-Smith, Davis, 그리고 Fries(2004)는 통합된 시각으로 다음의 부분을 관찰하고는 개탄했다.

> 비록 '새로운 다문화 교사 교육'이 현실적으로 학생과 가족의 필요에 맞추기 위한 방법으로 계획되었을 수 있다 해도, 그것은 다른 실세계(현 상황을 유지하고 지원하도록 하는 단과대학과 종합대학의 제도적인 현실)의 요구와 전통으로부터 많이 격리되어 있다. (p. 954)

교사 교육의 경향성은 훌륭한 프로그램이나 교직원 개개인의 노력과 무관하게 학생 학습에 영향을 미치는 사회, 경제, 정치적 요인들을 배제하고 있다. 교사 교육에서 오랫동안 암묵적으로 깔려 있던 미국 사회 업적주의의 본질과 학교 교육의 목적에 관한 많은 근본적인 가정들은 다른 측면의 사항들에 의해 약화되었지만 여전히 남아 있다(p. 964). 다문화적 기여를 만드는 프로그램들은 현 상황 속에서 고등교육으로부터 정부가 보조하는 초등 및 중등교육이나 그들의 졸업생이 일하는 공공장소로 과도하게 확산되는 이중의 제약에 부딪히게 된다.

비판적 다문화의 옹호와 고등교육의 현 상황 사이를 분리하려는 조건은 너무나 자주 있는 일이라 놀랄 필요는 전혀 없다. 비판적 다문화주의의 뿌리는 비판적 이론이 "우리는 누구이며 누가 되어야 하는지를 구체화하는 역사적 구조에 문제가 있다."는 방식으로 발전되었다(Popkewitz, 1999,

p. 3). 이런 비판적 시각 내에 배태되어 있는 것은 부정의不正義한 사회체제들을 인식하는 비판적 의식을 갖고 있는 계몽인啓蒙人, 주류 조건들이 변혁될 수 있는 것으로 인식되는 '개혁주체자'라는 의미를 끌어들일 수 있다(Freire, 1970). 비판적 다문화주의는 확실하게 고등교육의 내부와 외부 양쪽에서 헤게모니적 위치의 중심을 해체시킬 수 있는 것이 확실하며 그래서 그에 대한 저항도 만만치 않다.

고등교육 인증 기준

미국에서 주와 국가의 고등교육 인증 기준은 교사 교육에 대한 규범적인 풍토나 다문화적인 '다양성'의 예측과 매개요인에 기여하게 된다. 다음 절은 특정 교사나 다른 학교 전문가들에게 교실에 대한 것을 준비하게 할 때 학교, 대학, 관련 교육학과에 대한 엄격한 국가기준을 결정하는 국가 교사 교육 인증위원회National Council for the Accreditation of Teacher Education, NCATE를 비판적 다문화적 시각으로 검토하고자 한다. 2006년 현재 국가 교사 교육 인증위원회(NCATE)는 정부를 대신하여 교사 교육 프로그램을 승인해 주고 있는데, 이때 승인한 대학은 100개 단과대학과 종합대학에 있는 632개 프로그램이었다(NACTE, 2006). 이 기관을 제시하는 것은 21개 기관에서 예비교사들을 위한 비판적인, 성과 중심 교수학습 평가를 어떻게 만들고 있는지를 통해 워싱턴 주가 해 왔던 노력을 보여 주는 사례이기 때문이다. 이 분석에서 드러난 것은 유럽 식민주의 역사에서의 제도적 합병, 백인우월주의, 역사적으로 소외된 인구에 대한 궁극적인 경제적, 정치적 기회 및 학교 교육에서 이 역사의 함축성을 담고 있는 '주류 담화master narrative'라 일컬을 수 있는 것에 대한 저항이다.

NCATE의 모호한 다문화옹호

고등교육에서 다문화에 대한 어떤 언급도 없이 다양성이라는 용어를 사용함으로써 교사가 NCATE(2001)의 기준들은 주 단위 수준의 인증 필수조건에 맞추는 교사 교육 실천을 통하여 동화주의자적 평가 이데올로기를 발전시켜 왔다. 이런 기준들과 동반되는 평가 규정들에 대한 비판은 역사적인 기초에 근거한 백인우월주의, 자산권리, 인종을 차별하지 않는 시각에 대한 변혁적인 지식이 부족하다는 것을 드러내 준다. NCATE(2008b)는 7년 후인 2015년까지 효력을 유지하는 '다양성'에 대한 전망을 어설프게 바꾸었다.

다문화 및 글로벌 시각

현대 NCATE의 고등교육 인증 기준(2008b)에서 다문화라는 용어의 사용은 '다양한 인구 출신인 학생과 가족들의 역사, 경험, 표현으로 접근하는 다문화 및 글로벌 시각을 반영할 수 있는 교육자'의 중요성에서 최초로 딱 한 번 언급되고 있다(p. 36). NCATE의 용어해설은 '다문화적 시각'을 인종, 민족, 사회계층, 성별, 예외성, 언어, 종교, 성적 취향, 지역의 사회·경제·정치·학문·역사적 구성을 이해하는 것으로 정의하고 있다(p. 87). 용어 규정은 고등교육이 비판적 시각을 가질 수 있는지를 보여 줄 수 있는 장소 중 하나이다. 그러나 이렇게 이름붙여져 역사를 구성하고 있는 '주류담화'와 대다수의 준비 프로그램을 총망라해서 보수적으로 표현되는 방식이 계속 주어진다면, 이 NCATE 규정의 변동 없는 언어는 고등교육제도 관행들이 인정받을 만한지를 결정하기 위해 의도된 규정 평가에 그 방식이 반영되지 못한다. NCATE의 목적에서 나타나지 않은 것은 어떻게 백인우월성, 가부장제, 계급 불평등의 정치적 경제가 다양한 인구 출신의 학생들과 가족들에게 직접 영향을 주는지에 대한 것이다.

이 문제들을 복잡하게 하는 점은 NCATE(2008b)가 '글로벌 시각'을 국가라는 경계를 넘어 삶에 영향을 미치는 국가와 국민의 상호 의존성에 대한 이해와 정치, 경제, 생태 및 사회적 개념과 가치들로 규정하고 있다는 것이다. NCATE의 인간관계론적 글로벌 시각을 지닌 주류 고등교육 다문화주의는 소외된 집단들을 밀어내 차별을 일으키는 상호 맞물린 요소들을 감추고, 그런 집단에 대한 예산 감소를 이익 증가로 보고, 군사적 지출에 우선순위를 두며, 학교에 대한 공적 기금의 축소를 감추고 있다(Vavrus, 2002). 군사력 및 경제 제재를 통한 위협으로 보강된 국가 차원의 지원을 받는 다국적 기업이 그 역할로 세계 전역에서 수백만 명의 일자리를 뺏기 위해 21세기를 다 소모해 버렸다는 데는 이론의 여지가 없다. 다국적 기업이 '자유무역'과 '민주주의'를 보호한다는 헤게모니의 가장 아래 행동하는 것은 부정적인 공공상품과 서비스의 유용성에 영향을 미쳤다. 이로 인해 공립교육의 기회들을 포함하여 기본적인 인간의 요구에 유용할 수 있는 비군사적 공공자원 지출의 감소에서 비롯되는 부정적인 효과를 피할 수 없게 되었다.

대안으로서의 글로벌 연대

억압된 인구들의 해방을 위한 글로벌 연대감을 지닌 비판적 다문화접근은 일반적으로 대학교사 교육 영역 밖으로 간주되지만, 초임교사들은 '다양성에 가치를 두는 교실과 학교 풍토를 개선하며, 문화와 성별 차이에 민감한 방식으로 학생 및 가족과 상호 소통함'으로써 '지원적이고 보호적인 학습 환경을 만드는 교실 행동들을 제시해야 한다'고 보는 NCATE의 기대(2008b)에 맞추려면 현실에서 무엇을 해야 하는지에 대한 유용한 이정표를 고등교육에 제공할 수 있다(pp. 20, 34). 해방에 대한 글로벌 연대감을 강조하는 것은 교사 교육이 전 세계적 차원의 억압된 인구와 국내에서 오랫동안 시민권이 박탈된 인구, 학령기 아동, 청소년의 숫자가 늘어나는 가족과 지역사회 사이에 중요한 연결고리를 만들도록 돕는다. 미국에서만 '저소득층 아동이 2000~2007년 사이에 15% 증가한 사례'(Fass & Cauthen, 2008, p. 1)나 저소득층 혹은 빈곤층 가족 양쪽에 속한 아동이 39% 증가했던 사례(Douglas-Hall & Chau, 2008)만 보더라도 고등교육 제도들이 글로벌 연대감의 중요성을 인정하도록 계속 강조해야 한다는 점을 알게 해 준다.

'언어적 다양성'

NCATE(2008a)는 규정에 언어적 다양성을 덧붙였다고 발표했다. 그러나 언어적 다양성에 대한 NCATE의 반역사적인 접근은 고등교육제도가 (1) 국가가 공식적인 언어를 채택할 때 제국주의적인 발상으로 결정하는 것에 대한 비판에 합류하고, (2) 미국에서 현대의 '영어만' 인정하는 운동들의 기원을 단일문화, 반이민 집단들로 간주(이 책의 Bartolomé ; Kubota 참조)하는 데 실패하였다. 이와 대조적으로 비판적 다문화교육은 교사들이 국가의 일상적인 담론에서 특권화되고 자연스럽게 되어 학교 교육에서 배제된 관행의 역사적인 맥락을 함께 바라보는 것을 중요하게 보고 있다.

'차별의 잠재적 효과'

다양성의 표준에서 NCATE(2008a)는 "예비교사들은 인종, 계급, 성별, 능력, 성적 취향과 학생들의 언어와 그들의 학습에 근거한 잠재적 차별의 효과를 이해하기 위해 도움을 받는다."라는 진술을 포함시켰다. 그러나 미국과 같이 백인우월성, 차별 효과들이 정치적 경제에 그대로 공공연하게 따르고 있는 이주자국가에서는 역사적으로 종속된 집단들에 미쳤던 다양한 영향들이 NCATE의 표현처럼 잠재적인 것만은 아니다. NCATE는 비록 억압이 주로 받아들여지는 범주를 이름 짓는 것이 중요하다는 점을 인정하긴 했지만, 그럼에도 불구하고 NCATE는 이런 배제적인 관습과 정책들이 어떻게 경제적 · 정치적으로 특권화된 위치에 있다고 확인된 사람들에게 구체적으로 초점을 맞추는지, 어떻게 이것이 현대 학교와 사회에 나타나는지 역사적인 유산의 담론 속으로 고등교육이 명시될 수 있도록 개선하는 데까지는 이르지 못했다.

사회정의와 분리된 문화

단과대학과 종합대학들은 NCATE(2008b)의 기준하에 약 20년 전 주간 신입교사 평가 및 지원 컨소시엄Interstate New Teacher Assessment and Support Consortium, INTASC 기준에서 공립학교 학교장 위원회Council of Chief Sate School Officers(1992)의 50주 리더십에 의해 세분화된 교사 특질 항목을 이행하지 않아도 되길 기대하고 있다. 이 기준들에서 INTASC(1992)는 '문화적 민감성', '문화적 규범', '문화적 차이' 그리고 '인간적 다양성'에 대한 추상화된 준거들을 통해 보수적 시각의 인간관계 다문화주의와 자유주의 시각의 자비심 많은 다문화주의를 활용하고 있다(pp. 14-15, 21-22). 이 방식은 결과적으로 다양성의 틀을 자본주의 경제에서의 계급 형성에 대한 비판을 피하고 빈곤의 문화라는 이데올로기를 포용하는 많은 교사 교육 프로그램들을 만들게 하였다(Vavrus, 2008).

사회정의와 연결되지 않는 INTASC 기준들은 분명히 국가들 사이에서, 그리고 무엇이 만족스러운 수업 시작을 구성하는지에 대한 직위 내에서 공유된 관점을 계속해서 보여 주고 있다(Council of Chief State School Officers, 2008, p. 2). 2001년 NCATE와 INTASC 양쪽의 기준들을 함께 분석하여 다음과 같은 결론을 내렸다.

> 다문화적 진정성의 목소리보다 오히려 NCATE와 INTASC의 다문화적 불확정성으로 인하여 교사 전문교육을 관리하는 것은 국가 공무원들의 타협안이 될 가능성이 많다. 이런 조건은 잠재적 인종주의의 배제적 관습과 경쟁하는 것에서 실존, 중요성, 적절성에 대한 다양한 정치적 해석과 위치를 반영하고 있다. (Vavrus, 2002, p. 55)

이런 결론은 NCATE가 지닌 최선의 의도들에도 불구하고 양가적인 사회정의의 주장으로 인해 고등교육에 대한 근래의 수정되지 않은 기준들을 지속적으로 고수해 왔다(NCATE, 2007 참조).

백인 특권화와 비판적 다문화주의에 대한 저항

1990년대 후기에, 미국 워싱턴 주의 21개 고등교육기관이 전국 모든 대학에 일률적으로 적용하고자 했던 성과 중심으로 이루어지는 학생 및 교수 인턴십 평가체계 영역에서 교수학습법에 대한 테스트를 필수로 하라는 조건을 없애기 위해 주 의회를 대상으로 벌였던 로비활동은 성공적이었다. 물론 2004년쯤 최종 서류에서 다문화적 통합을 하기 위한 기대를 넓히는 중요한 발전을 이루었지만(Office of the Superintendent, 2004 참조), 정치적 압력에 의해 특정 비판적 다문화 용어는 의도적으로 배제되었다.

다양한 입법자와 공립교육의 주 장학관들 사이에서도 저항이 있었다. 2002년 국가 국무회의 때는 보수적인 주 입법자들이 학생 수업 인턴십 평가 도구의 지침이 되는 개념적 틀을 철회하라고 공립교육의 주 장학관에게 압력을 넣었다. 구체적으로는 '백인 특권과 인종을 고려하지 않음'이라 명명한 부분을 서론에 통합시키는 데 모아졌다. 이런 활동은 '교사후보자들은 12학년 학생들이 우선적으로 전통적인 유럽 중심, 백인우월주의적인 학습교재와 교수활동에 참여하게 함으로써 시대착오적인 지배적 문화 모형을 재현'하도록 하는 데 그 목적이 있다. 백인 특권, 인종을 고려하지 않음, 그리고 이와 연관된 개념들을 비판하는 이러한 비판적 다문화적 담론은 주에 의해 없어지게 되었다(Vavrus, 2003).

비판적 다문화주의의 편입에 대한 또 다른 저항은 특정 수업에 대해 인종을 차별하지 않는 것으로 보거나 다문화교육의 범위 밖으로 보는 일부 교사 교육자들로부터 나왔다. 이것은 인종차별을 하지 않으며 그 문제는 역사와 정치 밖이라는 주장을 이용하여 부적절하게 백인으로 채운 자연과학 분야와 부적절하게 저임금층의 유색인종으로 채워 넣은 특수교육 분야 종사자 또한 마찬가지다. 큰 대학들은 새로운 다문화적 시각을 갖고 저항하는 중간급 관리자들이 지향하는 노력에 반대해 왔다. 소수의 교사 교육자들은 사회를 인종차별적이고 계층적이라고 바라보고 있는 비판적 다문화적 시각의 편입이 정치적이므로 전일제 교사후보자들의 교육실습 평가에서 배제하는 것을 '사회적 의제'로 삼을 것을 주장하였다(Vavrus, 2003). 저항은 다문화적 실천을 없애고 외부 인증의 압력으로부터 현 상태의 프로그램이 방해받지 않도록 유지될 수 있는 평가도구를 선호하는 고등교육 교직원으로부터도 계속 일어났다(S. Walton, 사적 대화, 2009년 3월 31일).

주와 협력하여 일하는 21개 단과대학과 종합대학을 대상으로 한 사례연구에 의하면 비판다문화적 시각들에 대한 저항은 다음의 제안들로부터 유래되었다고 한다 ― 제도적으로 고등교육 위치에서 리더의 입장인 많은 사람들, 특히 백인인 사람들은 본인 스스로를 인종을 차별하지 않는 정치적으로 중립인 사람이라고 보며, 인종과 인종차별주의로 인한 논쟁을 무의미하다고 본다. 그들의 가설은 고등교육의 저항에서 강조하는 다음의 이데올로기적 출처들로 이어진다.

- 인종차별주의는 많은 유색인종 아동과 청소년들에 대한 정규적인 경험이기보다 오히려 정도에서 벗어난 개인의 행동을 통해서만 드러나는 역사적 가공물이다.
- 학교와 교실은 제도적 인종차별주의가 이루어지는 장소가 아니라 평등함의 장소이다.
- 유럽 중심적인 교육과정은 탁월한 학문적인 경험을 제공한다.
- 학문적인 성취는 생생한 역사와는 별개로 인종차별, 신분차별, 성차별 등을 경험하는 사람들에게도 있다.
- 유색인종과 가난한 백인 학생들은 학교에서 학문적으로 성취할 수 있는 지식이 부족하다.
- 학생의 학문적 실패는 학교의 학습 환경과 교사의 사회부정의에 대한 성향이 아니라 가족과 지역사회에 달려 있다(Vavrus, 2003).

　많은 교육 리더들이 갖고 있는 이 이데올로기적 가정 역시 다음의 효과들을 갖는다. 많은 숫자의 고등교육 교직원 ― 교사 교육 관련 사람들을 포함하여 ― 은 다문화주의를 피하는데 그 이유는 인종이라는 주제가 자신들이 비판적 다문화지식이 부족하다는 사실을 인정해야 하기에 불안해지기 때문이다. 그래서 이 고등교육 프로그램들에서 졸업하는 교사들은 그들의 공립학교 현장에서 공통적인 담론인 인종을 고려하지 않음의 믿음 체계에 따르는 결정을 하게 된다(Vavrus, 2003). 이와 비슷한 경우는 Pollock (2008)이 시민권을 위한 미국 교육부Department to Education's Office에서의 일을 통해서도 관찰하게 된다. 학교와 교육구에서 자신의 일상적인 실천과 상호작용이 문제가 있다는 사실을 인정하지 않는 교육자들은 유색인종 학생과 그들의 학부모가 갖는 불평등한 기회들은 차별로 보기에는 너무나 약소한 것이라고 일축했다(p. 138).

비판적 다문화시각 및 실천의 전망

Sleeter와 Bernal(2004)은 비판적 다문화교육이 '다른 분야에서보다 개개 행위자 및 제도적 관습보다 교사들이 할 수 있는 것을 더 강조하고 있다'(p. 253)는 점을 지적한다. 그러나 Sleeter와 Bernal은 이 이론과 실제의 결합 딜레마에 직면하게 된다 — 현실이 압제, 문화, 권력의 복잡한 이해관계에 의해 자주 알려지지 않게 되자 누군가는 주류의 학교에서 정말로 반대 이야기를 비판적 다문화주의 시각에서 할 수 있는지를 물었을지도 모른다(p. 254). 이런 취지로 윤곽을 그렸던 NCATE와 워싱턴 주의 미국 인증을 포함한 강제된 경우의 맥락에서, Sleeter와 Bernal은 비판적 다문화주의가 고등교육 실천을 개혁하기 위한 중요한 도전이라는 점을 확인하였다.

실용적인 출발점으로서의 고등교육 교사 교육 프로그램은 인종, 인종차별주의, 반인종차별주의에 대한 연구들을 합법적으로 선정해야 한다. 비판적 인종이론은 위와 같은 개념들을 위한 이론적인 기초를 제공하면서 대부분의 교사 프로그램에서 완전히 잃어버렸던 시각들을 제공해 주고 있다. 왜냐하면 비판적 인종이론이 "인종차별주의는 정상이지 이상한 것은 아니다."(Delgado, 1995, p. xiv)라는 전제로 시작하기 때문이다. 비판적 다문화주의는 이런 시각을 교육적이고 제도적인 접근으로 통합하는 데 유용하다. 그러므로 비판적 교육은 배제적 관습의 법적 기초들을 강조하는 비판적 인종이론으로서 백인의 특권과 자산 권리라는 역사적 연구들을 연결하는 데 기여할 수 있다.

비판적 교수 방법은 다문화교육에 이데올로기, 헤게모니, 저항, 권력, 지식 구성, 계급, 문화 정치, 해방적 실행과 같은 개념들을 중요시하는 교수 및 학습에 대한 시각을 제공한다. 게다가 비판적 교수학습법은 다음의 것을 가져올 수도 있다.

> 고등교육에서 이전에는 학생들에게 결코 없었던 공간, 객관식 문제나
> 혹은 어렵고 집중적인 질문들에 대한 지식으로 활용하기에는 너무나 복
> 잡하고 불편한 공간으로서… 예비교사들은 수업을 위해 교실로 가져온
> 생각에 도전하고, 분석하고, 논쟁하게 된다.
>
> (Kincheloe, 2005b, pp. 101-102)

그러나 이 과정은 비판적 교수 방법에 관한 담론이 실용성이 없다면 교사
가 불만만 표출하는 것처럼 보였다(예 : Kehily, 2002).

역사, 행위주체자 그리고 교사정체성 형성

접근성이 안 좋다는 문제를 효과적으로 극복하기 위해, 비판적 다문화주
의는 우선 국가의 압제자 측 승리의 역사만을 재현하려 하는 주류 담화에
저항하는 역사적 토대 위에 세워져야 한다. 비판적 교육에 반대하는 실천
가가 교육하게 되면 비판적 역사와 노출된 개개의 교사 교육 학생들은 자
신들이 이 역사 밖에 있는 개인이라는 것을 인식할 수 있다. 예를 들어, 백
인우월주의와 성차별주의의 비판적 역사와 마주친 학생들은 빈번히 현 상
태가 위협되지 않을 안전한 방식을 이용해 자신의 정체성과 거리를 두면
서 이 정보들을 왜곡하고자 한다. 그래서 그보다는 오히려 '우리가 개인으
로나 집단으로 마주치는 현재의 사람과 사건들, 모든 순간을 역사화하는
능력'이 필요하다(Bracher, 2006, p. 121). 이 능력을 배양하고자 하는 것
은 예비교사들이 스스로 어떤 정체성을 가져야 할지 그리고 그 정체성이
어떤 작용을 가질지에 대해 관심을 갖도록 하는 데 있다.

　각 교사의 정체성은 자주 변하며, 상황에 따라 달라지고, 역사적으로 사
회의 문화, 정치, 경제적 관습을 구성하는 권력관계에 의존적이다. 그러나

많은 프로그램에서 교사들은 자신의 정체성을 전문의식의 판박이로 맞춰진 생각을 찍어내는 모양새로 접근하고 있다. 비판적 다문화주의의 도전은 그들이 저항과 변혁적 행위주체자agency에 대한 가능성들을 볼 수 있게 하기 위해 예비교사 학생들이 비판적 의식에 근거하는 성향을 개발하도록 돕는 방법에 있다. 그런 접근에서 "교사 교육은 정체성과 의식을 구성하는 힘으로 약간의 통찰력을 제공한다."(p. 155)는 Kincheloe의 의견을 따른다.

비판적 자서전과 교사정체성 형성

자서전의 활용은 이제 교사 교육에서 새로운 것은 아니다. 다문화교육의 초기 목적은 개개 위치에 대한 깊이 있는 이해를 도모하는 것이었다(Vavrus, 2002; 이 책의 Hanley 참조). 그렇지만 비판적 다문화주의에서 기대하는 결과가 항상 나타나는 것은 아니다. 자서전의 임무를 '다양성'으로 맞추지 못한다면 백인의 특권을 해체하기보다 유지하게 할 수 있으며 다시 세분화된 인종적 불평등과 인종에 무관심한 상황을 초래할 수 있다(Chubbuck, 2004, p. 329).

자서전적 민족지 연구는 자서전에 좀 더 강조하는 대안을 제공하고 있다. 민족지적 접근에서 정체성 형성은 역사적으로 정치적 힘에서 자율적인 것으로 그려지기보다 오히려 사회적 현상과 연관이 있다고 그려진다. "개인적인 텍스트로서의 자서전적 민족지 연구는 사회, 정치, 문화의 생활세계를 비판적으로 보는 데 기여하고"(Jones, 2005, p. 763), "타인들의 행위보다 오히려 자신의 행위에서 구체적으로 인식된 유형들을 폭로한다."(Roth, 2005. p. 4) 교사 교육에 적용시킬 때, 한 교사의 정체성을 말로 표현케 하기 위해 개인사를 캐내는 과정은 교육과정을 변혁시키는 동안 교사의 정체성을 위태롭게 하거나 자신을 재창조하고 재형태화하기 위해 필요한 위험을 경험하게 한다(Samaras, Hicks, & Garvey Berger,

2004, p. 915).

 .비판적 다문화주의를 보완하여 교사의 접근성을 증진시키는 깊이 있는 비판적 교수 방법을 만들기 위해서는 '정체성의 형성과 부수적인 행동들에서 개개 주체들과 상호작용하는 비판적 교육을 목적으로 사회심리적 요소들을 통합'하는 것이 필요하다(Vavrus, 2006b, p. 92). 이 교육과정의 전략은 교육학과 학생들이 참여한 자서전적 민족지 연구 담화, 그와 관련된 강연과 워크숍, 세미나 등과 대화를 시도할 수 있는 비판적 텍스트와 결합된다. 학생들은 개개인의 생생한 경험들을 다문화적인 내용으로 구체적으로 즉석에서 작문하라는 과제들을 받게 된다. 이 과제는 인종, 성별, 성징, 그리고 세계화/소외의 현안들 같은 다양한 다문화적 주제로 행해질 수 있다. 마지막의 즉석 작문과제는 다문화적 주제와 상관없이 예비교사가 스스로 얻었던 이런 자전적 민족지의 연구지식이 그들 자신의 교사정체성 형성에 어떤 영향을 주었는지를 묻게 된다. 결국 이것은 교육학과 학생들이 즉석에서 대답하기 가장 어려운 과제일 수 있다. 왜냐하면 그들은 초등학교와 중등학교 교실에서 만들 수 있는 학습 환경과 교육과정 경험의 종류에 따라 정체성이 형성되었고 매일 그들 앞에 펼쳐지는 역사 밖에서는 자신들이 존재할 수 없다는 점을 알기 때문이다. 비판적 교육학에서 쓰여진 자서전적 질적 연구를 통해, 교육학과 학생들은 자신이 비판다문화주의적 헌신을 통해 정기적으로 교실 관행과 학생들의 삶을 변혁할 수 있도록 계속 행위주체자가 되어야 한다는 점을 이해하게 된다(Vavrus, 2006a, 2006b, 2009).

마무리

비판적 고등교육에서 다문화교육과정은 희망을 잃은 자가 더 이상 소외되지 않게 하는 장소이다. 역사적으로 소외된 아동, 청소년, 가족과 지역사회가 고등교육에 관한 문제가 중심 현안으로 자리 잡을 때, 모든 학생이 평등과 희망을 경험할 수 있도록 하기 위해 신속히 공립교육을 새로 바꿔야한다. 이런 목적에 도달하는 데는 현실적인 장벽들이 있는데, 이것은 다문화적 표현에 대한 관리와 주류 담화의 통합으로부터 증거를 찾으려는 노력을 통해 해결해야 한다. 교육적pedagogical인 가능성은 학생들이 자신의학교에서 사회적 불평등과 직면할 수 있도록 돕기 위해 존재한다. 고등교육 교직원 각자가 그런 교육을 이루어 갈 수 있으나, 그것이 좀 더 제대로된 결실을 맺기 위해서는 전 제도적으로 총망라한 노력이 필요하다.

참고문헌

Bonilla-Silva, E. (2005). "Racism" and "new racism": The contours of racial dynamics in contemporary America. In Z. Leonardo (Ed.), *Critical pedagogy and race* (pp. 1–35). Malden, MA: Blackwell Publishing.

Bracher, M. (2006). *Radical pedagogy: Identity, generativity, and social transformation.* New York: Palgrave Macmillan.

Canen, A. (2005). Multicultural challenges in educational policies within a non-conservative scenario: The case of the emerging reforms in higher education in Brazil. *Policy Futures in Education, 3*(4), 327–339.

Chubbuck, S. M. (2004). Whiteness enacted, whiteness disrupted: The complexity of personal congruence. *American Educational Research Journal, 41*(2), 301–333.

Cochran-Smith, M., Davis D., & Fries, K. (2004). Multicultural teacher education: Research, practice, and policy. In J. A. Banks & C. A. M. Banks (Eds.), *Handbook of research on multicultural education* (2nd ed.) (pp. 931–975). San Francisco: Jossey-Bass.

Council of Chief State School Officers (2008, Sep. 12). *INTASC standards development.* Retrieved October 18, 2008, from http://www.ccsso.org/projects/interstate%5Fnew%5Fteacher%5Fassessment%5Fand%5Fsupport%5Fconsortium/Projects/Standards%5FDevelopment/

Delgado, R. (1995). Introduction. In R. Delgado (Ed.), *Critical race theory: The cutting edge* (pp. xiii–xvi). Philadelphia: Temple University Press.

Douglas-Hall, A., & Chau, M. (2008, Oct.). *Basic facts about low-income children: Birth to age 18.* National Center for Children in Poverty, Mailman School of Public Health, Columbia University. Retrieved October 19, 2008, from http://www.nccp.org/publications/pub_845.html

Fass, S., & Cauthen, N. K. (2008, Oct.). *Who are America's poor children? The official story.* National Center for Children in Poverty, Mailman School of Public Health, Columbia University. Retrieved October 19, 2008, from http://www.nccp.org/publications/pub_843.html#1

Foster, J. B. (2007). The financialization of capitalism. *The Monthly Review, 58*(11), 1–12.

Freire, P. (1970). *Pedagogy of the oppressed* (M. B. Ramos, Trans.). New York: Seabury Press.

Gordon, T. T. (2007, Aug. 7). *Private financing grows to become global phenomenon in funding rising costs of higher education.* Institute for higher education policy. Retrieved April 9, 2009, from http://www.ihep.org/press-room/news_release-detail.cfm?id=57

Huggins, N. I. (1991). The deforming mirror of truth: Slavery and the master narrative of American history. *Radical History Review, 49*, 25–46.

INTASC (Interstate New Teacher Assessment and Support Consortium). (1992, Sep.). *Model standards for beginning teacher licensure and development: A resource for state dialogue.* Washington, DC: Council of Chief State School Officers.

Jones, S. H. (2005). Autoethnography: Making the personal political. In N. K. Denzin & Y. S. Lincoln (Eds.), *The Sage handbook of qualitative research* (3rd ed.) (pp. 763–791). Thousand Oaks, CA: Sage.

Kehily, M. J. (2002). *Sexuality, gender and schooling: Shifting agendas in social learning.* London: Routledge.

Kincheloe, J. (2005a). Critical ontology and auto/biography: Being a teacher, developing a reflective teacher persona. In W. Roth (Ed.), *Auto/biography and auto/ethnography: Praxis of research method* (pp. 155–174). Rotterdam, The Netherlands: Sense Publishers.

Kincheloe, J. (2005b). *Critical pedagogy primer.* New York: Peter Lang.

Mahalingam, R., & McCarthy, C. (2000). Introduction. In R. Mahalingam & C. McCarthy (Eds.), *Multicultural curriculum: New directions for social theory, practice, and policy* (pp. 1–11). New York: Routledge.

NCATE (National Council for the Accreditation of Teacher Education). (2001). *Professional standards for the accreditation of schools, colleges and departments of education.* Washington, DC: author.

NCATE. (2006, Apr. 5). *Quick facts.* Retrieved April 9, 2009, from http://www.ncate.org/public/factSheet.asp?ch=40

NCATE. (2007, Nov. 13). *NCATE issues call for action; Defines professional dispositions as used in teacher education.* Retrieved October 18, 2008, from http://www.ncate.org/public/102407.asp?ch=148.

NCATE. (2008a). *NCATE unit standards revision.* Retrieved July 30, 2008, from http://www.ncate.org/documents/standards/SummaryMajorChangesUnitStd.pdf

NCATE. (2008b). *Professional standards for the accreditation of teacher preparation institutions.* Washington, DC: author. Retrieved July 30, 2008, from http://www.ncate.org/public/standards.asp

NCATE. (2008c). *What is NCATE?* Retrieved April 9, 2009, from http://www.ncate.org/public/faqaboutNCATE.asp?ch=1

Office of the Superintendent of Public Instruction. (2004). *Pedagogy assessment of teacher candidates.* Olympia, WA: author. Retrieved December 14, 2004, from http://www.k12.wa.us/certification/profed/pubdocs/PerfBasedPedagogyAssessTchrCand6–2004SBE.pdf

Pollock, M. (2008). *Because of race: How Americans debate harm and opportunity in our schools.* Princeton, NJ: Princeton University Press.

Popkewitz, T. S. (1999). Introduction: Critical traditions, modernisms, and the "posts." In T. S. Popkewitz & L. Fendler (Eds.), *Critical theories in education: Changing terrains of knowledge and politics* (pp. 1–13). New York: Routledge.

Roth, W. (2005). Auto/biography and auto/ethnography: Finding the generalized other in the self. In W. Roth (Ed.), *Auto/biography and auto/ethnography: Praxis of research method* (pp. 3–16). Rotterdam, The Netherlands: Sense Publishers.

Samaras, A.P., Hicks, M. A., & Garvey Berger, J. (2004). Self-study through personal history. In J. J. Loughran, M. L. Hamilton, V. K. LaBoskey, & T. Russell (Eds.), *International handbook of self-study of teaching and teacher education practices: Part two* (pp. 905–942). Dordrecht, The Netherlands: Kluwer Academic Publishers.

Sleeter, C. E., & Bernal, D. D. (2004). Critical pedagogy, critical race theory, and antiracist education. In J. A. Banks & C. A. M. Banks (Eds.), *Handbook of research on multicultural education* (2nd ed.) (pp. 240–258). San Francisco: Jossey-Bass.

Tabb, W. K. (2001). *The amoral elephant: Globalization and the struggle for social justice in the twenty-first century.* New York: Monthly Review Press.

Tomasevski, K. (2003). *Education denied: Costs and remedies.* London: Zed Books.

Vavrus, M. (2002). *Transforming the multicultural education of teachers: Theory, research, and practice.* New York: Teachers College Press.

Vavrus, M. (2003, Apr.). *Incorporating a transformative multicultural perspective into a state's policy for teacher candidate pedagogy performance.* Paper presented at the Annual Meeting of the American Educational Research Association, Chicago (ERIC Document Reproduction Service No. ED 478389.)

Vavrus, M. (2006a, Mar.). *Resisting the effects of teacher alienation in an era of globalization.* Paper presented at the International Globalization, Diversity, and Education Conference, Washington State University, Pullman.

Vavrus, M. (2006b). Teacher identity formation in a multicultural world: Intersections of autobiographical research and critical pedagogy. In D. Tidwell & L. Fitzgerald (Eds.), *Self-study and diversity* (pp. 89–113). Rotterdam, The Netherlands: Sense Publishers.

Vavrus, M. (2008). Culturally responsive teaching. In T.L. Good, (Ed.), *21st century education: A reference handbook* (Vol. 2) (pp. 49–57). Thousand Oaks, CA: Sage Publishing.

Vavrus, M. (2009). Sexuality, schooling, and teacher identity formation: A critical pedagogy for teacher education. *Teaching and Teacher Education: An International Journal of Research and Studies, 25*(3), 383–390.

Wallerstein, I. (2004). *World-systems analysis: An introduction.* Durham, NC: Duke University Press.

Wroughton, L. (2008, Oct. 10). World Bank names 28 financially strained states. *Reuters Africa.* Retrieved October 11, 2008, from http://africa.reuters.com/top/news/usnJOE49901C.html

예비교사, 학생, 가족에게 임파워링하기

'교육의 사회적 기초' 과목에서 지역사회 실행 프로젝트 짜기

VIRGINIA LEA

서론

설립 초부터 미국의 공교육은 뿌리 깊은 불평등을 야기하는 사회경제적, 정치적 위계질서의 재생산에 적극적으로 기여해 왔다. 공립학교의 초기 목적은 Gramsci가 '헤게모니'라 말한 조직 과정에 의해 학생들을 '국가' 에 기여할 수 있는 애국적인 시민들로 사회화하고, 기업과 세계경제에 적응하도록 준비시키는 데 있었다(Spring, 2008). 헤게모니는 결과적으로 비대칭적 권력관계를 재현하도록 하는 특정의 중요한 관념, 가치, 신념을 수용하게 만들었다. 사실 우리는 이런 관념, 가치, 믿음을 '정상', 혹은 '상식'으로 볼 정도로 내면화하고 있다(Boggs, 1976, p. 39). 헤게모니의 담화들은 우리 중에 지배적인 제도 및 문화적 합의를 통해 이익을 얻는 자가 있으며, 우리 중에 그들에 의해 억압당하는 자가 있다는 합의가 정상적인 것이라는 점을 확신시킨다.

헤게모니는 불평등을 정당화하는 데 효과가 있긴 하지만 반박할 여지가 없는 완벽한 과정인 것은 아니다. 불공평하고 불공정한 사회경제적 구조들이 상식적인 상황이 되어 지속적으로 유지되어 왔다. 이에 대해 많은 사람들은 불공평한 사회경제적 및 정치적 체제를 연구하고 또 연구하여[1] 개혁하도록 투쟁해 왔다. 교육의 목적과 관련 법, 정책, 관습은 항상 논란이 많았다. 예를 들어 반헤게모니적 담화들은 1954년 미국 대법원U.S. Supreme Court의 브라운 대 교육위원회Brown vs. Board of Education 판결에서 학교에서의 차별 근절이라는 두드러진 특징을 나타내는데, 학교들이 사실상 이 정책을 지키지 않는다면 법에 따라 폐교시킬 수 있게 하는 데 성공했다. 반헤게모니는 또한 미국 남부에서 1960년대와 1970년대 미국 시민권 운동Civil Rights 중에 일어났던 대안적인 다문화적 접근의 교수teaching와 사회행동주의에 의해 표출되었다.

그러나 이 정책의 반헤게모니적 대안들 역시 점차 이상한 방향으로 나아가기 시작했다. 그런 흐름은 다문화교육 내에서 일어났다. 학교들이 다문화교육을 하는 방식이 공립학교 교육의 구조와 내용을 변혁시키는 것은 거의 없는데도 형평성을 지킨다는 이유로 몇몇의 비유럽 중심주의 영웅들과 공휴일들을 인정하여 받아들이기 시작했다면 이와 같은 방식으로 다문화교육이 길들여지는 것에 대응할 필요가 있다(Nieto, 1994). 1990년대에 비판적 다문화주의는 비판적 의식과 형평성 있는 교육 실천을 개발할 목적으로 이론적인 틀을 만들었다. 그것은 처음 출발에서와 마찬가지로 오늘날 교육체제에 깊이 뿌리박힌 헤게모니적 담화들에 대한 필요한 대응이었고 환영받을 일이었다.

나는 반은 아랍계(시리아계) 혈통이며, 중산층 가정에서 태어난 아프리카계 남자의 아내이자 다문화가정의 자녀를 가진 어머니인 사람으로서 현재의 사회적 불평등을 낳는 인종, 계급, 성별, 문화, 언어 및 여러 헤게모니적 요소들에 도전하는 데 관심이 있다. 그러나 내가 헤게모니를 해체하기 위해 인식하고, 재인식하고, 조처를 취하도록 스스로에게 동기부여했던 동안에도, 나 자신 또한 이제껏 세계를 보았던 방식과 정체성에 내포되어 있는 모순적이면서도 역동적인 본성이 존재한다는 것을 깨닫게 되었다. 현재 교사 교육자로서의 역할에 임하면서 나 역시도 많은 예비교사 학생들처럼 빈번히 아동 및 성인 시기의 경험들을 통해 형성되어 왔던 헤게모니적 담화들에 의해 왜곡된 렌즈를 통해 세상을 해석하고 있다. 헤게모니를 원 상태로 해체하는 작업은 내가 예비교사에게 말하는 것처럼 전 생애를 걸쳐 이루어져야 하며, 확고한 이론적 토대 위에서 조심스럽게 접근하는 것이 필요하다. 나에게는 이것들이 비판적 다문화주의와 이에 관련된 이론들이었다.

이 장에서는 내가 가르치는 펜실베이니아 주에서 발급하는 교사자격증을 위해 대학 교양학부에 개설된 필수과목 중 '교육의 사회적 기초Social Foundations of Education'라는 과목을 새롭게 신설하면서 눈에 두드러진 헤게모니를 해체할 때 내가 했던 약간의 기여와 연관시켜 이 이론들을 살펴보고자 한다. 이 과목의 수강을 신청한 학생들은 대부분 중상층 가정의 백인으로 구성되어 있었다. 이 과목의 최초 목적은 예비교사들로 하여금 헤게모니가 학교에서, 그들 자신 안에서, 더 광범위한 사회 속에서 작동하고 있는 방식을 인식하고 재인식하도록 돕는 데 있었다. 또한 이 과목은 예비교사들이 향후 가르칠 학생들의 학창시절에 침투하게 되는 헤게모니를 해체하기 위해 형평성 있고 비판다문화적인 교수학습 계획들을 고안하도록 돕는 데 목적이 있었다. 나는 우선 이를 위해 모든 학생에게 지배적인 잠재적 교육과정과 관련하여 해명하고 바로잡아야 할 억압의 행위들과 가장 지독한 헤게모니적 담론 중 일부분을 간략하게 소개하고자 한다.

일부 지독한(부정적인) 헤게모니적 담론과 억압 행위

미국에서 헤게모니적 공립교육의 목적은 Thomas Jefferson이 1779년 모든 백인, 남성, 집단 속에서 다른 이들과 구별되는 소수가 3년 동안의 자유교육을 받아야 한다는 취지의 지식의 보편적 확산법Bill for the More General Diffusion Knowledge을 제안한 이래 변하지 않았다. Jefferson의 계획에서는 기본적으로 여성, 흑인, 원주민은 아예 제외되었다. 학교에 가는 아동들은 성경이나 신문, 자신의 세금 계산서를 읽기 위해 학습하고자 하였다. 다른 말로 하면 시민단체에 속할 수 있는 대다수는 Platon의 국가론에서 생산자로 간주되는 시민들로서 그들의 리더에 의해 좌우되는 정부의 원칙들을 이해하고 동의할 수 있는 지식과 기술의 형태로 충분한 계몽을 받고자 했다.

Jefferson은 자신이 구상한 교육체계를 공정하다고 보고 있는데 그 이유는 백인 남학생에 속한 그는 사회경제적 특징이 아니라 교실에서의 성취와 능력에 대해서만 평가를 받아 왔기 때문이다. 학교에 대한 접근과 교육경쟁을 관할하는 교육과정이 생산 수단을 지배하고 소유했던 사람들에게 호의적인 표준들을 토대로 만들었기 때문에 편파적일 수 있다는 것이 Jefferson의 당면 문제는 아니었던 것처럼, 오늘날의 교육과정을 관할하고 있는 누군가의 현안도 아니다. 많은 교육자들처럼 그들은 반대 관점의 우수한 연구들이 있음에도 불구하고 사회경제적 및 문화적 공간 내에서 이루어지는 수준별 학급편성이나 대학입학시험 같은 사회적 선발을 공평한 경쟁으로 보도록 하는 헤게모니를 통해 스스로를 속이는 경우가 종종 있다(Wheelock, 1998; 또한 아래를 보라).

미국에서 헤게모니적 교육 실천의 다른 사례는 새로운 국가의 탄생에는 통합되고 보편적이며, 유럽 중심적인 미국인의 문화라는 생각을 핵심으로 한 국가의식을 만드는 것이 필요하다고 믿었던 Noah Webster에 의해 주도되었다. 그래서 Webster는 초기 미합중국 헌법제정자들의 전설들을 토대로 하는 민족국가의 역사교육과정을 옹호했다(Spring, 2008). Webster가 계획했던 미국의 역사교육과정은 현재의 미국 사회가 그것의 수사적, 평등주의적 이상에 도달하지 못하도록 방해하는 부정적인 면과 모순들이 계속 있음에도 불구하고 지난 200년간 학생들에게 교육되었다. 그래서 교과서들은 미국 사회의 중심부에서 이루어진 광범위하고 지속적인 불평등과 모순들을 무시하고 있다(이 책의 Vavrus 참조). 사실 대부분의 사람들은 유럽 중심적인 지식체body of knowledge가 '표준적'인 교육과정을 대표하는 것으로 생각한다.

많은 학생이 이런 문제가 전형적으로 자신과 무관하다고 여기며 지루해하거나 혹은 스스로가 소외된 역사에 대한 우둔한 해석으로 단일 문화의식에 마취되어 있음을 발견하게 된다(Gatto, 2002; Loewen, 1996). 사회과 교육과정은 학생의 실생활, 특히 저소득층 유색인종인 학생의 실생활과 거의 연관이 없다. 이 교과는 왜 사회적 계층질서가 그처럼 구성되었는지를 거의 설명하지 못한다. 또한 저소득층 학교에 자원들을 더 적게 배정하고, 교사자격증을 가진 교사들을 더 적게 채용하며, 높은 수준의 사고나 창의성에 대한 기대를 더 낮게 하는 것이 헤게모니의 역할이라는 점을 거의 설명해 주지 않는다(Anyon, 2005).

아래에서 설명하게 될 사회적 기초 과목의 중요한 목적 중 하나는 지배역사의 신화를 구체화하는 것이 자신이 가르칠 많은 학생들을 열등한, 전형적인 '낙오자'로 이끌거나 혹은 아예 아무런 영향을 주지 못함으로써 그 학생들의 재능(영향력)을 제거할 수도 있다는 점을 예비교사가 이해하도록 돕는 데 있다. 역사적 신화는 수정주의적이고, 역사에 남을 만한 일을 할 힘을 준다. 이것은 또한 대다수가 백인인, 세상에 허위의식을 갖고 있는 특권층 혹은 부유층들이 공정하고 공평한 방식으로 공익에 기여하도록 돕는다.

그들 사회가 관대하다고 보게 되는 이런 허위의식은 교사들로 하여금 종종 그들 자신이 관대하다는 허위의식으로 연결되면서(Freire, 1993/1970), 유색인종이거나, 영어가 모국어가 아니거나, 지역 방언으로 말하는 저소득층 아동은 문화적 지식과 가치가 있는 관습들이 없다고 생각하게 만든다. 따라서 아동에 대한 현존하는 규범과 가치들을 백인 중산층의 것으로 대체하도록 가르치면서 저소득층 가족에게 최고로 기여하고 있다고 생각하는 '결핍사고'를 보여 준다. 이런 사고는 이 집단에 속한 교사들이 가난한 사람, 특히 유색인종의 삶을 불균형하게 만드는 헤게모니의 영향력을 인식하고 재인식하도록 하는 것을 어렵게 한다. 게다가 미국 교사 인구 중 백인이 83.1%인 반면에 공립학교에서는 다양한 문화의 학생 인구가 계속해서 증가하고 있다(NCES, 2006)는 점 때문에 생긴 불균형은 '평균적인 백인 교사가 교실에 숫자적으로나 혹은 정치적으로 소수집단이 있다고 느끼고 생각지 않는다는 사실과 다양한 문화적 효능감을 갖고 있지 않다는 사실'(Ladson-Billings, 2001)로 나타나 문제가 매우 많다. "백인이 대부분인 교사집단에서는 그들 자신을 기준으로 한 경험을 통해 가르친다."(Ladson-Billings) 인종, 민족성, 사회경제적 계층은 이론적으로는 비판다문화적 방식으로 모든 아동을 가르치는 것에 장벽이 없는 반면에, 백인, 중상층 교사들은 결핍사고를 극복하는 데 상당한 지원을 받아야만 그들 자신과 다른 배경에서 온 학생들을 다룰 수 있다(이 책의 Bishop 참조). 동시에 유색인종에 저소득층 출신의 배경을 가진 교사들을 더 많이 채용하는 것에 대해 우려하는 시각을 갖는 등의 제도적인 문화장벽은 제거되어야 한다.

연방의 무관심과 다른 복합요인들로 인해 미국 전역의 공립학교에서 인종차별이 다시 부활하려고 하고 있음에도 불구하고(Orfield &Lee, 2007), '상식'적인 담론들은 공립학교가 미국에서 상위 계층으로의 사회적 이동과 사회경제적 안녕을 담보하는 주된 수단이라고 오랜 기간 동안 인정하고 있다(Meier &Wood, 2004). 그러나 2000년에서 2008년까지의 Bush 행정부 기간 동안, 신자유주의 국가를 기업과 과두 정치를 통한 부의 후원자로 만드는 '국가자본주의'의 복잡한 체제가 확고하게 되자 이런 담론은 유지되기 힘들어졌다(Chomsky, in Cohen, 2008). 그 결과로 공립학교들은 기업화되고 민영화되어 지속적으로 저소득층 출신의 아동들을 Naomi Klein(2008)이 '신자유주의 경제'라 말했던 사회계급 사다리 속의 밑바닥인 생산노동자와 서비스 업종 노동자가 되도록 만들고 있다. 나는 Jefferson의 '지식의 더 보편적인 확산the more general diffusion of knowledge'이라는 계획의 메아리를 그대로 듣고 있다.

미국에서 기업 통치가 하향식이며 강압적이라는 것은 2001년 초 · 중등 교육법elementary and secondary education act, 아동낙제방지법No Child Left Behind, NCLB에서도 나타난다. 아동낙제방지법은 특히 저소득층 학생들이나 유색인종들의 형편없는 학문적인 성과들을 문서화했던 수많은 연구가 있음에도 불구하고(Epstein, 2006; Fair Test, 2008, 2009), 주로 단일문화의, 고부담 평가high-stakes testing에 의해 관리되는 성문화된 학교 교육과정(이 책의 Locke 참조)이라는 결과를 낳았다.

비판적 다문화주의는 우리가 국가 자본가들의 강력하고 거대한 힘들에 저항하기 위해 활용할 수 있는 하나의 시각이다. 과정으로서 비판적 다문화주의는 교사와 학생들이 헤게모니적 관습들을 개발하게 하는 담론들을 밝혀내고 관리 전략을 개발하며 가능하다면 지역적 차원의 부정을 개혁할 수 있도록 돕는 데 있다(Sleeter & Bernal, 2004).

'사회적 기초' 과목의 시범적인 운영

위에서 언급하였듯이 새롭게 개설된 '사회적 기초' 과목의 초기 목적은 나의 수업에서 과도하게 많은 숫자를 차지하고 있는 백인, 중상층, 여성이라는 배경을 가진 예비교사들에게 헤게모니가 학교, 지역사회, 그리고 그들 스스로에게 어떤 방식으로 지속적으로 작동하고 있는지를 인식하게 하고 재인식하도록 하는 데 있으며, 학생들이 교육받는 생활에서 헤게모니를 해체하기 위해 어떻게 공평하고 비판적인 교수학습 계획들을 고안할 수 있는지를 배우도록 돕는 데 있다. 예비교사들인 독자들이 더 어린 학생들을 가르칠 때 이런 아이디어들을 학생들에게 알려 주는 것도 좋을 것이다.

Shor(1999)가 지적한 것처럼 시범과목은 부분적으로 '비판적 사고'라는 관점으로 짜여졌다.

> 이는 자신과 사회의 발전을 위한 대안적인 통로를 발견하려는 노력으로 현 상황에 도전한다는 뜻이다. 이런 종류의 능력—세계를 제고하는 단어들, 사회에 불만이 있는 자신—은 불평등을 대신하여 정의를 이루기 위해 그리고 우리의 삶을 제고하기 위해 정치적, 개인적, 공·사적, 세계적·지역적·경제적·교육적인 것들과 연결이 된다.

사실상 비판적인 사고는 우선 우리가 어떻게 헤게모니를 형성하고 있으며 타인과 어떤 방식으로 상호작용하는지에 초점을 맞추어야 한다. '다문화에 관한 비판적 사고'는 우리가 문화, 인종, 민족, 사회경제적 계급, 성별, 언어, 성적 취향, 능력에 대한 헤게모니적 담화를 존재하게 하는 다양한 방식들과 어떻게 이런 담화들이 우리에게 존재하고 있는지에 초점을 맞출 수 있도록 돕는다. 그것은 우리에게 어떻게 권력과 억압이 현 사회에서 경쟁적으로 유지될 수 있는지를 찾도록 요구한다.

비판적 다문화주의는 또한 '사람들은 그들이 가진 사상으로 세상을 본다는 원칙'에 근거한다. 냉혹한 헤게모니적 힘들이 부적절하게 소수의 이익에 기여하도록 하는 제도적인 구조와 지배적인 문화적 담화들을 재생산하도록 강요하는 동안, 우리가 이 힘들에 대항하여 교실의 안팎에서 자신의 의견을 말할 수 있는 행위주체자가 되도록 한다(Sleeter & Bernal, 2004). 의식적으로나 성찰적으로 비판적 다문화이론은 그 실천이 발생한 것만큼 실습에 적용된다(Darder, Baltodano, & Torres, 2003). 비판적 다문화주의 이론의 시각을 기꺼이 받아들인 학생들은 새로운 의미를 가진 행위자가 된다. 그들은 사회정의와 연관된 교육목적 실현에 지침이 될 수 있는, 혼합된 이론적 틀을 스스로 짤 수 있는 힘을 갖게 된다.

'교육의 사회적 기초'라는 시범적 교육과정은 위의 목적에 더 잘 대처하기 위해 예비 사회적 기초 과목들의 신조tenet를 '지역사회 실행 프로젝트'로 통합하기 위해 고안해 왔다. 이런 복합적인 과정은 다음과 같이 구조화되었다―(1) 자기, 학교, 사회에서의 헤게모니에 초점 맞추기, (2) 특정 학생에 대한 문화적 지식 수집하기, (3) 지역사회 실행 프로젝트에 참여하기, (4) 문화적으로 적절하게 가르치고 비판적 사고 학습을 계획하기.

1. 자기, 학교, 사회에서의 헤게모니에 초점 맞추기

학기 초에 예비교사들은 자기, 학교, 더 광범위한 사회에 만연한 헤게모니를 인식하고 재인식하도록 돕기 위해 고안된 몇 가지 경험에 참여한다. 나는 일상적 관행의 사회적 본성을 버릴 수 있도록 하기 위해 이 경험을 주의 깊게 구조화해 왔다. 익숙한 것으로 익숙하지 않게 한다.

비판적 사고의 도전 중 하나는 예비교사들이 그들의 과정에서, 그들이 앞으로 마주칠 교육실습에서 학생 및 가족들과 관련해 결핍사고를 포함하여 자신들의 헤게모니적 가정들에 초점을 맞출 수 있도록 돕는 것이다.

> 빈곤 속에서 살아가는 학생들, 가족들에 대한 … 결핍 시각은 … 교사와
> 학교 중 일부는 그들에 대한 높은 기대치나 학문적인 성취에 대한 희망
> 의 여지를 남기지 못하게 한다. 교육자들이 알아 둘 필요가 있는 빈곤의
> 분석들은, 빈곤을 만들고 유지하는 더 큰 구조적인 현안을 이해하는 근
> 거가 된다. (Nieto &Bode, p. 175)

결핍사고는 복잡한 과정이다. 이는 헤게모니의 파생물이며 어떤 의미에서
는 기준이 된다. 사람들이 사회경제적 계급을 재생산하고 타인들을 복종
하게 하는 관행에 참여하게 하기 위해서는 자신보다 사회경제적 계급이
더 낮은 사람들에 대한 부정적인 견해를 따를 필요가 있다. 그러므로 그런
담론들이 권력 있고 재생산적인 헤게모니의 과정으로 성공하는 데 필수적
인 것이기 때문에 우리 자신이 가진 결핍사고에의 접근방식을 발견하는
것은 우리 중 더 바람직한 사회 및 교육의 평등을 위해 노력하고자 하는 사
람에게는 매우 중요하다. 이것은 교사와 예비교사뿐만 아니라 아동과 청
소년에게도 적용된다.

결과적으로, 자신의 결핍사고를 자각하는 것이나 세상을 보는 대안적인
방식을 개발하는 것은 어려운 일이다(이 책의 Bishop 참조). 인간은 헤게
모니적 수사가 평등주의적 이상을 촉진해 왔던 사회에서 공정하고 공평한
것으로 그들 자신이 자각할 수 있도록 자신에게 있는 결핍사고를 감추고
자 한다.

> 인종 혹은 성별 같은 개념에 대한 태도들은 예를 들면 두 가지 수준에서
> 작동하게 된다. 즉 의식 수준에서 진술된 가치는 우리의 행동을 의도적
> 으로 하게 만든다. 그리고 무의식적 수준에서 우리는 생각할 시간조차
> 갖기 이전에 즉각적으로, 꽤 복잡하지만 자동적으로 일어나는 연상이라
> 는 측면에서 반응한다. 적응적인 무의식은 무의식적이고 무의도적이기

> 때문에 노력으로 바꿀 수 없으며 지금 이 순간에도 반응한다. 의식적인 사고는 더 긴 안목을 갖는다. 그것은 통제될 수 있으며 느리지만 노력을 통해 바꿀 수 있다. (Berlak, 2008, p. 51).

그래서 비록 단일 과목이 결핍사고를 원 상태로 돌릴 수 있는 방법은 없다 할지라도, 학생들이 헤게모니를 방해하는 것을 돕는 어떤 과목은 헤게모니를 폭로하는 행동에 상당한 시간을 할애할 필요가 있다. 그들이 저소득층 가족들로부터의 배움을 열린 마음으로 받아들임으로써 표준 담론으로 보게 되었던 헤게모니의 인종, 고전주의, 여러 거대 담화들의 정체를 벗김에 따라, '사회적 기초' 과목을 수강하는 학생들은 교육적 자서전, 목적, 철학을 쓰고 반성했으며, 역할놀이에 참여해 보기도 하고 탈들을 만들어 보기도 했으며(Lea, 2009; Lea & Griggs, 2005), 문화 충격을 경험해 보고 일부 특별한 기록영화를 유용하게 관람하였다.

미키 마우스 독점 : 디즈니, 유년기 대상 기업의 힘Mickey Mouse Monopoly: Disney, Childhood & Corporate Power은 그런 영화 중 하나이다(Chyng Sun, 2001). 비디오는 기업의 권력이 순수함과 재미라는 가장을 통해 촉진되어 온 방식을 보여 주었다. 디즈니가 인종, 성별과 계급에 관해 말하는 이야기들에 대해 세밀하여 비판해 보자면, 디즈니는 실상 우리 지구적인 문화에 강력한 영향력을 지니며 '문화교육'에 참여하고 있다(Chyng Sun, 2001). 디즈니의 이야기들은 자주 고정관념으로 아동의 마음과 중심에서 상대방의 입장이 되어 교실 교육과정으로 들어간다. 그러나 대중은 이 거대 기업이 퍼뜨린 이야기들에 대해 거의 영향을 미치지 못한다. 디즈니는 자사 상품들을 무척 보호한다. 예를 들면 아랍계 디즈니 영화 알라딘에서 반아랍적인 고정관념을 지우려고 노력했지만 충분히 성공했다고 말할 수 없다. 디즈니가 사우디아라비아에 관한 영화에서 유지했던 표현들은 다음과 같다. "원

시적이네. 야!! 그게 집이냐!!"(Giroux, 2001)

'사회적 기초' 과목을 수강하는 예비교사들은 탄탄한 소집단에 속해서 영화에 내포된 이론과 주제들을 중심으로 디즈니의 영향력에 대한 토의에 참여한다(이 책의 McShay; Sharma 참조). 그들은 학기 초에 우리가 교실 규범으로 교섭할 때 이 과정에 대한 논의를 함에 따라, 대화가 최소한 타인의 의견에 의해 생각이 바뀔 수 있는 개방성이 필요하다는 것을 알고 있다. 대화가 진행됨에 따라 그들은 자신이 이상으로 여겼던 생각과 현실이 다르다는 것을 깨닫게 된다. '인종'이라는 견지에서 이런 토의에는 자신의 결핍된 생각들을 인식하고 재인식하지 못하도록 만드는 디즈니에 의해 자주 선전된 것들처럼 일부 교과서와 미디어 이야기들에 내재되어 있는 '인종을 고려하지 않는color-blindness' 헤게모니적 이데올로기를 비판하는 것도 포함된다.

학생들은 익숙하고 자주 사랑받아 온 문화적 특징들을 여러 각도에서 철저히 보기 시작했을 때 정서적, 인지적인 붕괴가 일어난다. 이 과정을 문화충격이라 부른다. 이것은 자주 교실문화와 미디어 표현이 중립적이지 않다는 예비교사의 깨달음을 동반하게 된다. '사회적 기초' 과목에서 나는 예비교사들을 '안전한' 문화충격 상황에 처하게 해 그들의 반응을 모니터링함으로써 문화적인 충격을 인식하고 재인식하도록 한다. 그 목적은 이 과정이 주류문화 중심의 교실에서 이루어질 때 많은 공립학교 학생들에게 주는 파괴적인 영향력을 이해시키는 데 있다. 몇몇은 편견이 붕괴되는 순간 욱하는 감정으로 새로운 견해에 저항한다. 또 다른 부류는 주류의 담화들이 유색, 여성 혹은 저소득층 출신의 학생들의 정체성에 가져왔을 수도 있는 부정적인 효과를 자각하지 못했다는 데 대해 후회스럽다는 말을 한다. 세 번째 부류는 지속적으로 교화되고 있는 느낌을 표현한다. 2008년 가을에 아프리카계 미국인의 침례교파African American Baptist 교회방문을 마친 후 과제의 일부분으로 써 낸 보고서에 1학년 학생(백인)이 문화충격에 대해 나타냈던 꽤나 전형적이었던 반응을 여기에 소개한다.

> 이 경험을 통해서(흑인이 대다수인 시온 교회), 나는 문화충격이 그것을 받은 사람들에게 때로는 긍정적으로 또 때로는 부정적으로 굉장한 영향을 미친다는 것을 알게 되었다. 그 경험은 두렵고 불편한 상황에 처하게 함으로써 기존의 관습과 기준들에 도전을 하게 하고 변화하게 만든다. 나는 문화충격은 사람들이 그것에 관하여 어린 시절에 인종, 민족 등의 현안과 함께 교육을 받았다면 그렇게 심하지 않을 수도 있다고 믿는다.
>   그들이 문화충격을 경험하는 것은 피할 수 없다 해도, 실제 그것을 경험하기 전에 미리 준비되어야 하며, 그래서 그것이 불편하더라도 … 내 눈을 다른 문화에 열어 두고, 내가 믿는 신을 다른 방식으로 믿는 것이라고 본다면 … 그것으로부터 긍정적인 점을 얻을 수 있을 것이다.

이 과정의 많은 부분은 인종과 계급이 지속적으로 불공평하고 불평등한 사회경제적 계층을 재생산하는 데 중요한 역할을 한다는 점에 초점을 맞춘다. 비판적 인종이론은 학생들에게 인종차별주의, 계급차별주의, 그리고 헌법적으로 보장된 재산권을 통해 권력을 유지하는 방법 같은 여러 억압 형태들을 인식하도록 돕기 위해 제공된다. 나는 또한 헤게모니적인 관행으로서 백인 특권과 백인우월주의에 문제의식을 가지면서 학교와 지역사회의 통합을 강조하게 하고 이런 특권을 재생산하는 제도적이고 문화적인 합의를 변화시키기 위해 반인종차별주의 이론을 활용한다.

2. 특정 학생에 관한 문화적 지식 수집하기

학기 초반~중반까지 예비교사들은 일주일 중 한 시간 이상을 라틴계 학생이 대부분인 지역학교 방과 후 프로그램에 참여하는 저소득층 학생들을 위해 봉사했다. 나는 예비교사인 수강생들에게 이론만 알아서는 비판적 다문화 수업을 아는 것이 사실상 불가능하다고 강조했다. 수강한 학생들은 자신과는 다른 배경의 아동 혹은 청소년을 알기 위해 시간을 투자해야 하며, 보통 학교에서만 보는 것보다 생활 전체를 더 많이 알 수 있도록 학교 밖에서 만나는 것이 더 바람직하다. 내 과목을 수강하는 두 명의 예비교사는 다른 날 따로 방과 후 프로그램에 참석했는데도 같은 학생을 알게 되었다. 예비교사들은 그 학생에 관한 지식, 즉 학기 후반부 동안 비판적 사고를 가르칠 때 발판이 될 지식들을 모았다. 학습 계획에는 관련 있는 제2언어 획득 전략들을 포함하는 것이 적절하다. 그 과정은 펜실베이니아 주에 의해 위임된 새로운 영어학습자English Language Learner, ELL 역량을 맥락화할 뿐만 아니라 백인계 미국인의 언어적 및 민족적 우월성에 대항하는 집단과 지지하는 집단 사이에 지속되어 온 역사적인 헤게모니 투쟁을 강조한다(이 책의 Bartolomé; Kubota 참조).

3. 지역사회 실행 프로젝트에 참여하기

문화적으로 민감한 비판적 다문화 시각을 실천에 적용하는 데 있어서, 예비교사들은 촉진자[2]들의 지원을 받아 학기 후반기 동안 학생들의 가족과 함께하는 지역사회 실행 프로젝트에 참여함으로써 그 학생들의 더 넓은 문화적 연결망과 정체성들을 알게 된다. 이 문화적 지식 역시 이미 언급되었고, 언급할 예정인 문화적으로 민감한, 비판적 다문화 사고 학습 활동의 설계에 활용된다.

지역사회 실행 프로젝트는 '구술 역사Oral History'(Featherston & Ishibashi, 2004), '지식 자산Funds of Knowledge'(Moll, Amanti, Neff, & Gonzales, 1992), '교육문화Educultural'(Lea & Sims, 2008)로 구성된다. 우리는 우리와 함께 일할 일부 가족들을 초대한다. 초대받은 가족들은 그들의 문화지식에 관하여 예비교사들을 가르치는 데 있어서 어떤 프로젝트가 가장 적합한지를 선택한다. '구술 역사' 프로젝트에서 예비교사들은 가족이 구술하는 이야기와 기억들이 사적, 문화적, 역사적으로 중요하다는 확신과 함께 그들이 기꺼이 풀어내는 이야기와 기억에 귀를 기울인다. '지식 자산' 프로젝트에서는 예비교사들이 자유롭게 질문들 던지고 그에 관해 가족들이 대답하는 데 동의하거나 혹은 대답하기 힘들어했던 것을 매우 주의 깊게 구성한 질문들을 통해서 장점과 유연성에 대한 토대를 형성해 왔던 여러 지식, 일상적인 관습, 문화적 이야기들, 이주민의 유형, 지리적 지식, 가족의 역사들을 조사하게 된다. 양쪽 프로젝트에서 예비교사들은 과거와 지역사회에 현존하는 가족의 문화지식을 표현하거나 성문화하게 된다.

그 후 이 가족들은 '지역사회학자'가 된다거나 가난한 가족들에 관해 갖고 있는 결핍사고를 해체하기 위해 여러 포스터, 삽화, 팸플릿, CD 같은 형태로 된 성문화된 자료를 활용해서 교사들(자신의 자녀를 가르쳤던 교사를 포함해서)을 가르친다거나 할 수도 있다(Featherston & Ishibashi, 2004). 내가 강의하는 대학에서 봉사했던 일부 학교지구에서는 교사들이 학생들의 문화적 배경에 관하여 잘 알게 되기를 바라는 가족을 위해 자원을 제공하기도 한다. 일가족이 참여하는 세미나들은 자녀들의 학교에서 일부 교사들의 결핍사고를 깨도록 도울 수 있다. 내가 바라는 것은 이 과정이 참여 가족에게 권리를 주고, 그들이 자신들의 삶을 긍정적으로 변화시키는 데 기여할 수 있게 하는 것이다.

'교육문화 프로젝트'는 새로운 '교육의 사회적 기초' 과목에 중요한 것을 추가로 보여 준다. Lea와 Sims(2008)에 따르면 "교육과정들은 음악, 시각과 퍼포먼스 예술, 이야기, 구술 역사, 비판적 대화에서 전해진 경험에 초점을 맞춘다. 그것들은 고질적인 사회 및 문화적 가정과 편견에 대한 비판의식을 심화시키고, 우리 학교, 교실, 자신 안에 백인, 인종, 사회경제적 계층, 성별 및 여러 사회적 구성에 도전하여 해체하는 데 도움을 준다."(p. 15) 교육문화주의는 정체성을 명료화하는 데 도움을 준다. 교육문화 프로젝트는 가족이 그들의 신문과 저널, 또한 원한다면 그들이 그린 그림과 드로잉을 첨부해서 문화적 정체성을 표현하는 항목들을 자르고 붙여 문화 정체성의 콜라주를 만드는 것 등을 포함해서 다양한 형태로 이루어질 수 있다. 이런 성문화된 분석을 통해 예비교사들과 아동의 가족들은 문화 정체성과 지역사회의 가능하다면 무의식적 마음들의 풍요로움을 통해 통찰력을 얻게 된다(Lea & Sims, 2008; 이 책의 Hankey 참조).

나의 본래 목적은 상호 호혜적인 것을 특징으로 하며 예비교사, 학생, 그들의 가족을 포함한 모든 집단에게 경험을 통해 일정한 권리를 주는 사회정의를 핵심으로 한 '사회적 기초' 과목을 구성하는 것이었다. 그러므로 우리와 함께 일하기 위해 초대된 가족들의 관심에 초점을 맞추는 것이 매우 중요했다. 그 과목이 시작하기 전에 그들 중 일부는 예비교사들이 그들을 어떻게 생각할지에 대해 걱정했지만 막상 그들의 관심을 우리에게 말하는 것에는 불편해 하지 않았다. 권력관계라는 견지로 인해 그들의 위치는 백인 교수(나)와 대부분이 백인, 중상층으로 구성된 예비교사들에게 더 많은 상처를 받을 수도 있었다. 과거 경험을 보건대 예비교사들과 내가 오히려 이 프로젝트를 통해 결핍사고를 부각시키게 할지도 모른다(이 책의 Bishop 참조). 그래서 상호 이익이 되게 일하기 위해, 과목은 위에 설명한 바대로 가족과 학생에 관한 예비교사의 잠재적 결핍사고에 강하게 초점을 맞추어야 한다. 나는 이 과목의 모든 면이 예비교사들로 하여금 여러 비판 다문화적 교육목적 가운데서 그들의 위치성, 즉 그들이 가르치는 학생과 학생의 가족들이 사회적으로 어떻게 자리 잡고, 어떻게 살았는지에 대한 정체성과 가설들을 비판적으로 성찰하는 데 도움을 되기를 희망한다.

아울러 계속 대화를 통해 가족들이 언제든지 스스로 그 프로젝트를 철회

할 수 있고, 프로그램의 참여를 통제할 수 있는 충분한 권한이 있으며, 우리가 간문화적 맥락에서 작동하는 가정과 고정관념의 역할을 변화시키기 위해 열심히 일하고 있다는 것을 알게 하는 것이 중요하다. 내가 권리를 주고자 하는 그 사람들에 대해 통상적인 편견보다는 적겠지만 그럼에도 나 역시 잠재적으로 영향력을 빼앗을 수 있는 편견이 있다는 점을 자각하고 있다고 그들에게 설명하는 것이 중요하다.

4. 문화적으로 적절하게 가르치고 비판적 사고 학습을 계획하기

위에서 논의했던 것처럼, 현재 미국의 교실을 점령한 많이 표준화되고 성문화된 교육과정은 헤게모니적, 신비적, 반역사적 그리고 추상적인 상식 속에서 독립적인 학문기술과 지식을 제공해 준다. 저소득층 혹은 가난한 학생이나 유색인종 학생뿐만이 아닌 다른 많은 학생들도 이 교육과정을 의미 없게 생각하거나 외면하고 있다.

이에 대응해서, 나는 실제로 교사가 그 학생들을 얼마나 아는지에 의존하는 비판적 사고 학습 계획들을 개발하는 어려운 과업을 예비교사에게 준비시키고자 하였다. 그런 계획들은 문화적으로 민감하며 그들 학생들의 살아 있는 경험과 관련해서 높은 수준의 사고 기술들과 창의성을 끌어내게 한다(이 책의 Locke 참조). Paulo Freire(1993/1970)와 그 동료들의 연구에 힘입어, 예비교사들은 학생들의 관심이나 일상적인 관습, 미래, 꿈에 대한 학습경험만이 아니라 학생들이 그들의 지역사회에 있었다고 생각하는 불평등과 부정을 연결한 학습경험들도 준비하고 있다. 그것들은 학생들이 유용한 학문적 도구 ― 사회과, 예술, 체육, 교육 등 ― 를 이용함으로써 실생활의 문제를 해결하게 하는 데 목적이 있다(Duncan-Andrade & Morrell, 2008; 이 책의 Flynn, Hanley, Fitzpatrick 참조).

비판적 다문화주의는 그래서 학생들의 공식적인 학업 성취와 사회정의에 대한 헌신을 포함한다. 기업, 표준화된 교과서, 학습 계획들에 의해 개발되는 만병통치식의 학습경험과는 달리, 비판다문화적 학습 계획들은 불평등의 메커니즘과 불평등의 근원을 혼란스럽게 하는 헤게모니적 결과를 겪는 학생들의 실제 삶과 분리되지 않는다. 그것들은 교실의 세계가 고여 있지 않도록 하고 공식적, 학문적 기술과 개념들의 더 많은 지식을 개발함으로써 충분한 권한을 갖게 하고 자신의 삶에서 이런 지식들을 부정의에 적극적으로 반대하는 비판다문화적 교육의 목적에 부응하기 위해 적용시키도록 학생들에게 동기를 유발한다. 이것이 바로 학생들이 평등을 향한 사회적 변화에 대한 그 자신의 목소리와 아이디어들을 개발하는 데 어린 시절부터 참여하게 함으로써 사회 변화의 주체들이 되도록 하기 위해 우리가 준비한 방식이다.

결론

미국에서 공교육은 다른 것들과 마찬가지로 항상 정치적이고 경쟁적인 과정이었다. 과거나 지금이나 공교육은 헤게모니적 공공정책이나 관습 및 교육적·사회적 정의에 대한 비판적 실행주의자들의 낙관주의나 비판적 분석에 따라 크게 좌지우지된다. 비판적 다문화교육자로 불리는 우리들은 우리 연구와 실천을 위해 현존하는 불평등을 재생산하고 있는 헤게모니적 교육담론과 관행에서 그 단서를 찾아내려고 한다. 그러나 우리는 또한 학교, 사회, 우리 자신을 통해 그 안에서 헤게모니를 저지하는 방법들을 발견하고자 한다. 내가 기술하고자 했던 '교육의 사회적 기초' 과정은 예비교사들이 이 노력에 참여하려는 시도 중 하나이며 동시에 학생들과 그 가족들이 함께 상승작용을 얻도록 지역사회 협력자와 함께 주의 깊게 구성한 비판적 다문화교육을 통하여 그들에게 충분한 권한을 주고 있다. 비판적 다문화주의, 비판적 사고, 비판적 인종, 반인종차별주의 이론을 토대로 하여 예비교사들은 그들이 이때까지 지역 및 세계적인 불평등, 부정의에 대해서 생각하고, 느끼고, 믿고 행동했던 것과는 다른 방식으로 느껴 보도록 격려받는다. 그렇게 하는 데 있어서, 그들은 '기준', '자연', '상식'이 의미하는 것을 다시 정립할 것이다. 그들은 인식하고 재인식할 것이며, 교육과 더 넓은 사회에서 헤게모니적인 정책과 관행이 일상적으로 나타나는 것을 해결하기 위해 노력할 것이다.

주

1. 헤게모니는 언어를 통해서 유지된다. 그래서 내 의견으로는 우리가 세계를 움직이는 새로운 방식 혹은 반헤게모니적 관행의 대안적인 개념이 가능하도록 언어를 창의적으로 재구조화할 수 있어야 한다. 이런 의미로 나는 이 장에서 '재인식'이라는 용어를 사용한다. 동사는 '표준' 영어사전에 있는 것이 아니라 '초기의 이해 재고'를 담아 읽어야 한다.
2. Grant가 지지하는 학생 촉진자들—이전의 사회학적 기초에서 제시된 문화역량, 성찰과 공감을 위해 뽑은—은 예비교사의 일을 지원한다.

참고문헌

Anyon, J. (2005). *Radical possibilities: Public policy, urban education, and a new social movement.* New York: Routledge.

Berlak, A. (2008). Challenging the hegemony of whiteness by addressing the adaptive unconscious. In V. Lea & E. J. Sims (Eds.), *Undoing whiteness in the classroom: Critical educultural teaching approaches for social justice activism.* New York: Peter Lang.

Boggs, C. (1976). *Gramsci's Marxism.* London: Pluto Press.

Bonilla-Silva, E. (2006). *Racism without racists: Color-blind racism and the persistence of racial inequality in the United States.* Lanham, MA: Rowman & Littlefield.

Chyng Sun, C. (2001). *Mickey mouse monopoly: Disney, childhood and corporate power.* Northampton, MA: Media Education Foundation.

Cohen, B. (2008, Nov. 3). My interview with Noam Chomsky on the economy. *The Huffington Post.* Retrieved January 30, 2009: http://www.huffingtonpost.com/ben-cohen/my-interview-with-noam-ch_b_140323.html

Darder, A., Baltodano, M., & Torres, R. (2003). *The critical pedagogy reader.* New York: RoutledgeFalmer.

Duncan-Andrade, J. M. R., & Morrell, E. (2008). *The art of critical pedagogy: Possibilities for moving from theory to practice in urban schools.* New York: Peter Lang.

Epstein, K. K. (2006). *A different view of urban schools: Civil rights, critical race theory, and unexplored realities.* New York: Peter Lang.

FairTest (2008, July). Researchers document high-stakes testing damage, shortcomings. Retrieved January 11, 2009: http://www.fairtest.org/researchers-document-highstakes-testing-damage

Featherston, E., & Ishibashi, J. (2004). Oreos and bananas. In V. Lea & J. Helfand (Eds.), *Identifying race and transforming whiteness in the classroom.* New York: Peter Lang.

Freire, P. (1993/1970). *Pedagogy of the oppressed.* New York: Continuum.

Gatto, J. T. (2002). *Dumbing us down: The hidden curriculum of compulsory schooling.* Gabriola Island, BC, Canada: New Society Publishers.

Giroux, H. (2001). *The mouse that roared: Disney and the end of innocence.* Lanham, MA: Rowman & Littlefield.

Igoa, C. (1995). *The inner world of the immigrant child.* Mahwah, NY: Lawrence Erlbaum Associates.

Jackson, P. W. (1968). *Life in classrooms.* New York: Holt, Rinehart and Winston.

Klein, N. (2008). *The shock doctrine: The rise of disaster capitalism.* New York: Picador.

Ladson-Billings, G. (2001, Summer). Teaching and cultural competence: What does it take to be a successful teacher in a diverse classroom? *Rethinking Schools, 15*(4). Retrieved January 11, 2009: http://www.rethinkingschools.org/archive/15_04/Glb154.shtml

Lea, V. (2009). Unmasking whiteness in the teacher education college classroom: Critical and creative multicultural practice. In S. R. Steinberg (Ed.), *Diversity: A reader.* New York: Peter Lang.

Lea, V., & Griggs, T. (2005, Winter). Behind the mask and beneath the story: Enabling student-teachers to uncover the socially constructed nature of "normal" practice. *Teacher Education Quarterly, 32*(1), 93–114.

Lea, V., & Sims, E. J. (Eds.). (2008). *Undoing whiteness in the classroom: Critical educultural teaching approaches for social justice activism.* New York: Peter Lang.

Loewen, J. (1996). *Lies my teacher told me: Everything your high school history textbook got wrong.* New York: The New Press.

Meier, D., & Wood, G. (2004). *Many children left behind: How the No Child Left Behind Act is damaging our children and our schools.* Boston: Beacon Press.

Moll, L. C., Amanti, C., Neff, D., & Gonzales, N. (1992, Spring). Funds of knowledge for teachers: Using a qualitative approach to connect homes and classrooms. *Theory into Practice, 31*(2), 132–141.

NCES (2006). Characteristics of schools, districts, teachers, principals, and school libraries in the United States 2003–04: Schools and Staffing Survey. U.S. Department of Education.

Nieto, S. (1994). Affirmation, solidarity and critique: Moving beyond tolerance in multicultural education. *Multicultural Education, 1*(4), 9–12, 35–38.

Nieto, S., & Bode, P. (2008). *Affirming diversity: The sociopolitical context of multicultural education.* New York: Allyn & Bacon.

Orfield, G., & Lee, C. (2007, Aug.). Historic reversals, accelerating resegregation, and the need for new integration strategies. UCLA, LA: The Civil Rights Project/Proyecto Drechos Civiles.

Shor, I. (1999, Fall). What is critical literacy? *The Journal of Pedagogy, Pluralism, and Practice, 1*(4). Retrieved January 17, 2009: http://www.lesley.edu/journals/jppp/4/shor.html

Sleeter, C. E., & Bernal, D. D. (2004). Critical pedagogy, critical race theory, and antiracist education: Implications for multicultural education. In J. A. Banks & C. A. M. Banks (Eds.), *Handbook of research on multicultural education* (pp. 240–258). San Francisco: Jossey-Bass.

Spring, J. (2004). *The conflict of interests: The politics of American education.* New York: McGraw Hill.

Spring, J. (2008). *American education.* New York: McGraw Hill.

Wheelock, A. (1998). Keeping schools on track. *Rethinking Schools Online, 13*(2). Retrieved January 13, 2009: http://www.rethinkingschools.org/archive/13_02/tracksi.shtml

제3장 | 언어교사 교육의 이데올로기 고취에 도전하기

LILIA I. BARTOLOMÉ

서론

영어권 국가들에서는 어느 때보다 급증하고 있는 다양한 언어적 소수그룹 학생들을 위해 자격을 갖춘 영어교사가 필요하다는 것을 강조하고 있다 (Gándara& Maxwell-Jolly, 2000; Gonzalez & Darling-Hammond, 1997). 이 중 상당수는 제2언어로서의 영어English as a Second Language, ESL 와 보호막영어Sheltered English 교사들에게 언어습득 이론, 언어교수 방법과 이론, 그리고 일련의 교과내용 분야를 가르쳐 준비시키는 것이 필요하다고 지적한다.

ESL/SE 교사들은 대부분의 경우 백인이 아닌 사회경제적 저소득층 이민자와 하위 문화집단 출신의 언어적 소수집단의 학생들을 가르치게 된다. 이때 교사들이 업무를 수행하며 정치적인 이데올로기 측면의 문제로 어려움을 겪을 수도 있다는 점을 반드시 고려해야 한다. 특히 그간 ESL 분야가 전통적으로 영어단일주의, 식민주의, 동화주의적으로 전개되었음을 고려하면(이 책의 Kubota 참조), 교사 교육 프로그램의 교육과정이 설계될 때는 이데올로기의 역할 및 교육과정에 잠재된 백인 중산층의 기대치와 대부분 종속집단에 속한 학생들 사이의 비대칭적 권력에 대한 구체적인 연구를 포함해야 한다.

이 장에서는 중요한 교육학적 원리 — 교사 교육에 있어서 이데올로기와 그 역할 — 가 연구과정에 포함되어 시행된 한 응용언어학과의 교육과정을 기술하고자 한다. 이 연구는 예비 및 현직 ESL/SE 교사를 좀 더 효율적으로 준비시키기 위해 진행되었다. 이를 기술하기 전에 먼저 간단하게 비판적 교육학을 정의하고 교사준비 프로그램의 한 부분으로서 이데올로기 연구의 중요성을 논의할 것이다.

비판적 교육학 : 왜 ESL/SE 교사에게 이데올로기 연구가 필요한가?

비판적 교육학은 교육 환경 내에서 이데올로기, 권력, 문화와 언어 간의 관계를 더욱 잘 이해하는 것에 초점을 맞춘다. Darder, Baltodano, Torres (2003)는 이데올로기 연구가 '교사들이 그들의 수업을 비판적으로 평가하고, 지배문화의 신념과 관행이 구조적으로 재생산되도록 지배층 문화가 교육과정에 교묘하게 잠재되어 있는 양상을 알아볼 수 있게' 도와준다고 말한다(p. 13). 여기서 '이데올로기'란 기존의 사회 질서를 정당화하고 합리화하기 위해 사회 구성원들에 의해 구성되어 유지되는 사고의 틀을 말한다(Darder et al., 2003; Eagleton, 1991; Heywood, 2003). Antonio Gramsci(1935/1971)는 지배적이거나 패권적인 이데올로기에 대항하는 관점은 흐려지게 하여 사실상 지배계층의 사상을 상식이나 '자연스러운' 세계관으로 받아들이게 만드는 것이라고 규정했다. Gramsci는 학교 등 기관들의 역할은 지배적인 이데올로기를 영속화하고 대중이 지배층의 질서를 받아들이는 것이 스스로를 위한 것이라고 생각하게 만들어 기존의 질서를 합리화하는 것이라고 했다.

잠재된 차별적 이데올로기들은 정상적이고 자연스러운 것으로 받아들여지고, 이 이데올로기들이 언어적 소수그룹 학생들의 '보이지 않는' 취약점이 된다. 이러한 이데올로기 그 자체의 경향 때문에 ESL/SE 교사들은 비판적 능력을 습득해야 할 도덕적 의무가 있다. 즉 때로 교사들이 저소득층의 사회경제적 지위가 낮은 이주민이나 다른 종속계층의 학생들을 대할 때 무의식적으로 드러내는 계급주의 및 백인 우월주의적 성향을 해체하기 위해서다. 만약 이러한 부정적인 인식들을 문제시하지 않고 방치한다면 학생과 지역 공동체를 위해야 할 학급과 학교가 오히려 차별을 양산하는 실체가 될 것이다(Sleeter, 1993, 1994; Zeichner, 2003). 교사의 이데올로기적 입장과 특정 수업 관행이 결정적으로 연계된다는 연구 결과는 없지만, 많은 학자들이 교사의 이데올로기 성향이 종종 교사의 신념과 태도, 학생들과 상호작용하고 가르치는 방식에 반영되어 나타난다는 점을 시사하였다(Ahlquist, 1991; Marx & Pennington, 2003; Sleeter, 1993, 1994).

교사들은 스스로에게 내재된 전제, 가치, 관점 등을 더 잘 인식하기 위해 정치적 · 이데올로기적 명료성을 향상시킬 필요가 있다. 이는 교사들이 학생들의 언어 학습과 학업을 성공적으로 이끌기 전에 반드시 이루어야 하는 부분이다. 교사들은 인종, 성, 그리고 계층 간의 차이에 대한 학생들의 비판적 이해 능력을 향상시키기에 앞서 교사 스스로가 이런 유형의 비판적 분석에 참여할 수 있어야 한다. 정치적 명료성을 계발할 때 첫 번째 단계는 학교가 이데올로기적 투쟁의 장소이며 정치적으로 중립적인 곳이 아니라는(이 책의 Lea 참조) 점을 이해하는 것이다. 교육에 있어서의 중립성은 불가능하다. 이를 고려하면 ESL/SE 교사 양성 교육과정에서는 교사들의 정치적·이데올로기적 명료성을 계발해야 한다. 확실한 방법 중 하나는 권력관계와 문화 및 경제적 자본의 불균형한 분배를 어떻게 이데올로기가 은폐하는지 명확하게 드러낼 수 있도록 탐구하는 것이다.

응용언어학에서의 이런 방식의 이데올로기 연구에 관한 논의로는 Pennycook(2001)의 주류 또는 '자유주의적' 응용언어학과 '비판적' 응용언어학 사이의 구분에 대한 논의가 있다. Pennycook은 언어교육이 오랫동안 언어를 탈맥락화된 현상으로 보아 온 경향이 있다고 말한다. 응용언어학은 맥락 속의 언어를 연구하는 것과 관련이 있다고 주장하지만, Pennycook은 "그들은 맥락을 종종 지나치게 지역화된 사회적 관계로 인식하며 그에 대한 이론적 뒷받침도 미약하다."(p. 4)고 설득력 있는 주장을 펼친다. 비판적 응용언어학의 핵심 기능은 언제나 "학급, 텍스트, 또는 대화가 더 폭넓은 사회문화, 정치적 관계와 어떻게 관련되어 있는지에 관심을 갖는 것"이다(p. 5). 교사들은 학급 상황이 학습 자료와 교육적 맥락 모두에 반영되어 나타나는 사회정치적 요소에 많은 영향을 받는다는 것을 이해해야 한다. 이를 이해하지 못한 교사들은 소외감을 느끼는 학생들이 문화적·언어적으로 저항하거나 종속하게 되는 바로 그 이데올로기적 요소를 재생산하게 되고 만다.

ESL/SE 교사들이 의문을 품고 스스로와 학생들이 삶 속에서 이데올로기나 사회정치 및 경제적 현실을 인지하게 하려면 교과 전반에 걸친 거시적 수준의 사회연구와 미시적 수준의 학급연구를 연계해야 한다. 이렇게 교사를 준비시키는 방법은 무지한 대중의 의식을 제고하는 운동을 확산시킬 것이고(Freire, 1985; 이 책의 Gustein; McShay 참조) 세상을 어설프게 이해하던 교사들은 자신의 현실에 대한 냉철한 이해를 얻게 될 것이다. 이와 같이 교사들이 현실을 좀 더 폭넓게 이해함으로써 교육 구조를 — 한편으로는 영어의 학문적 담론의 학습을 강화하고 다른 한편으로는 학생들의 목소리가 반영될 수 있는 공간을 창출하는 구조를 만들어 내기 바란다.

많은 학자들은 예비교사들이 반헤게모니적 가능성과 이데올로기를 분명하게 학습할 기회가 충분하지 않다고 주장한다(Gonsalves, 2008; Haberman, 1991; Marx & Pennington, 2003). Gonsalves(2008)는 교사를 대상으로 한 다문화교육과정이 흔히 '일회성'으로 이루어지는 것을 비판하고 교사의 전체 연구 과정이 헤게모니적 이데올로기에 대한 비평과 통합되어야 한다고 강력히 주장한다(이 책의 Vavrus 참조). 그는 예비교사들이 자연스럽고 일반적인 상식으로 받아들이던 것과 다른 세계관과 관행에 처음 직면했을 때 충격적인 반응을 보이므로 이들에게 시간이 필요하다고 주장한다. Gonsalves는 특히 중산층의 백인 예비교사들은 그들에게 내재된 반헤게모니 이데올로기에 대한 무지 및 분노 섞인 저항을 극복하기 위해 이러한 생각에 반복적으로 노출될 필요가 있다고 설명한다(예 : 미국 내의 아프리카계 미국인과 라틴계 사람들의 높은 사망률, 학업 중퇴율 등에 대해 단순히 '희생자를 비난하는' 식의 단순한 설명에 반문하기).

대부분의 미국 교사 양성 프로그램은 다문화주의를 하나의 단독 과정으로 '게토화'하거나 '정치적 체면을 차리는 것' 정도로 낙인을 찍는 관행을 벗어나야 한다. 이 장에서 논의하는 학자들은 이러한 비판적 개념과 많은 과정을 병합해서 그러한 연구를 등한시하지 않고, 학생들이 이데올로기와 문화집단 간의 불평등한 권력관계를 꾸준히 포괄적으로 분석하게 한다.

응용언어학 대학원 과정에 비판적 관점 병합하기

이 장에서는 세 명의 응용언어학 학자들의 연구를 소개한다. 이 연구에서는 대학원 학생들에게 "교육은 학생과 교사 그리고 다양한 권력 지위를 가진 이론가가 결부된 사회문화적, 경제 및 정치적 관계의 복잡한 결합체와 관련되어 있다."는 것을 분명하게 하는 비판적 교육 개념과 교육과정을 병합을 시도했다(Macedo, 2006, p. 181).

이 대학원 프로그램은 학생들이 언어교육 지식과 능력을 기술적으로 습득할 때 일관적으로 윤리적 자세를 갖고 이데올로기 및 정치적 명료성을 더욱 확실히 할 수 있는 교육 공간을 설계했다. 이 교육자들이 일하는 곳과 그들이 종종 아직 영어를 말하거나 이해하지 못하는 학생들에게 주 정부에서 지정하는 대로 영어로만 수업을 실시해야 하는 곳에서 잠재적으로 차별적인 이데올로기와 관행들을 중성화하거나 뿌리 뽑을 수 있도록 그들을 준비시키기 위하여, 학교에서 '영어단일주의(English only)'의 비민주성에 대한 의문을 제기하고 이러한 관행을 없애는 전략을 탐구하게 하는 비평언어가 계발되어 핵심 과정들에 병합되었다.

이 장에서 논의되는 세 과정에는 중요한 비판적 교육 원리 두 가지가 나타난다. 지배 이데올로기가 문화, 민족성, 성, 그리고 언어 분야의 일련에 걸쳐 비대칭적 권력관계를 생산 및 재생산하도록 작용하는 방법에 대한 비판적 이해와 억압적인 이데올로기와 관행을 명명하고 탐문·저항하며 변화시키려는 효과적인 반헤게모니 담론에 대한 노출과 개발(Darder et al., 2003; Macedo, Dendrions, & Gounari, 2003)이 그것이다. 교사들은 학생들의 학습에 부정적인 영향을 끼칠 수도 있는 저항—특히 문화적·언어적 저항—이론을 다루는 문학을 접한다. 교수들은 특정 하위 연구 분야(다문화교육, 제2언어로서의 영어ESL 교육학, 사회언어학)를 사회

역사적으로 맥락화해서 이 원리들을 가르친다. 나아가 교수자들은 학생에게 특정 하위 분야를 소개하는 동시에 비판적으로 훈련시키기 위한 전략으로서 주류 문학과 비판적 문학을 지속적으로 병치시켜 비교한다. 이 교수들이 학생들을 특정 이데올로기적 '당파노선'으로 기울도록 유도하지 않는다는 점에 주의해야 한다. 사실 교수들이 이데올로기 성향이 모호하지 않은 학생들을 예로 삼기는 하지만, 그 과정의 주요 목표는 학생들이 반헤게모니의 개념과 관점을 진지하게 연구하도록 자극하는 데 있다. 학생들은 관련된 문헌으로 뒷받침할 수만 있다면 자신 고유의 입장을 개발하도록 독려된다.

공간의 제약 때문에 이 장에서는 세 핵심 과정에 중점을 두고 위에 정리한 두 가지 교육 원리의 근거를 조명한다. 그 연구 결과는 임시적인 것으로, 자기비판과 비판적 다문화 원리를 연구 과정 전반에 좀 더 병합시키기 위한 향후 논의 과제로 삼을 것이다.

3개의 응용언어학 과정

헤게모니적/반헤게모니적 이데올로기와 관행들이 대학원 수준의 과정에서 언제 언급되는지를 알아보기 위하여, 교차 문화적 관점, ESL 교육 : 방법과 접근법, 사회언어학의 세 가지 필수 교과 요목에 대한 사전 분석을 실시하였다. 사전조사에서 발견한 사항에 대하여 교수들과 면담도 했다.

교차 문화적 관점은 프로그램에서 ESL 교육 이전에 학생들이 가장 먼저 들어야 하는 수업 중 하나이며, 방법과 접근법은 두 번째 또는 세 번째 학기에 듣는다. 학생들은 과정의 마지막에서 두 번째 학기나 마지막 학기에 사회언어학을 듣는다. 사전 분석에 따르면 학생들은 연구 과정 전반에 걸쳐 응용언어학 분야의 전문성을 계발하는 동시에 헤게모니적/반헤게모니적 이데올로기 신념과 실제를 접하게 된다.

각각의 과정에 대해 다음 사항을 논의한다 — (1) 과정에 대한 일반적인 설명과 관계된 학습 목표, (2) 과정 중에 읽는 교과서와 저자에 대한 개요, (3) 교수 개인의 교수 접근 방법과 구체적인 수업의 예시에 대한 간단한 설명 등이다. 논의를 통하여 과정의 개념과 명백하게 헤게모니적/반헤게모니적 이데올로기와 실제를 모두 다루는 문제점들이 조명될 것이다. 끝으로 세 과정에 걸친 교육학적 공통점에 대해 살필 것이다.

교차 문화적 관점

교차 문화적 관점은 "학생들에게 문화정치학, 특히 다문화이론과 실천에 대한 배경 지식을 제공하기 위해 설계되었다." 특히 이와 관계가 있는 것은 교수자가 문화에 대한 비정치적 정의와 '불평등한 권력관계, 제도적 형태, 적대 그룹 간의 사회적 관계와 저항에 영향을 받는 문화'를 뚜렷하게 구별하는 것이다(이 책의 May & Sleeter 참조). 교수자는 학생들이 개인 수준에서보다는 학급에 나타나는 억압과 불평등 구조 및 이데올로기적 분석에 초점을 두고 '문화와 다문화주의의 전반에 걸쳐 나타나는 논점을 파악하고 해명해 보게 될 것이며…[그리고] 미국[사회와 학교]에서 작용하는 이데올로기, 교육, 정치적 패턴을 논의할 것'이라는 점을 강조한다.

학생들은 인종/민족성, 사회경제적 지위, 언어, 성 또는 성징과 같은 구체적인 다양성의 형태와 이러한 '문화적 차이'가 불평등을 합리화하기 위한 목적으로 차별적 신념 및 가치와 관행이 형성되는 과정뿐만 아니라 종속문화와 지배문화 구성원 사이의 불평등한 권력관계와 어떻게 관련되어 있는지를 조사한다. 학생들은 구체적으로 이러한 불평등 요소가 학급 환경에서 어떤 양상으로 나타나는지 연구한다. 학생들은 문화연구의 간학문 분야에 익숙해져 자기 자신의 것(정치적 신념과 실체)을 만들어 가면서 이러한 간학문적 렌즈를 주류의 '무정치적' 또는 자유주의적 다문화교육 원리와 방법을 해체하는 데 적용하게 된다.

수업 교재

교수자는 이 강의를 위해 하나의 핵심 교재로 Pepi Leistyna(1999)의 *Presence of Mind: Education and the Politics of Deception*(마음의 존재 : 교육과 기만의 정치학)과 수많은 주류 도서 및 추가 비판적 도서를 사용한다. 이 책은 네 가지 일반적인 다문화교육 모델에 대한 상세한 논의로 시작하여 다양한 핵심 개념을 다룬다(Sleeter & Grant, 1987). 또 이 원리들 대부분이 민족 문화를 단순화, 필수화하며 사회경제 및 구조적 불평등을 논의하는 것은 꺼리는 경향이 있다는 사실을 강조한다. 또 다른 한 장에서는 백인 우월 이데올로기―즉 미국 사회의 백인성과 인종계층의 사회적 구성이 논의될 것이다.

교수자는 또한 잘 알려진 저자들의 다양한 논문을 교재로 사용한다. 그중 Ana Maria Villegas, John Ogbu, Gloria Anzaldua, bell hooks, Peggy McIntosh, Jean Anyon, Noam Chomsky, Paulo Freire는 교육, 문화 및 미디어 연구를 포함한 다양한 연구 분야를 대표한다. 이러한 교재들은 다양한 문화적 부조화 모델에 대한 비평을 포함하여 언어적 소수자들의 학업부진을 설명하고 언어와 정체성 간의 관계를 논의하며 백인 특권주의와 교육의 고도의 정치성을 분명히 드러낸다.

교수학습 방법

교과요목을 살펴보면 문화, 이데올로기, 그리고 권력이 다양한 문화 및 언어 환경과 접하면서 어떻게 그 모습을 드러내는지에 대한 집중적인 교수자의 연구 의지가 확고하게 드러난다. 교수자는 다문화교육 분야를 세련되게 맥락화하는 것으로 시작한다. 미국에서의 이주 및 내부적 식민지화와 백인우월주의 이데올로기의 역사를 살펴보는 것에 상당한 시간이 할애되었다.

어떤 사회역사적 맥락이 설정되면 교수자는 식민지 모델의 프리즘을 통해 다양한 지역 소수그룹의 역사적 경험을 연구하여 문화, 이데올로기, 권력 간의 상호관계를 조사한다. 구체적으로 교수자는 전통적으로 무정치적 '차이'에 집중하는 것으로 규정된 다문화교육에 대한 이해를 높이기 위해 문화연구의 틀을 활용한다. 문화연구는 문화/문화 형태, 정치경제적 기저와 결과적인 헤게모니적 이데올로기 사이의 관계를 탐구하는, 비교적 그 역사가 짧은 간학문 분야이다(During, 2003; 이 책의 Sharma 참조). 이 과정의 이론적 성향으로 볼 때, 학생들은 틀림없이 많은 유형의 문화적 다양성(예 : 민족적/인종적, SES, 언어학 등)을 권력과의 관계에 충분히 연계해 볼 것이다. 이를 통해 학생들은 두 가지 다문화교육 하위 분야—문화연구와 병합된 주류 다문화교육과 비판적 다문화주의에 있어서의 전문성—를 계발하게 될 것이다. 다음에서는 이와 유사하게 ESL 교육 방법과 접근법 수업에서 일어난 사회역사적 개입 및 이데올로기와 교수 실천 간의 비교를 논의한다.

ESL 교육 : 방법과 원리

저자가 2001년부터 가르쳐 온 'ESL 교육 : 방법과 접근법' 과정은 학생들에게 ESL 교수 역사와 현재의 ESL/SE 교수 방법 및 접근법을 소개한다. 이러한 역사적 관점을 통해 학생들은 그들의 직업에 내재된 제국주의의 유산과 영어의 과중한 위치를 이해하게 된다. 교사들은 교사 직업 공동체의 역사를 이해하며 학생들이 영어를 사용하는 것을 의무화하기보다 소수집단 학생들이 영어를 비판적으로 학습할 수 있도록 인간적이면서도 학습자를 존중하는 학습 환경을 만들기 위해 잘 계획된 노력을 기울여야 한다.

이를 통해 은폐된 채로 계속 존재해 온 동화주의와 백인우월주의 전통이 어떻게 ESL(지금은 보호막 영어 교실) 수업에 먹칠하는 '보이지 않는' 기초로 작용하는지 더 명료하게 인식하게 된다. 그러므로 학기 전반에 걸쳐 학생들이 교수 방법을 선별, 수정, 시행할 때, 특히 현재 미국 매사추세츠 주를 포함하여 이 프로그램이 시행되고 있는 곳에서 영어 단일주의 정책이 다시 시작되고 있는 관점에서 역사, 사회, 정치, 문화적 요소를 고려하도록 한다.

수업 교재

여기에서는 학생들이 자연교수법과 보호막 영어 수업방식과 같은 다양한 현재의 ESL/SE 교수 원리와 방법에 대한 설명을 접할 수 있도록 하는 3개의 기본 언어 방법론 교재를 사용한다(Echevarria & Graves, 2003; Larsen-Freeman, 2000; Richards & Rodgers, 2007). 또한 Freire의 참여적 언어 및 문식성 교수 방법(이 책의 Gutstein; McShay 참조), 능력 기반 교수법, 총체적 언어 교수법과 다른 교수 방법들을 논하는 많은 논문을 사용한다. 수업 교재들은 탈맥락화된 교수법, '마법의 조리법'의 개념, 어떤 완벽한 교수법도 부적합한 학습 환경을 보완하거나 사회적ㆍ경제적 불평등을 극복해 낼 수 없다는 점 등에서 학습 방법을 비평하는 동시에 다양한 ESL/SE 방법과 원리에 대한 수업에서 제시되는 개념들을 강화한다. 이로써 학생들을 ESL 분야 또는 해당 분야의 전문적 담론과 지식의 바탕을 비판적으로 적용하게 하는 '실천 공동체'에서 수련하게 한다. 학생들은 특히 ESL/SE 분야의 식민 동화주의적 영어 단일주의 전통 때문에 그들의 미시적 수준의 일에 영향을 끼칠 수 있는 거시적 수준의 사회정치 및 이데올로기적 요소에 대한 경계심을 갖게 된다(이 책의 Kubota 참조).

여기서는 또한 네 번째 교재로 학급에서 불평등한 사회적 학생 서열 형성을 의도적으로 예방하고 해체하기 위하여 교사들이 사용할 수 있는 교수 방법을 제공하는 Elizabeth Cohen(1994)의 **집단작업** 설계를 사용한다. Cohen은 대부분의 사회에서, 지위 구분과 이에 대한 기대치는 영어 능력의 한계, 사회적 계층, 민족집단 소속감과 성을 기반으로 형성된다고 설명한다. 이러한 지위 구분은 교사가 그러한 일의 재생산을 예방하려는 의식적인 노력을 기울이지 않는다면 종종 학급 수준에서 재현된다. 학생들은 Cohen이 제시한 접근하기 쉬운 글의 양식과 학급에서 평등한 상호작용을 통해 언어 학습의 기회가 강화된 환경을 얻어내기 위한 구체적인 제안에 환호한다. 학생들은 또한 Antonia Darder, Paulo Freire, Jim Gee, John Ogbu, Donaldo Macedo, Tamara Lucas 같은 교육자들의 다양한 논문과 책을 읽는다. 이 도서들은 학생들에게 더욱 민주적이고 해방적인 해결책이나 중재를 제안하고 다양한 불평등성이 어떻게 교실에서 나타나고 있는지를 탐구하게 하는 기회를 제공한다.

교수학습 방법

이 학기는 대체로 학생들이 ESL 분야에서 식민 동화주의 유산에 대해 읽고 이러한 유산이 현재의 보호막 영어 교수 모델에 어떻게 재생산되고 있는지 의문을 가지면서 시작된다. 나의 논문 *Beyond the Methods Fetish: Toward a Humanizing Pedagogy*(교수법 숭배를 넘어 : 교육학의 인간화를 향해)(Bartolomé, 1994)는 교사와 학생 간의 불평등한 권력관계를 상쇄하고 비판적 · 부가적으로 언어적 소수그룹의 학생들이 학문적 담론을 수련하게 할 수도 있어 교수 방법을 분석하는 예로 사용한다. 게다가 우리는 학생의 홈 문화를 존중하고 영어 이외의 언어 사용을 금지하는 학교 제도에서 그들의 모국어를 전략적으로 사용하는 방법에 대해 논의한다. 교육과정의 상당 부분이 예술적 '모범 사례' 문학과 학생들로 하여금 지속적으로 "누구를 위하고 누구에 반하는 ESL/SE 수업인가?"라고 스스로에게 질문하게 하는 비판적 도서를 나란히 비교해 보는 데 할애된다.

사회언어학

교수요목에는 이 과정의 일반적인 접근방법이 분명히 제시되어 있다. 언어 다양성의 사회, 정치 이데올로기 및 문화적 의미를 강조하고 특히 언어적 소수 집단에서 나타나는 다양한 언어의 사회교육적 결과를 고려하는 방식으로 언어 다양성을 공부한다. 예를 들어 학생들은 문법 분석을 사용하여 흑인 고유의 영어(BEV) 언어 구조를 분석할 뿐만 아니라 BEV와 BEV를 사용하는 사람들에 대한 일반적인 주류 사회 및 교사들의 사회적 인식을 연구하기 위해 서술적 언어 분석까지 하게 된다. 교수자의 이중 목표는 학생들이 사회언어학과 특히 사회적으로 불명예스럽거나 저속한 언어로 여겨지는 언어를 쓰는 공립학교 학생들과 관련된 언어 다양성의 사회정치적 현황 모두를 접하게 하는 것이다.

수업 교재

수업 교재는 주류 사회언어학 문헌과 비판적인 문헌 두 가지로 구성되었다. 주류 사회언어학 문헌은 Ron Wardhaugh(1998)의 책 *An Introduction to Sociolinguistics*(사회언어학 입문)에 그 예가 잘 나타나 있다. Wardhaugh의 책은 수차례 재판되었고 해당 분야에서 잘 알려져 있어 많이 사용되고 있다. 그 책은 규칙, 피진, 크리올, BEV, 부호 전환, 언어 변화, 화행, 그리고 담화 분석의 역사와 같은 사회언어학 주제에 대한 저술과 학술연구를 담고 있다.

교수자는 또한 사회언어학에 대한 좀 더 비판적인 접근방식의 예를 보여주는 *The Hegemony of English*(영어의 헤게모니)(Macedo et al., 2003)를 사용한다. 교수자는 이 책과 Wardhaugh의 서술적 연구를 비교, 대조, 확장하여 학생들이 한 단계 더 나아가 그들의 지식을 형성하고 있는 언어

정책과 인종/계층 이데올로기를 문제화하는 데 활용한다. 특히 언어교사와 관련이 있는 사항은 교수자가 미국 사회와 공립학교에서 오늘날 부여되고 있는 영어 단일주의 정책의 의무와 식민 이데올로기 사이의 관계에 대한 토론을 이끌어 내기 위하여 두 권의 책(그리고 아래에 제시되는 다른 도서들)을 사용하는 것이다.

유명한 사회언어학 도서 중 부가적으로 Joshua Fishman, William Labov, John Gumperz와 Basil Bernstein을 포함한다. 학생들은 또한 좀 더 최근의 저자인 Geneva Smitherman-Donaldson과 Lisa Delpit뿐 아니라 John Dillard와 Tommy Lott 같은 저자들의 전형적인 사회언어학 저서를 접하게 된다. 중요한 것은 교수자가 문화연구, 여성학, 그리고 비판적 교육학과 같은 다양한 분야로부터 주류 사회언어학 밖의 저술들도 도입한다는 것이다. 이러한 비판학 분야에서 더 잘 알려진 저자들에는 Gloria Anzaldua, Teun Van Dijk, Robert Phillipson, Norman Fairclough 등이 있다. 이 저자들의 연구는 언어, 권력과 정체성 사이의 뗄 수 없는 관계에 중점을 두고 있다. 이데올로기적으로 또한 학문적으로 다양한 문헌과 관점을 나란히 비교하는 교육은 앞에서 논의했던 사회언어학 연구는 사회, 정치, 이데올로기적 요소와 명백히 관련이 있다는 Pennycook (2001)의 제안을 반영하는 것이다. 최종 결과로 학생들이 언어는 단순히 의사소통을 위한 도구가 아니며 언어정책은 순수한 양성사업이 아니라는 점을 깨닫게 된다. 한 학기 전반에 걸쳐 학생들은 어떻게 언어 관행과 정책이 언어적 소수 학생들에게 권한 부여를 하거나 침묵하게 할 수 있는지 생각해 보게 된다.

교수학습 방법

앞서 언급했듯이, 교수자는 학생들에게 언어 다양성에 관련된 권력과 이데올로기적 측면을 알아볼 수 있는 비판적 시각을 지니도록 하면서 전통적 사회언어학 분야 지식의 기반을 알리기 위해 노력한다. 학생들은 끊임없이 왜 그 분야의 주류 연구가 종종 이데올로기, 식민지주의, 권력관계 그리고 언어 차별과 억압을 형성 및 유지하게 하는 다른 주요 요소들에 대한 논의가 거의 없이 경험주의에 고착된 채로 남아 있는지 탐문하게 된다. 그들은 다양한 분야와 이데올로기적 관점의 사용을 통하여 그들의 사회언어적 현상을 비판적으로 탐문하는 과정에 참여하고 현실적으로 더 민주적이며 정의로운 중재 방법을 생각해 낼 수많은 기회를 갖게 된다.

세 교육과정의 교육학적 공통점 : 비판적 수련과 사회역사적 개입

세 명의 교수자는 학생들이 '보이지 않는' 지배 이데올로기를 명명하고 현실적으로 반헤게모니적 관점을 꿈꿀 수 있도록 돕기 위하여 다양한 교육학적 전략을 사용하였다. 각각의 교수자는 자신의 학생들로 하여금 해당 분야의 주류 및 비판적 문헌을 모두 완전하게 익힐 수 있도록 도와 특정한 응용언어학 하위 분야(다문화교육, ESL 교육학, 사회언어학)에서 비판적인 전문적 수련을 하게 한다. 학생들은 지속적으로 언어문화적 다양성에 대한 교차 학문적 관점뿐만 아니라 헤게모니와 반헤게모니적 관점을 나란히 비교 분석해야 한다. 이 장의 앞에서 지적했던 사항을 다시 말하면, 이 교육은 학생들이 맹목적으로 반헤게모니적 관점을 받아들이도록 하는 대신, 학생들로 하여금 진지하게 반헤게모니적 교육 관점을 연구하고 그것을 좀 더 전통적인 관점과 비교 대조하는 데 초점을 둔다. 이에 따라 학생들이 스스로의 철학적/이데올로기적 결론에 도달하고 해당 분야의 다양한 문헌을 활용하여 자신의 입장을 지지할 수 있을 것으로 기대된다.

공통적으로 학생들이 비판적으로 수련하는 것은 더욱 종합적이고 변증법적인 이해를 얻을 수 있도록 돕는 전략으로 하위 연구 분야를 사회역사적으로 위치시키도록 구성하는 것에서 출발한다. 학생들은 사회·역사적 관점을 취함으로써 사회, 정치, 경제적 구조에 내재되어 언어적 소수집단의 학교교육에 영향을 미치게 되는 이데올로기를 진지하게 생각해 보게 된다. 사회역사적 관점의 계발은 학생들이 비판적이고 철저하게 현재의 교육적 문제점들을 연구할 수 있게 한다. Paulo Freire(1985)는 교육적 문제를 해결하기 위해서는 먼저 심오하게 그리고 역사적으로 그것을 이해할, 즉 포괄적으로 그 문제를 **구성**construct할 필요가 있다고 주장한다. 두 번째 단계는 그 문제를 비판적으로 분석하는 것, 즉 **해체**deconstruct하는 것이다. 세 번째이자 마지막 단계는 대안적 가능성을 상상해 보고 더 인본적이고 민주적인 해결책을 현실적으로 꿈꾸어 보는 것이다. 다시 말하자면, 문제를 긍정적인 해결책을 가져올 수 있는 변화의 기회로 **재구성**reconstruct하는 것이다.

이제까지 다룬 세 과정의 교과요목에 걸쳐, 비판적 분석에서 나아가 현재의 영어 단일주의 관행과 정책에 대해 현실적으로 가능성 있는 단기 및 장기적 해결책을 상상해 볼 수 있는 수많은 기회가 학생들에게 주어졌던 것으로 보인다. 예를 들어, 세 과정에 걸쳐 교수자들은 그들의 학생들과 함께 미국 학교의 영어 단일주의 관행과 정책을 해체한다. 비록 각 교수자의 초점은 각자의 구체적인 과정 목표에 따라 다양하지만, 모두 학생이 전형적으로 '자연스럽고' '바람직한' 것으로 인식되고 있는 동화주의와 영어 단일주의 이데올로기를 공개적으로 명명하고 탐구해 보도록 독려한다. 다양한 단계에서, 그 세 교수자는 현재의 영어 단일주의 움직임을 정확히 사회 역사적으로 국내 언어 소수집단의 내부적 식민지화 역사 속에서 파악한다. 학생들은 언어적 억압과 문화적 교화의 합법적인 관행은 예외적 상황이 아니라 역사적 준거가 되어 왔으며 오늘날 여전히 영어만 사용해야 하는 보호막 영어 교수법의 형태로 존재하고 있다는 사실을 알게 된다. 그들은 유색인종의 언어적 소수자들의 경험을 연구했다. 유색인종 언어 소수자들에게 동등한 참여는 결코 중요한 목표가 아니었기 때문에 순응을 목적으로 동화한 반면 유럽 이주민들은 더 큰 사회에 병합될 목적으로 동화되었다. 이 차이로 유색인종 언어 소수자가 유럽 이주민들과 눈에 띄게 달라 왔다는 점에 주목한다(Wiley, 1999).

이 맥락에서 현재의 미국 영어 단일주의 수업 관행과 정책이나 법은 '단일언어 이데올로기'의 모습을 보여 주는 것으로 생각된다(Wiley, 1999). 학생들은 국가의 동화주의와 영어 단일주의 언어 유산을 초기의 유럽 이주민들뿐만 아니라 도심 학교 교사들에게 가장 중요한, 백인이 아닌 원주민 언어 소수자들에게 적용되는 경지에서 이해하려고 노력한다. 학생들이 이런 특별한 이데올로기의 자취를 사회 역사적으로 찾아내고 그러한 신념 체계와 결과적으로 만들어진 관행으로부터 누가 이익을 얻고 불이익을 받는지 알아보려 했다. 이를 위해 세 수업은 각기 다른 교육적 기회를 활용했다.

예를 들어, 'ESL 교육 : 방법과 접근법' 수업에서는 미국의 ESL 교육 역사연구의 한 부분으로 영어 이외의 언어 사용을 금지하는 과거와 현재의 영어 단일주의 모델에 대한 조사가 실시된다. 학생들은 영어 단일주의 정책과 교수법이 해체되도록 끊임없이 투쟁해야 한다는 것을 이해하게 된다. 그들은 또한 소수언어 집단 학생들에게 영어를 부가적으로 가르칠 때 학생들의 홈 문화와 언어를 존중하도록 자신의 의식을 변화시켜야 하는 것도 인식하게 된다(이 책의 Kubota; Locke 참조).

이와 같이 한편으로는 현재의 영어 단일주의 정책과 관행에 대해 심층적이면서도 포괄적으로 이해하며, 또 다른 한편으로 학생들과 교수들은 희망이 없다는 냉소주의와 결정주의에 매몰되는 것에도 의식적으로 저항한다. 세 교수자는 모두 학생들이 그들의 학교와 지역 공동체에 긍정적인 변화를 일으킬 수 있다는 희망에 찬 신념을 유지하기 위해 과거부터 현재까지 있었던 저항적 노력을 연구한다. 예상되는 결과는 학생들이 문제 상황만큼이나 복잡한 단기 및 장기적 중재안을 생각해 내기 위해 논쟁하며 문제의 복잡성을 더 잘 이해하리라는 것이다. 학생들은 교사(주 공무원)이자 시민으로서 그들의 반헤게모니적 노력의 가능성과 한계를 이해하게 된다. 예를 들어, 'ESL 교육 : 방법과 접근법' 수업에서 과거의 학생들은 주에서 허용하는 '경계를 밀어붙임'으로써 SE 수업에 모국어(L1)를 포함하는 계획을 의도적으로 만드는 것에서 출발하여 다양한 실천적 중재안을 논의하고 설계하였다. 한 학생집단은 의무적인 모국어 수업 분야를 그들의 지역 필수 교과 과정인 SIOP(보호막 수업 관찰 프로토콜)의 공식적 수업 교안에 부가하였다. 다른 학생들은 학생들의 기존의 지식 기반과 언어 능력을 존중하고 이를 바탕으로 구축해 가는 방법으로 L1의 사용을 병합하는 전략을 생각해 냈다(이 책의 Kubota 참조). 학생들은 피고용인으로서 자신의 직장에서 얼마큼이나 '경계를 밀어붙일 수' 있는가 하는 면에서 한계가 있다는 것을 깨닫는다. 그럼에도 불구하고, 그들은 동시에 자신의 교육구 밖에서 학부모 및 지역 공동체를 조직하는 노력에 참여함으로써 이러한 제한점을 극복할 수 있다는 것을 인식한다.

나는 현재 지역 교육구의 교사로서 자신의 교육구에서 처벌받는 것을 피하기 위하여 다른 구역의 학교와 지역 공동체를 조직하고, 함께 일하기 위하여 다른 사람들과 힘을 연계하는 학생들을 직접 보았다. 그들은 동료들의 학교에서 학부모 및 지역 공동체 구성원들과 함께 일하며 모국어 수업과 매사추세츠 주의 영어 단일주의에 대한 반대를 지지해 오고 있다. 덧붙여, 어떤 학생들은 자원하여 'ESL 습득에 있어 모국어 수업의 이점'과 '가정에서 모국어 발달 기회 개발하기' 등과 같은 주제에 관심 있는 교사들에게 무료 교사 준비 과정을 제공하였다.

교수자로서, 그들의 언어적 소수 학생들에게 해롭다고 생각되는 교수 관행을 전략적으로 우회하는 학생들의 계획을 직접 보는 것은 고무적이다. 학생들이 현재의 영어 단일주의 정책에 대한 사회 역사적 이해를 개발하도록 돕고 응용언어학의 주류 및 비판적 성향을 완전히 이해할 수 있게 하는 것은 비판적이고 선견지명이 있으며 활기차고 책임감 있는 교육자를 지속적으로 배출하는 것을 의미한다.

언어적 소수 학생들의 학업성취와 영어 습득을 향상시키기 위한 전략을 꿈꾸고 있는 대학원 학생들(현직 및 예비교사들)을 지지하기 위해 언어 관행과 정책의 근간을 이루는 지배문화 이데올로기를 먼저 구성하고 해체할 필요가 있다. 이 과정은 대학원 학생들이 언어 소수 학생들이 처한 언어적 현실을 정확하게 이해할 수 있게 한다. 언어 정책과 관련된 비대칭적인 권력관계의 분명한 이해를 통해 교육자들이 좀 더 정의롭고 효과적인 언어 교육 실천과 정책을 생각해 낼 수 있기를 바란다. 다시 말하자면, 교육자들이 특히 자신의 영어 능력을 완벽하게 하기 위하여 미국에 오는 부유한 국제 학생들과 같은 엘리트 이중언어 사용자가 아니라 종속적인 미국 학생 인구와 관련된 미국의 이중언어주의의 복잡한 본질을 이해하기 시작하기를 바란다.

결론

지배 이데올로기에 대한 명시적이고 중점적인 분석은 학생들을 해방시켜 현재의 교육적 문제를 새롭고 혁신적이며 심층적으로 이해할 수 있게 하고, 이는 더 정확하게 학생들이 살아가는 현실을 반영할 수 있는 해결책이나 중재안을 마련하도록 촉진할 것이다. 이러한 방식의 언어교사 교육은 교사들이 지배 가치를 재생산하는지 혹은 그들의 교육을 인간화하여 그 과정에서 학생들의 언어적·문화적 존엄성을 보호하는 가치를 생산하는

지에 대해 스스로의 윤리적 입장을 성찰하는 것을 필요로 한다. 문화 언어적 다양성에 대한 이데올로기들을 비교 대조해 보는 기회는 학생들에게 학생 다양성에 대해 소위 말하는 교육의 '문제'라는 것은 사회적으로 구성된 것이며 그와 마찬가지로 사회적으로 해체될 수도 있다는 것을 보여 준다(이 책의 May & Sleeter 참조).

보수적인 교육자들이 생각하는 것과는 반대로, 비판적 다문화교육학은 학생들이 다중적이고 모순된 지식체에 노출되게 하지만 어떤 세계관을 학생들에게 강요하지는 않는다 — 이는 학생들이 자기 자신의 사상을 개발하고 세계를 향해 윤리적 입장을 적용하는 과정이다. 비판적 다문화교육학은 학생들로 하여금 항상 다른 더 해방적인 가능성 — 비인간화보다는 인간화하는 가능성 — 을 상상하게 하는 희망의 교육학이다.

비판적 입장은 우리로 하여금 이데올로기의 짙은 안개를 꿰뚫어 볼 수 있게 하여 그렇게 하지 않는 것이 더 쉬울 때에도 우리 학생을 대신하여 저항할 수 있을 것이다. Paulo Freire(1997)가 우리에게 상기시켜 주듯이, "만약 인간이 우리가 비난하고 있는 추한 세상을 만든 것이라면, 인간은 덜 차별적이며 좀 더 인간적인 세상을 만들 수 있다는 사실을 믿어야 한다."(p. 315)

참고문헌

Ahlquist, R. (1991). Position and imposition: Power relations in multicultural foundations class. *Journal of Negro Education, 60,* 158–168.

Bartolomé, L. I. (1994). Beyond the methods fetish: Toward a humanizing pedagogy. *Harvard Educational Review, 64,* 173–194.

Cohen, E. (1994). *Designing group work: Strategies for the heterogeneous classroom.* New York: Teachers College Press.

Darder, A., Baltodano, M., & Torres, R. D. (2003). Critical pedagogy: An introduction. In A. Darder, M. Baltodano, & R. D. Torres (Eds.), *The critical pedagogy reader* (pp. 1–21). New York: RoutledgeFalmer.

During, S. (2003). *The cultural studies reader* (2nd ed.). New York: Routledge.

Eagleton, T. (1991). *Ideology: An introduction.* London: Verso.

Echevarria, J., & Graves, A. (2003). *Sheltered content instruction: Teaching English language learners with diverse abilities.* Boston: Allyn and Bacon.

Freire, P. (1985). *The politics of education: Culture, power, and liberation.* New York: Bergin & Garvey.

Freire, P. (1997). *Mentoring the mentor: A critical dialogue with Paulo Freire.* New York: Peter Lang.

Gándara, P., & Maxwell-Jolly, J. (2000). *Preparing teachers for diversity: A dilemma of quality and quantity.* Santa Cruz, CA: Center for the Future of Teaching and Learning.

Gonsalves, R. E. (2008). Hysterical blindness and the ideology of denial: Preservice teachers' resistance to multicultural education. In L. I. Bartolomé (Ed.), *Ideologies in education: Unmasking the trap of teacher neutrality* (pp. 3–28). New York: Peter Lang.

Gonzalez, J. M., & Darling-Hammond, L. (1997). *New concepts for new challenges: Professional development for teachers of immigrant youth.* McHenry, IL: Center for Applied Linguistics and Delta Systems.

Gramsci, A. (1971). *Selections from the prison notebooks* (Q. Hoare & G. Smith, Trans.). New York: International. (Original work published 1935.)

Haberman, M. (1991). Can culture awareness be taught in teacher education programs? *Teacher Education, 4,* 2–31.

Heywood, A. (2003). *Political ideologies: An introduction* (3rd ed.). New York: Palgrave Macmillan.

Larsen-Freeman, D. (2000). *Techniques and principles in language teaching* (2nd ed.). New York: Oxford University Press.

Leistyna, P. (1999). *Presence of mind: Education and the politics of deception.* Boulder, CO: Westview.

Macedo, D. (2006). *Literacies of power* (2nd ed.). Boulder, CO: Westview.

Macedo, D., Dendrinos, B., & Gounari, P. (2003). *The hegemony of English.* Boulder, CO: Paradigm.

Marx, S., & Pennington, J. (2003). Pedagogies of critical race theory: Experimentations with white preservice teachers. *International Journal of Qualitative Studies in Education, 16,* 91–110.

Pennycook, A. (2001). *Critical applied linguistics: A critical introduction.* Mahwah, NJ: Lawrence Erlbaum.

Richards, J. C., & Rodgers, T. S. (2007). *Approaches and methods in language teaching* (2nd ed.). New York: Cambridge University Press.

Sleeter, C. (1993). How white teachers construct race. In C. McCarthy & W. Crichlow (Eds.), *Race identity and representation in education* (pp. 157–171). New York: Routledge.

Sleeter, C. (1994). A multicultural educator views white racism. *Multicultural Education, 39,* 5–8.

Sleeter, C. E., & Grant, C. A. (1987). An analysis of multicultural education in the United States. *Harvard Educational Review, 57,* 421–444.

Wardhaugh, R. (1998). *An introduction to sociolinguistics* (3rd ed.). Malden, MA: Blackwell.

Wiley, T. J. (1999). Comparative historical analysis of U.S. language policy and language planning: Extending the foundations. In T. Huebner & K. Davies (Eds.), *Sociopolitical perspectives on language policy and planning in the U.S.* (pp. 17–38). Philadelphia: Benjamins.

Zeichner, K. M. (2003). The adequacies and inadequacies of three current strategies to recruit, prepare, and retain the best teachers for all students. *Teachers College Record, 105,* 490–519.

제4장 | 담론적 위상과 교육 개혁

RUSSELL BISHOP

이 장에서는 뉴질랜드 교육에서 종종 결핍이란 용어로 표현되는 마오리 원주민 학생들의 사회적 위치를 탐구한다. 따라서 이 장의 초점은 마오리 학생들에게 있긴 하지만 좀 더 일반적으로 소수화된 다른 학생들뿐 아니라 다른 나라에서 종종 멸시당하는 원주민 학생들에 대한 논의로부터 더 넓은 의미의 교훈이 도출될 수 있을 것이다. 이 장에서는 또한 마오리 철학 kaupapa Māori을 통하여, 비판적 다문화주의와 일맥상통하는 접근방식으로 어떻게 그러한 잘못된 대우가 논쟁거리가 되는지를 탐구할 것이다.

평등에 대한 열망과 현 교육의 불평등 상황 사이

사회는 평등을 지향해 왔지만, 통계적 자료는 계속적으로 유럽 식민지 후손과 뉴질랜드의 마오리 원주민들 사이에 사회, 경제, 정치적 차이가 있음을 보여 준다. 마오리는 비고용률이 더 높고, 저임금으로 고용될 가능성이 더 높으며, 수감, 질병과 빈곤율이 뉴질랜드의 나머지 인구들보다 훨씬 높아 일반적으로 긍정적인 사회경제지표에서는 잘 나타나지 않는다. 이러한 차이는 교육제도 전반에도 나타난다.

주류 정책과 개혁은 40여 년 전 처음 통계적으로 확인된 이래 주류 학교에 다니는 마오리 학생들의 대부분(90% 이상)에 대하여 이러한 차이에 조금이라도 변화가 생겼는지 그 결과를 조사하지만, 변화는 매우 미미하다. 이러한 현상은 주로 마오리 원주민 학생들의 결핍사항을 계속 강조하기 때문인데, 예를 들면 문해 자원으로서의 가정이 이에 해당한다(Nash, 1993). 이러한 결과는 앞서 이야기한 마오리 원주민 학생들의 교육 경험을 향상시키고자 하는 목표와 반대되는 결과이다. 이러한 부정적 결과는 고등학교에서 가장 명백하게 드러나지만, 문제가 시작되는 그 근간은 초등학교에 있다고 볼 수 있다. 지표에 따르면 초등학교에 들어가는 학생들에게 성취도 차이가 분명히 있긴 하지만 이러한 차이가 두드러지게 나타나기 시작하는 것은 4~5년이 되어서라는 점을 알 수 있다(Crooks, Hamilton, & Caygill, 2000).

마오리 교육은 우리가 Shields, Bishop, Mazawi(2005)의 연구에서 보았듯이 다른 소수화된 민족들에게 두 가지 주요 시사점을 던져 주고 있다. 첫 번째는 뉴질랜드의 교육 현실은 교육적 차이가 민족성을 기반으로 나타나는 것이 되어 버렸다는 점이다. 많은 반대 운동에도 불구하고 이러한 현상은 40년 이상 지속되어 왔다. 두 번째는 교사, 교사 교육자와 정책 기관의 최선의 노력에도 불구하고 현재 우리에게는 교사들이 체계적으로 이러한 차이점을 다룰 수 있게 해 주는 적합한 실천이론이 없다는 것이다. 그러므로 다음의 문제가 대두된다 — 이와 같은 장기적이고 좀처럼 변하지 않을 것 같은 차이를 극복하고 어떻게 교사가 (그리고 교사 교육자가) 각기 다른 민족, 인종, 문화, 계층과 언어를 가진 학생들에게 동등한 결과를 만들어 낼 수 있게 할 것인가?

Timperley, Wilson, Barrar와 Fung(2007)은 효과적으로 전문성을 개발하는 교사 교육을 구성하는 것이 무엇인지에 대한 최선의 결과를 상세하게 종합하여 해결책의 실마리로 보여 준다. 효과적이며 지속성 있는 교육 실천은 교사들이 Smylie(1995)가 '행위 이론'이라고 명명한, 그들의 업무와 관련되어 있는 근본적인 이론적 원리에 대한 심도 있는 이해를 습득하였는지, 그래서 그들이 학급에서 새로운 상황과 문제가 발생할 때 자신이 배운 내용을 유연하게 활용할 수 있는지 여부에 달려 있는 것으로 보인다. Alton-Lee(2006)는 다음으로 "교사에게는 학급을 운영하고 활동을 생성하는 여러 가지 방법이 어떻게 학생들의 성과와 관련이 있는지에 대한 해석 이론이 필요하다."(p. 618)고 설명한다. 이러한 제안들을 고려하여, 이제 교사와 교사 교육자를 위한 효과적인 이론의 틀을 구성하는 것은 무엇인지 파악하고자 한다.

해석적/이론적 틀의 필요성

학생의 성과에 영향을 미치는 것이 무엇인지에 관심을 갖는 것은 실천을 위한 적합한 이론을 구성하는 것은 무엇인지를 조사하기 위한 유용한 출발점이다. Hattie(2003a)는 학생 성취도 영향요소에 대한 메타분석으로부터 "우리가 교육의 이름으로 하는 거의 모든 것이 성과에 긍정적인 효과가 있다."(p. 4)라는 결론을 얻었다. 그러나 모든 효과가 똑같지는 않다.

이러한 점에 유의하면서, 최근의 두 연구에서(Bishop, Berryman, Tiakiwai, & Richardson, 2003; Bishop, Berryman, Cavanagh, & Teddy, 2007) 우리는 가족, 가정과 지역 공동체, 학급관계와 교육학, 교

사, 학교와 학교 제도, 학생 자신, 그리고 그 밖에 사회경제적 맥락과 제도 및 구조적 조건을 포함하여 학습과 성취도에 기여하고 혼란을 가져올 수도 있는 요소와 같이 마오리 원주민 학생들의 성취도에 영향을 미치는 요소들의 상대적 중요성을 살펴보았다. 이 두 연구 모두에서, 우리는 마오리 원주민 학생들과 이야기하기도 하고 그들이 중등학교 교육의 경험과 주류 환경에서의 이러한 경험이 그 학생들과 다른 마오리 원주민 젊은이들에게 갖는 의미에 대하여 말하는 것을 들었다. 2003년 그리고 다시 2007년에 두 그룹의 학생 모두가 교사와 학생 간에 서로 돌보고 배우는 관계 개발이 그들이 교육에 효과적으로 참여할 수 있는 중요한 요소였다고 이야기하였다. 중요한 것은, 두 경우 모두에서 학생들이(그리고 그들의 가족은) 스스로를 그러한 관계를 생성시키는 변화를 이루어 내기에는 무력한 존재라고 생각하였고 필요한 변화를 일으킬 수 있는 사람은 선생님들이라고 답했다는 점이다.

Hattie(1999, 2003a, 2003b)와 Alton-Lee(2003)에 의한 최근의 대규모 메타분석은 어린이의 교육에서 가장 중요한 제도적 영향력은 교사에게 있다는 점을 우리에게 말해 줌으로써 위의 마오리 원주민 젊은이들과 그들 가족의 이해를 입증한다. 이것은 다른 폭넓은 요소들—예컨대 이전의 학습과 경험, 사회경제적 배경, 학교의 구조와 역사, 식민지 과정에 따라 사회적으로 구성된 마오리 원주민의 빈곤화 등의 요인—또한 영향력이 있다는 것을 부인하지는 않는다. 단지 교사 효율성이 학교 제도 내에서부터 가장 쉽게 변화시킬 수 있는 것으로 부각되어 나타난다는 것이다. 더 나아가, Hattie가 제안하듯이, 이것이 교사들이 학교 학습문화를 변화시키고 교육 성취에서의 지속적인 차이를 감소시키고자 할 때 교사를 위한 전문 학습의 기회를 제공하는 가장 유용한 지점이라는 것이다. 이 입장은 Sidorkin (2002), Fullan(2003), Hargreaves와 Fink(2005), Elmore(2007)와 학급 관행을 변화시키고 학교 구조를 바꾸는 것이 학생들의 학업을 향상시킬 수 있는 가장 좋은 전략이라고 주장하는 수많은 국제 학자들에 의해 지지되었다.

Smith(1997)에 따르면, 이와 같은 다소 '문화주의자적'인 접근방식은 무엇보다 뉴질랜드 상황에서 빈곤하다거나 자원이 부족하다는 것은 불가피하게 낮은 교육 성취도로 연결될 수밖에 없다는 사회계층화(낮은 사회계급, 낮은 사회경제적 지위와 자원/문화결핍) 주장을 펴는 Nash(1993), Chapple, Jefferies와 Walker(1997), Thrupp(2001, 2007) 등과 같은 학자들의 좀 더 '구조주의적'인 개념에 상반되는 것이다. 이 분야의 많은 연구가 사회경제적 지위, 민족성과 다른 가족 요인, 성취 결과 등과 같은 변인들 간의 관계를 관찰하며 그러한 변인들이 성취 결과를 미리 결정짓거나 적어도 매우 큰 영향을 끼친다는 점을 시사한다. Anyon(1997, Thrupp, 2001에서 인용)은 이러한 그룹의 입장에서 다음과 같이 이야기한다.

> 불행히도 학교의 구조조정 또는 새로운 교수 방법의 도입 등과 같은 교육의 '작은 성공들'이 관계자에게 아무리 만족스러운 것일지라도, 빈곤과 인종 소외의 잠재적인 원인을 뿌리 뽑는 광범위한 전략 없이는 결국 우리의 도시 중심부에서 장기간에 걸쳐 지속 가능한 효과적인 큰 성공으로 이어지지는 못할 것이다. (p. 20)

문화주의자들은 교육 개혁과 학교문화의 변화가 필요하다고 지적하는 경향이 있다. 호주에서의 예를 들면, 연구 프로젝트의 광범위한 분석으로부터 Rowe(2003)는 '전략적 교사 전문성 개발에 의해 지원된 우수한 교사와 교수법'(p. 21)이 학생들의 학교 교육의 결과를 결정짓는 데 있어 가장 중요하다는 것을 발견했다. 그는 계속해서 학생들의 사회경제적 배경, 학교 전체 또는 체제의 성격, 교사의 성별과 기타 요소들은 그 효과가 매우 작다는 점을 확인했다. 그러나 그러한 분석은 마오리 사람들이 살아온 현실을 무시하는 경향이 있는 것이다. 이는 Ballard(2007)가 현재 뉴질랜드 사회의 '인종화된 사회적 맥락'이라고 밝힌 것으로 학생들의 문화 및 민족적 태생과 관계없이 모든 학생에게 맞는 교육 — 사실상 색맹 접근방식* — 을 촉진하는 것이다.

다른 한편으로, 보다 구조주의적인 입장은 학교에서 성취도가 낮은 학생들은 존중받지 못하고 대다수에 의해 소수화되었으며 빈곤화된 문화집단 출신의 학생이라는 것에서 사회 전반의 권력 불균형의 영향을 올바르게 보여 준다. 그러나 그들은 '학교 혼합'과 구조적 빈곤과 같은 감당하기 힘든 구조적 문제에 직면하여 교사들이 이루어 낼 수 있는 것이 거의 없다는 점에서 교사들은 자발적 실천은 어렵다고 주장한다. 모두 유용한 주장이지만 이는 결과적으로 교육 시행자들에게 그 개혁 모델을 찾아야 하는 문제를 던져 준다.

하지만 더 문제가 되는 것은 두 이론 중 어느 그룹에게도 사회 전반에 나타나는 권력의 차이가 교실에서 어떻게 일상적으로 작용하고 있는지와 교사들, 학교 지도자와 정책입안자들이 권력 불균형과 교육의 차이를 영속화하는 역할을 하고 있을지도 모를 부분을 알아내는 적절한 수단이 없다는 것이다. 마오리 원주민 학생들과 그 가족들만이 이러한 권력의 불균형이 어떻게 작용하고 있는지 인식하고 있을 뿐이다(Bishop & Berryman, 2006). Alton-Lee(2003)와 Freire(1997), McLaren(2003), Kincheloe

---

*역주 : Color-blind approach는 인종의 차이를 고려하지 않는 접근 방식이다. 다문화 접근법 중 생각, 즉 인종의 차이를 고려하지 않는 접근 방식은 채용부터 소수자 우대정책을 펴는 것이 오히려 차별이라는 논리를 갖고 있어 선발에 인종의 차이를 고려하지 않아야 한다고 주장한다.

와 Steinberg(1997), Valencia(1997)와 같은 국제적인 교육자들뿐만 아니라 Smith(1997)나 Alton-Lee(2003), 그리고 Timperley와 동료 연구자들(2007)과 같은 뉴질랜드 교육자들도 또한 장기간의 권력 불균형의 양산이 모든 단계의 교육자들에 의해 그들 자신의 문화적 신념과 그들이 학급 및 학교와 좀 더 큰 체제 속에서 학생들을 체계적으로 소외시키는 것에 참여하고 있을 수도 있다는 점을 고려하는 차원에서 검토될 필요가 있다고 강조한다.

Smith(1997)는 문화주의나 구조주의자 양측 누구의 분석도 마오리 원주민의 언어, 지식과 문화적 갈망을 마오리 원주민을 위해 현재 개발 중인 교육 중재의 주요 부분으로서 만족스럽게 설명하지 못하고 있다고 말했다. Smith(1997)에게 필요한 것은 더 깊은 구조적 한계에 직면하여 Kohanga Reo와 Kura Kaupapa가 마오리 언어교육을 선도하기 위해 시행한 것과 마찬가지 방법으로 문화를 교육 개혁의 중심에 놓는 모델이다. Smith(1997)에게 이 기관들은 '문화주의 및 구조주의적 관심을 모두 포함하는 우리의 저항과 변형의 실천 형태'(p. 222)를 발전시켜 왔다. 그러한 모델은 비판적 다문화주의의 보다 더 폭넓은 원리와 일치하는 것이다. 그것은 문화주의 및 구조주의 입장 모두의 관심과 한계점에 대해 논하며 또한 교육제도의 모든 단계의 교육자들에게 다른 소수집단뿐 아니라 마오리 원주민의 교육 참여를 중재하는 더 큰 권력의 작용에 그들이 참여하고 있을 수도 있다는 부분을 비판적으로 성찰하게 한다.

Harker(2007)는 학교와 사회경제 수업 및 민족적 차이의 상대적 효과를 분석하고자 한 뉴질랜드 고등학교 학생들의 성취 결과에 대한 선행연구에서 얻은 많은 자료를 살펴보면서 그러한 위치를 보여 준다. 그는 다음과 같은 결론을 내린다.

> 여기 제시된 자료에 의하면 사회경제적 상황에 기초한 어떠한 단일 인과
> 설명도 민족적 차이를 설명하기에 적합하지 않다는 것은 분명하다. 가장
> 그럴듯한 설명은 학교 환경과 학교 '문화'를 지탱하는 가치, 태도 및 동기
> 사이의 상호작용과 가정 문화와 지역공동체 환경과 그들이 기반으로 하
> 고 있는 가치, 태도 및 동기 사이의 상호작용에 있는 듯하다.   (p. 17)

Harker는 더 나아가 다음과 같이 제안한다.

> 학교가 학생의 가족과 지역 공동체 문화를 이해하고 지원하는 것이 중
> 요한(필요하기조차 한) 반면 가족과 지역공동체가 학교문화를 이해하고
> 지원하는 것도 중요(필요하기조차)하다.   (p. 17)

Harker는 '학교가 변화를 일으킬 수 있는지' 아니면 '그것은 가족에 맡겨
진 일인지'에 대한 논쟁은 사실상 그렇게 유용한 것이 아니라고 말한다. 오
히려 이 두 요소 간의 상호작용 기능이 우리에게 성취도 수준의 차이에 대
한 설명과 교육 불균형 문제에 대한 해결책을 제공해 주는 것이다.

그러한 관계적 이론은 Bishop(2007), Bishop과 그의 동료들(2007)의
연구에 잘 드러나 있는데 그 이론적 틀의 핵심에는 자기결정력에 대한 마
오리인들의 열망이 자리 잡고 있다. Durie(1995)의 설명에 따르면 자기결
정력이란 '마오리 주인의식과 미래에 대한 적극적인 통제력'(p. 16)을 갖
는 것을 말한다. 그러나, 자기결정력이 자기 자신의 운명을 결정지을 권리
를 의미함에도 불구하고, 마오리인들 사이에는 이러한 자기주도성이 절대
적인 것이 아니라 상대적이라는 분명한 인식이 있다. 다른 사람들에 따른 자
기결정력이라는 것이다. 그것은 뒤로 물러나 마오리인들을 내버려 두자
는, 사실상 뉴질랜드 사람들 사이에 지속되고 있는 관계에 대한 모든 책임

을 포기해 버리려고 하는 분리주의나 불간섭 또는 비마오리주의를 주장하는 것은 아니다. 오히려 이 마오리 철학의 입장은 뉴질랜드 교육에 관련된 모든 이들이 마오리 사람들이 자기주도적인 목소리와 그들 자신의 방법으로 주류 사회에 성공적으로 참여하고자 하는 이와 같은 새로운 열망과 관련하여 그들 자신의 위치를 재조정할 것을 요구한다(Bishop, 1994; Durie, 1998; Smith, 1997).

Young(2004)은 원주민들의 자기결정력에 대한 열망은 상관적이며 상호 의존성을 인정하고 "지배적이지 않은 제도적 맥락에 대한 요구로서 더 잘 이해된다."(p. 187)고 설명한다. 다시 말해 자기결정력이 있다는 것은 사람들과 개인이 존재하는 관계가 비지배적이라면 가능한 것이다. 비지배적 관계를 확실히 하기 위해서는 "그들의 관계는 그들 모두가 참여하는 제도권과 그들 사이에 지속되는 협상 이 두 가지 모두에 의해 통제되어야 한다."(Young, 2004, p. 177) 그러므로 이 입장에서의 교육기관 및 학급에 대한 시사점은 적극적으로 지배 구조를 최소화하고 행동을 조정하며, 갈등을 해소하고 관계를 협상함으로써 잠재적인 긴장관계의 중재를 모색하는 방식으로 교육기관과 학급이 구성되고 시행되어야 한다는 것이다.

Young의 주장에 따르면, 상호 의존적이라는 비지배적 관계 내에서는 자기결정력이 있는 개인 간에 권력이 공유된다. 이러한 열망과 관련하여 다른 지원적인 조건이 필요하다 ― 문화가 중요한 곳에서, 학습이 상호적이고 대화적이며 선형 순환적으로 이루어지는 곳에서, 교육 결과의 우수성을 구성하는 것이 무엇인지에 대한 공통된 비전의 설정을 통해 참여자가 서로에게 연대감을 느끼고 노력을 다하는 것이다. 이런 점에서 그 유형은 문화 감수성 교육의 개념을 통한 Gay(2000), Villegas와 Lucas(2002)의 주장과 관계교육학 개념을 통한 Sidorkin(2002)과 Cummins(1995)의 설명과 유사하다. 이러한 개념들의 통합은 Bishop(2007)의 연구에서 관계적 문화 감수성 교육이라는 마오리 문화에 대한 은유에서 발견되는 유형을 잘 기술하고 있다.

학급에서 담론적으로 (재)위치시키기

단순히 문화주의적 또는 구조주의적 담론에서 보다 관계적 담론으로부터 이론을 설립하는 것이 얼마나 유용한지 설명하기 위해서, 우리는 2001년과 2005/6년에 교사들을 대상으로 왜 그들의 최선의 의도에도 불구하고 마오리 원주민 학생들에게 가까이 가려는 시도에 좌절하게 되었는지에 대한 인터뷰(Bishop et al., 2003, 2007)에서 많은 교사들이 언급한 문제를 조사해 볼 수 있다. (뉴질랜드 외부의 독자들은 이 분석을 담론과 각자 자신의 상황에서 인종화된 지역 공동체에 적용시켜 볼 수 있다.) Bruner (1996)는 교육이 시행될 때 '교사가 학생에게 갖고 있는 신념과 전제의 직접적인 반영으로서'(p. 47) 발전이 결정되고 관행이 수정된다는 점을 밝힘으로써 해결책을 내놓는다. 이것은 '다른 사람과 우리의 상호작용은 다른 사람들의 생각이 어떻게 작용하는지'(p. 45)에 대한 우리 일상의 직관적 이론화에 의해 깊숙히 영향을 받게 된다는 것을 의미한다. 다시 말해서, 교사 및 부모로서 또는 우리가 어느 때의 누구이든지 간에 우리들의 행동은 우리가 다른 사람들에 대하여 갖고 있는 정신적 이미지나 이해에 의해 결정된다. 따라서 선의에도 불구하고, 우리가 교사로서 관계 하는 학생들이 그들이 무언가 부족한 부분이 있는 것으로 보고 있다고 믿게 되면 그들은 부정적으로 반응할 것이다. 2001년(Bishop & Berryman, 2006)과 그리고 2007년(Bishop et al., 2007)에 다시 시행한 인터뷰의 참가자들 중 많은 사람들은 계속해서 우리에게 교사 측의 부정적, 결핍적 사고가 학생과 교사 간의 부정적인 상호관계를 발생시키는 근본적인 원인이라고 이야기했다. 2001년에 학생과 그들의 가족들whanau, 교장선생님과 교사는 그러한 생각, 그 결과로 나타나는 문제성 있는 반항적 행동 및 학생과 교사 모두에게 절망적인 결과의 수많은 예를 들려주었다. 교사들은 그들의 절망과 분노에 대해 이야기하고, 학생들은 마오리인으로서의 그들 정체성에 대한 공격이 되는 부정적인 관계에 대하여 이야기하였다.

그러한 이해는 학급에서 중개적이기를 희망하는 교사와 교육 개혁자에게 중요한 시사점을 던져 준다. Elbaz(1981, 1983)는 교사가 중개자가 되는 것에는 교사가 학습자에 대한 실행 이론과 학습 사이의 관계를 이해하는 것이 기본 토대가 된다고 설명한다. 교사가 믿는 원리와 그들이 시행하는 관행들은 그들이 다른 사람들에 대해 갖고 있는 이미지로부터 만들어진다. Foucault(1972)에게는 교사가 그들의 경험을 묘사할 때 만들어 내는 이미지는 교육에 관한 담론의 언어 부분인 은유로 표현된다. 말하자면, 교사는 마오리 원주민 학생들과 관계 및 상호작용할 때 갖게 되는 경험을 이해하기 위하여 다양한 담론으로 그려 낸다.

그러므로 교사가 그들을 계속 절망하게 하고 소외시키는 경험을 설명하기 위해 사용하는 것은 학생이나 교사 내부에 내재되어 있는 또는 생물학적인 어떤 것이라기보다는, 이 담론이었다. 그것은 그들의 태도나 인성의 문제가 아니었던 것이다. 그것은 Foucault의 표현으로 '담론 내의 위상'이라는 것이었다. 다시 말해 우리의 경험을 설명하고 이해하기 위해 어떤 특정한 담론을 사용함으로써 우리 자신을 이 담론 안에 위치시키고 그에 따라 교실에서 행동한다는 것이다. 그 담론은 이미 존재하는 것으로서 우리 역사를 통해 개발되어 왔으며, 권력의 차이로 서로 갈등관계에 있으며, 중개적이기를 바라는 우리의 희망에 중요하고 실용적이라는 점에서, 어떤 담론들은 문제에 대한 해결책을 쥐고 있고 어떤 것은 그렇지 않다.

이러한 분석으로부터의 중요한 시사점은 교사가 취하는 담론적 위상이 마오리 원주민 학생들(그리고 확장하여 다른 원주민과 또는 소수화된 학생들)을 위한 변화를 일으킬 수 있는(또는 없는) 핵심적인 요소라는 것이다. 그러므로 문화주의 이론가들이 주장하는 것과 같은 새로운 학급 지도 관행의 질을 높이기 위해 교사는 교실에서 마오리 원주민 학생에 대하여 그들 자신의 이미지, 원칙 및 관행을 구성할 때 자기 자신이 담론 내의 어디에 위치하게 되는지를 비판적으로 평가하는 학습 기회를 가질 필요가 있다. 그러한 활동은 교육이 제공해야 하는 혜택에 마오리 원주민 학생들이 참여할 수 있도록 중재하는 좀 더 넓은 의미의 권력의 작용에서 그들의 역할을 성찰해 볼 수 있도록 하기 위해 필요한 것이다. 교사가 어떻게 마오리 학생들(그리고 그 가족들)의 삶에서 지배가 자리 잡고 있는지, 어떻게 지배문화가 교육의 다양한 측면을 통제하고 있는지, 그리고 비록 모르는 사이에 일어나는 일이지만, 이러한 지배 유형을 영속화하는 데 그들이 한 역할을 하고 있을지도 모른다는 것을 생각하지 않는다면 교사들은 그들이 마오리 원주민 학생을 대하고 상호작용하는 방식이 어떻게 학습에 영향을 끼칠 수 있는지를 분명히 이해하지 못할 것이다. 더 나아가, 많은 자유주의적 다문화주의 접근방식이 그러하듯이, 권력의 균형에 대한 주의 깊은 분석 없이 관계적 역학을 평가하는 것은, 교사가 스스로 한 부분을 차지하고 있는 권력의 불균형을 제대로 이해하고 내재화하여 변화시킬 수 있는 방법은 가르치지 않으면서 다른 문화의 학생들과 '관계' 및 '연계'하는 수단만을 강조하는 전문성 개발을 촉진할 수 있다. 이러한 결합을 주장하는 것은 관계적 접근방식, 좀 더 폭넓게는 비판적 다문화주의의 핵심 요소이다. 특히 교사들은 학급에서 문화적 결손으로 선언되어 상대적으로 전통적 학급 상호작용 유형의 지속을 지지하고 소외를 영속화시키는 그러한 권력의 불균형에 도전할 기회가 필요하다.

이 시점까지, Valencia(1997)는 지능검사, '위험군at risk'을 구성하는 요소와 '희생자 비난blaming the victim'과 같은 다양한 명명들을 포함한 결핍적 사고의 근원을 추적하였다(McLaren, 2003 참조). 좀 더 최근에, Shields와 동료 연구자(2005)의 연구에서 우리는 미국 나바호족, 이스라엘의 베두인 유목민과 뉴질랜드 마오리족 어린이들의 학교 교육에 대한 조사를 통하여 교육자와 정책 수립자들이 지속적으로 학생들을 소수화시키는 산 경험을 어떻게 부정적으로 구성하는지 상세하게 기술하였다. 일반적으로 우리는 '병리화'라는 과정에 의해 사회 내에서 소수화된 그룹과의 연관성 때문에 학교의 실패를 개인의 탓으로 돌리는 보편적인 관행을 상세하게 설명했다. Shields와 동료 연구자(2005)의 연구는 '병리화' 과정을 다음과 같이 말한다.

> 구조-기능적, 문화 및 인식론적으로 정상적인 상태에서 벗어난 것으로 인식되는 것을 권력관계의 산물로 형성된 다른 상대적인 집단에 두는 과정을 말하는데, 이는 힘이 약한 그룹은 어떤 면에서든 비정상적인 것으로 보는 과정을 말한다. 병리화는 주로 헤게모니적 담론을 통한 통치, 규제, 경영, 소외 및 소수화를 위해 사용되는 식민지화 방법이다. (p. 120)

어린이들의 산 경험이 병리화되는 것은 결핍사고와 관행에서 가장 흔히 나타난다. Foucault(1972)는 어린이들이 담론에서 자기에게 주어지는 위치를 취하고 담론의 객체가 되는 이러한 현상을 일종의 권력이 개인에게 그리고 개인을 통해 작용하는 것이라고 설명한다. 이것은 담론이 사회 내에서 우리 각자의 위치에 대하여 말하고 생각하기 위해 사용하는 자아 내러티브self-narrative를 형성하기 때문이다. 우리는 담론이나 실질적인 언어와 같이 우리를 의미 구축의 틀에 놓이게 하는 상호적 사회과정의 경험으로부터 의미를 구축한다.

무엇이 적합한 지식의 표상인가에 대한 투쟁(식민지화 된 사람들에게 공통된 투쟁)은 누구의 의미 또는 감각이 우세할 것인지에 대한 투쟁이다.

의미는 어떠한 이미지에도 혹은 자신이 보는 것을 해석하는 이들에게도 전적으로 달려 있지 않다. "오히려 그것은 해석을 하는 사람과 그들이 인지하는 이미지 사이의 대화 속에 나타난다."(Ryan, 1976, p. 5) 그리고 가장 합당한 지식이라고 결정하는 권력을 가진 사람이 누군가에 따라 나타난다. 따라서 지배 담론에 속해 있는 사람들은 '타인화된' 사람들의 의미 구축을 참고하기보다는 그들 자신의 문화 시스템과 산 경험에 하위 집단이 살아가며 반응하는 방식의 틀을 방법으로 삼는다. 이것은 Bruner(1996)가 이야기했듯이 체제의 한 부분을 중재하는 문제가 아니라는 점에서 교육 개혁자, 교사 교육자와 교사들에게도 문제를 제기한다. 필요한 것은 우리가 전체 담론에 문제를 제기하고 우리 자신을 현재의 위치를 넘어 교육자들에게 변화의 매개체로 작용하는 기회를 제공하는 대안적인 담론으로 이동하는 것이다.

우리가 뉴질랜드 고등학교에서 Te Kotahitanga라고 불리는 프로젝트를 시작한 2001년의 연구에서 확인했듯이, 우리와 이야기를 나눈 대부분의 교사들은 그들의 자발성과 효율성을 제한하는 담론에 위치해 있었다. 특히 그 담론들은 학생, 가족, 학교와 교육제도가 부가하는 잠재적 결핍을 암시하는 것이었다. 사회는 교사들이 학급에서 다룰 수 있는 힘을 훨씬 벗어난 상황과 문제를 만들어 낸다. 그러므로 전문성 개발 프로그램에서 교사에게 제공되는 학습의 기회는 Davies와 Harre(1997)가 **담론적 위치 재조정**discursive repositioning이라 부르는 것, 즉 문제점과 장애물을 강화하는 대신에 그들에게 해결책을 제공하는 대안적 담론으로부터 설명과 결과적 관행을 도출해 내는 기회를 제공받는 것이 필요하다. Marzano, Zaffron, Zraik, Robbins와 Yoon(2005)은 이러한 접근방법을 지지하며 대부분의 교육 혁신은 '존재론적 접근방법인 현재의 인식, 신념 또는 패러다임을 변화 과정의 부분으로' 다루지 않고, 오히려 '그 혁신이 현재의 신념과 인식에 동화되는 것'(p. 162)이라고 말한다. 더 나아가 그들은 성공할 가능성이 있는 개혁이란 기본적으로 그 본질이 존재론적인 것으로, 참여자들이 자신의 패러다임은 구성된 현실이며 그 패러다임에 숨겨진 '나'를 벗어난 의식의 경험을 갖게 하는 것이라고 말한다(p. 162). 한편 Sleeter(2005)는 다음과 같이 제안한다.

> 유색인종 학생들과 빈곤한 지역 출신의 학생들에 대한 낮은 기대감이 적자 이데올로기의 당연한 수용에 지탱되어 오랫동안 과도하고 지속적인 문제가 되어 왔다는 것이 사실이다. … 그러므로, 적자 이데올로기를 언급하지 않고 교사들에게 권한을 부여하는 것은 문제를 악화시킬 수도 있다. (p. 2)

Burr(1995, p. 146)에 따르면, 우리는 모두 하나의 담론에서 다른 것으로 재위치시킬 수 있다. 왜냐하면 우리는 부분적으로는 담론의 산물인 반면, 우리가 보는 시각과 다른 담론을 기반으로 하여 세상의 의미를 파악하는 방법을 변화시킬 수 있는 행위 의지를 갖고 있기 때문이다. 우리는 자유로운 행위자이며 행위 의지를 갖고 있다. 그러나 우리가 형성하는 담론 중 어떤 것들은 우리의 행위 의지를 활성화하기 위해 우리의 권력을 제한한다는 것을 분명히 이해해야 한다.

결론

이 장에 적용된 마오리 철학의 분석은 다음과 같은 점에서 May(1999)의 '비판적 다문화주의'의 정의와 유사하다.

> 비판적 다문화주의는 어린이에게 주어진 다른 문화적 자본을 좀 더 큰 헤게모니적 권력관계의 결과로 논의 및 논쟁하는 동시에 그들이 학교에 가지고 오는 다른 문화적 지식을 인식하고 병합할 필요가 있다. (p. 32)

다시 말해서, 그들 교실의 일상 속에서 마오리 원주민 어린이들의 삶에 작용하는 권력 불균형의 효과가 인식되고 논의될 필요가 있다. 그러면 이것은 마오리 원주민 어린이들에게 현재로서는 주로 대다수의(백인) 어린이들에게 열려 있는 기회를 제공해 주고 안전한 문화의 틀을 기반으로 그들 스스로가 선택을 할 수 있도록 할 것이다. 이러한 분석은 문화주의자(미시적 수준의 교육 개혁), 구조주의자(거시적 수준의 권력 불균형을 논의할 필요), 그리고 모든 수준의 교육에서 미시적 수준의 권력 불균형을 논의할 관계적 담론을 근거로 한다. 마오리족과 다른 소수화된 사람들을 위한 교육 개혁의 핵심은 관계적 담론 내에서 교사의 담론적 위상을 다시 조정하는 것이다.

감사의 말

Te Kotahitanga 연구 개발팀 구성원과 학교, 학생, 그리고 이 프로젝트 개발에 참여하고 후원해 준 학교 공동체에게 감사드린다.

참고문헌

Alton-Lee, A. (2003). *Quality teaching for diverse students in schooling: Best evidence synthesis.* Wellington, New Zealand: Ministry of Education.

Alton-Lee, A. (2006). How teaching influences learning: Implications for educational researchers, teachers, teacher educators and policy makers. *Teaching and Teacher Education, 22*(5), 612–626.

Ballard, K. (2007) *Educational and imagination: Strategies for social justice.* The Herbison Lecture presented to the NZARE, University of Canterbury, Christchurch, New Zealand.

Bishop, R. (1994). Initiating empowering research. *New Zealand Journal of Educational Studies, 29*(1),

1–14.

Bishop, R. (2007). Lessons from Te Kotahitanga for teacher education. In L. F. Detretchin & C. J. Craig (Eds.), *International research on the impact of accountability systems* (pp. 225–239). Lanham, MD: Rowman & Littlefield Education.

Bishop, R., & Berryman, M. (2006). *Culture speaks: Cultural relationships and classroom learning.* Wellington, New Zealand: Huia Publishers.

Bishop, R., Berryman, M., Tiakiwai, S., & Richardson, C. (2003). *Te Kotahitanga: The experiences of year 9 and 10 Māori students in mainstream classrooms.* Wellington, New Zealand: Ministry of Education.

Bishop, R., Berryman, M., Cavanagh, T., & Teddy, L. (2007). *Te Kotahitanga phase 3 Whanaungatanga: Establishing a culturally responsive pedagogy of relations in mainstream secondary classrooms.* Wellington, New Zealand: Ministry of Education.

Bruner, J. (1996). *The culture of education.* Cambridge, MA: Harvard University Press.

Burr, V. (1995). *An introduction to social constructionism.* London: Routledge.

Chapple, S., Jeffries, R., & Walker, R. (1997). *Māori participation and performance in education. A literature review and research programme.* Report for the Ministry of Education, Wellington, New Zealand.

Crooks, T., Hamilton, K., & Caygill, R. (2000). New Zealand's national education monitoring project: Māori student achievement, 1995–2000 [electronic version]. Retrieved May 9, 2007 from http://nemp.otago.ac.nz/i_probe.htm

Cummins, J. (1995). Power and pedagogy in the education of culturally diverse students. In J. Frederickson & A. F. Ada (Eds.), *Reclaiming our voices: Bilingual education, critical pedagogy, and praxis* (pp. 139–162). Ontario, CA: California Association for Bilingual Education.

Davies, B., & Harre, R. (1997). Positioning the discursive production of selves. *Journal of the Theory of Social Behaviour, 20,* 43–65. Reprinted in M. Wetherall, S. Taylor, & S. Yates (Eds.). (2001). *Discourse theory and practice: A reader* (pp. 261–271). London: Sage.

Durie, M. (1995). Tino Rangatiratanga: Self determination. *He Pukenga Korero, 1*(1), 44–53.

Durie, M. (1998). *Te Mana, Te Kawanatanga: The politics of Māori self-determination.* Auckland, New Zealand: Oxford University Press.

Elbaz, F. (1981). The teachers "practical knowledge": Report of a case study. *Curriculum Inquiry, 11,* 43–71.

Elbaz, F. (1983). *Teacher thinking: A study of practical knowledge.* New York: Nichols.

Elmore, R. F. (2007). Professional networks and school improvement. *The School Administrator, 64*(4), 20–24.

Foucault, M. (1972). *The archaeology of knowledge.* New York: Pantheon.

Freire, P. (1997). *Pedagogy of the heart.* New York: Continuum.

Fullan, M. (2003). *The moral imperative of school leadership.* Thousand Oaks, CA: Corwin Press.

Gay, G. (2000). *Culturally responsive teaching: Theory, research and practice.* Columbia University, New York; London: Teachers College Press.

Hargreaves, A., & Fink, D. (2005). *Sustainable leadership.* San Francisco: Jossey Bass.

Harker, R. (2007). *Ethnicity and school achievement in New Zealand: Some data to supplement the Biddulph et al. (2003) best evidence synthesis: Secondary analysis of the progress at school and Smithfield datasets for the iterative best evidence synthesis programme.* Wellington, New Zealand: Ministry of Education.

Hattie, J. (1999). *Influences on student learning.* Inaugural Lecture, University of Auckland, Auckland, New Zealand: www.staff.auckland.ac.nz/j.hattie

Hattie, J. (2003a). *Teachers make a difference: What is the research evidence?* Paper presented at the Australian council for educational research annual conference.

Hattie, J. (2003b). *New Zealand education snapshot: With specific reference to the yrs 1–13.* Paper presented at the Knowledge Wave 2003 The Leadership Forum, Auckland, New Zealand.

Hunn, J.K. (1960). *Report on the Department of Māori Affairs.* Wellington, New Zealand: Government Print.

Kincheloe, J., & Steinberg, S. (1997). *Changing multiculturalism.* Buckingham, England: Open

University Press.

Marzano, R., Zaffron, S., Zraik, L., Robbins, S., & Yoon, L. (2005). A new paradigm for educational change. *Education, 116*(2), 162–173.

May, S. (1999). Critical multiculturalism and cultural difference: Avoiding essentialism. In S. May (Ed.), *Critical multiculturalism: Rethinking multicultural and antiracist education* (pp. 11–41). London, RoutledgeFalmer.

McLaren, P. (2003). *Life in schools: An introduction to critical pedagogy in the foundations of education* (4th ed.). Boston: Pearson Education.

Nash, R. (1993). *Succeeding generations: Family resources and access to education in New Zealand.* Auckland, New Zealand: Oxford University Press.

Rowe, K. (2003). *The importance of teacher quality as a key determinant of students' experiences and outcomes of schooling.* Sydney, Australia: ACER.

Ryan, W. (1999). *Race and ethnicity in multi-ethnic schools: A critical case study.* Clevedon, England: Multilingual Matters.

Shields, C.M., Bishop, R., & Mazawi, A. E. (2005). *Pathologizing practices: The impact of deficit thinking on education.* New York: Peter Lang.

Sidorkin, A. M. (2002). *Learning relations: Impure education, deschooled schools, and dialogue with evil.* New York: Peter Lang.

Sleeter, C. (2005). *Un-standardizing curriculum: Multicultural teaching in the standards-based classroom.* New York: Teachers College Press.

Smith, G. H. (1997). *Kaupapa Māori as transformative praxis.* Unpublished doctoral thesis, University of Auckland, Auckland, New Zealand.

Smylie, M. (1995). Teacher learning in the workplace: Implications for school reform. In T. Guskey & M. Huberman (Eds.), *Professional development in education: New paradigms and practices.* New York: Teachers College Press.

Thrupp, M. (2001). Sociological and political concerns about school effectiveness research: Time for a new research agenda. *School Effectiveness and School Improvement, 12*(1): 7–40.

Thrupp, M. (2007). *Education's "inconvenient truth": Persistent middle class advantage.* Inaugural professorial lecture, School of Education, University of Waikato, Hamilton, New Zealand, March 2.

Timperley, H., Wilson, A., Barrar, H., & Fung, I. (2007). *Teacher professional learning and development: Best evidence synthesis iteration.* Wellington, New Zealand: Ministry of Education.

Valencia, R. R. (Ed.). (1997). *The evolution of deficit thinking.* London: Falmer.

Villegas, A. M., & Lucas, T. (2002). *Educating culturally responsive teachers: A coherent approach.* Albany, NY: State University of New York Press.

Young, I. M. (2004). Two concepts of self-determination. In S. May, T. Modood, & J. Squires (Eds.), *Ethnicity, nationalism and minority rights* (pp. 176–198). Cambridge, UK: Cambridge University Press.

제5장 | 유아교육에서의 비판적 다문화 실천

JEANETTE RHEDDING-JONES

모든 어린이가 선생님과 둥글게 앉아 있다. 18명의 어린이 중 오직 한 어린이만 자신의 모국어인 노르웨이어를 쓴다. 선생님은 학급의 나머지 어린이가 알고 있는 언어는 전혀 알지 못하고 어린이들에게 모든 것을 노르웨이어로만 이야기한다. 노르웨이어가 그들이 학교 교육을 잘 마치기 위해서 잘 배워야만 하는 언어이다. 하나 이상의 언어를 말할 수 있는 것이 장점이 될 수도 있다는 생각은 없는 듯하다. 이 학교는 어린이들이 다양한 문화를 그들의 배경으로 하고 있고 그것이 그들의 신체나 의복을 통해 보여질 수 있기 때문에 흔히 다문화학교라고 불린다.

여기서 비판적 다문화 입장을 취해 본다면 우리는 아마 다문화를 좀 더 깊이 이해할 수 있을 것이다. 이 지역 공동체 언어의 풍부함이 학급에서 손실되지 않도록 하기 위해서 무엇을 할 수 있을까? 어떻게 이 교사가 자신의 단일 문화 경험이 여기에서 일어나는 모든 것을 결정짓지 않도록 이 어린이들에게 맞게 교육과정 프로그램을 변화시킬 수 있을까? 이 어린이들과 함께 일하고 놀기 위해서 누가 초빙될 수 있을까? 비록 교사로 교육받은 것이 아닐지라도 문화적으로 다양한 사람들이 이 학교에서 일하도록 할 수 있는 재정적 지원은 가능할까? 어떻게 하면 더 많은 언어가 사용되게 할 수 있을까?

이 장은 유아교육에서 흔히 발견되는 몇 가지 '일반적인' 단일문화 실천을 살펴보는 것으로 시작한다. 그것은 비판적 다문화주의가 시사하는 바가 무엇인지를 논하기 위함이다. 다음의 실제 사건들이 보여 주는 것과 같이, 교사는 여러 민족집단에서 나타나는 다양한 문화 관행을 마주하게 된다. 교사들은 다음의 예에서 보여지는 것과 같은 '문화적 도전'에 어떻게 대비할 수 있을까? 또한 어린이들은 문화적 차이에 어떻게 대처할 수 있을까?

이 학교에는 한 가정에서 오는 네 명의 어린이가 있는데 그들은 남자아이 1명, 여자아이 3명이다. 여자아이들은 반에서 학교 밖으로 소풍을 가게 될 때면 항상 '아프고 몸이 좋지 않다'. 이 학교는 아이들을 한 달에 두세 번씩 소방서나 눈이 덮인 숲, 또는 '다문화' 프로그램의 일환으로 도시로 기차를 타고 밖으로 데리고 나간다. 그 세 자매는 소풍을 빠진 그다음 날 항상 같은 이야기를 한다. 다른 아이들이나 교사 누구도 그들의 말을 믿지 않는다. 그러나 그 부모는 항상 딸들이 아프기 때문에 그날 아이들을 집에 있게 한다고 말한다. 모두들 그 세 자매의 남동생은 건강이 좋지 않다거나 아픈 적이 없다는 점을 눈치챈다. 그는 모든 소풍에 참여한다.

위의 예에는 지배문화가 안전하고 받아들일 수 있다고 여기는 것은 부모에 따라 다르다는 것이 분명하게 나타난다. 어떻게 이 학교의 프로그램이 이 가정에서 나타나는 것과 같은 문화적 차이를 좀 더 포용할 수 있을까? 부모들은 교사와 어떤 논의를 할 수 있을까? 누구의 가치를 우선시해야 할까? 교사나 부모 모두가 자신들의 생각과 계획을 어떻게 조금이라도 변화시킬 수 있을까? 부모들도 이 소풍에 참여하게 하는 것은 가능할까? 이 교사는 여자아이들에게 허용되는 것을 결정짓는 문화적 차이에 대해 얼마나 알고 있을까?

많은 교사들이 그러한 문제점들을 인식하고 있으면서도 그들이 '어쩔 수 없이 해야 하는' 경우가 아니면 소수집단 학생들을 동화 또는 식민지화하지 않으려고 노력하고 있다. 그 대신 그들은 학급에서 일어나고 있는 일의 근본적 원인에 새로운 형태의 변화가 생기기를 바라고 있다. 문화적으로 다른 배경을 가진 어린이들은 모두 지배사회에 잘 적응해야 한다. 그들은 국가의 표준어에 매우 능숙해져야 하고 단순히 그들 주변의 주요 문화로만 구성되어 있는 것이 아닌 현대 세계에서 어떻게 살아가야 할지 알아야 한다. 글로벌 관점으로 보자면, 어떤 한 곳에서 다수인 것이 다른 곳에서는 소수가 된다. 어떻게 하면 어린이들이 성장하여 많은 언어와 많은 문화 그리고 차이점들로 이루어진 변화하는 세상에서 번영할 수 있을까? 교사는 자신이 가르치는 어린이들에게 단일 문화적 교육에 저항하고 스스로의 공동체 가치를 폄하하는 것에 저항할 수 있도록 하기 위해 무엇을 할 수 있는가? 이 장은 교사들이 이러한 질문에 대한 답을 발견할 수 있도록 돕기 위함이다.

다음의 사건은 유아원에서 발생한 것이다. 이 프로그램은 교육과 육아가 혼합되어 있다. 다음에는 어린이들은 묘사되지 않았고 유아원 직원과 부모의 관계가 기술된다. 여기서 비판적 다문화 요소를 찾아보자. 이 설명 후에 오는 성찰 부분을 읽기 전까지는 알아차리지 못할 수도 있다.

> 학부모를 위한 첫 모임이다. 유아원 교사가 그들에게 이야기하고 있다. 그녀는 아이의 생일을 축하해 줄 때 그 아이에게 생일 왕관을 주고 꾸며

놓은 왕좌에 앉게 할 것이라고 설명한다. 그러고 나서 그녀는 아이들을 동반하지 않고 저녁시간에 겨우 올 수 있게 된 소수의 부모들에게 향후 몇 달간의 유아원 계획에 대하여 이야기한다. "질문 있습니까?" 하고 교사는 확인이 필요한 몇 가지 세부사항이 있을 것이라 생각하며 간단히 물어본다. 몇 가지 질문과 답변이 오고 간다. 나중에 부모들은 몇 개의 소그룹으로 나뉘어 일상의 교육과정에서 아이들을 위해 중요하다고 생각되는 것들을 논의하고 기록한다. 그렇지만 소수집단 배경을 가진 부모는 아무도 여기에 없다. 그들은 모두 집에 있었다. 아마 이곳의 언어가 자기 수준을 넘어설 것이라는 것을 알았던 모양이다. 아마도 그들이 회의에 가는 동안 자녀를 돌봐 줄 사람이 아무도 없었을 것이다. 아마도 그들은 그날 저녁 알지도 못하는 사람들과 함께 있는 것보다는 자신의 아이들과 함께 있는 것이 더 중요하다고 생각했을지도 모른다. 아마도 그들은 그들을 초대하는 언어를 읽을 수 없었는지도 모른다.

다양한 민족적 · 문화적 배경을 가진 성인과 어린이들이 함께 지내는 것을 배우기란 쉽지 않다. 어떤 면에서 문제는 스스로의 중심을 잃게 된다는 것이다. 평소의 습관을 한쪽에 제쳐 두고 전에는 한 번도 생각해 보지 않았던 공간을 마련해야 한다. 다음의 사건은 역시 유아원의 상황으로 10년 전에 발생한 것이다. 오늘날에도 이런 일이 일어날 수 있을까?

유아원 보조교사와 교사가 가장 어린 아이들을 위한 점심을 준비하고 있다. 아이들의 연령은 2~3세 사이이다. 아이들 대부분이 아직 말을 많이 할 수 있는 연령이 아니고 일부는 하고자 한다면 하나 이상의 언어를 말할 수 있다. 나는 아이들 중 누가 어른들이 여기서 하는 말을 알아듣는지는 알지 못한다. "그건 그 아이에게 주면 안 돼. 베이컨이야." "아니야, 그건 그냥 베이컨 스프레드일 뿐이야." [그들이 말하고 있는 것은 튜브에 들어 있는 것으로서 치즈 맛이 나는 스프레드로 나오는 것이다. 여기서는 빵 위에 베이컨 치즈 스프레드를 짜서 먹는 일이 일반적이다.]

이 교사들의 문제는 이슬람과 관련된 것이다. 그들 중 한 명은 무슬림 어린이들은 돼지고기를 먹지 않는다는 것을 알고 있다. 문제는 그게 돼지고기인지 하는 것이다. 베이컨 맛은 인공일 수도 있다. 이와 같이 불확실한 상황에서는 어떤 일이 일어날까? 아무도 그 어린이들을 돌보지 않는 가운데 문화적 복잡성이 무엇인지를 깨닫게 된다면 어떻게 될까? 어린아이의 가정에서와 같은 규칙과 윤리를 따르는 사람이 주변에 전혀 없을 때 그 아이는 어떤 위치에 처하게 되는가? 우리가 다문화적인 위치에서 일하고 있으며 명목상으로 '다문화'를 하고 있다고 말하기는 쉽다. 이 장은 이것을 넘어 유아교육에서 비판적 다문화 실천과 사고를 시행하기 위해 무엇을 할 수 있고 또 하고 있는지 보여 줄 것이다.

유아교육의 비판적 다문화주의

1990년대 중반부터 국제적으로 비판적 다문화주의에 대하여 많은 책이 저술되었다(예 : May, 1999; Sleeter & Delgado Bernal, 2004 참조). 이러한 저술들은 관행을 변화시키고자 한 것이기도 하지만 실천을 위한 연구 분야를 구성하는 기능을 하기도 한다. 다음에 제시되는 것은 그들이 구체적으로 비판다문화적인 것으로 자신을 나타내는가 하는 것과는 별개로 유아교육에서의 비판적 다문화주의를 반영하거나 그에 해당하는 다양한 국가 배경의 사례들이다.

미국의 유아교육 분야에서, Lourdes Diaz Soto(1997)는 *Language, Cultural and Power: bilingual families and the struggle for quality education*(언어, 문화와 권력: 이중언어 가족과 양질의 교육을 위한 그들의 투쟁)을 출판하였다. 미국인 동료 Beth Blue Swadener와 함께 그녀는 교차 문화적 맥락에서의 유아기 이론, 연구 및 실제를 탈식민지화하기 위해 일했다(Soto & Swadener, 2005). 또한 미국에서 유아 이론혁신가로 일하면서, Gaile Cannella(2000, p. 218)는 비판적 관점과 여성학적 관점을 병합함으로써 '다양성과 더 어린 아이들의 다양한 목소리를 존중하는 것'에 주의를 기울이게 하였다.

영국의 출판물로는, Iram Siraj-Blatchford와 Priscilla Clarke(2002)가 '초기의 정체성, 다양성과 언어를 지원하는' 것에 대한 책을 함께 저술하였다. 육아에서의 문화적 차이가 제시되고 '다양성을 확실히 지지하도록 하는 교육과정'(pp. 85~88)이라는 부분에서는 '홈 코너', '퍼즐과 조작적 장비', 음악, 책, 이중언어 도서관 등과 관련된 실천들을 어린이들 부분은 짧게 유지하며 상세하게 기술한다.

뉴질랜드에서의 유아교육과정 체제 공문(Te Whäriki, 1996)은 이중언어 및 이중문화주의에 있어 혁신적인 움직임이다. 여기서는 마오리/원주민과 Pākeh/유럽인의 관점이 병합되어 초기 교육의 실제와 정책에 대한 새로운 개념의 지침을 만들어 냈다. 이와 관련하여, *Assessment in Early Childhood Settings: Learning Stories*(유아기 환경에서의 평가 : 배움의 이야기)를 중심으로 한 Margaret Carr(2001)의 연구는 평가 관행에 나타나는 발달과 학습의 이론화에 초점을 두었다. 이 연구는 '어떠한 평가 결과이든 그것은 발달적으로 불가피한 것이 아니라 문화적으로 구성된 것'(p. 14)이라는 사실을 인정하였다. 좀 더 최근에, Jenny Richie(2008)는 유아교육에서 마오리 주권을 존중하는 학습 주도권을 제시한다. Ritchie와 공동 연구자 Cheryl Rau에게 이것은 원주민의 지식, 가치, 언어(들)와 영성(이 책의 Bishop 참조)을 포함한다.

호주의 Barbara Comber(2003, p. 360)는 유아교육에 있어서 민족 및 문화적 배경과 이러한 것들을 고려하였을 때 비판적 문식성에 해당하는 것에 중점을 두었다. 역시 호주 출신인 Kerry Robinson과 Christine

Jones Díaz는 '비판적 다문화주의, 백인성과 유아교육' (2006, pp. 63~81)에 대하여 저술하고 거기에서 다문화적 복수주의의 한계점을 논의하며 유아의 실제와 유연한 자세 수용을 지적하였다. 노르웨이에서는 한 호주 망명인(Rhedding-Jones, 2002, p. 90)이 유아교육에 대한 비판적 다문화주의의 시사점을 구체적으로 탐구했다. 호주와 미국 각각에서 Sue Grieshaber와 Gaile Cannella(2001)는 유아교육에서 다양성과 '다양한 정체성 포용'의 가능성에 대한 책을 편집하였다.

벨기에의 Michel Vandenbroeck(2004)은 다문화 사회의 유럽인 구성에 주목하여 '초기 아동 분야에서의 다문화 담론'(p. 32)에 대한 비평을 제시한다. 그는 Veronica Pacini-Ketchabaw(2007)가 캐나다의 다문화 유아교육을 비평하며 그 개념을 재정립하였듯이 Foucault학파 학자로서 교육을 정치적인 관점에서 보면서 저술한다.

보다 비판다문화적인 실천 사례

노르웨이 오슬로에서는 이와 같은 유아교육에서의 비판적 다문화주의의 시사점에 대한 논의가 점점 증가하는 경향을 보이고 있다. 최근 몇 년 동안 비판적 문제, 비판적 이론과 문화적 다양성을 위한 비판적 실천을 시작하기 위해 유아교육자들이 함께 모여 연구하고 있다(Andersen, 2006; Angell-Jacobsen & Becher, 2007; Becher, 2004, 2006; Bustos, 2009; Fajersson, Karlsson, Becher, & Otterstad, 2009; Otterstad, 2005, 2008; Rhedding-Jones, 2001 참조).

이 연구 결과에서 비롯된 노르웨이 유아교육환경에서의 몇 가지 실천 사례를 소개한다. 실질적 관행이 명백히 드러나도록 특정 장소에서 있었던 사건들을 제시한다. 장소는 노르웨이의 바네하거Barnehager(1~6세의 어린이를 위한 보육 및 데이케어 센터)이다. 이 일화에 대한 기록은 처음에 유아원 교사에 의해 노르웨이어로 작성되었다.

> "살색이 어디 있지?" 일반적으로 미술활동이 이루어지는 테이블에 앉아 있는 네 살짜리 소녀가 큰 소리로 혼자 중얼거린다. 자신의 어린 시절 살색 색연필은 일반적으로 백인 피부를 나타내는 복숭아색 같은 색이었던 것을 기억하며 그 유아원 교사는 "어느 피부색을 찾고 있어? 갈색 아니면 흰색?"이라고 질문함으로써 그 소녀가 다시 생각해 보도록 한다.

이 기록을 작성한 사람은 실천의 특정한 순간에 대하여 생각해 보는 것이 비판적 성찰을 위한 출발점이 될 수 있다고 말한다. 전문적인 일에서 그러한 순간들을 찾아볼 수 있다. 그러한 성찰의 결과 행동하고 말하는 새로운 방식들이 소외 담론에 저항할 수 있게 된다. 이 교사는 이제 백인성이 인종과 관련된 비판적인 문제라는 것을 안다. 여기서 비판적 실천은 무엇이 이 아이로 하여금 깊게 생각하게 만들 것인지를 이야기하는 것이다. 단순히 흑인과 '아시아인'만 있는 것이 아니라 모든 사람이 '인종'을 갖는다는 것은 비판다문화적 위치 설정이다. 이와 관련하여, Camilla Andersen의 성찰(Gjervan, Andersen, & Bleka, 2006, pp. 44~46)은 어린이와 가족에 대한 소외에 저항하는 방법을 보여 준다. Andersen은 그 분야에는 복합적인 지식이 작용하고 있기 때문에 단순히 모든 개개인의 어린이가 무엇을 하고 있는지보다는 사람들 사이의 권력관계 때문에 무슨 일이 발생하는지에 초점을 두어야 한다고 말한다. 여기에 실천의 변화를 보여 주는 또 하나의 사건이 있다.

아이들의 점심 도시락은 이미 각 의자 앞 테이블 위에 하나씩 놓여 있다. 시간은 거의 10시 반이 되었고 아이들은 이른 점심을 먹기 위해 준비하라는 이야기를 듣는다. 다섯 살짜리 핫산이 식사 중에 도착하자 그의 친구 알리 옆에 공간이 마련된다. "나는 항상 늦어." 하루 일과를 알고 있는 그가 중얼거린다. "그래, 맞아."하고 알리가 맞장구친다. 여기에서 비판적 실천은 유아원과 핫산 가족의 시간과 일상생활에 대한 생각이다. 아이들이 아침 10시 이전에 도착하는 것이 일반적이지만 핫산의 가족에게는 아이를 그렇게 일찍 보내는 것이 불가능하다. 아마도 시간은 별 문제가 되지 않을지 모른다. 아마도 교사들은 이 가족이 원하거나 정상적이라고 생각하는 것에 그들의 생각을 맞추어야 할 필요가 있을지도 모른다. 아마도 그 유아원은 그 일상생활에 대해 좀 더 유연해질 수도 있을 것이다. 어쩌면 그 교사가 그 가족에게 필요하다면 통역자를 동원하여 지켜야 할 것에 대해 잘 설명해 줄 수도 있을 것이다.

다음의 예에서 보여지는 실천 사례는 단일언어 수업이다. 일반적인 단일언어 유아교육 수업 관행에서, 어린이들은 세계가 얼마나 다양한지 그리고 그 다양성을 넘나들며 의사소통하기 위해 필요한 능력은 무엇인지를 깨닫지 못할 가능성이 크다.

서클타임(circle time, 이야기 나누기 활동) 시간이 끝나고 교사는 빨간색 양말을 신은 어린이들은 가서 손을 씻으라고 말한다. 그녀는 계속해서 모든 어린이가 그들이 앉아 있던 곳을 떠날 때까지 새로운 옷 종류와 색을 부른다. 여기에 새로 온 첸과 마야를 제외한 거의 모든 어린이들이 이 게임을, 혹은 지시되고 있는 것을, 이해한다. 두 아이는 다수자의 언어를 아직 배우지 않았다. 그들은 교사의 도움을 받으며 일어서야만 지시를 받아 화장실에 간다.

첸과 마야는 그렇게 해야만 하기 때문에 결국 다수자의 언어를 배울 것이다. 어느 교사도 그녀가 돌보는 어린이들이 가정에서 사용하는 언어를 다 알 수는 없다. 그렇지만 교실에 첸과 마야가 사용하는 언어를 아는 누군가가 있다면 그들에게 이러한 불편한 순간은 일어나지 않을 것이다. 다중 언어에 대한 인식과 능력이 있다면 필요한 순간에 한 언어에서 다른 언어로 이동하는 것이 가능하다. 그러나 유아교육과 학령전 교육에서는 일반적으로 오직 한 언어만 사용된다. 첸의 경우 베트남어와 노르웨이어를, 마야의 경우 힌두어와 노르웨이어를 모두 사용하는 그 지역의 성인이나 어린이를 활용하면, 이 두 어린이는 단일언어 어린이와 그들의 선생님은 갖지 못한 능력을 가진 위치에 놓이게 될 것이다.

언어와 관련된 일반적 관행은 오직 한 언어만이 중요한 것으로 생각된다는 것이다. 여기 한 유아원 교사인 Mona-Lisa Angell-Jacobsen은 노르웨이의 유아원들은 특히 언어에 관하여 그다지 비판적 다문화주의에 적합하게 운영되지 않고 있다고 주장한다. 학부 교과과정으로 선정된 노르웨이 텍스트에는 이런 점에 대한 저술이 거의 없다. 연구 자료에서(Angell-Jacobsen, 2008) 그녀는 '전통적' 다문화주의 — 미국에서는 '해방적 다문화주의'에 해당하는 것으로 읽힐 수 있는 다문화담론을 추적한다. 더 나아가 그녀는 다문화주의의 좀 더 비판적인 담론 쪽으로 가고자 한다. 전통적 담론은 '아시아인', 핑크색과 갈색 인형, 그리고 사람들의 모든 국가적 배경이 표시되어 있는 '국기의 벽'을 통해 표현된다. 좀 더 비판적인 다문화주의 담론으로 나아가려는 시도는 유아원의 연간 지역 계획(årsplan)에서 읽을 수 있다. 이 공문서에는 언어, 문화 및 종교적 다양성이 '지역 공동체 의식을 풍부하게 하고 강화한다'(2008, p. 64)라고 적혀 있다. 이것은 문화적 다양성이 오로지 소수집단에 대한 것으로 여겨지는 곳에서 다문화주의 담론에 대한 유아원 교사의 저항으로 보일 수 있다. 그럼에도 불구하고 '어린이들의 언어 능력을 도표화하기'에 이르면 도표화의 대상은 주로 소수집단 어린이들이다. 더 나아가, 도표화되는 언어는 소수의 언어이고, 이중언어 어린이들의 언어 능력이 측정되는 기준은 소위 '평균의' 단일언어 사용 대다수 어린이들이다(p. 90). 이것은 세계적으로 유아교육에 있어서 핵심을 이루며 준거가 되는 관행이다.

오슬로의 유아교육에서는 문화적 차이에 의문을 제기하고 문화적 필수주의에 저항하는 연구의 이론화와 실행을 위해 많은 일이 이루어지고 있다. 해당 연구자들이 학교와 유아원에서 일하면서 교사를 교육하기 때문에 이러한 연구는 유아교육 실천에 직접적인 영향을 미친다. Aslaug Andreassen Becher는 비판적 논제들을 설명하는 특별한 경우를 기술하기 위하여 그녀 고유의 초등학교 교육 실천 방법과 6세 어린이들과 함께한 도심 학교에서의 민족지학 기록을 사용한다(Becher, 2004). 본질주의 비평의 방식으로 그녀는 어린이들과 관계된 이론과 실제에 대한 문화적 도전에 대해 논의한다. 다음은 그녀가 기술한 한 가지 일화이다.

한 교사가 나에게 '기독교, 종교와 인간윤리'라는 논쟁의 대상이 될 수 있는 과목을 가르친 경험에 대해 이야기하였다. 이 과목을 포함한 1997년 노르웨이 학교 교육과정이 발표되고 난 이후 이슬람교 학부모들은 그 법에 저항하는 운동을 벌여 왔다. 이 교육과정은 더 이상 어린이들에게 대체 과목을 듣도록 허용하지 않았다. 새로운 입법에 따르면, 어린이들은 부모가 와서 자신의 아이를 교실 밖으로 데리고 나가지 않는다면 수업에 출석해야 한다. 이것은 학부모들이 가정에서 아이들에게 수업에 참여하지 말라고 가르치는 상황을 만들었다. 몇몇 아이들에 대한 해결책은 그저 손으로 귀를 막음으로써 자신을 기독교의 영향으로부터 보호하는 것이었다.

여기에서 비판적 논제는 각기 다른 문화적 준거 및 가치와 관련된 중요하고 민감한 일에 대하여 학교와 부모가 완전히 반대의 행동을 요구하는 상황에 있는 아이들에게 무엇이 관련되어 있는지다. 여기서 교사들에게 필요한 것은 그들이 감당할 수 있는 이상의 것일지도 모른다. 꼭 필요한 것은 교육과정을 바꾸는 정부의 법규이다. 위의 노르웨이 사례에서 발생한 일도 사실상 바로 이 문제이다. 국가 정책 공문을 바꾸기 위해서는 대중의 외침이 필요하고 평등이 결핍된 여기가 바로 교사들이 목소리를 높여 뜻을 분명히 해야 할 곳이다. 정치인이나 정부 고문, 관료가 아닌 교사들이 어린이들과 매일 접촉하는 사람들인 것이다. 이러한 상황에서 교사들은 대중을 따라서 정치인이 정책을 바꾸도록 설득하기 위해 신문에 투고하거나 대중 언론이나 교사 학회지 등에 논문을 발표할 수 있다.

이제는 유아원과 오슬로 대학 교사의 실제 사이에 네트워크가 형성되었다. 비판적인 방법으로 다문화적 문제를 다루면서, 이 네트워크는 공인되어 재정 지원을 받는다(http://arenahiooppdateringsfabrikken.no/index.php). 그것은 협력의 우산으로, 각기 다른 공간과 장소에서 만나는 지점의 기능을 한다. 그 목표는 간학문적 연구 프로젝트와 가정과 어린이와 관련된 실천의 변화를 논의하고 촉발하는 것을 포함한다. 네트워크의 리더인 Ann Merete Otterstad(2005)는 어떻게 공유된 가치와 지식을 기반으로 한 공평한 기회가, 국가의 시민이라는 어린이들의 주관성을 구축할 때 평등주의 이데올로기에 의혹을 제기할 수 있는지 논한다. 그녀의 비판적 논제는 다음과 같다 ─ 미래에 무엇이, 누가 국가유산을 대표할 것인가? 현재(2009년) 오슬로에 소재한 학교 학생들의 약 37%가 주류 노르웨이 이외의 문화유산을 반영하고 있다. Otterstad의 분석은 노르웨이의 연구자 Marianne Gullestad(2006)가 비평하는 '동일성'의 이데올로기를 지적한다. 이 이데올로기는 스칸디나비아 문호를 지키는 널리 퍼진 관행을 구성하며 이는 문화적 소수집단을 배제하는 기능을 한다.

국가다문화중앙연수원Nasjonalt scenter for flerkulturell opploering 업무의 일부로 노르웨이를 여행하는 전문가들은 유아원 교사들이 다문화 시각을 환영한다고 보고한다. 더 나아가, 8개의 노르웨이 종합대학과 전문대학 사이의 국가적 협력이 노르웨이 교육부의 '비판적 다문화주의' 목적을 달성하기 위하여 이루어지고 있다. 이것은 유아기 환경에서 이중언어를 사용하는 유아원 교사의 수를 늘리는 것을 포함한다.

이 모든 것에서 분명하게 드러나는 것은 불평등한 권력관계에 대한 인식이다. 이는 권력을 가진 이들이 그들이 어떤 역할을 하는지, 자신들이 누구인지 인식하지 못하고 비판적 다문화주의 담론에서 결핍되어 있는 것이다. 정상화 또는 자유주의적 다문화주의에서 교육 및 실천은 지배문화가 바라는 형태이고 소수집단들은 단순히 다른 사람들이 하는 대로 해야 한다. 그러므로 대안적인 지식과 주체성은 헤게모니와 허위를 통해 억압된다.

다음 절에서는 간단하게 다문화적 담론에서 간과되기 쉬운, 사람들과 일하는 것에 대한 몇 가지 시사점을 제시한다. 종교에 대한 서양의 회의주의는 이슬람 가족을 그들이 정착한 새 국가의 신조와 존재 방식을 공유하는 집단으로 보기보다는 단순히 그들의 모문화 국가가 형상화된 것으로 본다. 여기서 유아교육에 주는 중요한 시사점과 비판적 다문화주의를 실천한다는 무엇인가? 나는 이를 다음 절에서 노르웨이에서 영주권을 가진 비이슬람계 호주인의 입장에서 보려 한다.

서양의 핵심적인 소수집단인 이슬람인과 일하기

4년 전 오슬로의 한 유치원에 초대를 받아 그곳에서 근무하는 이슬람인들을 만났다. 이슬람인들을 알아가는 것과 그들에게 나를 알게 하는 것은 비판적 다문화주의 실천가로서 현재 내가 하는 것과 하고 싶은 것이 무엇인지를 거의 완전하게 뒤바꿔 놓았다. 나는 이주민으로서의 입장에서 고통스럽게 노르웨이어를 배웠던 경험을 이야기하고 노르웨이의 모든 문화적 개념을 다 알고 있지도 못하면서 '다문화주의'에 대해 비판적으로 글을 써오고 있었다(Rhedding-Jones, 2004, 2005, 2007a, 2007b). 이후 나는 나 자신의 비평을 비판하고 실행에 옮기기로 결심하였다. 매주 한 번씩 나는 이 이슬람 유치원과 이슬람인들이 많이 있는 다른 유치원들에 갔다. 나는 사람들이 이야기하고 싶어 할 때는 들어 주고 아이들이 눈썰매를 타고 싶어 할 때 도움이 필요하면 같이 놀아주고 이슬람 미술양식의 조그만 종이새도 접어 주는 일종의 친절한 보조교사가 되었다. 나는 라마단이 끝날 때 어린이들과 유치원에서, 저녁에는 어른들과 haal 레스토랑에서 이슬람 축제인 이드Eid에 참여했다. 우리 여성들은 함께 춤을 추었고 슬픔과 행복을 함께 나누었다. 그럼에도 권력의 차이는 존재한다. 그것은 돈, 지위, 교육, 내 나이와 그들의 상대적인 젊음, 나의 아랍어, 소말리아어, 우루두어와 보스니아어 실력의 부족, 그리고 그들의 영어 실력 부족에 관한 것이다.

비록 우리가 지난 3년간 어린이들과 유치원에서 함께 일하며 놀고, 내가 보수를 받고 공식적으로 하는 일이 '연구개발'을 포함하는 것이기는 하지만, 내가 이슬람인들과 하고 있는 것이 연구라는 이야기는 아니다. 이것은 실천가와나는 함께 이야기를 쓰고(Rhedding-Jones et al., 2009), 이슬람인들에게 유치원과 그 밖의 곳에서 비디오와 디지털 사진을 자신들의 용도로 찍는 개발 프로젝트라는 점을 말해 둔다. 때때로 나는 어린이들에 대한 이슬람 관행을 알지 못하는 사람들에게 보여 주기 위하여 이 비디오와 사진들을 받기도 한다. 아이들은 이들 기록에 나오지 않는다. 그 대신 교사와 보조교사가 유치원 건물, 놀이실과 운동장, 그리고 그들이 어린이들과 들어가는 노르웨이 숲을 촬영하였다. 이슬람 교사들이 그들의 관습을 설명하면서 나오는 영상의 이야기는 교육과 보육에 대해 다양한 언어로 되어 있다. 이것을 전문적 학습이라고 부를 수도 있을 것이다. 만약 그렇다면 그것은 다른 어느 누구에게 못지 않을 만큼 나에게 학습이 되었다. 비판적 다문화주의 실천으로서(소말리아, 쿠르디스탄, 보스니아, 터키, 시리아, 튀니지, 모로코와 이라크에서 이슬람 실천가들과 어린이들의 가족이 노르웨이로 왔다), 이것은 놀라운 지역 공동체 참여 과정이다. 그것은 다문화주의 실천이 주류에 대항하여 진행된 것이기 때문에 놀라운 것이다. 그렇지만 그들은 동시에 주류 사회의 내부에 있다. 여기는 이슬람인들이 다수이다. 사실상 거의 모든 사람이 이슬람인이다. 그러나 우리는 국가의 교육과정을 따르며 노르웨이어를 쓰면서 노르웨이에 있다.

비판적 다문화주의 실천에 대해 이는 무엇을 의미하는가? 노르웨이에서는 많은 국가 및 언어문화가 이슬람교를 공유하여 모인다. 그렇다, 이것은 다문화주의이며 다양한 곳에서 다양한 사람들이 모인다. 그렇지만 이것이 어떻게 비판적인가? 내가 보기에 여기에서 비판적인 것은 지배 그룹의 사람들에게 일어나는 일에 관한 것인 듯하다 — 우리는 단순히 우리 자신의 관행을 변화시키고 우리의 차이점은 유지하지만 동시에 이슬람인들에 의해 요구되는 관행의 차이점을 지지해야만 하는 것이다. 여기에는 분명히, 정상화된 국가 담론과 관습이 이슬람 관습과 섞이는 혼종성이 있다. 이는 영국, 독일, 말레이시아 및 인도네시아의 이슬람 유치원에서도 작용한다 (Rhedding-Jones, 2010). 오슬로에서 비판적인 비이슬람인은 그들의 아이가 문화, 언어와 동정심에 대해 알며 성장하기를 바란다. 이슬람 교사들이 있는 사설 이슬람 유치원에 아이를 보내는 부모들도 마찬가지다. 이 부모들은 단일 문화 및 언어 단일주의 관습에 대해 비판적이다. 오슬로에서 다른 비판적 비이슬람인은 이슬람 환경에서 소수자로서, 친구 및 동료로서 환영 받으며 일하고 있는 교사들이다. 이 전문인들은 국가적으로 구축되어 있는 교육과 보육, 그리고 정상화된 '다문화주의'에 대해 비판적이며 이러한 것들이 변화하기를 바란다. 그러한 사람들이 어린이들의 삶에 중요한 변화를 만들어 가고 있다. 이 어린이들은 문화 및 언어적 다양성을 이해하고 실행하며 그들은 그들의 부모가 이슬람교를 따르던 아니던 이슬람을 존중한다.

　이슬람 유치원의 모든 가족과 교사가 이슬람인은 아니기 때문에 차이에 대한 존중과 관용도는 높다. 또한 많은 언어가 일상에서 지속적으로 사용되며 그 언어들을 다 알고 있는 사람은 단 한 사람도 없다. 따라서 누구든지 사용되는 언어의 일부만 아는 사람의 위치에 있게 된다. 그것은 매우 편안한 위치이다. 왜냐하면 많은 웃음과 눈 맞춤, 그리고 무슨 일이 일어나고 있는지 100% 확실히 알지 못하는 것이 어떤 것인지를 이해하기 때문이다. 나는 이 모든 과정에서 이슬람에 대하여 배웠다. 그러나 욕실에서 씻는 관습, 여성은 남성과 악수를 해서는 안 된다는 것, 이슬람인들이 얼마나 관심 있게 상대방 가족의 건강에 대한 안부를 묻는지에 대해 아는 것은 나의 내부에 있는 더 큰 이미지의 한 부분일 뿐이다. 한 가지를 더 언급하며 마치고자 한다.

장소는 미국 위스콘신 주의 매디슨이다. 나는 유아교육 학회에 참석하고 있었고 이날 저녁 우리는 방을 가득 채운 교사들이 그들의 혁신적인 새로운 관습에 대해 이야기하는 것을 들을 수 있는 특권을 누렸다. 교사들은 두 사람씩 짝을 지어 작은 테이블에 둘러앉아 있다. 우리는 한 테이블에 참여하여 그들의 사진을 보고 이야기를 나누고 그다음 테이블로 옮겨 다닌다. 그 방에는 약 100명이 있었고 20여 개의 테이블이 있었다. 우리는 먼저 음료와 약간의 간식이 제공된 리셉션에서 만난다. 나는 노르웨이에서 이슬람인들과 함께 일하고 있기 때문에 리셉션에서 히잡을 쓰고 있는 유일한 여성을 향해 걸어간다. 나는 그녀에게 오슬로에서의 프로젝트와 어떻게 우리가 함께 이야기를 쓰기 시작하는지에 대해 이야기한다. 그녀는 놀랐다. 그녀는 실천의 이야기를 쓰는 일에 동참하고 싶다고 이야기한다. 아무도 이슬람인들은 그들 어린이들을 위한 서양에서의 조기아동교육으로 무엇을 원하는지 그녀에게 물어본 적이 없었다. 그녀는 단지 모든 사람이 당연히 해야 된다고 생각하는 것을 하려고 애쓰고 있다. 이슬람 관습이 가능한 유치원이 있는가? 교사들이 기도할 장소를 가질 수 있는가? 어린이들이 예언자들의 이야기와 아랍어로 수를 세는 것을 배울 수 있는가? 그녀는 이 리셉션에서 아무것도 먹거나 마시지 않고 벽에 기대어 서 있다. 그녀는 나에게 그날 저녁 집에 돌아가서 9시에나 단식을 끝내고 가족을 위해 식사 준비를 시작할 수 있을 것이라고 말한다. 나중에 나는 그녀의 테이블에 간다. 그녀가 하는 것에는 그녀 자신과 그녀의 관습이 가지고 오는 것을 제외하고는 어린이들에 관한 일에서는 이슬람적인 것이 아무것도 없다. 그녀는 침착하고 논리정연하며 4개의 언어를 하지만 직장에서는 영어만 사용한다. 그녀의 학위는 생명공학과 유아교육이다.

이 장의 핵심 사항을 정리하며 이슬람에 대한 이 간단한 논의가 어떻게 유아교육에 대한 비판적 다문화주의 접근 방법을 전달해 주는지에 대해 다음과 같이 이야기할 수 있다.

1. 비판적 다문화주의는 우리 자신의 관습과 행동을 들여다보는 것을 의미한다.
2. 일상화된 자유주의적 다문화 실천은 아직 예측하지 못한 차이가 존재하고 그 차이가 무엇이든 간에 거기에 적응할 수 있어야 하기 때문에 지금의 실천으로는 불충분하다.
3. 우리가 실천의 작은 순간들을 바라보고 거기에서 무슨 일이 일어났는지 다시 생각해 본다면 미래에 일어나는 일에 변화를 가져올 수 있다.
4. 비판적 다문화주의 실천을 위해 살고 있는 사람들에 따라 나타나는 다양한 문화에 대해 각기 다른 국가적 맥락이 발생할 필요가 있다.

감사의 말

Camilla Eline Andersen과 Aslaug Andersen Becher가 여기에 제시된 몇 가지 사건에 대해 함께 글을 작성하였다.

참고문헌

Andersen, C. E. (2006). Troubling ethnicity and cultural diversity in Norwegian preschool discourses. *Australian Research in Early Childhood Education, 13*(1), 38–50.

Angell-Jacobsen, M.-L. (2008). *Anerkjennelse av kulturelt mangfold i barnehager: Rekonseptualiseringer av "anerkjennelse" ved hjelp av (auto)etnografi og rhizoanalyser.* [Recognizing cultural diversity in preschools: Reconceptualizations of "recognition" through (auto)ethnography and rhizo analyses.] Master of Education thesis in Multicultural and International Education. Oslo, Norway: Oslo University College. Published as *HiO-masteroppgave 2008 nr 7.*

Angell-Jacobsen, M.-L., & Becher, A. A. (2007). Paradoxer i strategier for sosial utjevning: Økt kartleggingspress lest i i lys av teorier om postkolonialisme og privilegier. [Paradoxes in strategies for social equity: Reading testing agendas in the light of postcolonialism and privilege.] *Norsk tidskrift for migrasjons forskning [Norwegian Journal of Immigration Research], 8,* 49–62.

Becher, A. A. (2004). Research considerations regarding cultural differences. *Contemporary Issues in Early Childhood, 5*(1), 81–94.

Becher, A. A. (2006). *Flerstemmig mangfold: Samarbeid med minoritetsforeldre.* [Multilingual diversity: Collaborations with ethnic minority parents.] Bergen, Norway: Fagbokforlaget.

Bustos, M. M. F (2009). Hvor kommer du egentlig fra? Problematiseringer av språklige konstrUnited Kingdomsjoner av virkeligheter. [Where do you actually come from? Problematising language constructions and reality.] In K. E. Fajersson, E. Karlsson, A. A. Becher, & A. M. Otterstad (Eds.), *Grip sjansene! Profesjonskompetanse, barn og kulturelt mangfold. [Take the chance: Professional competence, children and cultural difference]* (pp. 43–52). Oslo, Norway: Cappelen Akademiske Forlag.

Cannella, G. S. (2000). Critical and feminist reconstructions of early childhood education: Continuing conversations. In Colloquia. *Contemporary Issues in Early Childhood, 1*(2), 215–221.

Carr, M. (2001). *Assessment in early childhood settings: Learning stories.* London: Thousand Oaks; New Delhi: Sage.

Comber, M. (2003). Critical literacy: What does it look like in the early years? In N. Hall, J. Larson, & J. Marsh (Eds.), *Handbook of early childhood literacy* (pp. 355–368). London: Thousand Oaks; New Delhi: Sage.

Fajersson, K. E., Karlsson, E., Becher, A. A., & Otterstad, A. M. (Eds.). (2009). *Grip sjansene! Profesjonskompetanse, barn og kulturelt mangfold. [Take the chance: Professional competence, children and cultural difference.]* Oslo, Norway: Cappelen Akademiske Forlag.

Gjervan, M., Andersen, C. E., & Bleka, M. (2006). *Se Mangfold! Perspektiver på flerkulturelt arbeid i barnehager. [Celebrate diversity! Perspectives for multicultural praxis in early childhood education.]* Oslo, Norway: Cappelen Akademiske Forlag.

Grieshaber, S., & Cannella, G. S. (Eds.). (2001). *Embracing identities in early childhood education: Diversity and possibilities.* New York: Teachers College Press.

Gullestad, M. (2006). *Plausible prejudice: Everyday experiences and social images of nation, culture and race.* Oslo, Norway: Universitetsforlaget.

May, S. (Ed.). (1999). *Critical multiculturalism: Rethinking multicultural and antiracist education.* London: Falmer Press.

Otterstad, A. M. (2005). Different "reading" of the multicultural within early childhood (con)texts. *Barn (Children:* a refereed journal in Norway), *3,* 75–90.

Otterstad, A. M. (Ed.). (2008). *Profesjonsutøvelse og kulturelt mangfold—fra utsikt til innsikt? [Performing professionalism and cultural diversity.]* Oslo, Norway: Universitetsforlaget.

Pacini-Ketchabaw, V. (2007). Child care and multiculturalism: A site of governance marked by flexibility and openness. *Contemporary Issues in Early Childhood Education, 8*(3), 222–232.

Rhedding-Jones, J. (2001). Shifting ethnicities: "Native informants" and other theories from/for early childhood education. *Contemporary Issues in Early Childhood Education, 2*(2), 135–156.

Rhedding-Jones, J. (2002). An undoing of documents and other texts: Towards a critical multiculturalism in early childhood education. *Contemporary Issues in Early Childhood Education, 3*(1), 90–116.

Rhedding-Jones, J. (2004). Classroom research or w(h)ither development: Gender, complexity and diversity in the UK, the USA and Australia. *British Educational Research Journal, 30*(1), 187–193.

Rhedding-Jones, J. (2005). Questioning diversity: Rethinking early childhood practices. In N. Yelland (Ed.), *Critical issues in early childhood education* (pp. 131–145). New York and Berkshire, England: Routledge.

Rhedding-Jones, J. (2007a). Monocultural constructs: A transnational reflects on early childhood institutions. *Transnational Curriculum Inquiry, 4*(2), 38–54. http://nitinat.library.ubc.ca/ojs/index.php/tci

Rhedding-Jones, J. (2007b). Reading "diversity": Implications for early childhood professionals. *Early Childhood Matters, 108,* 47–49.

Rhedding-Jones, J. (2010, forthcoming). *Muslims in early childhood education: Discourses and epistemologies.* Amsterdam and New York: Springer.

Rhedding-Jones, J., Nordli, H., Abdellaoui, N., Dhoski, S., Karaman, S., & Tanveer, J. (2009, forthcoming) *Beretninger fra en muslimsk barnehage. [Tales from a Muslim preschool in Norway.]* Bergen, Norway: Fagbokforlaget.

Ritchie, J. (2008). Honouring Māori subjectivities within early childhood education in Aotearoa. *Contemporary Issues in Early Childhood, 9*(3), 202–210.

Robinson, K., & Jones Díaz, C. (2006). "It's more than black dolls and brown paint": Critical multiculturalism, whiteness and early childhood education. In K. Robinson & C. Jones Diaz, *Diversity and difference in early childhood education* (pp. 63–81). Buckingham, England and New York: Open University Press.

Siraj-Blatchford, I., & Clarke, P. (2000). *Supporting identity, diversity and language in the early years.* Buckingham, England and Philadelphia: Open University Press.

Sleeter, C., & Delgado Bernal, D. D. (2004). Critical pedagogy, critical race theory, and anti-racist education: Implications for multicultural education. In J. A. Banks & C. A. Banks (Eds.), *Handbook of Research on Multicultural Education* (2nd ed.) (pp. 240–260). San Francisco: Jossey Bass.

Soto, L. D. (1997). *Language, culture and power: Bilingual families and the struggle for quality education.* Albany, NY: State University Press.

Soto, L. D., & Swadener, B. B. (Eds.). (2005). *Power and voice in research with children.* New York: Peter Lang.

Te Whāriki (1996). *He Whāriki Mātauranga mongā Mokopuna o Aotearoa early childhood curriculum.* Wellington, New Zealand: Ministry of Education.

Vandenbroeck, M. (2004). Diverse aspects of diversity: A European perspective. *International Journal of Equity and Innovation in Early Childhood, 1*(2), 27–44.

PART 2

국어와 언어에서의
비판적 다문화주의

제6장 | 비판적 다문화주의와 영어교과

TERRY LOCKE

비판적 다문화주의는 최근 여러 전선에서 비판을 받고 있다. 비판적 다문화주의에 대한 옹호적 입장이나 비판적 입장 모두 그 비판의 초점을 무용론에 둔다. 즉, 비판적 다문화주의의 주장들은 이상일 뿐 교사들이 현장에서 실질적으로 적용할 수 있는 다양한 방법을 제시하지 못함으로써 무용지물일 수밖에 없다는 것이다. 두 번째 문제는 결과 또는 표준 기반 평가와 자격증 시대의 정책 수준에서 다문화주의 논쟁을 성취 격차와 그 격차를 줄이는 방식에 대한 문제로만 보는 편협한 시각에서 기인한다.

이 장에서는 비판적 다문화주의에 대한 간략한 설명으로 시작하여 이에 일치하는 영어/문학 과정에 필수적인 요소가 무엇인지 논하고자 한다. 각기 다른 영어권 지역마다 영어 교과목도 다양하다는 점을 인정하지만 여러 패러다임의 지도를 사용하여 이들 각각이 어떻게 교실 프로그램에서 비판적 다문화주의의 면모를 지원 또는 방해할 수 있는지 조사한다. 나는 최근에 뉴질랜드와 다른 곳에서 연구된 결과를 언급하며 비판적 다문화 접근과 유사한 실제적인 수업 전략 몇 가지를 제안한다. 그렇게 하면서 위에서 언급한 첫 번째 문제점과 두 번째 문제점의 한계점을 논의하게 될 것이다.

비판적 다문화주의

May(2003)는 비판적 다문화주의의 네 가지 주요 특성을 다음과 같이 기술한다.

1. 정체성 형성에 있어서 민족성과 문화의 역할을 인정하되 필수화하진 않는다.
2. 불평등 권력관계는 삶의 일환이며 '개별 및 집단 선택은 특정 시기와 지역의 민족성에 의해 결정된다'(p. 209)는 점을 인식한다.
3. 특정 문화 지식이 사회에서 소외되는 방식들을 인식한다.
4. '담론의 방향'(p. 211)을 결정하는 화자가 처한 사회적 상황과 일시성을 인식한다.

좀 더 구체적으로 이 네 가지 특성을 설명하기 위해 뉴질랜드 오클랜드 남부에 소재한 고등학교에 재직하고 있는, 서로 문화와 언어가 크게 다른 3명의 교사의 글을 소개한다.

　이 교사들은 '다문화 교실에서의 문학교육'에 대한 2년간의 연구에 교사-연구자로 참여하였다. 이 연구에서는 '다문화' 교실에서 문학적 텍스트에 대한 반응을 보는 작문을 활성화하는 효과적인 방법을 찾고자 하였다. 연구의 초반에는 교사-연구자의 성찰 기록, 위키Wiki를 기반으로 한

포럼과 포커스그룹과 같은 도구를 활용하여 기초 자료가 수집되었다. 연구가 진행되자 곧 일련의(몇몇 민족성만을 기준으로) 담화를 분석한 결과 정체성 형성은 복잡한 과정이라는 점에 공감하였다. 한 교사는 위키포럼에 다음과 같이 기록하였다.

> 내게 다문화 교실이라는 것은 다양한 문화적 배경과 정체성이 풍부하고 이러한 다양성들 간에서도 상호 영향이 왕성하게 일어나는 교실이라 할 수 있다. 다문화 교실의 학생들은 각각 다른 민족 배경을 갖고 있을 수 있지만, 민족적 배경을 넘어 강한 지역 유대관계나 하위 문화 정체성을 갖고 있을 수 있다.이런 모든 것이 학습에 대한 그들의 사고방식과 행동에 영향을 끼칠 수 있다. 그들은 비슷한 문화적 배경을 갖고 있을 수 있지만 사모아인이냐 통가인이냐, 뉴질랜드 태생이냐 본섬 태생이냐 또는 난민과 같은 신이민자이냐에 따라 각기 다른 고유의 신념이나 행동규범을 가진 특정 인종집단에 속한다. 이들 집단은 또한 각기 다른 인생 역경의 경험을 갖고 있다. 그들은 힙합이나 고스와 같은 의상 또는 부르카와 같은 종교적 의례 등으로 구별되어 보일 수 있을 것이다. 억양은 각각 문화권에 따라 다르게 나타날 수 있지만 오클랜드 남부의 억양과 같이 지역적인 특성으로 인식될 수 있다. 또한 음식으로 나타나는 정체성이 있을 수 있는데, 예컨대 PI라면 쇠고기 수육을 가용한 음식으로 여길 것이고, PI이며 제7일 안식교인이라면 채식주의자일 것이다. 다문화적 혼합은 사회경제적인 것일 수도 있다. 예를 들어 한 학군의 많은 가정들이 그 민족집단에 대한 지원 삭감으로 인한 생활고를 이겨내고 그들 지역에 대한 다른 사람들의 시선을 이겨내고자 하는 공통의 문화적 고충을 겪고 있을 수 있는 것이다. 따라서 나는 다문화 교실이란 정말 여러 각도에서, 학생들의 가정과 사회경제적 배경에서부터 학생 구성원들이 서로를 어떻게 인식하는지에 이르기까지 다양한 그룹을 일컫는다고 본다.
>
> (위키 기록 중)

May의 두 번째 특성은 비판적 담화 분석의 견지에서 다시 구현될 수 있다.

만약 언어가 담화를 통하여 현실을 규정하는 것이라면, 그리고 특정 담화가 다른 담화보다 더 위력이 있는 것이라면 한 개인의 위상은 그가 속한 담화집단에 의해 심각한 영향을 받게 된다.

> 방송매체는 오클랜드 남부와 오타라 지역을 특정 방향으로 호도하는 바가 있다. 나는 학생들이 이 점을 인식하고 이에 의문을 품으며 필요하다면 거부할 수 있기를 바란다. 보도라는 것은 매우 강력한 것일 수 있어서 그 내용은 우리가 세상을 바라보는 시각에 영향을 끼칠 수 있으며 특정 이상을 종용할 수도 있다. 나는 학생들이 '화이트 주말 대출White Sunday Loan'에 대한 광고를 보면서 의문을 가져 보기 바란다. 어떤 면에서는 그것이 그들의 가정에 도움이 될 수도 있을 것이다.　　(교사 성찰 중)

이러한 교사의 감정은 아이들을 위한 특별한 날인 '화이트 주말White Sunday'에 과소비를 하게 되는 오클랜드 남부의 가난한 가정들의 성향을 교묘하게 이용하여 희생양으로 삼는 고리대금업자의 행태를 교사가 잘 인식하고 있음을 드러낸다.

셋째로, 비판적 다문화주의는 어떤 문화 지식이 도외시되고 보다 특권화된 담론들에 의하여 오도될 수 있다는 점을 명시한다. 이러한 인식은 위 교사의 언급에서 분명히 드러나고 있다. 이 프로젝트에 참여한 다른 교사들과 마찬가지로, 그는 백인 교사로서(오타라에서 성장하고 태평양 섬 출신의 아내가 있음에도 불구하고) 자신의 특권을 인식하고 있었다. 마찬가지로, 그는 그의 학생들이 특정 언어와 문화 지식에 있어서는 전문가라는 점을 인정하는 태도를 보여 주었다.

May의 네 번째 특성은 정체성의 상황성 및 일시성과 관련되어 있다. 인간 주체는 독자적이거나 지속적인 것이 아니며 복잡하고 항상 확고한 것은 아닌 다양한 (모순되기도 하는) 담론이 내재되어 있다. 프로젝트에 참가한 한 교사는 이 점을 지적하며 다음과 같이 기록했다. "글쎄, 순전히 하나의 문화유산만 물려받은 사람이 있을까? 나 자신도 반은 영국, 반은 그리스 키프로스 사람이며 35년 동안 뉴질랜드에서 살고 있지 않은가." (위키 기록 중)

영어교과를 위한 몇 가지 비판다문화적 준거

기본 영어교육과정에 필요한 비판적 다문화주의 이상은 무엇일까? 다음의 다섯 가지 요소를 제안하고자 한다.

1. 개인과 집단의 정체성 형성에 있어 텍스트 문화가 복합적으로 작용한다는 것에 대한 인식
2. 프로그램 자료의 선택이나 학급에서 선호되는 상호작용 형태나 학습활동 설계와 관련하여 문화적 차이와 문화적 선호도에 대한 활발한 인식
3. 텍스트와 세력, 불공정, 부정, 소외와 더 넓은 사회에서의 잘못된 인식 간의 관계에 대한 관심을 불러일으키는 텍스트 문화의 양산
4. 모든 언어 유산을 환영하고 이러한 유산을 모든 학생의 언어에 대한 이해를 도모하는 지식 자산으로 봄으로써 언어문화적 자산을 영어 학급에 대한 손실이라기보다는 이익으로 존중하는 교수학습 문화
5. 가능한 한 문화적·언어적 차이를 무시하는 획일적인 평가 방법을 피하고 학급 수준에 맞게 설계된 평가 전략의 활용

이러한 처방이 어떻게 현 영어교과의 기준에 부합하는가?
　이 질문을 다루기 위해서, 영어권역에 걸쳐 나타날 수 있는 폭넓은 준거

들을 살펴봄으로써 해당 교과에 대한 지도를 제시하고자 한다.

- 문화적 유산 : 학생들이 한 사회 또는 문화에 온전하게 참여하고 탁월한 구성원이 될 수 있도록 '다듬기' 위하여 소중하게 여기고 가르쳐야 할 전통적인 지식 체계(정전cannon이나 전문 저술 및 문법적인 지식을 포함하여)가 있다(예 : Brooks & Warren, 1976).
- 개인적 성장 : 때때로 '진보적인' 영어로 불리는 이 모델은 학습자가 그들의 세계를 이해하고자 하는 끊임없는 과업에서 인지적, 문화적, 언어적 능력의 습득이 중요하므로 문학과 다른 텍스트들을 접하는 것은 학습자의 개인적 성장을 용이하게 한다는 점에서 소중하다고 주장한다(예 : Rosenblatt, 1989).
- 수사적 또는 텍스트적 능력 : 최악의 경우, 이 모델은 탈맥락적인 기술습득을 도모한다. 하지만 최선의 경우 이 모델은 문학을 포함하여 일련의 텍스트 문화 또는 장르의 형태와 관습들에 대한 전문적 지식에 가치를 둔다. 교육적으로, 이 모델은 호주의 '장르' 학교(예 : Cope & Kalantzis, 1993a)와 해당 과목의 수사학적 틀(예 : Bakhtin, 1986)에 연계된다.
- 비판적 실천 : '비판적 문해' 모델은 언어 사용자들로 하여금 그들 자신을 사회에서의 지배와 종속관계를 양산하고 유지하며 특정 부류의 사람들이 되도록 처방된 방법들을 사회 구성원에게 제시하는 텍스트 활동의 참여자로 인식하도록 종용한다.

영어의 문화적 유산 모델

영어의 문화적 유산 모델은 필연적으로 높은 평가와 모방, 연구의 가치가 있는 정전의 위치에 관한 것을 문제 삼는다. 정전이라는 개념은 "누구에 의해 가치 있게 여겨지는가?"라는 물음에 직면할 때 문제가 된다. 만약 그 답이 힘이 있는 사회 엘리트 ― 단일언어를 사용하는 백인 남성 ― 라면 정전이라는 것은 여성과 모든 소수집단에게는 억압적이고 부적절한 것이 되고 만다. 이런 관점에서 볼 때, 정전은 앞서 지적한 필요 요건에 상반되는 것이다.

가능한 또 하나의 답변은 교육과정과 프로그램 개발자 및 출판업자에 있다. 대부분의 영어교사들은 그들의 학위 과정 중에 어떤 특정한 정전 편을 대하게 된다. 그들이 교사가 되었을 시점에 그 정전들은 교과서(특히 미국과 같이 교과서 중심의 환경에서)를 통하여 전달되며, 교과서의 지문들은 교육과정에 따라 미리 계획된 독서 목록에 있는 것으로 학과 자료실에 비치되어 있다. 이와 같이 미리 주어지는 도서 목록을 통하여 이루어지는 것은 명목상 인종차별 폐지를 표방하려는 일종의 자유주의적 다문화주의이다.

그러나 비판적 다문화주의와 일맥상통하는 다른 접근방법이 있다. 문학을 단순히 수준 있는 텍스트로 보는 것이 아니라 생산, 소비와 분배의 과정으로 특징지어지는 사회적 현상으로 보는 것이다. 그러한 접근방법으로 보자면, 정전성이라는 개념은 인정될 수도 있고 문제가 될 수도 있다. 역동적이고 비판적인 견해로 보자면 정전이라는 것은 사회적으로 구성되는 것이고, 논쟁의 여지가 있으며, 가변적이고 다양하다. 각기 다른 문화집단마다 텍스트들(구전되는 텍스트도 포함하여)을 각각 다른 이유로 다르게 평가한다. 이와 같은 재설정은 영어의 문화적 유산 모델이 학생들에게 자신감을 불어넣어 줄 가능성이 있다는 것을 의미한다. 아프리카계 미국인 학생들로 하여금 '미국 도시 전역에 걸쳐 다시 출현하고 있는 구전시'(p. 233)를 통하여 그들의 유산이 구축되는 것을 경험하게 하고자 한 Korina Jocson(2006)의 연구에서 이러한 예가 분명하게 드러난다.

앞서 언급한 뉴질랜드의 연구에서 교사들은 매일 아침 직면하게 되는 차이점들을 인식하며 자신들이 처한 상황 속에서 정전을 논하고 재구성하는 역할을 수행하고 있다고 여긴다. 한 교사는 '전통적인 정전'에 속하는 것으로 평가될 것을 가르친 바가 거의 없을 것이라고 말하며 다음과 같이 언급하였다.

> 내 생각에 장점이라면 상당히 유동적인 용어 — 누군가가 텍스트가 유용한 것이라고 '우리에게 말했다는 전제하에'…또는 어떤 텍스트가 학생들의 사회적 그리고 문화적 관심을 반영하기 때문에 그 텍스트가 가치 있고 유용한 것이며 학생들에게 관련되어 있고 또 흥미를 불러일으킬 것이라고 생각하는 것으로 족한 것인가?　　　　(위키 기록 중)

이 교사들은 또한 부서 자료실에 대표적으로 제시되어 있는 정전들을 재구성하고 있었다. 모든 교사들은 적합성의 기준에 대해 언급하였다. 한 교사는 다음 사항에 주의할 것을 이야기하였다.

> 그들의 문화적 배경, 특히 태평양 태생 뉴질랜드의 경험들. 나는 학생들과 대화를 나누며 그들의 관심사를 적어 둔다(럭비 리그, 갱 문화, 뉴질랜드에 거주하는 태평양 젊은이들의 경험들, 교회/기독교, 가정) 그리고 나서 그것과 연관 지을 수 있는 텍스트들을 찾으려고 한다.　(성찰 기록 중)

또 다른 교사는 특히 중학교에서 마오리 원주민 작가들에게 초점을 두고 있었다. 모두들 다음의 진술에 내재되어 있는 폭넓은 원칙에 공감하였다.

> 나는 가능한 많은 뉴질랜드, 마오리와 태평양 작가, 감독, 예술가들의 텍스트를 참고하고, 폭넓은 독서를 위해 주말 그리고 지역 신문들의 기사를 사용하고 뉴질랜드 영화와 예술을 감상한다. 나는 또한 이를 다른

세계의 관점으로 본 텍스트로 보완하여 그들의 지식을 확장할 수 있도록 하는 것이 중요하다는 점을 명심하여 다른 텍스트들을 선택하지만 모두 학생들과 관련된 주제나 인물들을 다룬 것들이다. (성찰 기록 중)

이러한 문화유산 모델을 비판적으로 재구성할 때는 예컨대 이중언어 텍스트, 번역된 텍스트 그리고 지역사회와 관련된 모국어 텍스트를 선택하여 학급과 지역 공동체 간의 장벽을 무너뜨리려는 목적이 내재되어 있다. 또 다른 방식은 가정에서 일어나는 문학적 관습을 영어 수업에서 다루어지는 작품을 대신할 수 있는 것으로 인정하는 것이다(Conteh & Kawashima, 2008). 분명히 이 재구성 모델은 이중언어주의와 모국어 유지를 위한 실천에 보탬이 되는 접근방법을 선호한다. Sneddon(2008)의 최근 연구는 영어가 지배언어가 된 영국의 초등학교 이중언어 사용 어린이들이 학교에서 제공된 이중언어 책을 사용하며 어떻게 가정의 언어를 배워 가고 있는지를 보여 주었다. 이 연구는 특히 어린이들의 자신감, 영국의 다문화 사회에서 이중언어자로서의 자신의 개인 정체성, 그들의 영어 능력 성취도, 그리고 부모의 참여에 긍정적인 영향을 주었음을 시사하였다.

영어의 개인적 성장 모델

1990년대 초 Halliday(1994)의 기능적 문법 체계를 시발점으로 하여 '장르'를 기반으로 한 영어/기초학술능력 이론 개발자들은 이 논의와 관련하여 여러 가지 이유를 들어 영어의 개인적 성장 또는 진보적인 패러다임을 비판하였다. 예를 들어 Cope와 Kalantzis(1993b)는 이 패러다임을 사회적 엘리트를 선호하고 문화적으로 국한되어 있으며 사회적 불공평을 유발할 수 있는 것으로 보았다(p. 6). 그들은 이 패러다임이 기껏해야 다문화교육의 선의적인 또한 자유주의적인 형태를 가능하게 해 줄 수 있을지는 모르지만 앞서 밝힌 비판적 다문화주의의 요건들을 지지할 수는 없다고 주장하였다.

　그러나 나는 두 가지 이유로 이 패러다임이 영어 학급 상황에서 비판적 다문화주의에 기여할 수 있는 바가 있다는 점을 주장한다. 첫째, 진보적 영어의 개별적 초점이 반드시 사회적인 것을 선행한다고 볼 수 없다. 실제로 Rosenblatt(1978)와 같은 독서-응답 이론을 주의 깊게 읽어 보면 독자가 텍스트를 소화하는 과정에서 그들의 문화집단이 특정 이미지에 부여하는 부정적인 해석 등과 같은 문화적 자본을 개입시키는 것을 알 수 있다. Sumara(2002)와 같은 영어교과목 이론가들은 그들 방식의 개인 성장 모델에 문화 연구 시각을 의도적으로 병합하였다. Sumara의 텍스트 중심적인 관점을 강조하는 것은 인간의 정체성을 지식 산출과 함께 진화하는 것으로 인식하는 학습이론이다. 이 관점은 앞서 논의한 비판적 다문화주의의 첫째 요건을 충족한다. 그는 "정체성이라는 것은 한 개인에게 꼭 필요한 자질은 아니다. 정체성은 책이나 언어를 기반으로 한 다른 커뮤니케이션 테크놀로지와 사람들이 갖게 되는 관계 속에서 발현되는 것이다."(p. 9)라고 주장했다. 이 모델에서는 '개인의 목소리'라는 개념은 개별화된 것이라기보다는 텍스트화된 상호관계의 체인이나 웹상에 존재하는 대리인적이고 사회적인 자신으로 보는 Bakhtin주의의 관점에 더 가깝다(Bakhtin, 1986).

　둘째, 재구성된 개인적 성장 모델은 문해성이 단순히 사회적 관습일 뿐아니라 인지적이고 기술 문명화된 관습임을 우리에게 상기시켜 준다는 점에서 비판적 다문화주의에 기여하는 바가 있다. 비판적 다문화주의는 학생들에게 그들 문화에서 양산된 텍스트를 무분별하게 보급하고자 하는 것이 아니다. 텍스트 선정에 있어서 적합성에 관한 논의는 정체성 형성의 복합성에 대해 인식하고 폭넓은 문화적 배경 범위에서 선택된 텍스트들이 언어문화적으로 다양한 학급에서 어린이들의 발달 과정상 필요한 것을 제공해 줄 수 있도록 하는 방식들에 관한 것이다. 다시 말해서, 학습을 위한 텍스트 선정은 문화적인 것 이외의 이유들이 있다. 최근 3년에 걸친 영국의 연구에서, Obied(2007)는 2명의 난민 어린이의 시에 대한 '교차 문화적 반응'과 문해성의 발달 과정을 기록하였다(p. 40). 다양한 맥락에서 선정된 시를 사용하면서, 학생들이 청각적 상상력과 소리, 영상과 소재에 구현되는 언어를 즐기는 과정에서 이중언어가 발달되는 것이 관찰되었다. 단어 중심의 의미에서 이미지 중심의 의미를 강조하는 이러한 변화는 영국에서 10, 11세의 이중언어 학생들을 대상으로 다양한 텍스트를 사용한 Datta(2000)의 연구에도 나타난다. 간단히 말하자면, 개인적 성장 모델은 영어를 위한 비판적 다문화주의와 일맥상통한다는 것이다.

영어의 텍스트적 또는 수사적 능력 모델

한 가지 유형으로 영어의 텍스트적 또는 수사적 능력 모델은 매우 능력 중심적이다. 어떤 측면에서는 문맹으로 남아 있을 수밖에 없는 인구의 '능력 고취'를 통해 자신의 경쟁적 이점을 강화하는 데 주력하고 있는 정부에게는 상당히 매력적인 것이기도 하다. 이 모델은 가정 배경을 장애물로 여김으로써 문화적 소수집단을 교육의 결핍 모형으로 보는 경향이 있다. 여기에서 특히 두 가지가 비판적 다문화주의와 관련하여 문제가 된다.

탈맥락화된 능력 기반 모델과 일반적으로 결과 중심 교육 모델에서 나타나는 첫 번째 문제는 허위적인 중립성이다. Peters와 Marshall(1996)은 다음과 같이 주장했다.

> 능력이라는 것은 기술과 같다. 그것은 수행능력, 행동, 하는 것을 말한다. 기술 또는 보다 일반적으로 기술문명과 같이, '능력'이라는 것은 종

여기에 압축되어 있는 것은 '시장과 경제에서 요구되는 기술과 능력을 습
득하는 경쟁력 있는 개인'을 강조하는 이 문학적 모델의 교육 목표에 대한
수용이다(Ball, Kenny & Gardiner, 1997, p. 77).

　탈맥락화와 관련된 두 번째 문제는 많은 결과 기반 제도들을 특징짓는
내용들을 배제하는 데 있다. 특정 교수요목이 없는 가운데, 심지어는 국가
교육과정이 있는 곳에서조차도, 결과 기반 제도는 준교육과정의 상태를
빠르게 도입한다. 필연적으로 교사들은 시험에 맞춰 가르친다. 평가가 변
화를 주도하기 때문에 교육과정들은 결과가 어떻게 기술되었느냐에 '맞추
어 구성되는' 경향이 있다. 이러한 기술들은 종종 실체가 없거나 비논리적
이며 잘못된 것들이다(Locke, 2008). 비판적 다문화주의에 적합한지와
관련하여, 이러한 평가제도들은 유연성, 전이성, 투명성 등의 수사 여구를
가면으로 한 사실상 획일적인 평가 방법인 것이다. 다문화교육과 관련하
여 그들의 논점은 문화적 차이를 묵살하고 배제하는 것이기 때문에 동화
정책론자라고 할 수 있다.

　그러나 다양한 장르 이론가들에 의해 개발된 텍스트 능력 모델의 두 번
째 유형은 훨씬 더 사회적 인식을 갖추고 있다. 우선 이 유형은 체계적인
기능적 문법, 즉 텍스트를 상황과 문화적 맥락 안에서의 관계를 통해서만
설명할 수 있다고 보는 하향식 문법으로부터 그 분석언어를 도출했다.
Kress(1993)가 설명하였듯이, 장르 이론가들은 '언어와 텍스트들의 형성
과 구성을 시작하는 문화적·사회적 측면들'을 강조하였다(p. 23). 그러나
초기부터 Kress는 다문화주의와 국제적 규모의 경제, 사회, 문화적인 특

징들의 지속적인 형태에 관하여 의문을 갖고 '장르학파'로부터 거리를 두기 시작했다. Kress는 언어교육과정의 네 가지 요소가 다문화적 사회의 요구사항을 충족시킬 수 있는 것으로 지적하였다.

1. '구두 언어에 대한 동등한 중요성'
2. '문화, 사회, 언어, 가치체계의 표현, 파워체계의 구성과 실현, 그리고 언어로, 특히 다중언어 사이의 언어들로 의미 구현의 가능성'들의 강조
3. '현존하는 특정 파워 유형'에 따른 다양한 언어의 위치에 대한 분석과 비평을 하고자 하는 자발성
4. '언어교육과정, 사회 그리고 사회적 변화' 간의 관계에 대한 논쟁을 하고자 하는 자발성

Kress의 관점으로는 텍스트적 능력 모델의 장르학파 유형은 불우한 그룹들의 사회적 상승을 바랐음에도 불구하고 충분히 비판적인 시각을 피력하지 못했고 문화적으로도 포용적이지 못했다. 장르학파 이론가들은 그들이 교육적으로 적합하고 힘을 불어넣어 주는 장르라고 인식하는 것을 구별하고 체계적으로 가르쳤던 반면, 그들은 이러한 장르들의 상태에 의문을 갖지 않았다. 그러한 측면에서 그들의 영어 모형은 인종차별 폐지론자였다.

그리고 보면, 수사적 능력에 기반을 둔 영어 모형은 그다지 인종차별 폐지론적이지는 않다. 영어의 수사학적 모형은 언어활동의 상황성에도 초점을 두며 호주의 장르학교가 추구하는 것보다 더 역동적이며 덜 공식적이고 위의 Kress 방식에 더 가까운 장르 교육방법을 활용하기도 한다. 뉴질랜드 프로젝트의 참여 교사 중 한 명은 9학년 다문화 영어 학급과 함께한

연구에서 이 방식을 적용하였다. 학생들은 영화 슈렉을 공부하고 이 영화에 나타난 '왕자'와 '공주'의 모습이 자신의 문화적 지식을 바탕으로 형성된 전형적인 유형과 어떻게 다른지 비교해 보았다. 이 비교를 통하여, 그들은 영화가 어떻게 자신들이 갖고 있던 전형적 유형들에 의문을 갖고 고정관념을 깨뜨리게 하였는지 볼 수 있었다. 그러고 나서 그들은 그들 문화와 다른 문화의 동화를 폭넓게 찾아보고 줄거리 구상과 다른 기술적 요소들이 어떻게 규칙적으로 유형화되어 있는지 조사하였다. 이로부터 학생들은 어떤 면에서는 기존 관행의 준거를 벗어난 인물과 줄거리를 만들어 내어 자기 고유의 동화를 창작하였다.

영어의 비판적 문해 모델

나는 다른 영어 패러다임들은 비판적 다문화주의에 대조되는 것이며 비판적 문해와 비판적 다문화주의는 광범위하게 그 기저를 같이하고 있다는 주장을 반박하기 위하여 영어의 비판적 문해 모델을 가장 마지막 논의로 남겨 두었다. 폭넓게는 이 주장에 동의하는 바지만, 비판적 문해 실천의 방법론적인 면에서는 부족한 점들이 있다고 생각한다. 그들의 문해성에 대한 관점은 사회문화적 또는 문학의 탈구조주의에 근거를 두고 있지만, 그것은 자서전적 자신을 '한 사람을 특징짓는 독특한 사실과 방법의 영구적인 모음집'으로 보는 생리학적 또는 진화적 관점을 수용하지 못하고 있다(Damasio, 2000, p. 17). 뿐만 아니라 미학을 다루는 시도도 충분하지 못하다(Misson & Morgan, 2006). Foucault의 연구에서 도출된 비판적 문해성 이론은 그들에게 생소한 담론을 다루고 있어 인간이 무기력하고 상대적으로 주체적 의지가 부족한 존재로 보일 수 있다. 다른 이론들은 그들의 분석 언어를 지나치게 체계적인 기능 문법에서만 도출한다. 비판적 문해성에 있어 또 하나의 잠재적인 문제점은 그것이 학생들의 권한 상승을 목표로 삼기보다는 실제적으로 교실에서 소멸되어 가고 있는 교사의 이데 올로기 잣대에 지나지 않을 수 있다는 점이다. 이는 비판적 문해 교사가 여전히 권위주의적일 수 있다는 말이다.

이러한 문제점에도 불구하고, 뉴질랜드 프로젝트에 참가한 모든 고등학교 영어교사들은 비판적 문해를 다문화적인 학급에서 필요한 문해성을 다룰 수 있게 해 준 영어의 패러다임으로 보았다. 전형적으로, 한 교사는 다음과 같이 기록하였다.

> 나는 문학이 이데올로기적이고 사회 구조를 유지하며 특정 그룹의 권한을 상승시키고 보다 건전한 사회를 이룩하기 위해서 새로운 담론이 필요하다는 점에서 비판적 문해성에 공감한다. 나는 우리가 학생들이 비판적인 독자가 되고 위력 있는 언어 사용자가 될 수 있도록 용기를 불어넣어 주어야 한다는 시각에 동의한다. (성찰 기록 중)

한 교사는 상대적으로 '성취도가 낮은' 다문화 학급을 위하여 다음과 같은 학습목표를 가지고 13학년(17~18세) 과정을 설계하였다.

- 학생들은 사회적(문화적) 그리고 역사적(시대들) 맥락이 텍스트에 영향을 끼친다는 것을 이해한다.
- 학생들은 텍스트가 어떤 방식으로 의학 실험에서 서로 다른 관점들을 구성(표현)하는지 인식한다.
- 학생들은 언어가 중립적인 매체가 아니며 인간의 삶에 개입하는 과학적 또는 기술문명의 예와 같이 언어가 어떻게 사용되었는가 하는 것은 어떤 것이 어떻게 비쳐지는지에 영향을 끼친다는 사실을 인식한다.
- 학생들은 자신의 언어 선택을 비판적으로 인식함으로써 위의 인식을 자기 자신의 텍스트를 생성하는 데 적용할 수 있다.

그녀의 주제는 인간의 생명을 연장하기 위한 의학의 개입에 초점을 둔 '기술문명 — 신의 놀이인가 아니면 단순한 놀이인가?'였다. 텍스트는 프랑켄슈타인(영화 및 Mary Shelley의 소설 발췌분), 섬(영화), 테 마나와(2006년 Briar Grace-Smith의 단편), 동물 장기 이식에 관한 과학 저널과 잡지 기사, 그리고 소설 *Pig-heart Boy* (돼지 심장을 가진 소년) (Blackman, 1997)이었다. 텍스트를 비판적으로 읽는 것과 관련하여 그녀의 학습에서 이루어지는 담화의 종류는 사모아인 기증자로부터 심장이식 수술을 받은 마오리족 여인의 이야기인 테 마나와에 대해 다음과 같은 질문에 의해 이루어진 대화이다.

24쪽에서 우리는 '그 여인의' 남동생 템이 의사에게 장기이식으로 멧돼지의 심장을 사용할 수도 있다고 제안하는 장면을 읽게 된다. 그가 왜 이런 제안을 하는 것일까? 주의 깊게 읽어 본다면, 이 부분에서 무엇을 추론할 수 있는가? a. 템에 대한 의사의 태도? b. 인간 환자에게 돼지의 심장을 사용하는 것에 대한 의사의 태도? "나는 지금 과학을 이야기하고 있는 거란 말이오."라는 의사의 진술을 어떻게 이해하는가? 이 진술을 통해 저자는 그 의사에 대한 독자의 평가를 어떤 방향으로 유도하고 있는가?

그녀의 학습목표에 맞추어, 학생들은 글의 양식 및 언어적인 특징에 세밀한 관심을 기울이며 텍스트가 어떻게 독자들로 하여금 특정한 입장을 취하게 만드는지 생각하도록 안내된다.

결론

지금까지 영어교과목의 비판적 문해성에 기여하는 일련의 패러다임을 논하였다. 우리 모두는 나름의 이데올로기에 의해 행동하게 되지만 그렇다고 해서 우리가 모두 공론가는 아니다. 여기서 논의된 뉴질랜드 연구의 어떤 교사도 그들의 교육을 해당 과목의 어떠한 이데올로기에도 근거를 두지 않았다. 반대로, 그들의 교육 범위는 절충적이고 대부분 가르치는 학생들의 관심과 배경에 의해 결정된 것이었다. 그 정도는 다양하지만, 모두가 앞서 제시한 비판적 문해의 필수요건들과 부합하는 교육에 임하고 있었다.

그러나, 모든 교사들은 학교가 측정 결과의 타당성에 상관없이 학생들의 성취로 결과를 평가하려 하면서 진단평가조차 '주요 핵심 평가'로 여기고 있는 뉴질랜드 교육 환경의 평가제도에 구속받고 있다. 앞에서 제시한 다섯 번째 비판적 다문화주의의 요건은 '가능한 문화 및 언어적 차이를 무시하는 획일적인 평가 방법을 피하고 학급 수준에 맞게 설계된 평가 전략을 활용하는 것'이었다. 많은 영어권 국가 환경에서와 같이 맹목적인 결과 중심주의가 지배적인 교육 환경에서 그러한 요건은 쉬운 것이 아니다. 그러나 교사들은 두 가지의 폭넓은 전략을 고려해 볼 수 있다.

첫 번째는 현명해지는 것이다. 이것은 잘못된 축적형 평가제도로부터 형성평가 방법을 분리하고 문화 및 언어적으로 다양한 학급을 가르치고 배우는 현장을 그대로 잘 드러내 보여 주는 생태학적으로 타당성 있는 평가를 고안해 내는 것을 의미한다(Whitehead, 2007). 때때로 이것은 합리적이지 못한 공식 평가제도와 나란히 합리적인 학급 또는 학교 중심의 평가제도를 구축하는 것을 의미한다. 두 번째는 정치석이 되라는 것이다. 다른 곳에서 언급했듯이, 교사의 전문성에 대한 고전적 관점은 우리를 현재에서 얼마 나아가지 못하게 만들 뿐이다(Locke, 2004). 교사들이 개발할 필요가 있는 것은 전문가로서의 일종의 비판적 감각이다. 그들 나름대로의 조용한 방법으로 이 프로젝트에 참여했던 교사들은 비판적으로 감각이 있었다. 그들이 학생들에게 보여 준 관심과 문화 및 언어적으로 다양한 학생들이 직면하고 있었던 많은 것들에 대한 깊은 이해심 등에서 보건대 비판적 감각을 갖고 있지 않았더라면 거의 불가능한 일이었을 것이다. 어느 정도까지는 그들은 또한 활동가들이었다. 그 프로젝트 자체가 일종의 활동주의였는데 이는 막중한 업무부담의 사막에서 의미 있고 비판적인 대화의 오아시스와 같은 기회였던 것이다. 그 모든 것에도 불구하고, 교사는 학생들의 학교와 사회적 운명에 영향을 끼치는 것으로 그들이 할 수 있었던 것 가운데 지배적인 평가제도와 교육과정의 관행, 업무 강화와 자료 보충의 문제 등에 구속받고 있었다. 유감스럽게도, 교직에 종사하고 있는 이들보다 훨씬 더 힘 있는 위치에 있는 교육 부문의 너무 많은 사람들이 학생들의 관심사항에 반대되는 담론에 동조하고 있다. 이것이 바로 비판적 다문화주의가 끊임없이 도전해야 할 부분이다.

참고문헌

Bakhtin, M. (1986). The problem with speech genres. In C. Emerson & M. Holquist (Eds.), *Speech genres and other late essays: M. M. Bakhtin* (V. McGee, Trans.) (pp. 60–102). Austin, TX: University of Texas Press.

Ball, S., Kenny, A., & Gardiner, D. (1990). Literacy, politics and the teaching of English. In I. Goodson & P. Medway (Eds.), *Bringing English to order: The history and politics of a school subject* (pp. 47–86). London: Falmer Press.

Blackman, M. (1997). *Pig-heart boy*. London: Doubleday.

Brooks, C., & Warren, R. P. (1976). *Understanding poetry* (4th ed.). New York: Holt, Rinehart and Winston.

Conteh, J., & Kawashima, Y. (2008). Diversity in family involvement in children's learning in English primary schools: Culture, language and identity. *English Teaching: Practice and Critique, 7*(2), 113–125.

Cope, B., & Kalantzis, M. (1993a). *The powers of literacy: A genre approach to teaching writing*. Pittsburgh, PA: University of Pittsburgh Press.

Cope, B., & Kalantzis, M. (1993b). Introduction: How a genre approach to literacy can transform the way writing is taught. In B. Cope & M. Kalantzis (Eds.), *The powers of literacy: A genre approach to teaching writing* (pp. 1–21). Pittsburgh, PA: University of Pittsburgh Press.

Damasio, A. (2000). *The feeling of what happens: Body, emotion and the making of consciousness*. London: Vintage.

Datta, M. (Ed.). (2000). *Bilinguality and literacy: Principles and practices*. London/New York: Continuum.

Grace-Smith, B. (2006). Te Manawa. In *The six pack: Winning writing from New Zealand Book Month* (pp. 17–34). Auckland: New Zealand Book Month/Whitireia Publishing.

Halliday, M. (1994). *An introduction to functional grammar* (2nd ed.). London: Edward Arnold.

Jocson, K. (2006). "Bob Dylan and Hip Hop": Intersecting literacy practices in youth poetry committees. *Written Communication, 23*(3), 231–259.

Kress, G. (1993). Genre as social process. In B. Cope & M. Kalantzis (Eds.), *The powers of literacy:*

A genre approach to teaching writing (pp. 22–37). Pittsburgh, PA: University of Pittsburgh Press.

Locke, T. (2004). Reshaping classical professionalism in the aftermath of neo-liberal reform. *Literacy Learning: the Middle Years, 12*(1)/*English in Australia, 139,* 113–122.

Locke, T. (2007). *Resisting qualifications reforms in New Zealand: The English Study Design as constructive dissent.* Rotterdam/Taipei: Sense Publishers.

Locke, T. (2008). English in a surveillance regime: Tightening the noose in New Zealand. *Changing English: Studies in Culture & Education, 15*(3), 293–310.

May, S. (2003). Critical multiculturalism. In M. Peters, C. Lankshear, M. Olssen, & J. Kincheloe (Eds.), *Critical theory and the human condition: Founders and praxis* (pp. 199–212). New York: Peter Lang.

Misson, R., & Morgan, W. (2006). *Critical literacy and the aesthetic: Transforming the English classroom.* Urbana, IL: NCTE.

Morgan, W. (1997). *Critical literacy in the classroom: The art of the possible.* London: Routledge.

Obied, V. (2007). "Why did I do nothing?" Poetry and the experiences of bilingual pupils in a mainstream inner-city secondary school. *English in Education, 41*(3), 37–52.

Peters, M., & Marshall, J. (1996). The politics of curriculum: Busnocratic rationality and enterprise culture. *DELTA: Policy and Practice in Education, 48,* 33–46.

Rosenblatt, L. (1978). *The reader, the text, the poem: The transactional theory of the literary work.* Carbondale, IL: Southern Illinois University Press.

Sneddon, R. (2008). Young bilingual children learning to read with dual language books. *English Teaching: Practice and Critique, 7*(2), 71–84.

Sumara, D. (2002). *Why reading literature in school still matters: Imagination, interpretation, insight.* Mahwah, NJ: Lawrence Erlbaum Associates.

Whitehead, D. (2007). Literacy assessment practices: Moving from standardised to ecologically valid assessment in secondary schools. *Language and Education, 21*(5), 1–20.

제7장 | 비판적 다문화교육과
제2언어/외국어 교육

RYUKO KUBOTA

서론

제2언어 또는 외국어 교육은 언어적, 인종적, 문화적 그리고 계층의 차이
들이 만나는 교육학 영역에 위치한다. 새로운 언어와 그것과 관련된 문화
를 배우는 것은 학생들로 하여금 다양성에 노출되게 하고 새로운 문화적
인 시각을 제공해 준다. 그래서 언어교육은 종종 다문화주의와 본질적으
로 호환적이라 여겨진다. 그럼에도 불구하고, 제2언어 교육에서 다양성에
대한 보편적인 접근방법은 종종 다양한 이론을 배경으로 피상적인 형태를
추구하고 인종이나 차이, 권력과 특권의 문제는 도외시하면서 다른 사람
들의 문화를 이국화시키고 필수화시키는 방임적인 다문화주의 형태를 드
러낸다(Kubota 2004).

그러한 제2언어 교육은 언어·문화적 다양성을 지지하는 듯 보이면서

도 오히려 단일언어주의, 단일문화주의, 노마티즘Normatism*과 엘리트주의를 장려한다. 예를 들면 이주민 학생들에게 영어를 제2언어로 가르치는 것이 그들의 모국어 유산을 유지하지 않고 영어만 사용하는 공동체에 흡수될 수 있게 한다고 여긴다는 점에서 단일언어주의를 지지한다. 문화교육에 있어 인종, 민족성, 사회계층, 그리고 종교적 정체성에서 지배적인 그룹에 중점을 두는 경향이 있다는 점에서 단일문화주의를 조장한다. 또한 외국인과 다양한 방언을 포함한 비표준어들에 반하여 중산층의 표준 언어를 배워야 한다고 생각한다는 점에서 노마티즘을 표방한다(Train, 2007). 더 나아가, 외국어를 배우는 것은 종종 부유한 지역에서만 가능한 것으로 나타나는 바 이는 엘리트주의의 활동이다. 따라서 다문화적 전망을 가진 제2외국어 교육의 보편적인 교수법은 모순되게도 다양성을 배척하는 이데올로기에 상응한다.

지난 20여 년간 제2언어 교육의 비판적인 학자와 교수자는 지배적인 이데올로기를 비평하고 사회변혁을 위한 비판적 교육이론을 지지했다(예 : Norton & Toohey, 2004). 그러한 비평들이 대부분 권력의 불공평한 언어·문화적인 관계에 중점을 두었던 반면, 최근 학계에서는 점차적으로 언어 교수학습에 있어서의 인종화와 인종차별주의에 더 관심을 갖게 되었다(예 : Curtis & Romney, 2006; Kubota & Lin, 2006, 2009).

이보다는 좀 드물게 논의되는 주제는 사회적 계층과 제2언어/외국어 교육 간의 교차점이다. 제2언어 교육에 있어서 인종화, 인종차별주의, 그리고 계층의 문제들을 비판적으로 논의하는 것은 분명히 비판적 다문화교육의 좀 더 큰 소명이라 하겠다. 이 장은 제2언어 교육 분야의 최근 문헌들을 검토하고 인종화, 인종차별주의, 그리고 이 문제들이 계층과 교차되는 부

----
*역주 : 실증주의와 관련된 20세기 부르주아의 법적 이론원리를 세운 학파.

분의 문제점들을 어떻게 학자와 교수자들이 다루고 있는지 기술한 다음 비판적 실천을 위한 몇 가지 제안을 하고자 한다.

제2언어 교육은 제2언어로서의 영어ESL와 외국어로서의 영어EFL(영어권 국가 밖에서 가르치는 영어), 외국어 교수법, 이중언어교육(소수와 또는 다수 그룹을 위한), 유산 언어 교육과 같이 몇 가지 하위 분야를 포함한다. 인종화와 인종차별주의에 관한 많은 논의가 ESL/EFL 문헌에서 발견되므로, 이 장에서는 주로 이 하위 분야들을 살펴보기로 한다.

유색인 영어교사와 비판적 인종이론

최근에, 다른 언어 사용자에게 영어를 가르치는TESOL 분야에서의 여러 저서들은 특히 인종과 제2언어 교육에 중점을 두고 있다. 그들은 어떻게 인종화와 인종차별주의가 구성되고 교사와 학생들의 교수 관행과 경험에 영향을 끼치는지를 잘 드러내어 설명하고 있다. 여기에서 흔히 사용된 한 가지 이론적 틀은 비판적 인종이론critical race theory, CRT이다. CRT는 일상에서 겪는 인종 억압과 사회 관습 및 구조에 드러나 있는 부정의injustice 경험들을 드러내기 위해 counter-storytelling을 사용하고 제2언어 교육에서의 연구를 위한 보편적인 이론 및 방법론적 틀이 되었다. 개인 담화의 위력은 유색인 ESL 교사의 이야기를 통해 드러난다(Curtis & Romney, 2006).

TESOL 영역은 영어권 국가에서 이주민과 국제 학생들을 가르치는 것에서부터 영어가 공식화된 영국과 미국의 전 식민지들, 다른 비영어권 국가들에서 외국어로서 영어를 가르치는 것까지 상당히 다양한 상황을 포함한다. 많은 ESL/EFL 교사들이 영어를 모국어로 하는 백인이지만, 다른 다양한 민족적 배경을 가진 유색인 영어교사들도 있으며 이들 중에는 영어를 모국어로 하는 교사와 그렇지 않은 교사들이 있다. 이 유색인 교사들 중 많은 사람들, 특히 ESL 환경에 있는 교사들은 다른 사람들에게 보여지는 인종적 차이점 때문에 놀림을 당한 아픈 유년 시절의 경험을 갖고 있다. 그들 중 많은 교사들이 전문가로서 학생들의 편견적인 태도와 고용차별을 경험했다. 학급에서 어떤 학생들은 불손한 행동을 하고 이 교사들을 자질을 갖춘 또는 능력 있는 교사로 받아들이려고 하지 않았다.

고용의 측면에서는, 파키스탄과 아랍 국가에서 성장하며 평생 영어로 교육을 받았던 Mahboob(2006)은 자신이 TESOL 학위를 이수한 미국의 대학에서 ESL 교사로 고용될 수 없었던 경험에 대해 이야기한다. 그 학교의 ESL 프로그램 관리자는 그에게 학생들은 미국인과 함께 공부하기를 바라며 그의 영어 발음이 문제가 될 것이라고 말하였다. 그러나 그 프로그램이 영어가 모국어도 아닌 유럽인을 고용했다는 사실은 Mahboob에게 그의 발음은 단지 핑계일 뿐임을 확신하게 해 주었다 — 그가 고용될 수 없게 만든 장애물은 인종으로 구별된 그의 배경이었다.

이와 유사하게, 자질을 갖춘 많은 유색인 영어교사들이 일본, 홍콩, 그리고 다른 국가들에서 가끔 발음의 문제로 변질된 고용 인종차별 문제를 겪는 것으로 나타났다.

ESL/EFL 교사들의 일화는 백인만이 합당한 영어 사용자이며 따라서 이상적인 교사라고 신봉하는 것이 지배적임을 보여 주었다. 이러한 현상은 종종 학교이사회의 교사 임용 결정과 학생들이 영어 모국어 사용자에게 배우고 싶어 하는 것에 잠재되어 있다. 영어 모국어 사용자라는 말은 종종 인종과 발음의 본질이 필연적으로 얽혀 있음을 보여 주며 백인과 동의어로 여겨진다.

인종, 계층, 그리고 언어

위에 언급한 Mahboob(2006)의 경험이 분명하게 보여 주듯이, 영어 모국어 사용자의 우수성은 언어적 특권뿐만 아니라 백인의 우월성을 보여 주는 지표가 된다. 동전의 다른 한 면은 유색인들이 영어가 모국어가 아닌 또는 비합법적인 영어 사용자 집단으로 구별된다는 것이다. 어떤 한 대학에서 실시된 가면 실험(Rubin, 1992)은 청취자가 말하는 사람의 인종적 배경을 보면 그 사람이 강의를 얼마나 잘 이해하는지 그리고 말하는 사람의 다른 억양을 얼마큼 인식하는지에 영향을 끼친다는 사실을 보여 주었다. 이를 통해 미국에서 태어나 영어를 모국어로 하는 아시아계 미국인들이 왜 끊임없이 "어디에서 영어를 배웠나요?"라든가 "영어를 참 잘하네요."라는 말을 듣게 되는지 이해할 수 있다(Fujimoto, 2006, p. 45). **영어 모국어 사용자**라는 언어학적 라벨은 분명히 인종적 범주를 말하는 것이다.

Hill(2001)은 **언어패닉**language panic 또는 표준영어유일담론의 상황에서 언어와 인종의 관계에 대해 논한다. 그 예는 1996년 수업에서 아프리카계 미국인 특유의 영어를 허용하기로 한 캘리포니아 주 오클랜드 학교이사회의 결정과 1989년 이중언어교육을 종식하고 영어전용 수업만을 종용한 캘리포니아 주법 227조항에서 찾아볼 수 있다. 이 두 가지 경우 모두 많은 미디어의 관심을 끌었으며 미국 사회가 안고 있는 보다 광범위한 사회 도덕적 패닉의 일부인 10대 임신, 학교 중퇴, 청소년 범죄, 불법 이민과 같은 문제들은 잠재적으로 아프리카계 미국인이나 라틴계 학생들을 문제집단으로 분류하는 지표이다. 언어패닉은 꼭 언어의 문제가 아니라 인종의 문제라는 것도 마찬가지다. Hill(2001)은 언어패닉에 잠재된 인종적 담론은 치열한 논쟁, 언어학습 및 언어 정책 연구 결과를 완전히 무시하고 배타적인 체제를 지지하는 인종차별적인 내용을 통해 잘 드러난다고 주장한다. 아프리카계 미국인과 라틴계 사람들의 평균 사회경제적 위치가 백인보다 낮다는 점을 볼 때, (표준) 영어 사용 정책은 중산층을 특권화하는 것이다.

세계 영어와 같은 추가적 언어 범주에 의해 영어 사용자들의 인종은 더 구분되었다. Motha(2006)는 미국 학교들이 학생들의 유색성을 아프리카, 카리브 해 그리고 남아시아 국가의 영어 사용자로 분류하기 위해 어떻게 세계 영어라는 언어적 범주를 활용하는지 설명한다. 학생들은 자신의 제1언어 배경에 관계없이 모두 ESL 프로그램에 등록해야 한다. 이는 이 학생들의 언어, 문화, 그리고 인종 배경을 결핍으로 보는 것을 의미한다. 여기서 다시 언어 범주는 열등성, 일탈과 결핍이라는 의미를 부여하는 인종차별을 의미한다.

백인성이 백인이 아니라는 것을 낙인찍는 필연적 준거라면, (표준) 언어 구사능력은 다른 언어 사용자나 영어의 비표준적인 변이들을 낙인찍는 드러나지 않는 준거이다. 그럼에도 불구하고, 백인 유럽 계통의 사람들이 사용하는 비표준적인 영어의 변이들은 일반적으로 그다지 논란이 되지 않는다. 여기에 작용하고 있는 것은 단순히 언어차별주의[1](Phillipson, 1992)가 아니라 인종차별주의이다. 모순점은 아프리카계 미국인과 라틴계 사람들이 표준 영어 단일언어 사용자가 되더라도 다른 사람에게 인식되는 그들의 인종 배경 때문에 차별은 여전히 지속될 것이라는 점이다.

이는 학생들의 신분 상승을 도모하기 위하여 특별히 교육되는 지배적 장르(사회적으로나 교육적으로 가치 있게 여겨지는 텍스트 형태들)를 습득한다 하더라도 이것이 모든 학생을 자동적으로 주류 사회에서 동등한 구성원이 되게 하지는 못한다는 Luke(1996)의 주장과 일맥상통한다. 이것은 기본 학술능력이 내재적으로나 보편적으로나 모든 학생에게 동등한 힘을 불어넣어 주지 못하기 때문이다. 이는 오히려 특정 상황 내에서의 제도적 규범과 기대들이 힘의 분배를 결정지음을 뜻한다. 그러므로, 제도적인 인종차별이 존재하는 한, 주류 언어의 표준 형태를 말할 수 있다는 것 하나로는 동등한 힘을 가질 수 있도록 보장해 줄 수 없다. 그리고 표준언어를 구사할 수 있다는 것이 얼마큼 합당한 문화 자산으로 인정받느냐 하는 것은 단순히 인종의 문제가 아니라 성별, 계층, 성 정체성, 그리고 신체 능력 등과 같은 다른 사회 범주들의 문제이며(Bourdieu, 1991) 그것은 사람들을 어떤 특정한 분야에서 사회 권력을 얻을 수 있도록 해 주는 것이다.

지금까지 논의한 바대로, 언어는 인종, 계층, 그리고 다른 사회 범주들과 얽혀 있다. 인종 차이는 현대사회의 인종 편견 없는 담론(아래 참조)에서 종종 문화 차이로 대체되어 언급되듯이 언어 차이로도 분류된다. 언어의 표준 형태는 일반적으로 지배적, 인종적 그리고 사회경제적 집단과 연관되어 연상되지만 현실적으로는 다양한 배경을 가진 사람들에 의해 결정되는 것이다. 언어를 특정 민족성과 연계짓는 보편적 이론은 세계적으로 사용되는 영어의 다양한 특징들을 탐구한 세계 영어에 대한 연구에서 이미 문제점이 지적되었다. 소수 언어의 권리를 옹호하는 상황에서조차 May(2005)는 종종 소수 언어를 보호하기 위한 이유로 내세우는 언어와 정체성의 관계에 의문을 제기한다. May는 언어와 민족적 정체성을 일대일로 연계하는 것은 개인의 선택과 문화/언어적 복합성을 무시하는 것이라고 주장한다. 언어의 형태만 다양한 것이 아니라 사용자도 다양하다는 점을 보여 준 본질주의자들의 언어에 대한 이해를 넘어서는 것은 제 2외국어 교육에 있어서 비판적 다문화주의의 중요한 측면을 구성한다.

학생들의 인종화와 인종차별주의 경험

학교와 고용 문제에 있어서 유색인 ESL/EFL 교사가 인종차별을 받은 경험이 사회정의 문제를 심각하게 논의할 필요가 있다는 점을 시사해 주는 한편, 학생의 경험 또한 어떻게 인종화나 인종차별주의가 학급 내에서나 밖에서 그들의 경험에 영향을 끼치는지 잘 보여 준다. 최근의 몇몇 연구들은 학생들의 억압과 저항의 경험을 드러나게 하기 위하여 인터뷰와 민속지학적 관찰 방법을 사용했다.

학생들의 인종 억압의 경험

미국 학교에 다니는 유색인 ESL 학생들은 동료 학생들의 달가워하지 않는 태도나 교사들의 무감각 때문에 종종 소외감을 느낀다. Quach, Jo, Urrieta(2009)는 어떻게 인종차별주의와 동화의 압박이 이주민 학생들의 정체성을 형성하게 만드는지 보여 주는 전형적인 예이다. 아시아계 이주민 학생들은 흑인과 백인 인구가 대다수를 차지하고 있는 미국 남부에서 홀로 성장하면서 학업에서 소외되고 이질감을 느낀다. 그들 중 대다수가 '짱개'나 '국돌이'로 불리거나 그들에게 무술 기합소리를 질러대거나 눈을 옆으로 찢는 동작을 해 보이는 등의 경험을 겪었다 ─ Shelley Wong(2006)이 1950년대 중국계 미국인으로 성장하면서 겪었던 인종차별주의적 행동(Motha, 2006 참조)의 끊임없는 연속인 것이다. 그들은 자신의 모국어 학습을 기피할 정도까지 주류사회에 동화되어야 한다는 엄청난 압박을 느꼈다. 대학에서 같은 민족성을 가진 동료 친구들을 발견하고 자신을 아시아인으로 인식하고 아시아 유산을 유지하려고 애쓰는 학생들이 있었던 반면 어떤 이들은 백인 친구들하고만 어울리고 동시에 아프리카계 미국인들을 천대하며 그들 자신을 백인성에 동화시켰다.

학생들의 인종차별적 정체성 형성에 끼치는 교사의 영향

학생들의 정체성 형성의 과정 중에 어떤 교사들은 인종주의적인 생각과 관행을 전이시킨다. 그들이 보여 주는 지나가는 말들이나 태도는 주로 노골적으로 인종차별주의적인 표현이 아니라 인종에 대한 편견이 없어 보이는 또는 '애매모호하고 제도적이며 겉으로는 인종차별적이지 않은 듯한'

신종 인종차별주의를 반영하는 표현으로, 문화·언어적인 차이점에 대한 언급에 깊숙이 내포되어 있다(Bonilla-Silva, 2003, p. 3). 교사들은 종종 인종적으로나 언어적으로 소수인 학생들을 학습동기, 비판적 사고나 가족의 후원 등과 같은 특정 자질이나 능력과 배경이 '부족한' 그룹으로 이야기한다. 백인 교사들이 이러한 학생들을 돕기 위해 최선의 노력을 하지만, 미묘하게 학생들을 무시하고 적선하는 듯하거나 비수용적인 태도를 보인다던가, 인종적으로 소수그룹의 학생을 전형화하거나, 학생들이 결점을 가진 것으로 보는 태도, 소수집단 학생들과 소통하지 못하는 등 이 모든 것들은 미묘하게 인종을 고려하지 않는 색맹 인종차별주의를 가리킨다.

여러 학자들 중 May(1999)와 Bonilla-Silva(2003)는 현대의 색맹 인종차별주의는 인종 차이를 인종차이라는 말보다는 좀 더 중립적이고 수용할 만한 용어인 문화적 차이로 대체한 것이라고 주장한다. 나는 이에 덧붙여 앞에서 다룬 언어/인종의 연계성에 대한 논의를 바탕으로 색맹 인종차별주의에서도 인종 차이를 언어적 차이로 대체하였음을 지적하고자 한다. 따라서, 문화·언어적 전형들은 인종적 전형의 암시를 수반하는데 인종적 전형들은 나아가 식민지 담론의 역사 유산을 반영하는 것이다. 문화/언어/인종적 전형이 어떻게 교수학습에 영향을 끼치는지는 호주의 국제학생들을 위한 대학 수준의 집중 ESL 프로그램에서 실시한 한 민족지학 연구에서 잘 제시되었다(Ellwood, 2009). Ellwood는 일본인 학생들보다 유럽인 학생들이 더 말을 잘하고 비판적 사고가 가능하다고 믿는 교사가 일본인 학생들의 토론 참여와 자발성을 어떻게 간과하는지 기술하고 있다. 여기서, 두 그룹의 학생들에 대한 교사의 이중적인 전형화는 그녀가 학생을 대하는 데 있어서 다르게 처신하고, 이는 결국 수업 중 학생들의 참여에 영향을 끼쳤다.

교우 관계상 인종차별화와 인종차별주의

학생들이 경험하는 인종차별주의는 교우관계에서도 생성된다. 앞서 언급하였듯이, 인종적 소수인들의 어린 시절 기억은 친구들이 그들을 다른 사람으로 규정하는 인종차별적인 언급에 의해 겪게 되는 감정적인 상처를 보여 준다. 교우 간의 인종적 이질화는 ESL 학생 자신들 안에서도 발생한다. 예를 들어, O'Neill(2000)은 언어적으로 소수에 속하는 학생들 간의 갈등을 보고한다. 아시아에서 초등학교 때 미국으로 온 고등학교 학생들은 라틴계 남학생들에게 욕설을 당한 경험을 회상하여 말했다. 인종적·언어적으로 열등한 위치에 있다는 것이 꼭 이들 소수민 학생을 인종차별주의의 폭행자에서 제외시키는 것은 아니라는 것이다.

이와 마찬가지로, 인종/문화/언어적 다양성에 지각이 있는 것으로 보이는 외국어 학습자들도 이주민들에게 인종차별주의적인 행동을 보일수 있다. 예를 들어, 초등학교 때부터 스페인어를 제2언어로 학습해 온 미국의 고등학생들이 여전히 지역사회의 라틴계 이주민들에게 외국인 혐오증적인 행동을 보일 수 있는 것이다(Kubota, 2001). 이는 외국어 교육에 있어서 인종 문제에 대한 관심이 부족하다는 것을 나타낸다. 외국어 학습과 사회정치적인 문제를 연결하지 않는 것은 외국어를 공부하는 대학생, 특히 기초단계를 학습 중인 대학생들의 속성에 잘 드러나는데 그들은 언어가 인종, 성별, 계층, 사회정의에 대한 문제에 대해 생각해 보도록 하지 않는다고 믿는 것이다(Kubota, Austin, & Saito-Abbott, 2003). 이 학생들의 대다수가 외국어를 배우는 것을 언어능력을 개발하는 것으로만 생각한다. 만약 목표 언어로 복잡한 문제를 총체적으로 논하는 토론이 이루어진다면, 그러한 논의는 기초단계 수업에서는 물론 어려운 것이지만, 학생들이 그만한 능력을 갖춘 수업에서는 이루어져야만 한다. 그럼에도 불구하고, 이러한 문제를 기피하는 것은 현재의 상황을 영속화할 뿐이다.

학생의 인종적 정체성 개발

교사와 동료 학생들이 종종 학생들을 특정한 인종으로 분류하기도 하지만, 학생들이 스스로를 특정 인종집단으로 생각한다. 교사와 동료에 의해 규정되는 인종주의는 사람을 단순화된 인종집단으로 무분별하게 분류하는 것을 의미하는 인종 정체성화라고 볼 수 있다면, 학생들은 인종적 정체성을 찾으려고 하는데 이는 끊임없이 지속되고 있는 인종집단 구성원 간의 유동적인 협상 지표를 말한다(Pollock, 2004). 인종적 정체성의 형성은 인종적 동일화와 인종차별주의에 영향을 받는다. 그렇지만 이 과정은 한 가지 형태가 아니다. 백인이 주를 이루는 사회에서는, 학생 개개인이 자신들의 고국을 자주 — 어떤 학생들은 자신을 백인성에 동화시키려고 노력하며 — 백인성과 협상하고(예 : Quach et al., 2009), 또 어떤 학생들은 가정에서 그리고 자신들의 고국을 자주 방문하며 자주 모국어를 사용하는 것을 통하여 자신의 민족 정체성을 유지하려고 한다.

예를 들면, Ibrahim(2009)은 아프리카계 이주민과 난민 학생들이 어떻게 캐나다의 프랑스어 고등학교에서 랩과 힙합 문화에 젖어 흑인이 되려고 애쓰고 흑인 영어를 제2언어로 배우려고 노력하는지 보여 준다. Bashir-Ali(2006)는 미국 고등학교에 다니는 멕시코 출신의 학생인 마리아가 아프리카계 미국인 특유의 영어를 배움으로써 아프리카계 미국인들과 사귀려고 하는 것을 보여 준다. 이와 같이 흑인 주도적인 학교에서는 교수학습 기준은 표준 백인 미국 영어라는 사실에도 불구하고 ESL 학생들에게 아프리카계 미국인 학생들이 더 우월한 위치에 있어 보이게 함으로써 아프리카계 미국 문화와 언어가 멋있는 사회적 표준을 형성한다. 멕시코인 정체성에 달린 불명예성과 아프리카계 미국인과 소수 멕시코인 학생들 사이의 적개심은 마리아로 하여금 아프리카계 미국인의 정체성을 취하도록 만들었다. 제2언어 학습자들은 소외된 문화 및 언어 정체성을 개발하려고 노력할 수도 있는데 그 이유는 그러한 정체성이 반항적이고 대단한 것으로 보이기 때문이다. 자신을 백인 중산층의 준거에 반대되는 소외적 규범에 동화시키려고 하는 것은 일종의 저항으로 볼 수 있다.

이러한 연구들은 개인의 언어·문화적 정체성은 대표 담론에 따라 인종화된 이미지와 동일선상에서 고정적으로 결정되어 있다기보다는 유동적이고 불확실한 것이며 수행되는 것이라는 점을 보여 준다. Judith Butler(1999)의 성 정체성 수행의 개념이 인종·언어적 정체성 형성에 적용될 수 있다. 이러한 관점에서, 정체성이라는 것은 이상화된 정체성을 찾으려는 노력 중에 무질서하게 수반되어 나타나는 반복적인 행동으로 여겨진다. 인종·언어적 정체성은 보여지는 유전적 형질이나 언어-인종관계에 따라 미리 정해진 것이 아니다―그것은 자유의지의 임의적인 산물은 아니라 할지라도 반복적으로 수행되는 행동으로 구성된다. 오히려 그 행동들은 사회적으로 인정을 받는지 여부에 따라 결정된다. 그럼에도 불구하고 수행성은 유동적 정체성과 의미의 형성을 가능하게 하면서 선거권을 박탈당한 사람들로 하여금 체제전복적인 행동을 수행함으로써 지배적인 정체성을 자기 것으로 만들 수 있도록 한다. Butler(1999)에 의하면 "성이라는 것은 행동 이전에 존재하는 것으로 이야기되는 대상에 의해서가 아닐지라도 항상 행동하는 것을 의미한다."(p. 33)고 주장했다. 이와 마찬가지로, 인종과 언어는 행동하는 것이다. 그것은 이미 존재하는 인간의 범주도 언어적 제한에도 근거를 두고 있지 않다(Pennycook, 2004 참조).

제2언어 교육에 있어서의 인종주의와 인종차별주의에 대한 비판적 논의

위에서 살펴본 바와 같이, 제2언어 교육의 최근 연구들은 제2언어 교사와 학생들이 학급 안팎에서 경험하는 뼈아픈 인종차별주의 영향을 보여 주었다. 인종적 소수집단이 겪는 억압의 경험들은 부분적으로 교사들이 무분별하게 지지하는 인종/문화/언어적 전형화에 의해 야기되었다. 학생들이 종종 학교에서 다른 사람들에 의해 인종차별화되기도 하지만, 그들은 자신이 멋진 인종집단으로 여기는 것에 자신을 일치시키기 위하여 자신의 정체성을 형성하기도 하는데, 선망의 대상이 되는 인종집단은 인종차별적인 구조와 지배계층에 관한 훨씬 더 광범위한 담론에 의해 구성된다. 이는 인종 정체성에 대한 반본질주의적 접근방법이 필요함을 가리키는 것이다. 더욱이, 학생들의 제2언어 학습 경험이나 언어 소수적 위치가 인종/문화/언어적 편견을 꼭 감소시키는 것이 아니라는 사실은 분명한 반인종주의적 입장이 비판적으로 교육학에서 논의될 필요가 있음을 시사한다.

이러한 성찰을 바탕으로 제2언어 교육에 있어서 다음의 방향을 제시한다 ─ (1) 인종, 문화, 그리고 언어에 대한 비본질주의적 이해, (2) 반인종주의적 교육학에 대한 구체적인 논의, (3) 교육 자료와 교육과정에 대한 비판적 검토, (4) 제도 및 행정적 차원에서의 관행의 변화.

인종, 문화, 그리고 언어에 대한 비본질주의적 이해

우리들 중 다수는 흔히 사용되는 아시아인, 흑인, 라틴인, 그리고 중동인과 같은 인종/민족적 라벨에서 보여지는 것과 같이 특정 유전 형질과 인종화 범주가 일대일로 연결된다는 현대/식민주의 관념에 젖어 있다. 과학 분야에서는 인종이라는 것은 생물학 범주로서 존재하지 않는다고 공식적으로 선언하고 있는데도 불구하고, 그것은 사람들을 분류하기 위해 사용되는 사회적으로 구성된 매우 실체적인 표식이다. 인종이라는 것이 종종 문화와 언어라는 가면을 씌워 언급되기 때문에 똑같은 일면적인 관계가 어떤 문화와 언어를 규정하는 것에도 발견된다. 예를 들어, 엄격한 일대일의 관계가 중국 문화와 중국 사람들 사이 또는 일본 언어와 일본 사람들 사이에서 생성된다. 그러나 다양하고 역동적이며 분산적이고 복합적인 인간사회의 본질은 그와 같은 단순한 인종/문화/언어적 범주화는 합당하지 못하다는 것을 지적해 준다. 그러므로 교사들이 인종, 문화, 그리고 언어적 범주들의 복잡성과 유동성을 인식하고 그들 자신을 전형적인 유형들에 휩싸여 고착된 세계관으로부터 해방시키는 것이 중요하다. 사람들은 우리가 상상하는 것보다 훨씬 더 복잡하다.

그러나 이것은 다르다는 것이 무시되어야 함을 주장하는 것은 아니다. 학생들이 어떤 특정 인종/문화/언어적 그룹에 속해 있고 또는 속하기를 원한다는 사실을 부인하는 것은 피부색과 차이점을 무시하는 세계관에 빠져들게 하는 일일 것이다. 서로 다른 그룹들이 힘의 지배 구조에서 서로 상대적인 위치에 있으며 삶의 현장에서 동등한 위치에 있지 않다는 점을 인식하는 것이 중요하다. 피부색과 차이점을 무시하며 모든 사람을 동등하게 대우하겠다고 하는 방법은 단지 현존하는 힘의 관계를 지속시키는 것일 뿐이다. 그 대신에, 교사들은 불공평함을 문제화해야 하며 집단 간의 평등을 구축하기 위해 상황 윤리에 참여해야 한다.

인종/문화/언어적 차이점의 전략적 활용과 그것의 함의를 인식하는 것도 중요하다. 예를 들어 다르다는 것의 개념은 전략적 본질주의에 적합하다고 볼 수 있는데(Spivak, 1993), 그것은 역사적으로 억압되었던 사람들로 하여금 그들의 인종/문화/언어적 차이점을 그들 고유의 정체성으로 되찾을 수 있게 한다. 그것은 일종의 저항이며 뚜렷한 정체성에 대한 강조는 지배집단에 의한 강요의 결과가 아니라 현 상태를 전복시키고자 하는 소외계층의 정치적 투쟁을 상징하는 것이다. 그럼에도 불구하고, 본질주의는 그러한 정체성 정치학에서 문제가 되는 부분이다 ─ 그것은 집단 내에 존재하는 다른 목소리들을 소외시키고 침묵하게 한다(Collins, 1998). 그러므로, 필요한 것은 그러한 주장들에 내재되어 있는 힘의 연관성을 탐문함으로써 집단 차이 인식의 목적과 결과에 대한 끊임없는 비판적 성찰이다.

반인종주의적 교육학에 대한 구체적인 논의

반인종주의적 교육학은 인종차별주의를 시작점으로 보고 '학생들이 일상생활의 상호 활동에 맞물려 있는 온갖 종류의 차별/특권(예 : 이성애적/성차별주의, 계급주의, 이슬람 공포증과 같은)을 분석하고 대응할 수 있는 능력'을 키운다(Taylor, 2006, pp. 524-525). 다양한 사회 범주에서 공개 또는 비공개적인 형태의 인종차별주의 존재뿐만 아니라 차별 정치학을 인식하는 것은 교사들로 하여금 여러 가지 면에서 사회 부정의 문제를 다룰 수 있게 한다.

한 가지 방법은 학습 자료들(예 : 텍스트, 시각 이미지, 음성정보, 어휘, 표현, 문법)이나 학생들이 그들의 가족, 동료, 지역사회(이 책의 Gutstein; Sharma 참조)와 함께하는 일상 경험들 중에서 어떤 주제가 떠오를 때를 토론수업 중에 있는 학생들에게 무엇인가 가르칠 수 있는 순간으로 활용하는 것이다. 예를 들어, 수업 중에 인종차별적인 언급이 나오면 이는 '여러분 모두 이 말에 동의하나요? 이러한 관점은 어디에서부터 나오는 걸까요? 우리에 대하여 경멸적인 언급을 한다면 어떻게 느끼게 될까요? 우리는 편견 없는 사회를 만들 수 있을까요? 무엇 때문에 우리는 그러한 사회를 만들고자 하는 것일까요?' 등과 같은 의제들에 대한 토론의 시점이 될 수 있다. 토론 중에는 학생들이 당연하게 받아들이고 있었던 생각에 대한 진실된 대화에 참여할 수 있도록 안전하고 개방된 공간이 만들어져야 한다(이 책의 Fitzpatrick 참조). 이러한 토론은 학생들 스스로 다양한 의견을 존중할 것, 주의 깊게 들을 것, 혼자 독점하지 말 것, 개인 비방보다는 의견에 대한 비평을 하도록 할 것 등과 같은 그들 자신의 토론장 규칙을 세우게 하는 방법으로 진행될 수 있다(Kailin, 2002).

또 다른 방법은 구체적인 중재 활동을 개발하는 것이다. 예를 들어, Jane Elliot가 1968년 미국에서 3학년 학생들을 대상으로 '파란 눈/갈색 눈' 실험을 해 본 결과를 바탕으로 Hammond(2006)는 일본에 있는 한 대학의 EFL 학생들을 위한 모의실험 활동을 개발했다—학생들은 선호그룹과 비선호그룹으로 나뉘었고 우선 차별을 하는 경험을, 다음에는 차별을 당하는 경험을 해 보도록 하였다. 이 활동의 목적은 인종차별주의의 영향에 대한 인식을 갖도록 하는 것이었다. 이것은 강력한 경험이었지만, Hammond는 어떤 이의 능력이나 인종차별적인 이미지를 불러일으키는 신체적 특징을 칭찬한다거나 다른 유형의 차별주의로 은유하여 완곡하게 말하지 않고 직접적으로 인종차별주의에 대응하도록 독려함으로써 일상의 상호 활동에 잠재되어 있는 은밀하고도 미묘한 인종차별주의의 형태를 알아차리도록 하지는 못했다.

또 하나의 예는 고등학교 ESL 학생들을 위해 캐나다에서 시행된 ESL 반인종주의 캠프이다(Taylor, 2006). 그 캠프는 인종차별주의와 다른 종류의 차별이 어떻게 일상의 경험에 영향을 끼치는지 분석하고 이에 대응할 수 있는 학생들의 능력을 키움으로써 개인, 제도 및 사회적 변화를 추구하였다. Taylor(2006)는 몇몇 학생들의 인식에 단순히 개인적인 차원으로 인종차별주의를 이해했던 것에서 제도적 인종차별주의, 그리고 백인 ESL 학생들의 백인 특권의식을 인식하는 것으로의 이동과 같은 중요한 변화가 생긴 것을 기록했다(이 책의 Bartolomé 참조). 이러한 중재들이 다양한 형태의 사회 부정의에 도전하는 해결책은 아니지만, 그것은 교사와 학생들을 직접적으로 비판적 성찰에 참여하도록 하는 강력한 수단이 될 수 있다.

교육 자료와 교육과정에 대한 비판적 검토

학생들이 반인종주의적 인식과 태도를 키우기를 기대하지만, 그들은 인종적으로 편견이 있는 교과서와 다른 자료들에 끊임없이 노출된다. Taylor-Mendes(2009)는 브라질의 EFL 학생과 교사들에게 그들이 잘 알고 있는 영어교과서에 나오는 시각 이미지에 대한 인상에 대해 물어보았다. 주된 인상은 미국은 부유한 백인 엘리트의 나라이고, 흑인은 가난하고 힘이 없는 사람들로 표현되고, 인종 구분은 지리학적으로 만들어진 것이며, 다양성과 디아스포라diaspora에 대한 고려는 없었다. 몇몇 참가자들은 이러한 이미지를 사실로 받아들였지만 다른 사람들은 비판의 목소리를 냈다. 외국어 교육의 상황에서는 유사한 경향이 나타났다. Herman(2007)은 미국에서 보편적으로 사용되는 고등학교 스페인어 교재에 나오는 국가, 주제와 제목을 조사하였다. 그녀는 이 교과서에 투사된 일반적인 이미지들은 '스페인어를 말하는 세상 사람들은 모두 밝은 피부색에 중산층 또는 중상층'이고(p. 132) 원주민들은 라틴계 미국 문화와 정치의 핵심적인 측면을 구성하고 있는 것보다는 '행복한 축제의 부분'으로만 그려지고 있다(p. 137). 어린이들을 위한 다문화 책들도 크게 다를 바가 없다. 책들은 민족적 음식, 의복과 거주지 등 피상적인 주제만을 다룬다(Michael-Luna, 2009). Martin Luther King, Jr.를 주인공으로 인종차별 문제를 다루는 선의의 텍스트조차도 학생들에게 백인 또는 흑인의 징체싱을 취하도록 강요한다. 이는 라틴계 이중언어 사용자 학생들의 정체성은 배제하며 단순한 이중 인종 범주에 지나지 않는 것이다(Michael-Luna, 2008). 반면에, Michael-Luna(2009)가 멕시코 출신 학생들 수가 많은 1학년 이중언어 수업에서 멕시코 지도자들의 상대 담화를 소개한 것은 학생들이 멕시코와 미국 지도자들의 사회적 영향력을 비교함으로써 긍정적인 민족 정체성을 개발할 수 있도록 하는 아주 좋은 기회가 될 수 있다(예 : Cesar Chavez 대 Martin

Luther King, Jr.).

이러한 연구들이 제안하는 바와 같이, 교사들은 교과서와 다른 자료들에 나타나는 인종, 성별, 그리고 계층의 표현에 대한 학생들의 비판적 인식을 키우고 이러한 이미지들의 남발과 사회정치적 결과에 대한 토의에 참여하도록 할 필요가 있다. Herman(2007)이 제안했듯이, 제2언어 교사는 학생들에게 인종, 민족성, 언어, 계층과 성별 차원에서 다양한 배경을 가진 실제의 사람들의 산 경험들에 초점을 두는 것과 같이 학생들에게 다양한 시각을 제공하는 대안적인 자료들을 찾을 수 있다. 더 나아가, 전체적인 교육과정은 더 깊은 문화적 이해와 백인 중심 지식에 잠재되어 있는 전략의 비판적인 분석을 위해 소수/원주민/소외된 사람들의 목소리와 그들의 역사를 통합해야 한다(Luke, 2009; 이 책의 Bishop; Stewart 참조).

제도 및 행정적 차원에서 관행의 변화

미국에서 교수 인력의 대다수는 백인이다. 이중언어교육에서는 백인이 아닌 교사의 비율이 좀 더 높을 수도 있지만, ESL과 외국어 교사는 백인이 압도적이다. 더 나아가, ESL 교사의 대부분은 영어 단일어 사용자이다. 인종, 문화 및 언어적 다중주의를 진정으로 포용하고 학교가 학생에게 사회적 규범이 되도록 하기 위해서는 학교, 대학과 다른 교육기관들이 다양한 문화 및 언어적 배경을 가진 비백인 교사들을 더 고용하도록 노력해야 한다. 영어를 모국어로 하지 않는 교사들을 교수 인력에서 제외하는 것은, 매사추세츠 주에서 일어난 최근의 사건 발단에서 보여진 바와 같이, 학생들 사이에서 반인종주의적 인식을 키우는 데 불이익을 가져오게 된다(Austin, 2009).

ESL/EFL 교육에서는 모국어 사용자의 우수성을 지지하는 지배적 담론이 있는데, 모국어라는 말은 백인의 지배를 은폐하는 용어이다. 교사 사회에서의 전문 활동은 학문적인 측면에 중점을 두는 경향이 있지만, 교사들은 사회 부정의에 대해 이야기하고 현재의 상태를 변화시키기 위해 행동주의에 참여할 필요 역시 있다.

결론

학급에서의 인종주의, 인종차별주의와 다른 사회정치적 문제들에 대해 거론하는 것은 불편한 감정과 방어적 반응들을 일으킬 수 있기 때문에 쉬운 일이 아니다(이 책의 Bartolomé; Hanley 참조). 더욱이, 특정 상황에 처한 교사와 학생들은 권력의 인종적 지배 구조에서 각기 다른 위치를 차지하기 때문에 이러한 문제들을 논하는 것이 언제나 학생들에게 똑같은 상징적 의미를 제시해 주지 않을 수도 있다. 예를 들어 Motha(2006)는 백인 교사가 백인이 아닌 소외계층의 학생들에게 학교 신문에 그들을 대변하는 것이 부족하다고 불만을 제기하라고 강력하게 독려한다면 그런 종용은 그 학생들을 지지하기 위한 것임에도 불구하고 그러한 전복적인 행동을 해도 자신의 특권을 잃을까 두려워하지 않아도 되는 백인의 권위적인 위치에서 오는 특권의식의 의미를 수반한다(Lin, Kubota, Motha, Wang, & Wong, 2006). 그러므로, 인종/문화/언어적 불평등과 본질주의에 관련된 많은 질문들에 대하여 종종 현재의 시험 중심의 교육 환경에 반하며 모든 개인이나 상황에 적용되는 단순한 해결책이 있는 것이 아니다.

그러나 이러한 문제들을 거론하지 않는 것은 단순히 소외계층의 뼈아픈 감정, 주도권 집단을 특권화하는 사회 구조, 그리고 지배집단의 세계관으로 기울어져 있는 지식을 영속시킬 뿐이다. 이러한 문제들을 구체적으로 다루기 위해서 우리는 문제에 대한 확실한 답을 찾지 못하고 있는 불안정한 교육학 영역을 받아들일 필요가 있다(Ellwood, 2009). 교사들은 전형적으로 지식인으로 인식되지만, 이 불안정한 교육학 공간에서 그들은 소외된 계층의 학생들이 가져오는 아직은 유동적인 정체성과 인종, 문화와 언어의 역동적인 교차관계를 배우는 학습자이다. 그러므로, 반인종주의적 비판다문화교육을 배우는 것은 지속되는 과정이다. 이 과정은 교사와 학생들에게 그들 자신과 다른 사람에 대해 성찰하고, 상충되는 의미, 행동 및 정체성과 협상하며, 상황 윤리와 함께 사회정의를 가르치고 배우는 일에 참여할 것을 요구한다.

주

1. 차별언어는 "언어를 기반으로 규정되는 집단 간의 권력과 자원의 불평등을 합법화, 효율화 및 재생산하기 위해 사용되는 이데올로기와 구조 및 관행"으로 정의된다.

참고문헌

Austin, T. (2009). Linguicism and race in the United States: Impact on teacher education from past to present. In R. Kubota & A. Lin (Eds.), *Race, culture, and identity in second language education: Exploring critically engaged practice* (pp. 252–270). New York: Routledge.

Bashir-Ali, K. (2006). Language learning and the definition of one's social, cultural, and racial identity. *TESOL Quarterly, 40*, 628–639.

Bonilla-Silva, E. (2003). *Racism without racists: Color-blind racism and the persistence of racial inequality in the United States.* Lanham, MD: Rowman & Littlefield.

Bourdieu, P. (1991). *Language and symbolic power.* Cambridge, MA: Harvard University Press.

Butler, J. (1999). *Gender trouble: Feminism and the subversion of identity* (tenth anniversary edition). London: Routledge.

Collins, P. H. (1998). *Fighting words: Black women and the search for justice.* Minneapolis: University of Minnesota Press.

Curtis, A., & Romney, M. (Eds.) (2006). *Color, race, and English language teaching: Shades of meaning.* Mahwah, NJ: Lawrence Erlbaum Associates.

Ellwood, C. (2009). Uninhabitable identifications: Unpacking the production of racial difference in a TESOL classroom. In R. Kubota & A. Lin (Eds.), *Race, culture, and identity in second language education: Exploring critically engaged practice* (pp. 101–117). New York: Routledge.

Fujimoto, D. (2006). Stories through perceptual frames. In A. Curtis & M. Romney (Eds.), *Color, race, and English language teaching: Shades of meaning* (pp. 37–48). Mahwah, NJ: Lawrence Erlbaum Associates.

Hammond, K. (2006). More than a game: A critical discourse analysis of a racial inequality exercise in Japan. *TESOL Quarterly, 40*, 545–571.

Herman, D. M. (2007). It's a small world after all: From stereotypes to invented worlds in secondary school Spanish textbooks. *Critical Inquiry in Language Studies, 4*, 117–150.

Hill, J. H. (2001). The racializing function of language panics. In R. D. González & I. Melis (Eds.), *Language ideologies: Critical perspectives on the official English movement, Volume 2, History, theory, and policy* (pp. 245–267). Mahwah, NJ: Lawrence Erlbaum Associates.

Ibrahim, A. (2009). Operating under erasure: Race/Language/Identity. In R. Kubota & A. Lin (Eds.), *Race, culture, and identity in second language education: Exploring critically engaged practice* (pp. 176–194). New York: Routledge.

Kailin, J. (2002). *Antiracist education: From theory to practice.* Lanham, MD: Rowman & Littlefield.

Kubota, R (2001). Teaching World Englishes to native speakers of English: A pilot project in a high school class. *World Englishes, 20,* 47–64.

Kubota, R. (2004). Critical multiculturalism and second language education. In B. Norton & K. Toohey (Eds.), *Critical pedagogies and language learning* (pp. 30–52). Cambridge, England: Cambridge University Press.

Kubota, R., Austin, T., & Saito-Abbott, Y. (2003). Diversity and inclusion of sociopolitical issues in foreign language classrooms: An exploratory survey. *Foreign Language Annals, 36,* 12–24.

Kubota, R., & Lin, A. (Eds.). (2006). Race and TESOL (special topic issue). *TESOL Quarterly, 40*(3).

Kubota, R., & Lin, A. (Eds.). (2009). *Race, culture, and identity in second language education: Exploring critically engaged practice.* New York: Routledge.

Lin, A., Kubota, R., Motha, S., Wang, W., & Wong, S. (2006). Theorizing experiences of Asian women faculty in second- and foreign-language teacher education. In G. Li & G. Beckett (Eds.), *"Strangers" of the academy Asian women scholars in higher education* (pp. 56–82). Sterling, VA: Stylus.

Luke, A. (1996). Genre of power? Literacy education and the production of capital. In R. Hasan & G. Williams (Eds.), *Literacy in society* (pp. 308–338). New York: Addison Wesley Longman.

Luke, A. (2009). Race and language as capital in school: A sociological template for language education reform. In R. Kubota & A. Lin (Eds.), *Race, culture, and identity in second language education: Exploring critically engaged practice* (pp. 286–308). New York: Routledge.

Mahboob, A. (2006). Confessions of an *Enraced* TESOL professional. In A. Curtis & M. Romney (Eds.), *Color, race, and English language teaching: Shades of meaning* (pp. 173–188). Mahwah, NJ: Lawrence Erlbaum Associates.

May, S. (1999). Critical multiculturalism and cultural difference: Avoiding essentialism. In S. May (Ed.), *Critical multiculturalism: Rethinking multicultural and antiracist education* (pp. 11–41). London: Falmer Press.

May, S. (2005). Language rights: Moving the debate forward. *Journal of Sociolinguistics, 9,* 319–347.

Michael-Luna, S. (2008). *Todos somos blancos/*We are all white: Constructing racial identities through texts. *Journal of Language, Identity, and Education, 7,* 272–293.

Michael-Luna, S. (2009). Narratives in the wild: Unpacking Critical Race Theory methodology for early childhood bilingual education. In R. Kubota & A. Lin (Eds.), *Race, culture, and identity in second language education: Exploring critically engaged practice* (pp. 234–251). New York: Routledge.

Motha, S. (2006). Racializing ESOL teacher identities in U.S. K-12 public schools. *TESOL Quarterly, 40,* 495–518.

Norton, B., & Toohey, K. (Eds.) (2004). *Critical pedagogies and language learning.* Cambridge: Cambridge University Press.

O'Neill, N. S. (2000). Multicultural, multiracial high school students' feelings toward Hispanic cultures. *Foreign Language Annals, 33*(1), 71–81.

Pennycook, A. (2004). Performativity and language studies. *Critical Inquiry in Language Studies, 1,* 1–19.

Phillipson, R. (1992). *Linguistic imperialism.* Oxford: Oxford University Press.

Pollock, M. (2004). *Colormute: Race talk dilemmas in an American school.* Princeton, NJ: Princeton University Press.

Quach, L. H., Jo, Y-J. O., & Urrieta, L. Jr. (2009). Understanding the racialized identities of Asian students in predominantly White schools. In R. Kubota & A. Lin (Eds.), *Race, culture, and identity in second language education: Exploring critically engaged practice* (pp. 118–137). New York: Routledge.

Rubin, D. A. (1992). Nonlanguage factors affecting undergraduates' judgments of nonnative English-speaking teaching assistants. *Research in Higher Education, 33,* 511–531.

Spivak, G. (1993). *Outside in the teaching machine.* New York: Routledge.

Taylor, L. (2006). Wrestling with race: Implications of integrative antiracism education for immigrant ESL youth. *TESOL Quarterly, 40,* 519–544.

Taylor-Mendes, C. (2009). Construction of racial stereotypes in English as a foreign language (EFL) textbooks: Images as discourse. In R. Kubota & A. Lin (Eds.), *Race, culture, and identity in second language education: Exploring critically engaged practice* (pp. 64–80). New York: Routledge.

Train, R. (2007). "Real Spanish": Historical perspectives on the ideological construction of a (foreign) language. *Critical Inquiry in Language Studies, 4,* 207–235.

Wong, S. (2006). Perpetual foreigners: Can an American be an American? In A. Curtis & M. Romney (Eds.), *Color, race, and English language teaching: Shades of meaning* (pp. 81–92). Mahwah, NJ: Lawrence Erlbaum Associates.

제8장 | 비판적 다문화주의와 문화 및 미디어 연구

SANJAY SHARMA

정체성, 차이, 표현은 비판적 다문화주의와 문화 및 미디어 연구 등 모든 연구에서 교육학적으로 중요한 주제로 다루어져 왔다. 특히 교육과 지식의 정치학은 매스미디어 문화와 '다양성'에 대해 관심이 많아지면서 계속해서 프로젝트의 중심이 되고 있다(Grossberg, Nelson, & Triechler, 1992; McRobbie, 2005). 교육에 문화적으로 다양한 특질을 드러내는 텍스트를 포함함으로써 유럽 중심의 교육과정을 변화시켰다. 아울러 '인종'과 차이점에 관하여 논란이 되는 문제들을 인식하게 되었다. 문화 및 미디어 연구가 내놓은 '소수그룹/백인문화가 아닌' 적합한 텍스트를 새롭게 탐색하면서 라틴계 미국 문학, 아프리카계 미국인의 힙합 음악 또는 남아시아의 영화 등이 포함되었다. 이러한 텍스트들은 인종적 권력과 백인성, 해체된 정체성들을 분석하는 데 사용되어 왔거나 지배에 저항하는 방법을 제시한다. 다문화주의와 함께 문화 및 미디어 연구는 자유주의적 다문화주의가 민족 다양성만을 추구하는 것을 넘어서고자 하는 것에 뜻을 같이한다. 그러나 '다름'에 관심을 두는 문화 및 미디어 연구 교육학의 효력은 개인의 관심을 얻지 못했다. '다문화' 텍스트를 사용하는 데 있어서 제한점은 무엇인가? 학생은 어떤 종류의 반인종주의적 주관성을 취하는가? 비판다문화 교육학은 '다름'을 대하는 어떠한 윤리관을 생성하는가?

이 장은 문화 및 미디어 연구의 비판적 다문화 실제에 중점을 둔다.[1] 나의 접근방법은 문화 및 미디어 연구, 비판적 다문화주의와 다양한 형태의 차이에 교육학적으로 관계된 난제와 관련된 비판적 교육학을 결합하고자 한다. 나는 '인종'이라고 규정된 영역과의 차이점은 우리로 하여금 학생들의 주체의지와 차이에 대한 표현과 지식의 교육과정을 다시 생각해 보게 한다는 점을 논의할 것이다. 이들 다양한 교육 분야에서 '인종'과 표현에 대한 문제들을 다루는 데는 정통성이라는 것은 없지만, 반본질주의와 정체성과 다름의 상호 주체적 학설들은 특히 영향력이 있어 왔다(Hall, 1997). 흥미로운 것은 타자성을 직면할 때 기용되는 고정관념이 학생의 행위의지 측면에서 충분히 논의되어 오지 못했다는 것이다.

한 예로, 영국-남아시아 영화 슈팅 라이크 베컴Bend It Like Beckham (Gurinder Chadha 감독, 2002)의 배포 거부를 다시 생각해 보기로 한다.

여기서는 이런 종류의 '다문화주의' 영화를 사용함으로써 발생하는 주요 윤리 및 정치적인 어려움에 초점을 두면서 비판다문화 교육학의 실제를 탐구한다. 그 목적은 변화의 정치학을 조사함으로써 문화적 차이, 국경 횡단과 표현을 가치 있게 여기는 교육학적 정통 이론에 의문을 가져 보고자 하는 것이다(Nealon, 1998 참조). 변화성이라는 것은 다른 것으로 표시되는 차이점들이 그 차이가 압도되거나 전형적인 표현으로 축소되지 않고 윤리적으로 직면할 수 있게 되는 가능성을 말한다. 차이점에 대한 교육적 관심은 다른 것이 어떤 윤리적 근거에 관련되어 있는지에 대해 거의 고려하지 않았다. 소수인을 포용하고 해체하고 대리하는 것은 그들의 다름을 그들의 것으로 만들어야 하는 위기에 직면하게 한다(이 책의 Lea 참조). 문화 및 미디어 연구에 대해 비평하는 접근방법은 거기에 있을 수 있는 제한점을 탐구하고 변화 교육학을 위한 대안적 실천을 제공한다. 나의 의도는 학생들이 다름에 대하여 해방적일 것으로 추정되는 반인종주의적 지식을 습득하기보다는 다름과 '윤리적 만남'을 가질 수 있도록 이끄는 것이다.

다문화적 다양성

최근에 문화 및 미디어 연구 개발은 비판적 다문화와 여권주의 교육학의 다름에 대한 견해에 점점 더 많은 영향을 받아 왔다(Sleeter & Delgado Bernal, 2004). 특히 비판적 다문화주의가 다름을 지속적으로 대상화하는 자유주의 다문화교육의 헤게모니를 직면하게 된다. '문화적 다양성'의 이데올로기에 대한 초기의 반인종주의 비평은 정체성, 다름, 그리고 표현의 문화 정치학과 직접적으로 연결되어 있는 '비판적 다문화주의'에 자리를 빼앗겼다(May, 1999).

Homi Bhabha(1994)는 다름에 대한 자유주의 다문화의 파괴적인 운용에 대항하여 '문화적 차이점'의 재고를 위한 영향력 있는 설명을 발전시켰다. 다름의 속박은 '문화적 다양성'을 발견하고 관찰하고 평가해야 할 범주로 대해야 함을 주장하면서 '문화적 다양성'을 '지식체'로 구성한다. 다른 문화에 대한 인식과 지식, 또는 교육과정에 문화적 다양성을 포함시키는 것은 보이지 않는 유럽 중심 사고의 틀에 대항하는 차이점으로 밝혀졌다. 이러한 예는 어떻게 백인의 규범이 지배적으로 남아 있는지 탐구하지 않고 다른 민족의 음식, 의복, 의식과 같은 문화적 특징에 초점을 둔다.

반대로, Bhabha는 문화의 문제를 그들의 경계선, 정치적 갈등과 위기와 같은 지점에 두었다. 문화의 명확한 표현은 그것이 미완성된 표현의 형태를 통하여 세월을 이겨냈기 때문에 가능하였다. 이러한 문화 관행이 논의되고 다름의 형태로 '뭔가 다른 것… 의미와 표현의 협상의 새로운 장을 발생시키는' 곳이 바로 이 경계 부분들이다(Bhaba, 1994, p. 211). Bhaba는 특정 '문화'와 '정체성'(자유주의적 다문화주의 이데올로기에 의해 구체화된 그들의 '내용'이나 '특징'이 아닌)이 출현하는 조건들을 강조한다(이 책의 May & Sleeter 참조). 그 조건들을 나타내고 비판적 다문화주의의 실제를 알려 줄 수 있는 특별한 차이점을 확실히 보여 주는 것은 협상, 논쟁, 그리고 권력에 대한 투쟁들이다. 단순히 이른바 '다른 문화'들의 특징에 집중하는 것보다는 이러한 문화가 어떻게 다른 것으로 알려지고 표현되게 되었는지에 대한 문제를 분명히 할 필요가 있다(Sharma, 2008).

교육학과의 차이

문화적 정체성의 해체 필요성과 권력의 작용은 많은 비판 교육학자들에 의해 연구되었다. Bhabha의 문화적 차이에 대한 설명은 '경계교육학'의 발달에 영향을 끼쳤다(Giroux, 1994; Giroux & McLaren, 1994 참조). 본래 Henry Giroux가 권력 구조를 이동하고 정체성 형성의 복잡다단한 부분들에 집중하기 위하여 '경계교육학'이라는 용어를 만들어 냈다.

확실히 관념적인 비판 교육학은 교육의 '어지러운 현실'에의 적용 가능성이 낮다는 지속적인 비판을 받아 왔다. Elspeth Probyn(2004)은 급진적인 교육학의 몇몇 혁신적인 개념들을 실행하는 것의 어려움에 대해 불평하였다. 비판 교육학은 끊임없이 학급 이론과 실제 사이의 '차이'에 대해 비판받는다. 반인종주의 학습을 경험해 본 사람은 누구든 반인종주의 학습을 경험해 본 학생에게 '인종은 사회적 구성체'라는 학급구호를 반복한다 하더라도 이미 인종화된 그의 주관성에 별 영향을 끼치지 못한다.

Stephen May는 '경계교육학'에서 무엇이 위험한지 다음과 같이 강조한다.

> 자기 자신을 포함하여 모든 민족·문화 배경에 대해 비판적으로 생각할 수 있는 학생들. 그러한 접근방법은 소수와 다수그룹의 학생들 모두로 하여금 그들 자신과 다른 민족·문화 정체성 사이에 일어날 수 있는 복잡한 상호 연관성, 차이와 불협화음들을 인식하고 탐구할 수 있게 할 것이다. (May, 1999, p. 33)

비판적 다문화의 실행을 위한 유일한 교육 방법은 없지만, 문화 및 미디어 연구에서 '백인이 아닌' 예술가들의 작품이 교육 자료로 사용되어 왔다는 것은 놀라운 일이 아니다. Kobena Mercer(1994)는 정체성, 차이, 그리고 소속감의 복잡한 문제를 공개하기 위해 영국계 흑인/남아시아 예술인들의 문화 작품들을 강조하였다(이 책의 Hanley 참조).

〈슈팅 라이크 베컴〉을 활용한 교육

보편적인 비판다문화적 문화 및 미디어 연구 실행을 알아보는 것으로서, 어떻게 국제적으로 유명한 슈팅 라이크 베컴과 같은 영화가 정체성 형성을 탐구하고 해체해 보기 위한 방법으로 사용될 수 있는지를 살펴보면 좋을 것이다.

지난 몇십 년 동안에 걸쳐 나의 아름다운 세탁소My Beautiful Laundrette(1985), *Bhaji on the Beach*(1993), 그리고 슈팅 라이크 베컴(2002)을 포함하여 상당히 많은 영국-남아시아 영화가 만들어졌다. 이 영화들은 국제적으로 높은 찬사를 받았을 뿐 아니라 '주류'에서도 성공을 거두었다. 이 영화들을 두드러지게 만든 것은 대중 담론의 형태, 특히 희극 장르를 활용한 방랑자적인 '남아시아'의 문화 정체성에 대한 탐문이었다. 비록 이 방랑자적인 영화들을 '모호한' 것으로 만든 것은 '대중적인' 영화 장르를 사용했기 때문이지만 그 영화들은 단순히 '부정적인' 아시아의 전형적 형태가 지배 미디어 문화에 순환되고 있는 것에 반대하거나 뒤집으려 하지 않았다. 슈팅 라이크 베컴과 같은 영화는 '인종', 민족성, 그리고 성의 지배 코드에 대항하여 저항할 뿐 아니라 그 안에서 이중적으로 진행된다.

이 영화의 줄거리는 백인 친구 줄스(Keira Knightley)와 나란히 여성 프로 축구선수가 되고 싶어 하는 런던 서부에 살고 있는 17세 아시아계 영국인 소녀 제스(Parminder Nagra)를 중심으로 전개된다. 그 영화의 요점은 제스의 가족은 그녀의 꿈에 동의하지 않고 그녀가 대학에 가서 의사가 되고 소위 '전통'이 말해 주는 사람과 결혼하기를 바라는 것이다. 이 희극의 상당 부분이 제스가 부모님을 속이고 그들의 요구에 반하여 계속 축구를 하는 이야기에 근거를 두고 있다.

감독인 Gurinder Chadha는 그러한 가정의 보편적인 전형이 되어 왔던 가부장적인 남아시아 가정환경 또는 군림하는 아버지를 묘사하지 않는다. 어떤 측면에서는 제스와 그녀의 부모 사이에 발생하는 세대 간 긴장은 많은 젊은이들이 겪는 것이다. 감독은 자기 자신의 운명을 선택하려는 제스의 자기주도성과 권리를 부각시킬 뿐 아니라 부모도 공감하게 하는 가정의 모습이 던져 주는 의미를 표현하고자 하였다. 감독의 의도는 남아시아의 '뿌리'나 영국 문화 둘 중 어느 것에서도 소외되지 않는 젊은 아시아계 영국인 여성을 그리는 것이다. 이른바 그들의 전통적인 가정환경과 현대 영국의(백인의) 생활방식을 절충하지 못하는 남아시아인 젊은이들이 겪는 '문화 간 충돌'이라는 친숙한 주제가 이 영화에서 다루어진다.

슈팅 라이크 베컴은 다양한 민족성과 차이의 양상을 보여준다. 그러나 작가는 희극을 사용하여 인종화된 대중문화 영역에서 작용하는 양면적인 입장을 강조한다. '민족적 유머'는 지배적인 백인 청중이 '소수민족'과 함께 웃는 것인지 아니면 그들을 보고 웃는 것인지에 대한 의문을 불러일으킨다(Sharma, 2006b). 대부분의 희극이 민족 전형을 유머의 소재로 삼는 반면에, Chadha는 도시의 다문화 공간에서 살아가는 것의 의미를 잘 담은 다양한 남아시아인의 정체성을 제시해야 함을 인식하고 있다. 예를 들어 제스의 동성애자 친구 토니(Ameet Chana)와 자매 핑키(Archie Panjabi)는 복잡하고 때로는 충돌하는 젊은이들의 욕망을 잘 표현하는 인물들이다.

특히 그 영화의 성 정치학은 제스와 줄스 모두에 대해 '적합한' 여성성의 속박에 저항하게 한다. 이 영화의 성적 차이 이데올로기는 어떻게 동성애성이 중심 담화의 도구로 사용되었는가 하는 면에서 그 논의를 확대해 갈 수 있는 포문을 트긴 했지만 여성 동성애주의는 궁극적으로 소외된 채 남아 있다. 남의 일에 관심이 많은 친척들이 제스가 길에서 줄스에게 공공연히 애정행위를 하는 것으로 잘못 본 후, 제스의 부모는 그들의 딸이 동성애자라고 생각하고 그것이 가정에 불명예를 가져올 것으로 생각한다. 마찬가지로, 출세를 꿈꾸는 백인 노동계층인 줄스의 어머니는 축구를 완전히 비여성적인 것으로 여기고 줄스와 제스 사이의 열띤 대화를 몰래 엿들은 후에 그녀의 딸이 동성애자라고 믿게 된다. 비판적인 관점에서 보자면, 그 영화가 여성 동성애주의를 파헤치는 것으로 빗겨 나가지 않았는가 하는 논쟁의 여지가 있다. 더욱이, 영화 이후 등장인물과의 인터뷰에서 보도되었듯이 원래 두 주인공 사이에 레즈비언 이야기가 계획되었는데 마지막 부분에서 일종의 풍자와 유머로 축소되었다.

텍스트에 **억압된** 동성애주의는 (남아시아) 대중문화에서 이성애주의의 지속적인 패권에 직면하여 비정상적인 주체성이라는 이미지를 강화시키는지도 모른다. 그러나 이 영화는 한 가지 이상의 해석이 가능하다. 이 영화가 성 정치학을 다루고 있는 것이 아닌가 의심하는 것은 다른 대안적인 의미를 제한하는 것이다. 분명히, 이 영화는 로스앤젤레스에서 제15회 동성애자명예회복연맹Gay & Lesbian Alliance Against Defamation, GLAAD의 미디어 시상식에서 '우수영화'로 선정된 두 영화 중 하나였다.

그러므로 이 영화에 대한 비평을 가하는 것은 단순히 그 영화의 성 정치학을 경고하려는 것이 아니다. 오히려 그것은 비판다문화 교육학이 수행될 가능성이 있는 바탕으로서 가치를 두고자 하는 것이다. 그 영화의 표현 기법이 의도하는 바 중 하나는 긍정/부정적 담론을 벗어나 아시아의 주체성을 복수화하는 다양한 정체성을 도모하고자 하는 것이었다(Hall, 1997). 그럼에도 불구하고, 이 영화의 정체성의 정치학을 탐구해 보면 그 영화에 동성애주의가 억압됨으로 인해 소수 남아시아인들의 정체성 차이를 드러낼 기회가 유실되었다는 결론을 내릴 수 있다. 영화는 다각적인 수준에서의 동성애성을 탐구하지 못했으며 심지어는 이성애 기반을 강화한 것으로 생각된다(이 책의 Fitzpatrick 참조). 게다가 그러한 비평을 제공함으로써 비판 교육학은 인종화된 대안적 성의 문제를 드러내는 것으로 남아시아인들은 주체성을 더 깊이 분해할 수 있었다.

'인종'과 정체성의 분해?

슈팅 라이크 베컴을 분석적으로 읽어 보면 정체성과 인종차별의 모순된 바탕을 포착하도록 가르치는 방법을 알 수 있다. 그러나 이러한 비판 실행은 또한 표현의 교육을 위한 텍스트의 모호성의 문제를 가르쳐 준다. 즉 그 영화에 대해 한 가지 이상의 해석이 가능하고, 이 영화의 교육학은 소수민 주체들의 복합적이며 논란이 되는 정체성의 차이를 추구하는 엄밀한 의미에서 반패권주의 읽기를 발전시키는 먹이로 전락하고 만다(이 책의 May & Sleeter 참조). 여기서 배제되어 남아 있을 수 있는 것은 왜 애초에 그 영화에 대한 그러한 해석이 나오는지와 학생들은 인종차별을 받고 있는 다른 사람들에 대한 인식에 어떻게 대응하는지다. Hall(1997)의 영향력 있는 에세이인 *The Spectacle of the Other*를 자세히 살펴볼 가치가 있다. 왜냐하면 그 작품은 계속해서 문화및 미디어 연구에서 비판적 '인종' 작품의 잠재적인 한계를 예시화하고 있기 때문이다.

Hall은 현대 문화에서 순환되고 있는 인종 상이성의 대표적인 관행들을 탐문한다. 그는 표현의 문제는 '느낌, 태도, 그리고 감정에 영향을 끼치고 그것은 시청자로 하여금 공포와 두려움을 느끼게도 한다'는 것을 인식한다(Hall, 1997, p. 226). 인종 이미지들에 대한 그의 분석은 '의미는 결코 확고하게 고정될 수 없다'(p. 270)라는 명제를 전제한다. '전이 코딩'—가능한 새로운 의미의 창출에 있어서 종래의 인종차별 표현에 도전하는 상대 전략—의 관행은 의미의 가변성 관점의 측면에서 이해될 수 있다.

Hall은 어떻게 해석과 판단이 모순된 인종차별주의 표현을 확산시키는지의 상징으로 Robert Mapplethorpe의 흑인 동성애 남성들 사진의 정치적 불확실성을 예로 든다. 그는 현존하는 사회갈등에 의미의 유동성이 있다는 점을 강조하지만 그러한 접근방법의 한계는 인종화된 텍스트 의미의 이중성을 드러내는 것이 교육학의 주 관심사가 되었다는 것이다. 문화연구 학급 실태로 보자면 차이의 표현을 문제화함으로써 학생들은 인종편견적인 지배적 이미지들을 탐구하고 이의를 제기할 수 있는 '올바른' 분석도구를 얻게 된다. **교육학적으로** 보이지 않게 작용하는 것은 지식-산출이 일어나는 바탕과 왜 그런지뿐 아니라 이러한 지식이 다른 것에 대해서 무엇을 '할 수 있는지'이다.

Eve Sedgwick(1997, p. 3)은 비판 실제가 '지식이라고 말할 수 있는 것의 효용성에 대한 지나친 강조'에 의해 지배된다고 주장한다. 지배 이데올로기가 어떻게 모순되고, 미완성된 의미나 정체성은 분산적으로 구성되었다는 것을 탐구해 본다고 하여 해방을 위한 지식 효과의 창출이 보장되지는 못한다. 문화 및 미디어 연구에 있어서 비판다문화 교육학의 정통 관행은 기존의 지식과 표현의 틀을 뛰어넘는 다름에 대하여 대안적인 '윤리적' 논의를 활성화하는 데 거의 관심을 두지 않아 왔다.

타자 정치 윤리

'윤리적인 만남'의 개념화와 그의 구체적인 구현 사이에는 공백이 존재한다. 윤리학은 전통적으로 서구 철학의 영역에 속해 왔고 원론적인 문제는 어떻게 '차이'를 '다름'으로 인식해 왔느냐 하는 것이다. Foucault(1984)와 같은 사상가에 따르면 윤리학 문제들은 보편적으로 오랜 관행으로 규정된 도덕 원칙의 집합체도, 지켜야 할 기본 규칙도 아니다. 그 자신 밖에서 서구의 지식을 찾으려는 노력—다른 이들을 합병하려는 과정—은 지식의 폭력으로 구조화되어 왔다. 분명히, 문화연구의 출현은 서구 지식에 대한 철학적 탐구로서의 '다름'이 아니라 폭력적 식민지주의 대립의 역사에 의해 만들어진 유럽의 '실제적 타인'에 관심을 돌리게 하였다 (Chow, 1998). 그럼에도 불구하고, '실제적 타인'은 지식의 철학적 상이함과 얽혀 있다는 문제가 남아 있다. 그러므로, 겉으로 보기에 분명히 유럽 중심적 질문인 "우리가 다른 이들을 알 수 있을까?"라는 난제는 서구 지식의 한계점의 표식으로서 실제적 타인들과 다름을 결합시킨다.

그러나 지배의 밖에서 실제적 타인과의 대립이 없을 수도 있다는 것을 의미하지는 않는다. 또한 이것이 실제적 타인의 타자성이 전적으로 현존하는 권력/지식의 체제 안에서 알려질 수 있다는 것을 의미하지도 않는다. 예를 들어 Edward Said(1987)가 '동양은 존재하지 않는다'라고 주장하였을 때 그는 동양주의 담론 외부에서 구체적인 역사적 소수의 주제를 표현하는 것의 '불/가능성'을 지적하고 있었다. '실질적 타인'이라는 것은 자기 자신의 상이함 또는 타자성을 역사적으로 종속시킨 사회 주체성을 일컫는다. 만약 비판다문화 교육학이 이러한 종속을 논하고자 한다면, 그것은 타인의 타자성(Nealon, 1998)을 전유, 지배, 혹은 동화의 교육학적 관계 밖에서 다루어야 할 것이다. 타자성을 논하는 것은 쉬운 일이 아니며 학생기관에 대한 재고와 다름에 대한 지식의 대표 형태를 넘어 이동할 필요가 있다.

Christopher Falzon(1998)은 윤리 문제의 불/가능성을 '사회적 대화'라는 개념을 통하여 사회적으로 만들어진 관계로 조명한다. 타인들과의 대립은 역사적으로 만들어진 것이고 인간 존재의 피할 수 없는 사실이다. 사회 대화가 다른 이(불완전한, 그렇지 않으면 실질적인 사회적 존재로서의 다른 이는 존재하지 않을 것이다)를 길들이려고 하는 시도에 사로잡혀 있을 때 명령과 지배의 형태가 출현한다. 그러나 전유나 지배가 가능한 대립의 유일한 형태는 아니다. 타인과의 대립이 판단과 범주의 부여와 관계되는 것인 반면, 이것은 "최종 이해가 아니라 단순히 개방되어 있는 과정의 시작일 뿐이다."(Falzon, 1998, p. 93) 아는 것의 지배 수단은 절대적이지는 않시만 역사적으로 구체적이다. 왜냐하면 그 수단들은 우선 타인과의 대립에서 출현한 것이기 때문이다. 그것은 지속적인 사회 대화가 이러한 틀을 '새로운 형태' 그리고 윤리적인 '앎의 방법'으로 이끌며 변화할 수 있도록 해 주는 것을 의미한다. Mary Louise Pratt의 '접촉 구역'에 대한 설명은 이러한 대립들을 잘 구체화한다 — "종종 지배와 종속이 매우 대칭적인 관계에 있어서 서로 다른 문화들이 만나고, 충돌하고, 얽히는 사회 공간"(Pratt, 1992, p. 4). 그녀는 다른 그룹들을 상호적으로 풍부하게 할 수 있는 다름의 스릴과 일상에서의 실체를 지적한다.

앞에서 지적하였듯이, 문화연구의 경계교육학은 정체성 형성의 간주체적인 이론을 발전시킨다. 그러나 이와 같이 다름의 교육학이 작용하는 개념은 다르다는 것의 문제점을 해결할 수 없었다(Grossberg, 1994). 정체성의 간주체적 설명은 모든 정체성들의 관계성, 즉 자신과 타인 사이에 상호적 의존성을 강조한다. 한 정체성은 그 자신의 확실성을 확보하기 위하여 타인화 또는 다름의 부정 ─ ~가 아닌 것 ─ 에 의존한다. "나는 정결하다."(동성애자가 아니기 때문에)(Brown, 1995) 다른 사람에 대한 상호 의존성은 정체성은 다른 차이들과의 끊임없는 협상이며, 혼자서는 완성될 수 없다는 이해에 이르게 한다. '인종, 성별, 계층, 성…' 과 같은 정체성 차이의 리스트 속에 우리는 차이의 과도함에 '분노의 감정 등을 느끼며' 남아 있다. 이 과도함(불완전성)이 정체성을 혼란스럽게 하는 듯하다 (Nealon, 1998).

간주체적 정체성은 '온전함의 결핍' 또는 일종의 온전함의 '실패'에 기초하여 세워진다. 타인성은 주체(자신)가 완전하게 되기 위해 필요한 것이다. 그러나 이것은 과도한 차이점 때문에 불가능하며, 따라서 우리가 이 '결핍'이라는 말에 공감하고 모든 유형의 정체성을 구조화하는 것은 바로 이 무근거성이다. 정체성 또는 좀 더 명확하게 주체의 대리성은 이 '결핍'에 기초를 두고 있다. '정체성의 논리'는 타자성에 충분히 상응할 수 없다 (Nealon, 1998). 그러므로 비판적 다문화주의에 대한 기본적인 교육학의 도전은 Cameron McCarthy(1998, p. 92)가 기술한 바와 같이 '타인을 부인하는 전략 이외의 방법으로 정체성을 규정하기' 이다. 그는 타인성을 필요로 하는 '역설' ─ 다름의 부인/시인 ─ 은 타인에 대한 포용심을 증가시키기보다는 원한 감정으로 이끌 수 있다는 점을 부각시킨다.[2]

영화 슈팅 라이크 베컴의 분석으로 돌아가 보면 그 영화에 억압된 동성애주의는 단순히 텍스트의 이데올로기 결핍이라기보다는 결핍에 의해 구조화되는 학생의 대리인에 대해 추측되는 징후적 정체성이다. 그러나 학생의 행위의지가 — 결핍으로서 — 어떻게 '아시아인-타인'의 대형(代形)을 만나도록 할 수 있는가? 이것은 이 영화를 읽는 과정에서 다름의 대표적인 교육학이 단순히 훼손된 경우를 말하는 것이 아니다. 오히려, 과도한 차이를 극복하지 못하면서도 반인종주의 교육을 위하여 타인의 차이점을 마치 이미 알 수 있는 것처럼 제시하기 때문에 그러한 교육의 관행은 '아시아인' 대형과 윤리적 만남을 활성화하기 어렵다. 민족, 성 또는 계층의 차이를 복수화하여 복잡하게 만들거나 급진적으로 동성애자의 위치를 부상시킴으로써 남아시아의 정체성을 분해하고자 하는 것이 꼭 여전히 한 남아시아인 주체를 민족성을 띠는 지식의 대상(예를 들어 수동적인, 여성적인, 또는 이국적인)으로 만드는 지배적인 잣대인 동양주의의 구조를 약화시키는 것은 아니다. 동양주의 담론 내에서, 아시아인 주체는 우리가 아무리 그 차이점을 부풀리거나 학급에서 나타나는 것들을 복잡하게 만들려고 해도 그 정체성주의적 민족성 그 이상의 것이 될 수 없다(Sharma, 2008; Sharma & Sharma, 2003).

대형교육학

대형교육학을 실천하는 쉬운 방법은 없다. 왜냐하면 학급 안팎의 상황에서 존재하는 권력과 대상 사이의 관계를 극복할 수 있는 단순한 해결책이 없기 때문이다. 그럼에도 불구하고 우리는 어떻게 학생 행위의지가 움직일 수 있는지 아니면 단순히 타인성에 대한 지식과 의미를 제시하는 것 이상을 넘어갈 수 있는지에 대한 논의로 시작할 수 있다(Probyn, 2004). 학생 행위의지는 특정 감정의 투자가 활성화되고 가능한 장소(장소의 집합체)로 이해될 수 있다 — '어떻게 한 개인이 투자할 수 있고 투자하는지, 그리고 어디서 어떻게 한 개인이 힘을 얻고 행위의지가 생성될 수 있는지'(Grossberg, 1993, p. 101). 문제는 장소와 — 그들의 희망을 **움직여**(Giroux, 1993) — 일련의 다른 장소나 투자처로 이동하거나 '극복'하고자 하는 학생들의 감정적 투자를 분명하게 규명하고자 노력하는 것이다.

대형교육학은 학생들로 하여금 학급에서 사용되는 이해의 틀을 탐문하는 관점에서 다름을 대하도록 한다. 예를 들어 영화 슈팅 라이크 베컴이 긍정적으로 (또는 부정적으로) 남아시아의 문화를 묘사하는지에 관해 묻는 것보다는, 우리는 어떻게 그리고 왜 '전통'이라는 것이 다른 문화에 결부되어 있는 것인지를 생각해 볼 수 있다. 그러므로 초점은 다른 문화에 대해 '아는 것'으로부터 이동한다. 좀 더 생산적인 실천은 타인에 대해 알 수 있는/없는 것인지를 재고하는 것이다.

Elizabeth Ellsworth(1992)는 학급 지식의 산출과 관련하여 '알 수 없는' 것의 문제를 제기한다. 그녀의 주장은 현재 교육과정의 지배 담론으로는 온전하게 설명될 수 없는 지식의 대안적 방법의 복합성을 부각시킨다. 그녀는 교육학 관행은 현재의 대표 지식의 틀을 넘어서는 '외부'에 대응적이고 상대적으로 나타나게 되는 것이라고 제언한다. 이것은 학생들에게 '반인종주의' 입장을 미리 교육하여 타인성에 대한 '해방적' 지식을 습득하게 했다. 이미 자주 '실패'로 판명된 관행보다는 논리적 이해와 학생들의 감정적 투자를 활성화하는 것을 추구하는 개방된 교육학을 지지한다. 교사들이 침묵, 저항, 냉소적 지식을 갖춘 학생으로 경험할 수 있는 것은 타인의 비신비화에 잠재적으로 지배되는 교육에 대한 거부의 표현이다. Simon(1992)이 제안하듯이, 학급에서의 지식 창출은 예를 들어 텍스트의 의미들이 이데올로기 용의자인지 아니면 인종차별주의자인지와 같은 질문을 하는 것을 넘어설 필요가 있다.

학급 지식의 다양성을 **축소할 수 없다**는 것은 아시아계 영국인이라는 것이 무엇을 의미하는지에 대하여 더 많은 지식을 양산해 내려고 하지 않는 **슈팅 라이크 베컴**의 교육에 주목하게 한다. 그것은 알 수 없는 것을 이미 알려져 있고 알려질 수 있는 것의 기능을 하는 무엇인가로 만들려고 하지도 않는다. 윤리적 만남은 종종 유동적이고 일시적인 구체적 장소에서의 사건이다. 그리고 대형교육은 지배의 밖에서 타인성과의 대면의 **불/가능성**에 의해 흐려져 있다. 그러므로, 비판다문화주의에 대한 도전은 그러한 사건들을 활성화하고 궁극적으로 타인을 구체화하고 설명하는 관행의 제도화에 저항하는 것이다.

　이성적인 교육과정 패키지와 측정 가능한 학습 결과를 향한 움직임(이 책의 Locke 참조)에 반하여 좀 더 구체적인 측면에서, 학생들은 탐구적이 되고 창의적으로 그들의 일상의 상식적 경험과 지식을 넘어 예상외의, 예외적이고 심지어는 상식을 벗어난 것으로 비칠 수 있는 다양한 의미해석을 해 볼 수 있게 된다(Grossberg, 1994). 이것은 학생들이 대안적인 결론을 쓰기(또는 역할극)를 해 보거나 영화에 대한 평을 수집하고 그에 창의적으로 응답해 보는 것과 같은 단순한 활동 등을 포함할 수 있다. 우리는 **슈팅 라이크 베컴**을 차이에 대한 불합리한 또는 예상치 않은 지식으로 대조하는 방법으로 활용함으로써 탐구와 실험을 할 수 있었다. 그것은 타인성에 대한 민족적 개방을 통해 — 교사와 학생 모두에게 위험한 모험일 수 있지만 — 자신의 변화를 가능하게 할 수도 있다. 텍스트의 모순성은 단순한 논쟁의 초점이라기보다는 출발점이 될 것이다. 그것은 종결이나 유일한 전략이나 방법에 의해 결정되기를 추구하지 않는 실행이 될 것이다.

결론

여러 가지 다름에 대한 교육의 도전은 의미만을 추구하거나 인종과 성차별적인 표현의 텍스트적 이중성을 강조하는 대표적인 교수전략 이상으로 (포기하지 않으면서도) 이동할 필요를 느끼게 해 준다. 대형에 대한 민족성의 표명은 비판다문화주의와 문화 및 미디어 연구 분야에서 학생 중심의 공평한 교육 관행에 대한 그들의 열정에도 불구하고 이상하게도 무관심으로 대해졌다. 그러나 대형교육학이 단순히 정체성의 이데올로기적 표현에서 벗어날 수 있다고 주장하는 것은 순진한 발상이며 최악의 경우로 보자면 차이, 욕구, 그리고 권력의 힘들을 지워버릴 수 있는 위험이 있다.

대형을 위한 비판다문화 교육은 다름과 더불어 사는 다른 방법들의 가능성을 제공하도록 연결지음으로써 학생들의 감정적 투자를 활성화하고자 한다. 그것은 '인종' 교육에 있어서 불협화음, 모순, 그리고 갈등을 쏟아져 나오게 할 수 있는 실험적이고 위험한 실행일 것이다. 우리는 왜 교실에서 '인종'과 '문화'에 대한 적개심이 표출되지 않기를 바라야 하는가? 더욱이, (단지 구체적으로 종속된 사회 대리인이 있을 뿐) 일반적인 타인이라는 것은 없으므로, 대형에 대한 보편적인 교육도 없다. 미리 어떤 방법론을 처방하려고 하는 시도는 윤리적 만남은 장소에 따라 다른 사회 관계의 산물이라는 점을 간과하는 결과가 될 것이다. 대형교육학은 윤리적인 것, 즉 불/가능한 것의 실행을 추구하는 조건들을 창출하고자 시도하는 또 다른 형태의 비판다문화의 실천이다.

주

1. 이 장은 이전의 연구에 기초를 두고 있다. Sharma(2006a, 2006b, 2008) 를 참조하라.

2. Nietzschean이 사용하는 (개인, 사회제도에 대한) 원한이라는 용어는 Brown에 의해 다음과 같이 잘 설명되었다 — "그것은 사회적 종속의 '부 상'에 책임이 있는 것으로서 독립적인 주체와 사건들을 구성함으로써 고통 에 대해 어떤 특정 장소를 비난하는 한계를 없앤다. 그것은 상처받는 그리 고 상처를 입히는 정체성을 사회적 지위로 고정한다.

참고문헌

Bhabha, H. (1994). *The location of culture*. London: Routledge.

Brown, W. (1995). *States of injury: Power and freedom in late modernity*. Princeton, NJ: Princeton University Press.

Chow, R. (1998). *Ethics after idealism*. Bloomington and Indianapolis: Indiana University Press.

Ellsworth, E. (1992). Why doesn't this feel empowering? Working through the repressive myths of critical pedagogy. In C. Luke & J. Gore (Eds.), *Feminisms and critical pedagogy* (pp. 90–119). London: Routledge.

Falzon, C. (1998). *Foucault and social dialogue*. London: Routledge.

Foucualt, M. (1984). Space, power, knowledge. In P. Rabinow (Ed.), *The Foucault reader* (pp. 239–256). New York: Patheon.

Giroux, H. (1993). Reclaiming the social: Pedagogy, resistance and politics in celluloid culture. In J. Collins, H. Radner, & A. Collins (Eds.), *Film theory goes to the movies* (pp. 37–55). London: Routledge.

Giroux, H. (1994). *Disturbing pleasures: Learning popular culture*. London: Routledge.

Giroux, H., & McLaren, P. (Eds.). (1994). *Between borders: Pedagogy and the politics of cultural studies*. New York: Routledge.

Grossberg, L. (1993). Cultural studies and/in new worlds. In C. McCarthy & W. Crichlow (Eds.), *Race, identity and representation in education* (pp. 89–105). London: Routledge.

Grossberg, L. (1994). Introduction: Bringin' it all back home—pedagogy and cultural studies. In H. Giroux & P. McLaren (Eds.), *Between borders: Pedagogy and the politics of cultural studies* (pp. 1–28). London: Routledge.

Grossberg, L., Nelson, C. & Triechler, P. (Eds.). (1992). *Cultural studies*. London: Routledge.

Hall, S. (1997). The spectacle of the 'other'. In S. Hall (Ed.), *Representation: Cultural representations and signifying practices* (pp. 223–290). Milton Keynes, England: Sage/Open University.

May, S. (1999). Critical multiculturalism and cultural difference: Avoiding essentialism. In S. May (Ed.), *Critical multiculturalism: Rethinking multicultural and antiracist education* (pp. 11–41). London: Falmer.

McCarthy, C. (1998). *The uses of culture: Education and the limits of ethnic affiliation*. London: Routledge.

McRobbie, A. (2005). *The uses of cultural studies*. London: Sage.

Mercer, K. (1994). *Welcome to the jungle: New positions in black cultural studies*. London: Routledge.

Nealon, J. (1998). *Alterity politics: Ethics and performative subjectivity*. London: Duke University Press.

Pratt, M. L. (1992). *Imperial eyes: Studies in travel writing and transculturation*. London: Routledge.

Probyn, E. (2004). Teaching bodies: Affects in the classroom. *Body & Society, 10*(4), 21–43.

Said, E. (1987). *Orientalism*. London: Penguin.

Sedgwick, E. (1997). Paranoid reading and reparative reading; or, you're so paranoid, you probably think this Introduction is about you. In E. Sedgwick (Ed.), *Novel gazing: Queer readings in fictions* (pp. 1–37). London: Duke University Press.

Sharma, S. (2006a). Teaching diversity: Im/possible pedagogy. *Policy Futures in Education, 4*(2), 203–216.

Sharma, S. (2006b). *Multicultural encounters*. London: Palgrave.

Sharma, S. (2008). Teaching representations of cultural difference through film. In M. Pollack (Ed.), *Everyday antiracism: Getting real about race in school* (pp. 186–190). New York: The New Press.

Sharma, S., & Sharma, A. (2003). White paranoia: Orientalism in the age of empire. *Fashion Theory, 7*(3/4, double issue: Fashion & Orientalism), 301–318.

Simon, R. (1992). *Teaching against the grain: Texts for a pedagogy of possibility*. London: Bergin & Garvey.

Sleeter, C., & Delgado Bernal, D. (2004). Critical pedagogy, critical race theory, and anti-racist education: Implications for multicultural education. In J. Banks & C. Banks (Eds.), *Handbook of research on multicultural education* (2nd ed.) (pp. 240–258). San Francisco, CA: Jossey Bass.

PART 3

수학과 과학에서의
비판적 다문화주의

제9장 | 도시의 12학년 수학교육을 위한 비판적 다문화 교수법[1]

ERIC GUTSTEIN

비판적 다문화주의와 비판적 수학(또는 사회정의를 위한 수학)은 몇 가지 공통된 측면을 갖고 있다. 교육에 있어서 문화를 포함하는 것이 중요하다는 인식, 권력에 대한 '비판적인' 시각, 그리고 교육은 학생들로 하여금 현존하는 사회 질서를 비평하고 도전하고 의문을 제기함으로써 보다 정의로운 세상을 만들고자 하는 노력에 참여할 수 있도록 준비시켜야 한다는 소명 등이 이에 해당한다. 이 장에서는 뒤의 두 가지 요소에 중점을 두고 시카고에 있는 한 도시 공립고등학교의 비판적 수학 이론과 실제를 기술하고자 한다.

여기에서 나는 우리에게 배울 점을 많이 남겨 두고 떠난 Paulo Freire를 많이 인용할 것이다. 무엇보다 교육은 자본주의와 신자유주의에 대항하여 억압된 이들의 편에 확고히 서서 구체적으로 기여해야 한다는 점이 가장 우선적이다(1994, 1998, 2004). Freire는 교육 하나만으로는 사회를 바꿀 수 없다는 것을 인정했지만, 그는 사회 변혁은 교육 없이는 불가능하다고 믿었다. 그에게 교육은 지배와 종속 — 미국 도시 학교에서 (그리고 그 밖의 곳에서) 현재 교육의 기능 — 보다는 해방을 위해 필요한 것이었다. 그의 표현으로 **세상 읽기**(권력과 구조적 억압의 근원과의 관계에 대한 사회정치적 인식 개발하기)와 **세상 쓰기**(자기 자신의 운명을 직접 만들어 가는 역사로 만드는 것) 같은 것은 사회현실에 적합한 교육을 가능하게 하는 유용한 방법이다.

둘째로, 그는 교사와 학생들은 반식민지주의, 독립 투쟁(예 : 기니비사우, Freire, 1978), 성인교육 캠페인(예 : 브라질, 니카라과, 그레나다, Freire, 1994), 그리고 학교(예 : 상파울루와 미국, Freire 1993; Freire & Macedo, 1987) 등에서 서로에게 배우는 동반자가 될 필요가 있다고 주장했다. 교사들은 사회정의를 위한 공통 투쟁에서 학생들을 동지로 보아야 한다. 이러한 견해는 해방을 위한 아프리카계 미국인 교육의 오랜 역사와 전통에 메아리치고 있다(Anderson, 1988; Perry, 2003; Siddle Walker, 1996; Woodson, 1933/1990).

셋째로, 그는 역사를 '가능성'으로 보았다(1994, 1998, 2004). 이로써 그는 "미래가 우리를 만드는 것이 아니다. 우리 스스로가 그것을 만드는 투쟁 속에 있다."(Freire, 2004, p. 34)라는 것을 의미했다. 그는 인간은 구조적·제도적 힘에 의해 조건화되지만 결정되지는 않는다고 주장했다. 그러한 조건화를 인식한다는 것은 우리가 그것을 초월할 수 있다는 것을 의미한다. 그는 인간의 '미완성성'은 더 깊은 이해와 사회 및 개인적인 변화를 추구하는 것을 시사한다고 생각했다.

넷째로, Freire는 그가 '대중 지식'이라 일컫는 '대중 계층'의 지식을 매우 중요시하였다(1978, 1994). 그의 저술은 그가 어떻게 노동자, 빈농, 어부, 그리고 다른 '평범한' 사람들로부터 배웠는지를 들려주는 작은 일화로 가득 차 있다. 그는 계층의 한계와 '계층 자살'이라는 말의 의미를 이해하고(1978), 억압된 계층의 관점, 분석, 가치, 믿음과 희망을 가치 있게 여기게 되었다(1994). 그의 작품을 논의하면서 그는 다음과 같이 기술하였다.

> 나의 작품 초기에, 교육을 받지 못한 이 노동자들이 취했던 비판적인 입장을 대면하게 되었을 때 나는 그때까지 그러한 인식은 대학생들만 가질 수 있는 것이라고 생각하고 있었기 때문에 놀라지 않을 수 없었다. 나의 놀라움은 나 자신의 계층의 위치에서부터 오는 것이었고 그것은 대학 시절의 수련—아마도, 좀 더 명확히 말하자면, 엘리트주의 대학 수련—에 의해 가중된 것이었다.　　　　　　　　(1978, pp. 116-117)

Freire는 교육 프로그램은 이러한 공동체 지식에 근거하여 세워질 필요가 있다고 믿었다. 그는 "교육 프로그램 내용이나 정치적 활동을 조직하는 것의 출발점은 사람들의 희망을 반영하는 현재의 실존적, 구체적 상황이어야 한다."고 주장한다(1970/1998, p. 76). 이러한 사항은 그의 작품에서 사람들의 생성 주제(그들 삶의 주요 사회 모순과 그것을 어떻게 이해하고 대응하는지 사이의 변증적 상호관계)를 연구함으로써 드러났다. 다양한 상황에서의 교사들이 그러한 주제로부터 교육과정을 개발하였다(Camangian, 2006; Freire, 1993; Gandin, 2002; O'Cadiz, Wong, & Torres, 1998).

마지막으로, Freire의 작품은 비록 많은 다른 사상을 다루긴 했지만, 중심적인 것은 정치적 경험은 정치적 인식을 개발하는 데 꼭 필요한 것이고 이러한 인식화 작업은 읽기 또는 수학을 배우는 데 핵심이 된다는 것이었다. 사람들이 정치적 투쟁과 사회운동에 참여하는 것은 권력관계와 어떻게 그들 자신이 역사를 만드는지 좀 더 깊이 이해할 수 있게 한다. 더 나아가, 그리고 변증적으로, 이와 같이 증가된 인식은 사회를 변화시키는 일에 좀 더 많은 참여와 책임을 갖도록 이끌 수 있다. Freire는 사람들이 글(텍스트 읽기 능력 습득)과 세상을 읽는 것을 모두 배우는 기초 학업 능력 캠페인에 관여하고 있었기 때문에, 기본적 논제는 사람들은 왜 읽기를(또는 우리의 경우에는 수학하는 것을) 배워야 하는지였다.

Freire(1970/1998, 1978, 1994; Freire & Macedo, 1987)는 브라질, 기니비사우, 칠레, 니카라과에서의 경험을 통해 그의 기본 논제에 대한 답은 사람들이 학식을 갖추기 위해서는 정치적 필요성을 어떻게 이해하는 지와 관련이 있다는 것을 알게 되었다. 브라질의 기초 학업 능력 캠페인에 대해 언급하면서, 그는 "대중 인식이 여전히 묻혀 있는 지역과 대중 저항아가 가시화되어 있는 지역 사이에서 활동하면서, 우리는 후자를 주저 없이 선택하였다."라고 기술하였다(1978, p. 111). 기초 학업 능력의 수요에 대한 정치적 참여의 관계가 분명하였다 — "브라질에서는 … 농촌지역의 기초 학업 능력은 … 갈등의 상황에 관계되어 있으면서 그들 내부에 그들의 투쟁을 위한 하나 이상의 도구가 있다는 것을 인식한 빈농 인구 내에서만 이해되었다."(p. 112) 다른 사람들도 동의하였다. 1975년 기초 학업 능력에 대한 유네스코의 연구를 기술하면서, Freire와 Macedo(1987)는 다음과 같이 기술하였다 — "유네스코에 의해 평가된 기초 학업 능력 캠페인의 상대적인 성공은 캠페인이 시행된 사회의 혁명적 변화에 대한 연관성에 달려 있었다."(p. 108) Freire는 사람들은 사회를 변화시키려고 활동함으로써 사회정치적 인식을 키울 수 있다고 생각하였다. 그는 산디니스타 혁명 이후의 니카라과에 대해 말했다.

> 니카라과에 있어서의… 기초 학업 능력 캠페인은 사람들이 역사를 자신들의 손에 잡으면서 곧 시작되었다. 역사를 자신의 손에 놓는 것은 알파벳을 배우기 시작하는 것에 선행한다. 누구든지 역사를 자기 자신의 손

> 에 놓는 사람은 알파벳을 쉽게 시작할 수 있다. 기초 학업 능력의 과정
> 은 자신의 역사 '새로 쓰기'를 수반하기 때문에 역사를 자신의 손에 두
> 는 과정보다 훨씬 더 쉽다. 니카라과에서는 사람들이 글을 읽기 전에 그
> 들 사회를 다시 썼다.   (Freire & Macedo, 1987, pp. 106-107)

이것이 어떻게 미국 도시의 수학교육과 관련되는가? Freire는 주로 개발
도상국의 성인 자원봉사자들과 함께 치열한 경쟁 시험도 없고 학습자가
생성하는 주제로 만들어진 교육과정으로 운영되는 기초 학업 능력 캠페인
에서 일하였다. 반대로, 우리는 시카고의 공립고등학교 청소년에게 — 대
부분 자원봉사자들이 아닌 사람들이, '선진' 자본주의 국가에서, 치열한
경쟁시험이 있고 학생들의 삶과는 상관없는 교육과정을 갖고 수학을 가르
친다. 우리는 Freire의 경험과 그의 이론을 실천하고자 노력했던 사람들
로부터 무엇을 배울 수 있고 어떻게 이것을 우리 상황에 적용시킬 수 있는
가? 이 장의 나머지 부분은 이러한 문제를 다룬다. 나의 견해로는 비판적
수학을 어떻게 실천할 것인지의 문제는 Freire가 세상을 읽고 쓰는 것을
배우는 데 있어서 중요하다고 생각한 것들과 유사한 정치적 경험을 젊은
이들에게 하게 하는 것과 관련이 있다.

첫째, 몇 가지 주의사항 — 이것은 Freire를 '수입'하지 않아야 한다는
것이다. 그는 지속적으로 이것은 불가능하다고 주장했는데, 지역 상황의
특성이 기본이라는 것이다. 그의 표현에 따르면, "나를 따르려면 반드시
나의 말을 따르지 말아야 한다!"(Freire & Faundez, 1992, p. 30) Freire
를 '재창출'하는 것은 한 개인의 구체적인 조건을 구체적으로 분석하는 것
을 의미한다. 둘째, Freire는 미국에서는 말할 것도 없고 브라질에서의 특
정 모순에 대해 많이 언급하지 않았다. 몇몇 아프리카계 미국인 학자들
(예 : Haymes, 2002)은 Freire를 지지하면서도 (아프리카계 후손 인구비

율이 세계 2위를 차지하고 있는 나라인) 브라질의 인종차별주의에 대한 분석이 부족하다는 점을 지적했다. 아무도 Freire의 반인종주의 정치학에 대한 소명의식을 의심하지 않았지만, 사회계층과 억압에 대한 그의 전반적인 초점, 그리고 인종화주의에 대한 관심 부족은 문제가 될 수 있는 듯하다. 최소한 미국에서 우리는 이러한 문제에 대해서는 다른 곳을 살펴보아야 한다(이 책의 May & Sleeter 참조). 해방을 위한 아프리카계 미국 교육의 역사는 영감과 이론적 명쾌성, 그리고 실용적 방향의 주요 근원이라고 생각한다(Anderson, 1988; Harding, 1990; Perry, 2003; Siddle Walker, 1996; Watkins, 2001; Woodson, 1993/1990). 셋째, 비록 bell hooks(1994)와 Freire(1994, 2004) 자신이 그의 취약점들은 인간의 미완성의 개념을 강화하는 것이라고 밝혔지만 어떤 학자들은 Freire의 성에 대한 시각을 비평하거나 확장했다(Weiler, 1991). 마지막으로 Freire의 자본주의와 신자유주의에 대한 신랄한 비난(1994, 1998, 2004)은 구조보다는 이데올로기의 문제를 다루고 있었다. 그는 정치적 경제에 대해서는 거의 저술한 바가 없는데 그것은 사회정치적 맥락의 이해를 위해서는 필수적인 것이다. 그럼에도 불구하고, 그의 이론과 그것이 어떻게 그의 실천에서부터 출현하고 인도되었는지를 이해하고자 해 보면, Freire는 미국 도시의 우리 과제와, 좀 더 일반적으로는 비판다문화주의에 대한 정치적 동향을 개발하기 위해서는 매우 중요하다.

사회정의를 위한 수학교육 : 정치적 경험의 기회 만들기

나는 지난 15년 동안 시카고의 공립학교와 함께 일했는데, 리베라 초등학교(가칭)와 함께한 첫 10년 동안 저소득층 멕시코 이민자 지역사회에서 중

학교 1∼2학년 수학을 4년 동안 가르쳤다(대학교수인 나의 업무는 1년에 한 학급을 지도하는 것이었다). 지난 5년 동안은 비슷한 지역 공동체의 새로운 고등학교에서 일했는데 학생들의 30%는 아프리카계 미국인이고 70%는 라틴계(주로 멕시코인) 학생들이었으며, 98%가 저소득층이었다. 그 학교는 사회정의를 위한 대 론데일 마을 학교Greater Lawndale/Little Village School for Social Justice('소호'라 불림)이다. 나는 수학교사들을 돕고, 학생들과 함께 일하며 비판 수학교육과정을 개발하고 사회정의 수학 프로젝트를 (며칠에서 2주간의 기간에 걸쳐) 함께 지도한다. 지금 이 글을 쓰면서 (2009년 7월), 나는 학생들이 수학을 배우는 모든 상황이 그들의 삶과 관련된 실제 세계의 것이었던 고등학교 3학년 수업을 막 끝마쳤다. 이 두 상황 모두에서, 나는 학생과 교사가 공동 연구자로서 수업 전개 과정을 연구하였다(Gutstein, 2006, 2007, 2008).

간단히 말해서, 나는 비판 수학교육은 학생들이 수학으로 세상을 읽고 쓸 수 있는 기회를 가질 수 있도록 하기 위해 교사와 학생이 협력할 때를 말한다고 생각한다(Brantlinger, 2005; Frankenstein, 1987; Gutstein, 2006). 이러한 생각은 대체로 내가 Freire의 업적과 아프리카계 미국인의 해방 교육을 어떻게 해석했는지로부터 도출된다. 나의 목적은 학생들이 수학과 세상에 대해 모두 배우는 것이다. 그들은 즉각적이면서도 더 넓은 맥락에 대한 깊은 사회정치적 인식을 키우고 그들 자신이 세상을 변화시킬 수 있다는 사실을 깨달아야 한다. 그 과정에서, 그들은 사회 및 문화 정체성을 인식하고 형성하며, 한 국민으로서 자신이 누구인지 뿌리를 갖게 될 것이다. 또한 그들의 신념을 위해 일어설 수 있는 자신감을 갖게 될 것이다. 그들은 수학을 풍부하게 배워 의미 있는 삶을 추구하며, 가족과 지역 공동체를 후원할 뿐 아니라 더 나아가 불의와 싸우고 사회를 향상시키기 위해 수학을 활용할 것이다. 결국 우리는 학생들이 수학은 삶에 있어서 진정한 의미를 갖고 있고 **구체적으로** 세상을 읽고 쓰는 데 사용될 수 있다는 것을 깨닫기 바란다.

소호와 리베라에서 나는 지역사회, 언어, 문화적으로 외부인이라는 사실을 잘 알고 있다. 그러나 나는 가까운 외부인이다. 왜냐하면 나는 그러한 공동체에서 상당한 경험을 갖고 있고 의식적으로 그곳 사람들과 결속하고자 노력하기 때문이다. 그럼에도 불구하고 사회정의를 위해 가르치는 것은 매우 복잡하며, 그것을 ― 사회계층, 인종, 연령, 성, 문화, 언어, 민족성의 경계를 넘는 ― '다른 사람들의 아이들'(Delpit, 1988)과 시도하는 것은 훨씬 더 복잡하다. 이것은 여기에 기술하지는 못했으나, 이 이야기에서 중요한 부분이다(Gutstein, 2006 참조).

내가 수집한 자료에 의하면 위에 언급한 목표들이 부분적으로 실현되었음을 알 수 있다 ― 말하자면, 젊은이들은 수학을 배우면서 수학으로 세상을 읽고 쓰는 과정을 시작할 수 있다 ― 그러나 그 일은 복잡하고, 느리고, 어렵다. 소호에서는 학교에서 제일 먼저 졸업하는 학급(2009년 6월 약 75명의 학생)이 비판 수학을 표준화했다. 이 학교는 비록 교사, 행정, 학생과 부모마다 다른 의미로 받아들이기는 하지만 '사회정의' 교육을 제공하고자 노력하는 학교다. 또한 학생들이 소호에 입학한 이래 교사들과 내가 비판 수학교육 프로젝트를 실행했기 때문이기도 하다. 학생들이 교육과정 전반에 걸쳐 사회정의 사상에 대해 배웠을 수 있지만 그들이 비판 수학을 접한 것은 수학 수업에서뿐이었다. 그리고 우리는 1년에 그러한 프로젝트 2~4개에 대하여 우리의 시간 중 10~15% 정도만을 보냈지만, 이 프로젝트들은 분명히 그리고 충분히 의미 있고 기억에 남을 만한 것이었다. 그 학년의 대다수와 함께한 포커스그룹 면담에서 어느 학생도 '수학이 사회정의를 위한 저항에서의 무기'가 된다는 점을 이상하게 여기는 학생이 없었다.

비판 수학 프로젝트 — 예시와 수업

그 학교의 첫 번째 졸업 학급이 고등학교 1학년이었을 때, 학생들은 '허리케인 카트리나와 수학 읽기'를 포함한 2개의 비판 수학 프로젝트를 마쳤다. 그것은 "[2005년 8월의] 허리케인 카트리나를 탐구하는 것이다. 우리가 묻는 주요 문제는 허리케인 카트리나에서 일어난 일에 대해 수학이 무슨 이야기를 우리에게 해 줄 수 있는가 — 그리고 누구에게 그것이 일어났고 왜 일어났는가?"로 시작했다. 학생들은 인구분포 자료와 집을 잃고 슈퍼돔(체육관)에 갇혀 있는 아프리카계 미국인들의 사진을 보았다. 그 프로젝트는 다음과 같은 질문을 던졌다. "이 사진은 마치 아프리카계 미국인만 슈퍼돔에 있고, 따라서 아프리카계 미국인만 뉴올리언스에 사는 듯한 인상을 줍니다. 그것이 사실일까요? 아니면 이 사람들만 남아 있는/남겨진 사람들인지도 모르는 것일까요? 우리는 이러한 문제를 조사할 것입니다." 그 과제의 마지막 부분은 다음과 같다.

이제 모든 조사를 마쳤다면, 여러분의 자료가 말해 주는 이야기를 만들어 낼 차례입니다. 뉴올리언스 사람들과 허리케인 카트리나에 대한 자신의 분석을 설명하는 에세이를 쓰세요. 에세이에 수학적 주장을 사용해야 하며 그 수학적 주장과 자료를 제시하기 위해 구체적인 그래프를 만들어야 합니다. 다음을 참고하세요.

a) 어떤 자료가 가장 정확합니까? 그 자료는 무엇을 말해 줍니까? 이 자료가 왜 정확하다고 생각합니까?

b) 그 자료가 이야기를 설명하는 데 어떻게 도움이 됩니까? 다른 설명도 가능합니까?

c) 다른 어떤 자료를 알아야 할 필요가 있거나 더 알고 싶은 것이 있습니까? 어떤 의문이 남았나요?

학생들은 뉴욕타임스에 나온 애매한 그래프를 활용하여 자동차를 소유하지 않은 가난한 아프리카계 흑인들과 자동차를 소유하지 않은 가난한 백인의 비율이, 아프리카계 미국인들이 왜 비율적으로 백인들보다 더 많이 집을 잃게 되었는지를 설명하는 것과 관련이 있으며 핵심적인 요소가 되는지를 이해해야 했다. 학생들의 글은 감정적이었고, 어조가 강한 반면 냉철한 분석에는 이르지 못했다. 그들은 대체적으로 수학적 주장을 펼쳤지만 몇몇 실수와 약점이 있었다.

아프리카계 미국인 남학생인 그레고리는 다음과 같이 썼다.

> 가장 확실한 자료는 뉴올리언스에 가난한 흑인 인구가 백인보다 3.2배 많을 것이라는 것이었다. 이건 기본적으로 나에게 [슈퍼돔에서] 백인보다는 흑인을 더 많이 보게 될 것임을 말해 준다. 이 자료는 가장 확실한 것이었다. TV에서 많이 본 자료이기 때문이다. 사진을 보면, 그것이 보여지는 것의 전부다. 그러므로 이것은 그 사건을 이야기하는 데 도움을 준다.

다음은 주의 깊은 수학적 분석을 많이 했던 라틴계 여학생 미렐라의 글이다.

> 수학은 많은 흑인들이 교통수단이 없어서 남겨지게 되었다는 현실적인 그림을 그리는 것에 도움을 주었다. 나는 수학을 사용하는 것은 세상에서 벌어지는 커다란 문제들을 다루는 놀라운 방법이라고 생각한다. 세상 모든 일상의 어떤 것에든지 수학을 사용할 수 있을 것이다. 이러한 프로젝트는 사람들로 하여금 무슨 일이 일어나고 있는지 인식하게 한다.

이러한 응답은 비판 수학 프로젝트에 대한 학생들의 전형적인 글이다. 분명한 목적은 학생들이 일관성 있게 대응 가능한 주장을 활용하는 능력을 키우면서도 수학적 분석에만 제한되지 않도록 하는 것이다. 학생들이 이런 것을 어떻게 하는지 배운 적이 거의 없기 때문에 시간이 소요될 것이다. 그럼에도 불구하고 우리는 소호 학생들의 글에서 가능성을 발견한다. 또한 교사들이 학생들 스스로 그렇게 할 수 있는 능력을 키울 필요가 있다는 점을 분명히 하면서 학생들에게 다른 수학적 주장을 이해하고 비평할 수 있는 기회를 주어야 한다는 사실을 깨달을 수 있다.

우리는 유색인 젊은이의 범죄, 구체적으로 루이지애나 주 제나Jena(미국 남부의 작은 마을) 출신의 아프리카계 미국인 남자 고등학생 6명을 지칭하는 제나의 6인Jena Six에 대해 분석하는 2주간의 프로젝트로 2007-2008학년도를 시작하였다. 2006년 12월, 그들은 원래 몇 달 전 백인 학생들이 학교 운동장에 있는 나무에 (아프리카계 미국인에 대한 린치를 연상시키는) 3개의 올가미를 매달아 놓는 인종차별적인 사건이 발단이 되어 학교 운동장에서 싸우다가 살인미수로 기소되었다. 그들 중 첫 학생(Mychal Bell)은 2007년 6월 배심원 모두가 백인인 법정에서 유죄 판결을 받았으며 학년 초인 2007년 9월 선고를 기다리고 있었다. 우리의 핵심 질문은 "제나의 인구 통계(백인 85.6%, 성인 2,154명)를 보았을 때, Mychal Bell 사건에 대한 배심원을 무작위로 선택할 때 배심원 모두가 백인일 확률은 어느 정도인가?"였다. 프로젝트를 마치고 난 후, Mychal Bell의 선고 날 약 40명의 학생들이 학교에서 나가 근처 길모퉁이에서 즉석 연대 시위를 조직했다. 애초에 그들은 지역 흑인 대학에서 집회를 개최하고 있다는 사실을 알고 집회에 갈 수 있게 학교 측에 버스를 요구했지만 학교장이 이 요구를 들어주지 못하자 근처에서 모인 것이다.

이 프로젝트는 인종차별주의와 유색인 젊은이의 범죄라는 그 핵심 주제 때문에 학생들의 마음에 크게 영향을 미쳤다. 제나는 시카고에서 약 1,500마일 떨어져 있는 곳이고, 수감률이 놀라울 정도로 높은 지역에서 살고 있는 소호 학생들의 경험은 매우 동떨어진 것일 것이다. 그러나 더 나아가 그 문제는 교사들에게도 영향을 끼쳤다. 우리는 그 프로젝트를 고등학교 2학년(그 당시 학교에서 최고령 학년)에서만 가르치려고 계획했지만, 소호의 다른 2명의 수학교사가 그 프로젝트를 수정하여 중학교 3학년~고등학교 1학년 학급에서 가르쳤다. Mychal Bell의 선고 날, 학생들이 뛰쳐나가기 전, 학교장은 학생들의 문제를 언급하기 위하여 전교 회의를 열었다. 소호의 행정부서들은 모두 학생들이 수학 수업을 통해 제나에 대해 배웠다는 사실에 주목하였다. 따라서 이와 같이 전 학교가 정치화된 특별한 상황은 수학을 배우는 과정에서 생성되었던 것이다 — 적어도 통상적이진 않은 일이다.

이러한 탐구는 몇몇 학생들이 구체적인 목표였던 수학과 정치적 분석을 연관시킬 수 있도록 해 주었다. 상급 학생들이 고등학교 1학년이었을 때, 나는 그룹을 만들어 수학과 사회정의의 옹호자이며 공동 연구자('대원들')로 일하게 했다. 그 대원들이 수학교사와 그 밖의 다른 사람들에게 이 프로젝트를 가르치게 된 학회에 함께 가는 길에 우리는 대화를 나누었다. 발표 시간 중에 어떤 사람이 학생들에게 그들의 관점에 대해 질문하였다. 한 학생(러트)이 대답하였다.

우리는 차에 있었습니다. 그리고 리코 씨[학생들이 나를 그렇게 불렀다]가 우리에게, "이 사건에 대해 우리는 어떻게 생각했지?"라고 물었습니다. 나는 배심원이 모두 백인일 확률이 15%였는데 백인으로만 배심원이 뽑혔다는 것 때문에 이 일이 인종차별주의적이었다고 생각한다고 말했습니다. 그러자 그는 "만약 다른 사람이 백인으로만 구성된 배심원단을 가졌었다고 생각해 보자. 그것도 인종차별주의일까?"라고 했습니다. 그래서 나는, 그렇죠, 그건 좀 더 많은 문제를 언급하게 만든 건데 말이죠 … 그리고 있잖아요…. 이를테면 그의 배경을 보면, 흑인 꼬마들이

> 나무 아래 앉아 있는데 그 올가미를 매달아 놓는 그런, 그리고 그가 백인으로만 구성된 배심원을 얻을 확률이 15%밖에 되지 않았다는 사실, 그런 것이 그 사건을 인종차별주의로 만드는 것이지요.

러트는 계속해서 처음에 제나의 86%가 백인이라고 들었을 때 배심원이 모두 백인이었던 것이 상당히 그럴듯하게 보였다고 설명했다. 그러나 그녀가 무작위로 배심원을 선정했을 경우 그런 일이 일어날 확률은 겨우 15%라는 사실을 배웠을 때, 러트는 스스로 세운 가정을 재고하고 사회정치·역사적 맥락을 결부시켜 인종차별주의가 원인으로 작용했다는 결론을 내렸다. 이와 같이 수학에 정치적 분석을 병합하는 것은 사회 실체를 조사하는 데 있어 비판 수학의 핵심적인 부분이다.

결론

Freire가 주장했듯이 만약 정치적 경험이 정치적 인식으로 인도될 수 있다면, 학생들이 비판 수학 수업에 참여하는 것이 그러한 경험이 되는 것일까? 구성원 중 하나였던 베로가 2008년 포커스그룹 토론에서 한 이야기를 고려해 보자.

> 나는 어떻게, 그리고 왜 라는 질문을 던지는 것을 배웠습니다. 리코 씨는 내가 [대원들이 어른들에게 프로젝트를 가르칠 때] 그냥 사람들에게 수학적 답을 하는 것이라고 말했습니다. 나는 수학에 관한 질문을 던지는 것으로부터 삶에 관한 질문으로 옮겨 갔습니다. 나는 이제 모든 것과 모든 사람에 대해 의문을 갖습니다. [나는 "왜?"라고 물었습니다.] 우리는 일반 수학을 들으면서 [잠시 멈춤] 그것을 시행하고 있는 것이기 때문에, 우리는 우리의 지식을 유색인, 저소득층과 같은 다른 사람들에게 영향을 끼치는 다른 문제들을 생각하는 데 사용합니다.

잠시 후에, 소호의 두 이웃의 삶을 이야기하면서 그녀는 이렇게 덧붙였다.

> 어떤 사람들이 그렇게 공격적으로 행동하는 이유는 우리가 원래 그렇기 때문이 아니라 우리에게 일어나는 일들 때문에 그렇게 되게 되어 있기 때문입니다. 그래서 모든 경찰과 그런 일들, 이 모든 [지역] 북부 론데일에서 일어나는 총격, Little Village의 총격, 또 다른 총격, 또 다른 어린 아이의 죽음, 또는 이런 모든 것들이, 다른 것에 의해 유도되는 그런 것들일 뿐입니다. 사람들이 그냥 툭 튀어나와서 총을 쏘아대는 것이 아니지요. 사람들이 어떤 일을 하게끔 만드는 뭔가가 일어나고 있다는 것입니다. 이건 변명의 수단이 아니라 "왜?"라는 질문에 대해 생각해 보는 방법입니다.

나는 베로가 "어떠한 억압적인 질서도 억압받는 사람들로 하여금 '왜'라는 질문을 던지게 허락하지 않을 것이다."(p. 67)라는 Freire(1970/1998)의 주장의 예시가 되고 있다고 생각한다. 그녀의 정치적 인식은 비판수학수업에서뿐 아니라 대원들과 발표를 통해 불의를 연구하기 위해 수학을 어떻게 사용하는지를 성인들에게 가르친 경험과 관련되어 있다. 이러한 기회는 그녀로 하여금 수학적 사고와 결과적으로 (또는 아마도 동시에) 정치적인 사고 모두에 질문을 던지기 시작하도록 영향을 끼쳤다. 올해(2008-2009학년도) 그녀와 다른 20명의 상급 학생들이 내가 가르친 '사회정의를 위한 수학' 수업에 참여했는데 그 수업의 전체적인 초점은 대학 준비 수학을 배우고 사용하면서 사회 현실을 공부하는 것에 있었다. 그 수업에서 학생들은 구체적으로 그리고 지속적으로 수학을 통해 세상을 읽고 쓰는 방법을 배운다. 구성원 중 하나인 채닝은 다음과 같이 썼다.

수학으로 세상을 읽고 쓰는 것은 우리가 세상에서 직면하고 있는 중요한 문제들을 살펴보고 수학을 이용하여 이해하려고 노력하는 것이다. 그것은 왜 그리고 어떻게 일이 잘못되어 갔는지 또는 왜 어떤 특정 상황에서 불의한 일들이 벌어지는지에 대해 더 총체적으로 인식하려고 노력하는 것이다. 수학을 활용하면 특히 어떤 것 또는 어떤 사람이 처하는 상황들을 양 또는 수에 기초하여 다룰 때 일단 우리가 이러한 것을 이해하게 되면, 우리는 그것을 세상으로 가지고 나간다. 우리가 알고 있는 것을 다른 사람들이 알게 하기 위해서 우리의 지식을 사용한다. 이 세상의 너무나 많은 문제들이 우리에게 일어나고 있기 때문에 이 일을 한다. 우리에게 행해진 너무나 많은 불의를 보아 왔다. 우리에게 무엇이 행해진 것인지를 알고 이러한 일들이 일어나지 않도록 무엇을 할 수 있는지 알기를 원한다. 우리가 직면하고 있는 문제들에 대한 해결책들을 함께 생각해 낼 수 있기를 바란다.

이러한 경험들은 정치적이다. 그 경험들은 꿈을 꾸고 행동을 취하는 것에 관한 것일 뿐만 아니라 현상, 상호관계, 불의의 뿌리를 묻는 질문에 관한 것이기 때문이다. 일반적으로 이러한 것들이 비판적 교육, 구체적으로 비판다문화주의의 목표이다. 수학을 사회정의를 위한 투쟁의 무기로 설정하는 것은 특히 수학교육과 전체적으로는 학교를 구체적으로 정치화하는 것이다. Freire(1978)는 의식이 '여전히 묻혀 있는' 사람들과 일하는 것과 '… [그와 반대로] 대중 저항이 가시적인 곳' (p. 111) 사이의 분명한 선택에 대해 기술했다. 젊은이들이 직간접적으로 모두 적합하고 다양한 방법으로 정치적 경험과 사회운동에 참여하는 기회를 만들어 주어야 한다.

소호와 리베라에서의 수학교육과정과 구성원들의 활동은 미국 도시학교의 젊은이들에게 걸맞은 정치적 경험이다. Perry(2003)의 표현에 의하면 비판 수학은 "역사적으로 억압받는 사람들의 일원으로서 그의 상태와 연관 지어 생각해 보는 것이다." 그것은 수학을 배우는 것을 학생들에게 허리케인 카트리나, 인종 프로파일, 이주민 농업 노동자의 조건, 대출 거절 비율의 차이, 부의 불공평함, 이라크 전쟁 비용, 각기 다른 세계지도의 영향, 환경 개선과 다른 많은 우리들이 공부한 문제들에 대한 보다 깊은 이해를 제공하는 해방의 도구가 되게 한다. 이러한 일들은 억압적인 사회에서의 그들의 위치로 인해 학생들이 교실로 가져오는 정당한 분노와 강력한 정의감 때문에 소호와 리베라 학생들에게 중요하다. 더 나아가, 때때로 그 프로젝트들은 제나 6인을 지원하는 데모, 배수량에 대한 시 공청회 참석, 어른들에게 비판 수학을 가르치는 일들을 통해서이거나 또는 그냥 알게 되거나 그들에게 자신을 변화의 매개체로 보기 시작하는 방법을 제공해 준다. 비록 그들은 그렇게 할 수 있는 능력이 있지만 이전의 학교 교육은 그들이 세상을 읽고 쓰도록 준비시키지 못했다.

소호의 일부 학생들은 그들이 대부분 하급 기술 노동력을 제공하는 일자리나 감옥, 군대 또는 묘지에서 일하도록 준비시키는 미국의 학교에서 (Lipman, 2004) 심각하게 '잘못 교육되어'(Woodson, 1933/1990) 왔다고 생각한다. (아프리카계 미국인의 공동체사회인) 북부 론데일에서 수치는 형편없다 ─ 왜냐하면, 그 지역의 한 남학생의 말을 빌리자면, 여학생 3명당 남학생 2명은 "모든 (흑인) 형제들은 갇혀 있거나 땅속에 있기 때문이다." 한 학생(찰스)이 한 프로젝트에서 "이 모든 세월 동안 나는 거짓말에 속은 것 같은 느낌이 들게 만든다."라고 썼듯이 그들의 불완전하고 잘못된 교육에 대한 인식은 탈식민지 국가인 기니비사우의 한 농부가 Freire에게 한 이야기와 유사하다. "[해방] 전에 우리는 우리가 안다는 것을 인식하지 못했다. 이제 우리는 우리가 아는 것을 인식한다. 이제 우리가 아는 것을 인식하기 때문에 더 많은 것을 알 수 있다."(Freire & Macedo, 1987, p. 114). 리고베르토는 각기 다른 세계지도에 대한 프로젝트에서 이 점에 대해 잘 이야기했다.

> 나는 누군가가 학생인 나를 이용하고자 했던 것처럼 느낀다. 그것은 단지 내가 학생이기 때문에, 내가 듣는 이야기는 무엇이든지 믿어야 하는 것이었다…. 그 프로젝트는 나를 정말 학교에서 제공되는 많은 정보에 대해 좀 더 생각해 보게 만들었다. 나는 이제 배우는 자료에 대해 질문을 던지기 시작한다. 정말 그 프로젝트를 하는 것이 즐거웠다. 이제 여러 지도들과 그 차이점에 대해 생각할 수 있게 되었기 때문이다. 또한 각기 다른 사람들의 관점의 차이도 볼 수 있다. 다른 사람들이 지구와 세상의 실상을 어떻게 생각하고 인식하는지 상상해 볼 수 있다.

이와 같이 수학과 더불어 세상을 읽고 쓰는 경험을 통해 얻은 더 폭넓은 인식은 리고베르토나 다른 소호의 학생들, 그리고 그들과 같이 좀 더 큰 역사의 움직임에서 효과적인 변화의 매개체가 될 젊은이들에게 필요할 것이다. 비판 수학교육은 이 과정에 기여할 수 있다. 이 장을 역시 대원 중 한 명이었던 로겔리오의 이야기로 끝내고자 한다.

> 이 [대원 역할] 전에는 모든 것이 흑백 사진과 같았다. 나는 마치 같은 것을 반복하는 학생 병사와 같이 그냥 학교에 가고 집에 오고 숙제를 하고 어떤 것에도 관심이 없었다. 그러나 이 프로젝트를 하기 시작한 지금, 이해하고 새로운 생각들을 떠올리고 단순히 같은 것을 배우는 것이 아니라 사람이 무엇을 할 수 있는지 끝까지 파헤쳐 보고 세상에서 정말 일어나고 있는 것이 무엇인가를 실제로 이해하면서 모든 것이 총천연색을 입기 시작했다.

주

1. 학생 '대원'을 제외한 모든 이름은 가명이다.

참고문헌

Anderson, J. (1988). *The education of Blacks in the south, 1860–1935.* Chapel Hill: University of North Carolina Press.

Brantlinger, A. (2005). The geometry of inequality. In E. Gutstein & B. Peterson (Eds.), *Rethinking mathematics: Teaching social justice by the numbers* (pp. 97–100). Milwaukee, WI: Rethinking Schools, Ltd.

Camangian, P. (2006, March 30). *Transformative teaching and youth resistance.* Talk given at DePaul University, Chicago, IL.

Delpit, L. (1988). The silenced dialogue: Power and pedagogy in educating other people's children. *Harvard Educational Review, 58,* 280–298.

Frankenstein, M. (1987). Critical mathematics education: An application of Paulo Freire's epistemology. In I. Shor (Ed.), *Freire for the classroom: A sourcebook for liberatory teaching* (pp. 180–210). Portsmouth, NH: Boyton/Cook.

Freire, P. (1970/1998). *Pedagogy of the oppressed* (M. B. Ramos, Trans.). New York: Continuum.

Freire, P. (1978). *Pedagogy in process: The letters to Guinea-Bissau* (C. St. John Hunter, Trans.). New York: Continuum.

Freire, P. (1993). *Pedagogy of the city* (D. Macedo, Trans.). New York: Continuum.

Freire, P. (1994). *Pedagogy of hope: Reliving pedagogy of the oppressed* (R. R. Barr, Trans.). New York: Continuum.

Freire, P. (1998). *Pedagogy of freedom: Ethics, democracy, and civic courage* (P. Clarke, Trans.). Lanham, MD: Rowman and Littlefield.

Freire, P. (2004). *Pedagogy of indignation.* Boulder, CO: Paradigm.

Freire, P., & Faundez, A. (1992). *Learning to question: A pedagogy of liberation* (T. Coates, Trans.). New York: Continuum.

Freire, P., & Macedo, D. (1987). *Literacy: Reading the word and the world.* Westport, CN: Bergin & Garvey.

Gandin, L. A. (2002). *Democratizing access, governance, and knowledge: The struggle for educational alternatives in Porto Alegre, Brazil.* Unpublished doctoral dissertation. Madison: University of Wisconsin.

Gutstein, E. (2006). *Reading and writing the world with mathematics: Toward a pedagogy for social justice.* New York: Routledge.

Gutstein, E. (2007). Connecting *community, critical,* and *classical* knowledge in teaching mathematics for social justice. *The Montana Mathematics Enthusiast, Monograph 1,* 109–118.

Gutstein, E. (2008). Developing social justice mathematics curriculum from students' realities: A case of a Chicago public school. In W. Ayers, T. Quinn, & D. Stovall (Eds.), *The handbook of social justice in education* (pp. 690–698). New York: Routledge.

Harding, V. (1990). *Hope and history: Why we must share the story of the movement.* Maryknoll, NY: Orbis.

Haymes, S. N. (2002). Race, pedagogy, and Paulo Freire. *Philosophy of Education,* 151–159.

hooks, b. (1994). *Teaching to transgress: Education as the practice of freedom.* London: Falmer.

Lipman, P. (2004). *High stakes education: Inequality, globalization, and urban school reform.* New York: Routledge.

O'Cadiz, M., Wong, P., & Torres, C. (1998). *Education and democracy: Paulo Freire, social movements, and educational reform in São Paulo.* Boulder, CO: Westview Press.

Perry, T. (2003). Up from the parched earth: Toward a theory of African-American achievement. In *Young, gifted, and black: Promoting high achievement among African-American students* (pp. 1–108). Boston: Beacon Press.

Siddle Walker, V. (1996). *Their highest potential: An African American school community in the segregated south*. Chapel Hill: University of North Carolina Press.

Watkins, W. (2001). *The white architects of black education*. New York: Teachers College Press.

Weiler, K. (1991). Freire and a feminist pedagogy of difference. *Harvard Educational Review, 61*, 449–474.

Woodson, C. G. (1933/1990). *The mis-education of the Negro*. Trenton, NJ: Africa World Press.

제10장 | 비판다문화적 교육을 위한 디지털 스토리

Freire 교수법

JAMES C. McSHAY

서론

다문화교육에 대한 해방 개념은 지속적으로 미국 전역에 걸쳐 수행된 교육 프로그램에서 대다수 교사들에게 각광을 받고 있다(Kincheloe & Steinberg, 2002; McLaren, 2000; Sleeter & Grant, 2003). 많은 비판다문화 학자들은 이러한 프로그램들의 교육과정과 교육 실천을 비판한다. 예비 및 현직교사들에게 정체성, 차이, 권력 등과 고등학교 3학년 학생들이 그들의 사회 정체성을 바탕으로 불공평한 교육 성과를 이해하도록 비판 문식성을 신장시키는 데 매우 제한적인 영향만을 끼치고 있다는 것이다. 이러한 배경에 반하여, 교사 교육 프로그램은 나아가 학생들이 새로운 정보시대의 디지털 문식성을 습득하고 그것을 전 학술 콘텐츠에 걸쳐 융합할 수 있는 준비를 시키려는 노력이 매우 강화되어 왔다(Kim, Sharp,

& Thomson, 1998; Rasmussen & Norman, 1998).

교사 교육에서 종종 별도의 논의로 이루어지는 이러한 문제들 중에서, 어떻게 디지털 학습 테크놀로지가 교사와 학생들에게 비판 문식성을 기반으로 한 학습의 산물을 효과적으로 지원하도록 할 수 있겠는가에 대한 새로운 쟁점들이 출현했다(이 책의 Locke 참조). 이러한 문제들은 Shulman의 생각(1986)을 반영하는 경향이 있다. 그는 교사 교육자가 콘텐츠와 교육학 지식 사이에 의도적이고 실질적이며 시너지적인 연관성이 항상 존재한다는 것을 명확히 할 필요가 있음을 주장하였다. 비록 점점 더 많은 학술 서적들이 교사 교육 내의 이 두 영역 사이에서 일어나는 협력적인 노력을 강조하긴 하지만(Damarin, 1998; Gorski, 2001; McShay & Leigh, 2005; Sleeter & Tettagah, 2002), 비판다문화 이론에 근간을 두고 교육학의 틀이 학생들이 접하는 테크놀로지 기반 학습 도구를 개념화하고 발전시키기 위해 활용될 수 있도록 하는 방법이 무엇인지는 여전히 불투명하다. 비판다문화 교육의 이론적 신념과 테크놀로지 기반 학습 응용의 설계와 실행에 효율적으로 반영될 수 있는 방법에 대한 이해 없이는 테크놀로지 기반 학습은 계속해서 이론화되지도 제대로 개념화되지도 못한 채 학급에서 실제적인 의미를 구축하지 못하고 훈련과 연습의 수단으로 사용될 뿐일 것이다.

이 장에서 나는 그러한 '새로운 미디어 일화', 좀 더 일반적으로 디지털 스토리digital story로 알려진 테크놀로지 기반 응용 프로그램이 Paulo Freire의 비판 교육의 개념을 증진시키기 위한 학습 도구로 어떻게 사용될 수 있는지 탐구할 것이다. Freire의 관점을 활용하면서 미국 역사와 이데올로기, 그리고 기관들이 그들 자신의 자각, 사회적 위치, 그리고 사회 참여 형성에 작용하는 방식에 대한 새로운 비판적 시각을 교사들이 개발할 수 있도록 하는 학습의 기회를 이러한 미디어 기반 일화들이 어떻게 만들어 내는가? 또한 고등학교에서 가르치고 배우는 것에 대한 이해에 어떤 영향을 줄 수 있는가? 이 탐구를 수행하기 위해 이 연구는 다음과 같은 질문을 따르게 될 것이다 — Paulo Freire가 20세기 중반 억압된 아프리카계 브라질인들과 사용한 대화 연구 방법을 분석하는 것이 우리가 어떻게 비판 문식성을 개발할 수 있는지를 이해하도록 도와줄 수 있는가? 어떻게 이런 연구 방법이 디지털 스토리의 설계에 있어서 주요 고려사항이 될 수 있는가? 그리고 끝으로, 비판 디지털 문식성의 개발은 변형적 다문화 교사 준비 및 다문화 학급 교육과 관련되어 있는데, 학습에 대한 시사점은 무엇인가?

디지털 스토리는 무엇인가?

디지털 스토리에 대한 문헌이 증대되며 교육에서의 활용도도 높아지고 있다(Lambert, 2007; Ohler, 2008; Robin, 2008). Ohler(2008)에 따르면 디지털 스토리는 비디오, 음악, 컴퓨터로 생성된 그림, 그리고 일목요연한 3~5분 정도의 담화를 구성하는 내레이션 등과 같은 일련의 미디어를 사용하는 상대적으로 저렴한 개인 형태의 디지털 테크놀로지에 의존한다. 교실 수업에서 전형적으로 사용되는 디지털 스토리는 개인 일화, 역사 기록물 또는 교육용 자료이다(Robin, 2008). Lambert(2007)는 디지털 스토리의 일곱 가지 필수 요소를 밝혔다. 그 요소는 관점, 극적인 질문, 감정적인 콘텐츠, 개인의 목소리, 사운드 트랙, 경제, 속도 조절이다(표 10.1 참조). 이 요소들은 이 장의 뒷부분에서 자세히 밝힐 것이다. 디지털 스토리와 다른 미디어 기반 응용 프로그램과의 차이점은 그 개발에 있어 스크린 작가, 프로듀서, 또는 컴퓨터 프로그래머가 각각 자기의 영역에서 디자인 결정을 하는 것처럼 학생 사용자가 완전한 창의적 개발 권리를 갖는다는

표 10.1 디지털 스토리의 일곱 가지 주요 요소

요소	내용
관점	학생의 이야기가 그들 자신의 경험과 이해로 구성된다. 개인 표현을 높이 평가한다.
극적인 질문	학생의 흥미와 의무감을 불러일으키는 설득력 있는 질문을 한다.
감정적인 콘텐츠	디지털 스토리는 청중의 감정과 반응을 일으킬 수 있는 방식으로 설계된다.
개인의 목소리	필수 요소로 여겨지는 것으로, 학생들의 목소리는 개인적인 의미와 다른 요소로는 완전히 이룩할 수 없는 방식의 목적을 전달한다.
사운드 트랙	학생들은 음악 또는 가사를 사용하여 이야기에 복잡성과 깊이를 더한다.
경제	학생들은 의도된 의미를 좀 더 효과적으로 전달하기 위한 방법으로 의도적으로 영상 이미지와 음성, 그리고 특수효과를 제한한다.
속도 조절	학생들은 청중의 이해와 관심을 강화하기 위한 방법으로 이야기 전개를 규제한다.

출처 : Lambert(2007).

점에 있다.

디지털 스토리의 텍스트 영상 이미지의 사용은 추상적인 개념을 해석하기 쉽게 만들어 주어 학생들이 새로운 지식을 얻는 것을 강화한다(Robin, 2008). 또한 학생의 목소리가 디지털 스토리 개발에 있어 핵심적인 역할을 하여 그들의 학습에 심층적으로 영향을 끼칠 가능성이 높다 (Robin, 2008; Kajder, 2004). Ohler는 다음과 같이 설명하며 이 주장을 뒷받침한다.

> 학생들이 녹음 매체를 통하여 재서술의 과정, 즉 청취, 자기평가, 재작성, 그리고/또는 말하기나 녹음을 목적으로 자신의 목소리를 들음에 따라 자기평가를 목적으로 자신의 목소리를 듣는 것의 위력은 평가 절하할 수 없다. 그것은 한 사람의 머리에서 단어들을 끄집어 내어 개방해 놓는 과정이며, 그 이야기를 검토하는 사람들이 작가 자신일 뿐이라 하더라도 자기 자신의 내적으로는 찾기 힘든 상당한 수준의 비평에 그들 자신을 노출시키는 것과 같다.   (p. 58)

다른 디지털 학습 도구뿐만 아니라 '새로운 미디어 담화'의 학습 효과와 관련하여, 학습 도구들이 학습자가 비판적 분석과 해석의 기회를 극대화한다는 Ohler의 언급은 유의미하다. Barab, Hay, Duffy(1998)는 이런 형태의 학습을 '근거 기반 구조'라고 부른다. 이 생각은 만약 탐구를 기반으로 한 상황에 적절하게 근거를 둔다면 어떤 문제나 사건에 대해 복합적인 이해 능력을 계발할 수 있도록 하는 방식으로 학생들의 배움을 용이하게 해 줄 수 있다는 신념에서 출발한다. 이러한 개념의 틀 안에서, 나는 디지털 스토리가 두 가지 목적을 달성할 수 있다고 생각한다. 첫째는 학생들뿐 아니라 예비교사들이 어떻게 역사와 이데올로기 및 제도적인 힘이 인종, 성, 계층, 종교, 언어 능력과 관련되어 정체성 형성에 영향을 끼치는지, 또한 이러한 것들이 어떻게 교사들의 의사결정에 영향을 주는지 조사해 보는 경험을 구성하는 것이고, 둘째는 그들의 테크놀로지를 활용하고 병합하는 숙련성을 강화하는 과정을 개발하는 것이다. 이러한 교육 목표를 어떻게 달성할 수 있는지를 더 잘 이해하기 위해, 역사적으로 억압된 그룹의 구성원들이 정치적 활동을 할 수 있도록 이끌어 갈 사회적 인식을 개발하기 위한 도구를 습득하게 하였던 Paulo Freire의 영향력 있는 업적에 대한 토의에 초점을 둘 것이다(Freire, 1972, 1974; Shor & Freire, 1987; 이 책의 Gutstein 참조). 이러한 탐구는 교육자들이 교육의 비판 문식성을 습득할 수 있도록 도와주는 방식으로 디지털 스토리를 사용할 수 있는 새로운 가능성을 보여 주는 데 도움이 된다. 또한 공평하고 해방적인 12학년 교육과정을 시행하기 위해 필요한 것이다.

Freire의 브라질과 비판 문식성

브라질의 철학자이자 학자며 사회운동가인 Paulo Freire는 어떻게 역사적 상황에 따른 경제, 정치, 사회 구조와 관행들이 집단적으로 아프리카계 브라질 사람들을 종속시켜 왔는지에 대하여 폭넓게 집필하여 그들의 오늘날 사회 정체성을 형성하게 하였다(Freire, 1972, 1974; Shor & Freire, 1987). 흑인들이 그들 스스로 좀 더 평등하고 정당한 현실을 창조할 수 있도록 돕기 위해 Freire는 그들이 문식성을 개발하는 동시에 지배 엘리트 계층이 어떻게 그들이 주류에 진입할 기회를 규제하였는지에 대해 비판 인식을 구축하도록 하였다. 그는 기계적으로나(읽고 쓰기) 비판적으로(사회 인식) 모두 문식성을 갖추는 것이 민주주의 사회에의 온전한 참여를 위해 꼭 필요한 것이라는 주장을 지지하였다(이 책의 Locke 참조). Freire는 문식성의 의미에 관해 다음과 같이 역설하였다.

> [매개체에 대한 이야기로서], 문식성은 역사, 경험, 그리고 비전을 전통 담론과 지배적인 사회 관계로부터 구출하고자 하는 시도와 동의어가 된다. 그것은 인간이 역사 속에서 자신의 위치를 파악하고, 그 과정 중 투쟁 속에서 자신들이 인간의 삶과 자유의 가능성을 확장할 수 있도록 만들어 이론 및 실천적인 조건을 개발하는 것을 의미한다.
>
> (Freire & Macedo, 1987, p. 10)

많은 학자들이 이러한 시도가 억압된 그룹의 구성원들과 그들의 정치적 동맹세력들이 교육적 맥락 내에서 비판 교육학의 형태로 역사, 경험, 비전을 구축하도록 돕고 있다고 말한다. Giroux(Durate & Smith, 2000에서 인용)는 교육학은 모순된 경영은 강조하지 않고 정치적 지도력과 윤리적 연설의 형태로 규정되고 있다고 설명한다(p. 199). Kincheloe와 Steinberg(2002)는 비판 교육학의 목표를 학습 맥락 내에서 확장하고자 한다. 그들은 교사들이 학생들로 하여금 억압에 저항하는 방법들과 진보적 민주주의 공동체에 대한 비전을 비판적으로 조사하는 다양한 방법을 탐구하게 하여 사회 장애물을 극복할 수 있도록 도와줄 수 있어야 한다고 제언한다. 비판적 교육 접근 방법의 목표는 학생들이 그들 자신을 억압적이고 민주주의적인 힘과의 관계 속에 있는 정치적 투쟁의 장소들로 보고 여러 단계의 성찰적 자기인식인 정체성과 개인 성장을 위한 전략에 대한 인식으로 이동하도록 준비시키는 것이다(Kincheloe & Steinberg, 2002; 이 책의 Gutstein 참조).

Freire의 비판 교육의 활용은 아프리카계 브라질 노동자와 다른 불우한 노동계층의 성인들이 읽고 쓰기뿐 아니라 그들을 경제적 · 사회적 고통에 묶어 두고 있는 심리적 · 물질적 사슬을 끊어 버릴 수 있도록 도와주고자 문화 동아리를 사용한 그의 과업에 가장 잘 나타났다. 문화 동아리는 1950년대의 대중문화운동 프로젝트 중 성인교육 프로젝트에서 생겨났다. Freire는 학교에 의해서 종종 조장되는 권위와 지배적 인식의 개념을 전달하는 담론의 의미와 관행들을 견제하기 위해 이 프로젝트를 학교라는 말 대신에 문화 동아리라고 지칭하였다. 학교교육의 억압적인 언어에 대해 저항할 필요가 있다는 것은 교사, 학생, 그리고 그들의 관행들이 어떻게 구성되어 있는지에 또한 잘 반영되어 나타났다. 이 경우 교사들은 코디네이터로, 학생들은 그룹 참여자로서 상호 활동을 한 방법은 대화로 규정된다. Freire가 대화 탐구라고 명칭한 이 방법은 그룹 참여자들이 만나서 그들의 현실을 만들고 또다시 만들면서 자신의 현실을 성찰해 볼 수 있는 상황을 만들어 주었다(Shor & Freire, 1987, p. 98). Freire가 흑인들이 스스로의 역사 현실에 대한 비판적 형태의 지식과 이해를 탐문하고, 브라질 사람들의 삶과 사회 속에 깊이 뿌리 박혀 있는 억압적인 구조와 관행들을 해체하기 위한 수단을 습득할 수 있게 도와주고자 한 것은 바로 이 대화 탐구 과정을 통해서였다.

남아 있는 질문은, 아프리카계 브라질인들의 역사와 Freire의 문화 동아리를 활용해 디지털 스토리가 비판 문식성 교육의 도구로 사용될 수 있는 지에 대해 어떤 새로운 시각을 던져 줄 수 있는지다.

디지털 테크놀로지에 대한 Freire학파의 시각

앞서 언급한 Freire의 대화 탐구 과정은 테크놀로지가 어떻게 해방 교육의 기회를 창출하는 교육 역할을 할 수 있는지에 대한 이해의 틀을 제공해 준다. Sleeter와 Bernal(2004)에 따르면, Freire의 대화 탐구 과정에는 네 가지 주요 요소가 있다.

1. 교사가 학생들의 파트너 역할을 하는 권한 부여 교육학을 지지한다.
2. 학생들이 자신의 경험과 역사적 위치를 비판적으로 조사할 수 있도록 문제 제기 방법을 사용한다.
3. 학생들이 지식의 창조자이며 그들의 교실 관행은 민주주의의 이상을 반영한다.
4. 수업 자료는 학생들의 분석 능력을 확장하기 위한 도구로 사용된다.

이 네 가지 주요 요소 모두는 Freire가 브라질에서 성인 문식성 프로젝트에서 아프리카계 브라질인들이 읽고 쓰기를 배우는 것뿐 아니라 그들의 사회 현실에 대한 비판적 이해능력을 개발하기 위한 방법으로 사용했던 교육학에 반영되었던 것들이다. 학습을 돕고 강화하기 위하여, Freire는 이 문화 동아리에서 슬라이드 프로젝터의 사용을 도입하였다. Freire는 문화 동아리에서 참여자들에게 슬라이드 프로젝터를 통하여 그들의 공동체를 묘사하는 이미지들을 보여 주었다. 또한 그들의 정체성과 경험이 어떻게 다양한 이데올로기적, 제도적, 그리고 역사적 세력들에 의해 만들어졌는지에 대한 비판적인 의견 교환이 원활히 일어날 수 있도록 그 영상들을 사용하였다.

이 분석에 밀접하게 연결되어 있는 것은 음소론, 문법 사용과 통사론에 대한 학습의 기초를 형성하도록 해 준 대화법들이었다. Kahn과 Kellner(2007)에 따르면, Freire는 집단적 학습 환경을 배양하고 성찰적 거리 두기를 확장시킬 수 있도록 돕기 위해서는 테크놀로지의 사용이 필수적인 것으로 보았다(p. 435). 테크놀로지 사용에 대한 그의 선견지명적인 이해는 거의 50년 이후에 집필된 Gorski(2001)의 연구에 잘 나타나 있다. 그는 디지털 학습 테크놀로지가 집합적 교수와 학습, 학생들의 기술 숙달과 지식의 습득을 돕는 강력한 도구가 될 수 있으며 이러한 능력은 효과적인 비판적 교육의 핵심 요소라고 말했다.

문화 동아리 내에서의 테크놀로지 활용의 또 다른 주요 목적은 아프리카계 브라질 공동체 내의 정치적 매개 역량을 정립하기 위한 것이었다. 이러한 형태의 비판적 학습을 돕기 위한 방법으로서 테크놀로지의 사용을 보는 Freire의 관점에 대해 Kahn과 Kellner(2007)는 다음과 같이 설명하였다 — "그는 학생 개개인이 조작과 억압에 대항할 수 있는 힘을 갖도록 미디어 능력을 가르치는 것과 문제시되고 있는 주제를 가르치기에 가장 적합한 미디어를 사용하는 것이 중요하다고 주장했다."(p. 435) 테크놀로지가 비판적 교육을 지지하기 위해 여러 가지 방법으로 사용될 수 있다는 것에 대해 Freire의 생각은 분명했지만, 또한 테크놀로지는 억압과 비인간화의 도구로도 사용될 수 있는 성향이 있다는 사실을 명철하게 인식하고 있었다(Freire, 1972). 좀 더 구체적으로 말하자면, Freire는 어떻게 (아날로그와 디지털 모두의) 테크놀로지가 브라질의 사회경제적 계층 구조를 재생산하고 유지하는 것을 돕는지 구상하였다. 이 경제 계층화의 과정을 돕는 방법으로, 지배 엘리트 계층은 오로지 브라질의 경제 성장을 끌어 나간 그들의 놀라운 능력을 외쳐대는 비정치화된 담론 내에만 테크놀로지에 관련된 일들을 두었다. 그러므로 세계화와 시장지배의 이름 아래 형성된 테크놀로지 사용의 가치에 대한 개념은 지속적으로 대다수의 빈곤층과 노동계층의 희생 아래 소수의 부유층에만 혜택을 주게 될 것이다(이 책의 May & Sleeter 참조).

테크놀로지의 사회적 결과에 대한 Freire의 관점은 테크놀로지를 이용하여 학생들에게 평등과 해방의 학습 경험을 성공적으로 만들어 내는 데 있어 문제점들을 조명하는 데 도움을 주었다. 이러한 문제점들에 대응하기 위해, 교사들은 학생들이 비판적 다문화주의와 테크놀로지 교육을 체계적으로 짝을 이루어 이 분야에 변화된 비판 문식성을 일으킬 수 있는 방법을 생각해 내야 한다. 이런 측면에서, 나는 디지털 스토리가 교육자들로 하여금 해방적이며 테크놀로지가 활용된 교수법을 시행할 수 있도록 돕는 한 가지 가능성이라고 본다.

대화 탐구와 디지털 스토리

Freire의 대화 탐구의 방법이 어떻게 디지털 스토리의 설계 구조에 잠재될 수 있는지를 이해하는 것은 12학년 학습자들에게 동등하고 해방적인 학교 교육과정을 시행하게 하는 데 필요한 비판적 문식성 교육을 교사들이 습득하도록 하는 데 새로운 가능성을 열어 준다. 그림 10.1에 제시되었듯이 디지털 스토리(DST)와 비판적 교육(CP)의 요소들은 비판적 다문화주의와 테크놀로지 교육의 학습을 동시에 도울 수 있게 배치될 수 있다.

각각의 타원은 비판적 교육학의 학습 부분이 어떻게 디지털 스토리의 전형적인 설계 구조를 통하여 성취될 수 있는지를 보여 준다. 바깥쪽 부분은 교사들이 디지털 스토리 프로젝트를 만들어 가면서 친숙해질 다양한 디지

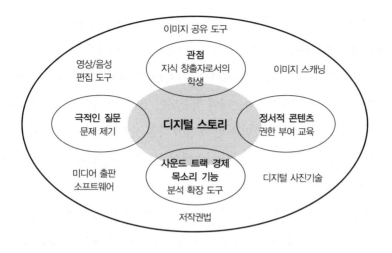

그림 10.1 디지털 스토리에 나타나는 비판적 교육학의 요소

털 도구 또는 컴퓨터 관련 주제를 표시한다. 이 요소들이 어떻게 다문화 교사 교육과 교사 관행 내의 교수목표에 옮겨 갈 수 있는지뿐만 아니라 이렇게 배치된 요소들 사이의 관념적 관계는 무엇인지가 문제로 남는다. 다음의 논의는 디지털 스토리가 보다 넓은 의미의 비판다문화주의와 일치하며 Freire의 비판 교육학의 핵심 요소를 반영할 수 있도록 사용되는지 그 방법을 조명한다.

지식/관점의 창조자로서의 학생

Freire의 대화 방법의 중심 목표는 학생들이 그들 자신의 위치를 조사하고 한 개인의 사회 현실이 자신과 타인, 그리고 사회에 대한 관점에 어떻게 영향을 끼치는지 이해할 수 있는 기회를 창출하는 것이다. 이에 상응하는 목표는 Lambert(2007)가 관점이라고 부르는 것으로, 학생들로 하여금 그의 경험을 이야기의 중심에 있게 하고 그것을 비평과 분석의 대상으로 사용하게 한다. 이러한 방식의 디지털 스토리의 활용은 교사들에게 비판적 자기성찰 능력을 함양할 수 있도록 해 줄 수 있다. King과 Baxter Magolda(2005)에 따르면 비판적 자기성찰에 잠재되어 있는 측면은 한 개인이 자신의 신념, 가치, 그리고 자기이해를 어떻게 이해하고 이를 선택과 행동을 인도하는 데 활용하는지에 집중되어 있다. 더 나아가 그들은 비판적 자기성찰의 또 다른 측면은 한 개인이 다른 사람과의 관계 속에서 자기 자신을 어떻게 바라보고 사회적 상황에서 선택을 하는가라는 것임을 역설한다(p. 574).

디지털 스토리는 교육에 있어서 비판 문식성에 대한 중요한 시사점을 던져 주는 방법으로 학생들이 비판적 자기성찰의 성향을 개발하도록 도와줄 수 있다. 비판적 자기성찰의 성향을 습득하는 것은 학생들이 다양한 사회적 및 문화적 상황에 적응할 수 있는 능력을 배양하는 유연한 신념 체계를 개발하게 해 줄 것이다(King & Baxter Magolda, 2005). 이러한 사고방식은 학습자들이 다양한 사회 현실을 해석하기 위해 민족 중심의 렌즈를 사용하는 것에 저항하도록 도와줄 수 있다(이 책의 Flynn; Lea 참조). 그 대신에, 자기성찰적인 사람은 종종 판단을 뒤로 미루고 어떤 특정 조건이나 상황에 대한 자신의 이해를 넓히기 위한 노력으로 새로운 관점을 '써 보려' 한다.

디지털 스토리를 협력 학습 활동에 통합함으로써, 학생들은 자기 자신의 관점을 확장하기 위한 방법으로 서로의 이야기를 집합적으로 탐구하고 분석할 수 있다. 학생에게 다양한 관점을 제시하는 것은 그들이 비판 문식성과 관련되어 있는 논란과 문제에 관한 복잡한 지식의 학습을 용이하게 해 주는 새로운 기회를 만들어 준다. 학생들이 다양한 관점을 탐구할 수 있다면 그것은 학생들이 자기 자신의 신념 구조를 성찰하게 만들고 자기 자신의 관점과 다른 신념에 대한 존중과 이해심을 개발할 수 있도록 해 준다(Pang, 2004). 이러한 자질은 비판 문식성의 참여를 위해 꼭 필요한, 구축되어야 하는 부분이다.

문제 제기-극적인 질문

Shor와 Freire(1987)에 따르면 대화 탐구는 학생들이 자기 자신의 경제, 정치 및 문화적 현실에 의해 만들어지는 실제 삶의 경험으로부터 직접 나타나는 것이어야 한다. 게다가 이 방법은 학생들이 자신의 사회 참여에 영향을 끼치는 요소를 이해하는 것에 핵심이 되는 문제, 논란과 주제를 파악할 수 있도록 학생 개인의 이야기를 사용한다. 한 가지 주요 목표는 학생들이 그들의 잠재력을 제한하고 현상을 유지하고자 하는 관행들에 도전하고 저항하기 위한 새로운 지름길을 조명해 주는 역할을 할 수 있는 질문을 구성하는 것이다. Freire는 이러한 문제 제기의 개념을 발생적 주제라고 하였다. Petersen(Darder, Baltadano & Torres, 2003에서 인용)은 다음과 같이 설명한다.

> 발생적 주제는 토론, 연구, 프로젝트가 구성될 수 있는 방식으로 학생들의 관심을 불러일으키는 논란이나 문제이다. 주제는 어떤 학생의 삶의 사건, 지역 공동체의 문제 또는 미디어나 뉴스 또는 학급활동에서부터 얻을 수 있다. (p. 368)

흥미롭고 사고를 유발하는 질문에 의해 유도되는 자기탐구, 또는 Lambert(2007)가 말하는 극적인 질문은 종종 디지털 스토리의 초석이 된다. 학생들이 빈곤이나 동성애자, 양성애자, 성전환자, 갱 폭력, 그리고 다른 인종 간의 데이트 등에 대한 증오 범죄와 같은 사회 담론에 노출됨으로써 얻는 질문들은 개인의 계층과 성적, 동료 그리고 인종 정체성들에 대한 비판적 개인 성찰을 촉진시킬 수 있다. 디지털 스토리에서 Freire의 문제 제기 방식을 사용하면 정체성 발현과 그것이 어떻게 학교 리더십과 지역 공동체 참여에 암시적으로 나타나는지에 대한 이해에 영향을 줄 수 있도록 개인적으로 의미 있는 질문들을 생성하고 탐구할 수 있는 상황을 만들어 낼 수 있다.

정서적인 내용 — 권한 부여 교육

이 장에서 앞서 기술한 바와 같이 Freire가 20세기 중반 아프리카계 브라질인들과 함께한 문식성 프로젝트에서 대화적 탐구 방법을 사용한 것은, 읽고 쓰는 능력뿐만 아니라 그들을 억압하고 있는 구조를 해체하기 위해 필요한 정치적 기술을 얻게 하는 데도 중요한 것이었다. Freire 방식의 가장 중요한 업적은 참가자들이 자신의 현실을 긍정적으로 변화시키기 위한 방법으로 집단 행동에 참여했다는 것이라고 생각한다. 교사와 학생이 사회운동에 참여하기 위해 감정적으로 투자하고 책임감을 갖는다는 생각은 전통적인 학교 역할과 활동에서는 기대할 수 없는 것이다. 이러한 감정적 투자는 진정한 민주주의 약속에 대한 꿈을 꾸어야 한다고 느끼고 그 꿈을 향하여 일하는 노력을 지휘하기 위하여 학교 지도자로서의 자신들의 역할을 사용해야 한다는 교사들에게서 그 예가 드러난다(Gale & Densmore, 2003; Shor & Freire, 1987; 이 책의 Fitzpatrick; Flynn 참조). 교사들이 평등과 사회정의의 강력한 옹호자가 되기 위해서는 단순히 그들의 지식 기반뿐만 아니라 감정이 개발되어야 한다. Goodman(2001)은 더 나아가 이 개념에 대하여 다음과 같이 이야기한다.

> 유의미한 사회정의 교육은 잠재적으로 감정이 이입된 과정이다. 학생들이 콘텐츠에서 의미를 느끼기 위해서는 감정적인 연계가 필요하다. 그들이 성장과 변화의 과정에 지속적으로 참여할 수 있도록 하기 위해서 우리는 그들이 그들의 감정을 통해서 일할 수 있도록 도와야 한다. 우리

> 는 사람들이 그들의 감정을 적절하게 다룰 수 있도록 수업이나 워크숍 기회를 의도적으로 구조화할 수 있다. (p. 39)

디지털 스토리의 **정서적 콘텐츠** 요소는 스토리 제작자나 청중 모두에게 사회 논란거리나 문제에 대한 감정을 처리하기 위한 효과적인 방법이 될 수 있다. 주의 깊게 구성된 스토리는 사회 논란이나 관심에 대한 인식을 고양하고 사람들로 하여금 새로운 사회적으로 정당한 실제를 창조하는 데 있어서 그들의 역할을 꿈꾸게 하며 그들의 꿈을 실현하게 돕는 방식으로 작용할 수도 있다. 정서적인 학습 방법은 교수학습의 과정과 관련하여 비판적 문식성에 대한 참여에 잠재적으로 강한 영향력을 가질 수 있다고 생각한다. 디지털 스토리를 사용하는 것은 "스토리를 보고 난 후 어떤 관점을 갖게 되었고 그것이 어떻게 사물을 다르게 보도록 도와주었는가? 그것을 보고 무엇을 느끼게 되었는가? 어떤 의문점들이 남는가? 이제 이 문제에 대해 나는 어떻게 느끼며 그것이 어떻게 변화할 수 있는가?"와 같은 질문에 대한 대화를 촉진시킬 수 있다. 학급 학생들 사이든 예비교사들 사이든 이러한 질문에 대한 답을 포함하는 토론을 활성화하는 것은 개인의 성장, 변화, 신뢰 그리고 우정의 기회를 증진할 수 있다.

비판적 분석을 확장시키는 도구 ─ 목소리/사운드 트랙/경제/속도 조절하기

Freire는 자신이 브라질에서 성인 문식성 프로젝트에서 사용한 테크놀로지를 해방의 미디어라고 불렀다(Kahn & Kellner, 2007). 아프리카계 브라질 사람들과 일하는 동안 Freire는 그들의 세계에 의문을 품게 만들고 해방 활동에 참여하도록 만드는 방식으로 그들의 사회적 현실의 진정한 모습을 제공하기 위해 아날로그 미디어를 사용할 수 있었다. 디지털 스토리를 만들 때는 학생들이 인간 경험의 진정성과 다양성을 전달하는 다양한 도구를 사용하도록 해야 한다. 이러한 방식으로 한 개인이 산 경험을 묘사하는 것은 예비교사와 현직교사가 다양성, 평등, 그리고 사회정의의 문제에 대한 비판적 성찰, 분석, 그리고 대화를 할 수 있도록 이끄는 발생적 공간을 만들어 낼 수 있다. 목소리, 음악, 주의 깊게 활용한 특수효과, 스토리 전개에 대한 관심은 한 사람의 스토리에 현실감을 부여해 유의미한 비판적 다문화 학습이 일어나는 상황을 창조하는 방식으로 사용될 수 있다(이 책의 Hanley; Morton 참조).

앞에 언급한 디지털 스토리의 측면 하나하나가 대화적 탐구 방법을 지지하는 독특한 성격을 가지고 있는데, 특히 목소리 요소가 이 논제에 대해 특별한 연관성을 갖는다는 것이 나의 논점이다. Freire와 Macedo(1987)는 비판적 문식성 이론은 목소리와 권한 부여의 변증법적 논리에 의해 알려졌다고 주장한다. 그들의 가정은 어떻게 패권주의적 구조가 학교 조직의 관행, 즉 교육과정을 형성하는 데 작용하는지 설명하는 것을 도와준다. Freire와 Macedo는 미국 학교 교육과정은 종종 사회의 지배적인 목소리를 대표한다고 주장한다. 이러한 교육과정을 통하여 학생들은 주로 백인, 남성, 중산층, 기독교인이자 이성애자이며 신체 부자유가 없는 사람들에 의해 만들어진 세계관을 구성하는 이야기에 노출된다. 이것은 점점 상호 의존적이 되어 가는 세계에 성공적으로 참여하기 위해 필요한 지식과 기술과 소양이 필요한 학생들에게 불행한 결과를 가져온다. 학교 교육과정이 지배집단의 스토리를 이야기하는 텍스트로서 읽히는 것과 마찬가지로 디지털 스토리에서 교사는 목소리를 사용하여 학생들로 하여금 그들 자신의 역사와 자기 지식이 개인적인 이야기를 통하여 반영될 수 있도록 하는 방법을 분석하게 한다.

교사 교육에서의 디지털 스토리와 비판 문식성에 대한 시사점

디지털 스토리는 교사들을 위한 비판다문화 학습뿐만 아니라 디지털 학습도 도와주는 플랫폼으로 사용될 수 있다. 잘 개발된 디지털 스토리를 구성하기 위해서는 교사들이 12학년의 교수학습을 강화하기 위해 일련의 테크놀로지를 기반으로 한 응용 프로그램 사용방법을 배워야 할 필요가 있다. 이러한 개발과정 동안 학생들은 오디오와 비디오 파일 삽입, 이미지 공유 도구, 미디어 출판 프로그램, 그리고 이미지를 캡처하기 위한 디지털 카메라나 스캐너 등의 편집 프로그램 사용에 능숙해지고 또한 관련된 저작권 규정에 대해서도 배운다. 교사들이 이러한 새로운 디지털 문식성을 습득하면서 그들은 교실 안팎에서 디지털 테크놀로지 사용에 더 능숙한 12학년의 신세대 학생들의 학습을 강화하기에 더 나은 위치에 있게 될 것이다.

교사 교육 프로그램은 12학년 교육에서 다문화 테크놀로지를 사용하는 것에 대한 현직 및 예비교사 모두의 개념을 형성하는 데 중요한 역할을 한다. 그러므로 다문화와 테크놀로지 교육에 관심이 있는 교육자들에게는 어떻게, 왜, 그리고 어떤 조건에서 비판다문화 교육이 테크놀로지의 사용을 통해 일어날 수 있는지에 대한 새로운 사고방식이 반드시 공유되어야 한다. 비판다문화 교육과 교육용 테크놀로지 전반 분야를 연구하면서 교사들은 그러한 간분야적 경험이 학생들에게 개혁적인 비판 디지털 문식성의 결과를 증진시킬 수 있도록 하는 방법이 무엇인지 지속적으로 탐구해야 한다. 이 목표를 위해, 그리고 디지털 스토리를 예로 사용하면서, 교육자들은 반드시 비판다문화 교육학의 이론적 신념들이 학급에서 사용되는 테크놀로지를 기반으로 한 응용 프로그램의 설계와 이행에 기술적으로 반영되도록 하기 위한 의도적인 노력을 기울여야 한다.

참고문헌

Barab, S., Hay, K., & Duffy, T. (1998). Grounded constructions and how technology can help. *Techtrends, 43*(2), 15–23.

Damarin, S. K. (1998). Technology and multicultural education: The question of convergence. *Theory into Practice, 37*(1), 11–19.

Duarte, E., & Smith, S. (Eds.). (2000). *Foundational perspectives in multicultural education.* New York: Longman.

Freire, P. (1972). *Pedagogy of the oppressed.* New York: Continuum.

Freire, P. (1974). *Education for critical consciousness.* London: Continuum.

Freire, P., & Macedo, D. (1987). *Literacy: Reading the word and the world.* Westport, CT: Bergin & Garvey.

Gale, T., & Densmore, K. (2003). *Engaging teachers: Towards a radical democratic agenda for schooling.* Philadelphia: Open University Press.

Goodman, D. (2001). *Promoting diversity and social justice: Educating people from privileged groups.* Thousand Oaks, CA: Sage.

Gorski, P. C. (2001). *Multicultural education and the internet: Intersections and integrations.* New York: McGraw Hill Higher Education.

Kahn, R., & Kellner, D. (2007). Paulo Freire and Ivan Illich: Technology politics and the reconstruction of education. *Policy Futures in Education, 5*(4), 431–448.

Kajder, S. B. (2004). Enter here: Personal narrative and digital storytelling. *The English Journal, 93*(3), 64–68.

Kim, M. K., Sharp, J. M., & Thompson, A. D. (1998). Effects of integrating problem solving, interactive multimedia, and constructivism in teacher education. *Journal of Educational Computing Research, 19*(1), 83–108.

Kincheloe, J. K., & Steinberg, S. R. (2002). *Changing multiculturalism.* Buckingham, England and Philadelphia: Open University Press.

King, P., & Baxter Magolda, M. (2005). A developmental model of intercultural maturity. *Journal of College Student Development, 46*(6), 571–592.

Lambert, J. (2007). *Digital storytelling: Capturing lives, creating community.* Berkeley, CA: Digital Diner Press.

McLaren, P. (2000). White terror and oppositional agency: Towards a critical multiculturalism. In E. Duarte & S. Smith (Eds.), *Foundational perspectives in multicultural education* (pp. 195–212). New York: Longman.

McShay, J. C., & Leigh, P. R. (2005). Reconceptualizing equity pedagogy in technology teacher education: A double infusion model. *Journal of Multicultural Perspectives, 7*(2), 10–19.

Ohler, J. (2008). *Digital story telling in the classroom: New media pathways to literacy, learning, and creativity.* Thousand Oaks, CA: Corwin Press.

Pang, V. (2004). *Multicultural education: A caring-centered, reflective approach.* Boston: McGraw-Hill.

Petersen, R. (2003). Teaching how to read the world and change it: Critical pedagogy in the intermediate grades. In A. Darder, M. Baltadano, & R. Torres (Eds.), *The critical pedagogy reader.* New York: Routledge.

Rasmussen, K., & Norman, S. (1998). Training teachers for success: Pre-service teachers and technology integration. *Canadian Journal of Educational Communication, 27*(1), 45–56.

Robin, B. (2008). Digital storytelling: A powerful technology tool for the 21st century classroom. *Theory into Practice, 47,* 220–228.

Shor, I., & Freire, P. (1987). *A Pedaogy for liberation.* South Hadley, MA: Bergin & Garvey.

Shulman, L. (1986). Those who understand: Knowledge growth in teaching. *Educational Researcher, 15*(2), 4–14.

Sleeter, C., & Bernal, D. (2004). Critical pedagogy, critical race theory, and antiracist education: Implications for multicultural education. In J. A. Banks & C. Banks (Eds.), *Handbook of research on multicultural education.* San Francisco, CA: Jossey-Bass.

Sleeter, C., & Grant, C. (2003). *Making choices for multicultural education: Five approaches to race, class, and gender.* New York: Merrill.

Sleeter, C., & Tettegah, S. (2002). Technology as a tool in multicultural teaching. *Multicultural Education, 10*(2), 3–9.

제11장 | 우리의 현 장소 알기
비판다문화적 과학교육

GEORGINA M. STEWART

서론

다른 교과와 비교할 때 과학교과는 과학과 문화는 별개라 보면서 과학교육과정 내에서 규범적인 지식과 전통적인 단일학문이라는 견해를 고수했기 때문에 다문화주의의 발전이 상대적으로 덜 이루어져 왔다(Duschl, 1985). 과학지식의 본질은 의도적으로 미학 혹은 역사같은 인본주의 차원을 배제함으로서 예술교과, 사회교과, 혹은 영어교과 등에서 이루어진 다문화적 교육과정으로의 개혁을 방해하고 있다(이 책의 Hanley; Morton; Locke 참조). 이런 점은 과학지식의 본질과 '다문화적 과학교육'이라는 바로 그 아이디어가 왜 많은 과학교육자들을 혼란스럽게 만드는지를 알려준다. 이 장은 우선 비판적인 시각이 다문화적 과학교육에 필수적이라는 점과 이어서 다른 전통으로부터 이루어진 과학교육의 개혁이 더 광범위한 시각의 논쟁으로까지 진전되도록 도울 수도 있다는 점을 논의할 것이다.

이 장의 주제는 두 가지 방식으로 읽을 수 있다. 아래에 논의되는 것처럼 장소 기반적인 형태의 지식은 원주민 정체성의 핵심이며 다문화적 과학교육에서 주요 현안이 된다. 또한 이 주제는 지식에 대한 접근이 위계적으로 이루어진다는 점과 이런 계층적 질서 내의 시각과 원주민의 지위를 향상시키고자 다문화주의자들의 관점을 주목한다(Tuhiwai Smith, 1999).

이 장은 여러 문제 가운데 용어상의 문제들로 인해 명백히 양립할 수 없는 시각들 간에 오랫동안 대립 양상을 만들어 왔다는 점을 제기하면서 과학교육에 대한 비판적 다문화주의의 적용을 둘러싼 복잡성에 대해 검토하고자 한다(Tobin, 2008). 해결하려는 의지가 부족해서 이론과 실제가 서로 연결되지 못했으며, 원주민 지식에 관한 신랄한 논쟁만 있을 뿐 비서구권 학생들을 평등에 도달하지 못하게 막았다. 사실 연구 입장들 사이의 가장 중요한 차이점들은 정치적인 것이며, 과학과 과학교육 사이의 연결이나 다른 집단들 간 권력관계 사이의 연결을 이해하는 것과 관련이 있다(Lacey, 2001).

이 장은 비판적 후기식민주의의 시각으로 관련 현안과 분야를 살펴보고자 한다. '후기식민주의'라는 용어는 '서구'와 흑인, 토착민, 동양인 같은 '원주민'으로 구분하는 두 가지 잣대를 통해 살펴본 미국, 호주, 뉴질랜드 같은 사회의 이주민과 제국주의자의 역사를 의미한다. '비판적'이라는 용어는 비판적인 이론을 말하는데(Young, 1989), 특히 과학지식이 사회에서 정치적 권력 토대를 어떻게 지원하는지, 이런 행동이 과학교실에서 원주민과 다른 소외된 학생들에게 어떤 영향을 미치는지를 알아보는 데 적용한다.

다음으로 다문화적 과학교육에서의 현안들을 소개하는 데 관련된 연구로 Derek Hodson(1999)이 쓴 고전 에세이를 재검토한다. 구체적으로 주석들은 원주민의 교육과정에 준하며, 다문화적 과학교육과 다른 두 가지 개혁운동, 즉 과학-기술-사회Science-Technology-Society, STS와 과학의 역사 및 철학History and Philosophy of Science, HPS을 서로 관련시켜서 설명한다. 결론에서는 교실 실천과 더 나아가 연구에서의 변화에 대한 제안들로 마무리한다.

지식의 본질과 다문화적 과학교육

다문화주의의 기치하에 이루어진 다양한 교육비판에서는 학교 교육에 깊숙이 새겨진 인종차별주의에 대한 우려가 있다(McCarthy & Grichlow, 1993). 이 맥락에서 다문화적 과학교육은 비서구권 학생들을 위한 과학교육의 결과적 불평등을 인정하는 것으로 시작한다. 그러나 목적의 합의에도 불구하고 반대쪽의 입장은 다문화 과학교육의 주요한 현안들을 계속해서 발전시켜 왔고, 그 결과 해결하기는 어려우면서도 말 많은 논쟁을 이끌어 냈다. 이 주요한 현안들은 과학의 본질이고, 원주민 지식indigenous knowledge, IK의 본질이며, 학교 교육과정은 이것에 대한 표현이라 할 수 있다

다문화적 과학교육자들은 다른 과학교육자들처럼 과학의 본질이 학교 교과에서 어떻게 제시되는지에 관심을 갖고 있다. '과학의 본질'이라는 용어는 비록 학교 교육과정(과학의 본질이 적어도 포함된다면)에서 전자의 해석이 대부분이긴 하겠지만, 인위적인 기술 수준에서나 혹은 더 깊은 철학적인 수준 양자의 측면에서 이해될 수 있다. 다문화적 과학교육에 대한 관심을 이해하기 위해서 철학적 관점을 취하는 것이 필요하다. 20세기가 지나가면서 점차 실증주의 대신 우세한 과학철학이 나타나 이로 대치되면서 과학을 규정하는 기준 또한 의문점이 생기게 되었다. 점차 과학은 사회와 문화 내에서 발전하는, 인간의 실수와 왜곡에서 벗어날 수 없는('순수한 지식'으로서의 과학의 초기 개념이 전복되는), 인간의 소산물로 간수되

었다(Cobern & Loving, 2008). 시대에 뒤처진 철학들의 잔류들은 비록 현대의 과학철학에 의해 의심이 되는 부분이 있다 해도, 학교 교육과정을 추월하여 '과학에 관한 신비들'이 되었다(Hodson, 1999). 이것은 과학과 과학교육과정 사이의 관계에 대해서 Glen Aikenhead가 남겼던 논평 comments을 상기시킨다.

20세기는 과학자로 불리는 학자들의 학문 공동체가 자연을 물리, 화학, 생물, 지질학으로 나누는 것으로 시작된다. 그래서 그 세기는 엔지니어, 기술자, 과학자, 펀드 매니저의 사회들이 모여 초국가적 콜라주로 보이는 '자연'을 완성했다. 20세기는 고등학교 과학교육과정을 물리, 화학, 생물, 지리로 나누는 것으로 시작해서 직업 엘리트를 배양하기 위해 가르쳤다. 20세기는 교육과정을 변화시키고자 하는 많은 노력에도 불구하고 19세기의 교육과정을 고수하는 방향으로 이루어졌다. 요약하면 학교과학은 20세기 동안 서구과학과 함께 발전하는 것을 거부했다. 이렇게 거부가 성공적이라는 것은 학교과학이 사회적, 경제적, 정치적 권력을 즐기는 지배층 이해관계자의 이익에 어느 정도 기여했음이 분명하다는 점을 보여 준다.   (Aikenhead, 2000, p. 257)

최근의 연구에서, Aikenhead는 "객관성은 학문의 마취제가 되어 왔다."는 말을 제시하면서 과학교육이 과학지식을 생각하는 방식에 노골적으로 도전했다(Aikenhead, 2008). 언뜻 보기에 이것은 놀랄 만한 진술이다. 왜냐하면 객관성은 과학의 가장 중요한 특징 중 하나로 널려 알려져 있기 때문이다. 그러나 그는 객관성을 '실증주의자 같은 관점의 유럽 중심 과학의 일부분으로서'(p. 584), 다시 말해 과학주의와 유럽 중심주의에 의해 원인이 된 과학과 객관성의 왜곡으로 보았다. 이런 쌍둥이 이데올로기(과학과 객관성)와 그 효과들이 타 교육과정 분야에 비해 다문화적 과학교육에서 더 큰 논쟁을 일으킨 것이다. Richard Boyd(2001)는 진화생물학 같은 사회적 이데올로기에 가장 많은 영향을 받은 과학 분야들이 '악의에 찬' 의미들이 준 영향을 살피면서, 과학에서 객관성의 역할을 밝혔다. 이것들은 결과적으로 '과학적 합리성에 관한 일종의 상대주의'가 되었다.

객관적인 방법들은 이론 중립적이며 그래서 사회적 이데올로기(그리고 개인적인 특징에 대해)에 영향을 받지 않는다는 생각은 객관성에 대한 고정관념의 일부분일 뿐이다. 과학은 '객관적'이며 그래서 이데올로기의 영향을 받지 않는다는 생각은 그 자체로 과학에 의한 정치적 합리화의 신빙성을 높이는 이데올로기적인 기능을 하게 된다. 그러나 그 과학적 객관성과 같은 현상은 실제 지식을 체계적으로 생산하는 과학적 방법들에서 신뢰를 조작하는 문제이다.   (p. 57)

Boyd는 "우리가 논의해 왔던 이데올로기의 이데올로기적 개념이 '객관성'이라는 용어에 대한 개념상의 의미를 구성하고 있다."고 주장하면서 '정치학과 인문학에서 압제자의 연장선인 객관성이라는 개념'과 '사회적 비판주의와 이데올로기 비판 프로젝트에 필수적인 — 인식론적으로 신빙성 있는 배치인 과학적 방법들 — 객관성이라는 현상'으로 이분하게 만들었다(p. 59). 그는 결국 비판다문화적 과학교육의 정치적 입장과 과학의 비판적 철학 관점 사이의 관계를 명확히 하였다.[1]

인문학과 관련된 영역에서 — 대규모의 정치적 · 경제적인 변화 부재인 — 과학의 객관성은 투쟁을 계속할 수 있는 드문 상황을 제외하고 과학제도의 일반적인 연구 내에서는 성취될 수 없다. 그것을 반대하는 움직임에 의해 제공되는 상황에서 이루어지는 제도적 과학 내의 일반적인 연구 밖에서만 달성될 수 있다. 아마도 과학의 객관성이 정치적 투쟁에 의해 제공된 상황에서만 이 개념이 악의적인 의미에서부터 자유로울 것이다.   (Boyd, 2001, p. 59)

위에 언급된 Aikenhead의 냉소적인 논평은 객관성이라는 개념이 생활세계의 실천과 그와 연관된 담론에서 주의 깊게 생각되지 않았다는 점과, 객관성이라는 개념이 마취제가 될 수 있다는 점을 성찰할 필요가 있다고 경고한다. 이때 필요한 것은 객관성을 모두 버리는 것이 아닌 더 강한 객관성을 갖는 것이다(Siegel, 2006). '과학은 객관적이다'와 같이 과학에 대해 전면적인 주장을 하는 것은 타당하지 않다. 과학의 모든 측면에는 규범적인 부분이 포함되는데, 불가피하게 그 규범의 모든 기준은 평가를 받아야 한다.

May(1999a)는 비판적 다문화주의에 관련된 초기의 영향력 있는 연구를 연속적으로 출판했다. 그 연속 연구들에 있는 장 중 하나는 Derek Hodson (1999)이 쓴 '과학과 기술교육에서 비판적 다문화주의'라는 제목의 에세이였다. 10년이 지나서도 Hodson(1999)은 여전히 다문화적 과학교육 연구에 의해 일어났던 현안에 대한 유용한 준거의 틀을 제공하고 있다.

Hodson의 장은 네 가지 주제 —'학습의 개별화, 경계 교차의 용이성, 과학의 탈신비화, 과학교육의 정치화'(p. 217) — 로 구성되어 있는데 후자의 2개는 과학의 본질에 관한 논의로 풀어갔다. Hodson은 학교 교육과정에 의해 퍼진 주요한 '과학에 관한 신비'는 '과학과 기술은 그것들을 유지하고 있는 사회의 열망, 가치, 관심, 연구들에 의해 추동된 이래로 가치 중립적인 활동'이 되었다(p. 229). Hodson은 어떻게 '사회적이고 문화적인 영향력이 정치적 목적들을 위해 과학을 잘못 사용하여 왜곡하도록 이끌 수 있는지'의 사례를 통해 과학적인 인종주의의 고려사항과 관련된 질문들의 일부를 리스트로 만들었다. 그것은 다음과 같다.

> "아프리카계 미국인, 마오리족 미국인 혹은 여성주의 과학은 어떤 과학
> 인가?" "이 용어들은 아무 의미가 없지 않은가?" … "과학이 다를 수 있
> 다면 그것도 달라야 하는가?" "이런 도전들로 소수민족집단의 학생들
> 을 과학에 더 쉽게 접근하게 만들 수 있는가?" "이런 변화들은 사회적
> 구조 혹은 환경에 대한 효과에 유익한가?"   (p. 230)

Hodson은 "이런 종류의 의문을 가져 보면, 학생들이 과학은 대중에게 보여 주는 이미지처럼 정직한 것이 아니라는 점을 인정하게 된다. 그래서 그들은 그것의 교육과정을 개선하거나, 가능하다면 변화시킬 권한을 부여받는다."(pp. 230-231)고 제시했다. 그러나 Hodson은 우선 이런 질문들이 학생들보다 오히려 교육자와 교육과정 개발자들을 대상으로 도전하기 위해 고안된 논의로부터 일어났기에 그는 목표 대상으로 하는 청중을 바꿨다. 두 번째로, 과학교육 개혁의 목적은 의미 있는 지식을 '비서구 학생들'이 더 쉽게 접근할 수 있도록 해서 사회적 이동을 향상하기 위한 것이라는 점을 초기부터 표현했다. 지금까지의 과학교육으로 이들 학생이 더 나은 성과를 달성하기는 힘들다는 것이 증명되었다. 그래서 이 학생들을 위해 현실적으로 과학을 개혁하는 것은, 이 논의에서 암시하는 것처럼, 훌륭한 목적이긴 하지만 성취하기에 더 어려운 것으로 보이고, 정교한 비판이 자료의 완성도를 확실하게 요구하게 된 이래로 처음의 목적에 의존해야 하는 것으로 보인다(Young, 1989).

그는 처음 두 가지 주제로 돌아가서 과학교육 내에서 문화적응으로서의 과학교육을 촉구하는 논쟁과 처음 '담론의 공동체'라는 의미로 '문화'라는 개념을 사용하는 것에 구성주의가 준 영향을 추정하기 위하여 '이해의 사적 구성'이라는 개념을 사용하였다.

중요한 것은 특정 의미들이 적절할 때와 적절한 담론 내에서 그것들을 적절히 다룰 수 있을 때 인정된다는 것이다. 과학교육의 목적은 진정하고 보편적으로 타당한 설명 모형의 하나로서 과학적인 방식을 제공하는 것이므로 이해에 대한 상식적인 방식을 근절하려는 것은 아니다. 오히려 각 학습자가 과학적 이해를 알맞게 사용하는 방법과 때를 알게 만드는 것이다.   (Hodson, 1999, pp. 221-222)

계속해서 Hodson은 '문화적 세계관과 과학교육의 경계 교차에 대한 최근의 작업'을 포함하는 과학학습에 있어서의 사회문화적 요인들을 논의해 왔다(Aikenhead, 1996). 그러나 문화 용법(이제 사실상 '민족성'을 의미하는)에 대한 변화는 주목하지 않았다. 유사한 문제들은 현재의 일에서 자명하여 그것이 정치적으로 '순수한' 수준에서 계속 유지될 수 있도록 돕는다(McKinley, 2001). 비서구권 학생들과 일해 보았던 과학교육자들은 공통적으로 과학과 모순된 세계인식이 일으킨 문제점들을 언급하였다. 그러나 그들 중 일부만이 문화중재자로서의 과학교사(Cobern, 1991)라는 개념을 지지하는 세계인식이론을 언급하였다(Kearney, 1984).

문화중재자의 개념은 그로 인해 비서구권 학생들의 과학교육에 대한 성과가 개선될 것이고(예 : Sutherland, 2002), 그 때문에 유익하다는 생각으로 증거가 불충분함에도 불구하고 널리 지지되고 진심으로 받아들여졌다(Michie, 2004). 이에 대한 비판은 다음의 부분들로 확인된다.

- 모든 (교실) 접촉은 단순히 인종 혹은 문화적 민감성을 요구하는 교육적 순간으로 관리될 수 있다.
- 모든 과학교육자들이 할 필요가 있는 것은 차이점을 극복하고 그들의 방식으로 일하는 것을 배우는 것이다.

- 문화적 민감성의 획득과 실제는, 예들 들어 교사집단teacher population 을 다양화하기 위해 구체적인 어떤 노력들을 대신할 수 있다.

- 뉴질랜드, 미국, 영국 같은 장소에서 대부분 교사들은 백인이며 그들 은 교실에서 학생 행동들을 해석하게 된다. 그래서 교사의 눈을 똑바 로 보지 않는 학생은 '권력 반응'을 지지하는 '문화적인 반응'으로 해 석된다(McKinley, 2001, pp. 74-75).

경계-교차/문화-중재 작업은 모든 학생이 과학교실에서 '공평한 경쟁 의 장'에 있고, 어떤 '인종도 차별하지 않는다'는 가정에 대한 균형을 잡기 위해 중요하다. 그러나 여러 '사회의 세상'들 사이에서 '경계 교차'의 아이 디어는 은유적이라는 것을 기억해야 한다. 최선의 의도들에도 불구하고, 모나디즘monadism으로 기울어 가게 하는 이 개념의 구체화는 다문화적 과 학교육에서 여러 다른 민족문화들을 서로 폐쇄적으로 보이도록 하는 것이 명백하다(예 : '구별되는 사회적 세계', Hodson, 1999, p. 224 참조). 모든 학생과 모든 과학자가 동일한 하나의 세계에 살고 있다는 주장은 불평등한 접근이라는 정치적 현실을 나타내는 것이며, 다문화적 과학교육에 대한 비판은 정당한 목표를 만드는 과학과 그 적용을 통제한다.

위에 인용된 질문들에서 아프리카계 과학과 마오리족 과학의 통합은 비 록 이것이 그 연구에서 가장 논란이 많은 현안 중 하나라 해도 '원주민 과 학'은 Hodson의 장에서만 유일하게 논의되고 있다(Lacey, 2001). '원주 민 과학'이라는 용어와 이와 관련된 것들은 원주민이 사회다원주의에 강 한 영향을 받은 해석인 문화적 모나디즘으로부터 발생하여 구체화된 범주 의 분석으로부터 나온 것이라고 보는(Salmond, 1985), 원주민 사고와는 대조적으로 서구사고에 대해서는 유럽 우월주의적인 묘사를 하는 패러다 임으로서의 과학을 가져왔다고 보는(Scantlebury, McKinley, & Jesson,

2002) 고전 인류학에서 기원했다. 이것은 유럽 중심적인 과학의 잠재적 성질과 함께 여전히 만연해 있는 서구과학의 용어를 널리 인정하는 데 기여하였다. 차례로 이것은 정치적 근거 위에 '마오리족 과학' 같은 용어들을 전략적으로 만들어 왔는데, 비록 논리적으로 앞뒤가 맞지 않긴 해도, 그것들은 계속 심하게 불일치를 유발해 온 철학 같은 분야에서부터 교육 같은 분야로 이전되어 와 구체화된 이분법적인 구성을 완성하였다. 이런 문제의식을 가진 변증법은 Hodson의 장에서 두 가지 종류의 진술들에서 나타나는데, 첫째는 '서구 과학'의 생각을 지지하는 데 있다.

> 과학 지식이 특정 문화(서구 과학 공동체) 안에서 발생한다고 말한다고 해서 과학을 불신하는 것은 아니다. 서구 과학은 … 그것이 일부 비서구권 문화들과는 공유되지 않는, 문화적 가공물인 인식론적 가정을 만든다는 의미에서 … '편협'하다.　　　　　　　　　　(Hodson, 1999, p. 231)

다음 절에서는 반대의 관점을 표현하고 있다 — "과학은 오로지 유럽적이거나 혹은 북미(예 : 백인-중심인종주의)적이라고 하는 것은 널리 퍼진 미신이다."(p. 231) 과학에 대한 이런 비일관적인 문화적/정치적 입장에도 불구하고 Hodson은 다양한 유력 담론, 특히 사회에 영향을 주는 과학과 기술에 대한 담론을 학생들이 이용할 수 있게 하기 위해(p. 234) 과학교육을 정치화하도록 장려하였다. 여기서 결정적으로 중요한 부분은 과학교육 과정의 개발이 국가교육의 탈정치화 경향을 극복해 왔다는 약간의 징조가 있고 오늘날도 이와 같이 연관되어 있다는 것이다.

　Hodson의 장은 다문화적 과학교육 연구가 다음의 방식에서 좋은 본보기라는 점을 보여 준다.

- 서구 남성의 학문적 관점으로 씌여진 저술
- 지식, 언어 및 정치 문화성에서 공통된 일련의 주제들을 검토하여 통합한다.
- 정치적 입장 혹은 논쟁에서 우연히 생기는 잘못을 보여 준다(예 : 문화적 모나드주의, 유럽 중심주의, 과학지상주의 등).
- 한 사람의 논쟁에 대해 다른 학자들이 열렬하게 반박하는 것을 포함하는 반대 입장의 논쟁을 언급한다('격분된', Hodson, 1999, p. 231).
- 교육과정 제안서는 실제 교실 데이터 혹은 실세계 프로그램에 근거하는 것은 아니다.

Hodson(1999)은 다문화적 과학교육 연구를 비판적으로 조사하고 종합했다. 그러나 그 분야의 많은 경우처럼 이론과 실제의 거리를 좁힐 수는 없었다. 아직도 이러한 것은 그 분야의 아쉬움 중 하나로 보고 있다. 그 현안들의 많은 사례는 교실 실제, 교사 교육과 연구를 위한 제안서들로 출판되었다(예 : Hines, 2003). 그러나 이 척도들이 비서구권 학생들에 대한 과학교육의 결과에서 상대적인 불평등을 제시하는 중요한 차이를 보여 주었다는 증거는 아직도 거의 없다.

다문화적 과학교육은 윤리적인 부분에 대한 '통합'을 향한 움직임으로서 원주민 지식에 관심을 가져 왔지만, 원주민 학생들의 과학교육에서 나타나는 불평등을 극복하지 못할 수도 있다. 그것을 옹호하는 것이 인식론적 폭력과 유럽 중심주의를 배제하려는 움직임의 연속선으로 보이게 된 이후로, 그 분야에서의 지배적인 견해는 과학교육과정에서 원주민 교육과정IK을 포함시키는 것을 선호한다(McKinley, 2007). 논쟁에 대한 좌절의 징후들은 최근 원주민 교육과정에 대한 특별 현안에서도 나타난다.

> 여러분은 이론에 치우치는 것을 멈추고 원주민 교육과정의 한 측면을
> 교실에서 실천하도록 노력하는 것이 필요할 때입니다. 내가 '바로 하
> 자'라고 하며 실행해야 할 필요성을 언급하는 이유는 교실에서 지역적
> 인 원주민 교육과정의 실천과 개발에서 가장 가치 있을 수 있는 대화는
> 원주민사회 수준에서의 대화일 수 있기 때문입니다.
>
> (Dawn Sutherland in Keane, 2008, p. 619)

해답은 원주민 교육과정을 과학교육과정에 편입시키는 방법이 전체적으
로보다 지역적으로 만들어지는 결정일 수 있다(McKinley, 2005). 다음 절
은 뉴질랜드에서 마오리 교육이라고 불리는 원주민 교육 맥락 중 하나의
관점을 언급한다(이 책의 Bishop 참조).

원주민 과학교육과정 : 푸타이아오

원주민 정치의 구체적인 맥락들은 지식, 언어와 정체성 논쟁을 함께 가져
와서 비판적 이론과 연구방법을 지속적으로 적용할 수 있게 한다. 뉴질랜
드에서 그런 맥락은 국가가 지원하는 마오리족 언어 학교 프로그램Kura
Kaupapa Maori, KKM에 의해 제공된다. KKM과 연관된 마오리족 교육과정
에 대한 발표는 1990년대에 나왔는데, 이는 과학교육의 개발 대신 원주민
과학교육과정인 푸타이아오Pūtaiao로 알려진 마오리족 언어 학교 프로그
램을 포함한 교육과정이었다.[2]

교사와 학생, 그리고 KKM에서 전반적인 학교 환경의 정체성은 마오리
족이다. 그래서 문화적인 소외감이 최소화된다. 그런 학교들은 그들의 원
주민 교육과정인 지식의 토대를 중시하는데, 그것은 과학교과만이 아니라
전 교육과정을 총망라해서 적절한 것으로 보기 때문이다. KKM은 마오리

족 학생들을 위한 교육적 불평등을 극복하는 것을 목표로 한 이후, 이 학교 공동체들은 과학교육에서의 결과적 불평등에 집중적으로 관심을 가져 불평등한 원주민 과학교육과정을 스스로 공론화하도록 장려한다. 이런 요인들은 원주민 과학교육과정에서 원주민 교육과정 푸타이아오를 편입시키는 것에 대한 중요성을 약화시키며 원주민 과학교육 교실에서 가능한 성공적으로 과학을 가르치기 위한 동기를 증진시킨다.

원주민 과학교육과정을 포함한 KKM의 성공은 과대평가되기 쉽다. 일부 보고서들은 원주민 과학교육과정의 그 혁신적인 새로움에만 초점을 맞추어 왔고(Durie, 2005), 학생들의 결과라는 견지와 그 분야 양쪽에서 발전의 증거는 부족하다는 점을 간과하였다. 정부의 관찰에서는 KKM 학생들이 주로 학교에 다니는 마오리족 학생보다 더 나은 혹은 유사한 비율의 학업 성취율이 나타났지만 각각 다른 교과 영역이었다는 것을 보여 주었다. 불균형은 과학/원주민 과학교육과정에서 가장 컸다. 모든 KKM 학생들 중 절반은 몇몇 과학 학점을 전혀 성취하지 않아도 학교 졸업장이 주어진다. 이것은 주로 위에서 논의했던 역사적 현안과 폐쇄적인 사회의 악순환에 기인하는 것으로서 결국 자격을 갖춘 마오리족 언어를 사용하는 과학교사들의 부족을 초래하였다.

원주민 과학교육과정은 최근에(2008) 더 다양한 국가 교육과정 재개발의 한 부분으로 개정되어 왔다. 새로운 해석에서는 생물학, 지구과학과 천체를 포함시켰기 때문에 원주민 과학교육과정 요소가 일반 과학 요소에 대한 것보다 더 많은 부분을 차지한 한편, 화학과 물리학 각각을 통합시켰다. 거기에는 과학교육과정에서 과학 요소의 본질에만 덮여 있던 것에서 벗어난 '과학의 철학과 역사'라는 제목을 가진 네 번째 요소도 있다. 이것의 통합은 마오리족 과학 학습자의 정치적 요구에 대한 위의 분석에 근거한다. 과학교육에서 이야기 교육에 대한 지역적 연구를 따르게 되면

(Barker, 2006), 이런 요소는 과학의 철학적 본질 측면의 예를 보여 주는 역사와 현대 과학 연구들로부터 '교수 이야기teaching stories'를 활용해서 가르칠 수 있다.

이런 세부적인 의견들에서 중요한 점은 다문화주의의 수사학이 현대 다문화사회에서 실행될 때 발생하는 중복과 충돌에 대한 실생활의 예를 제공하는 것이다. 원주민 과학교육과정은 어디서나 일어나는 논쟁들, 즉 언어적, 인종적 그리고 과도하게 실용적인 차원의 논쟁들로부터 오는 모든 수준의 갈등이 넘쳐 흐르는 교육적 상황에 놓여 있다(Stewart, 2005). 그것은 원주민의 문화정체성을 가진 학생들을 위한 과학교육의 결과적 평등을 성취하기 위한 사회정치적, 철학적 차원의 보편적 의의 위에서 지역적 시각을 제공한다.

과학교육에서 다른 전통과의 연결 : 과학-기술-사회STS와 역사-과학-철학HPS

다문화적 과학교육과 과학교육에서 개혁과 연구라는 두 다른 전통 사이에는 공통요소들이 있는데 이것은 학교 교육과정에서 과학의 본질에 대한 더 사실적인 표현들을 진작시키는 데 관심을 갖고 있다는 점이다. 이것들은 과학-기술-사회STS와 역사-과학-철학HPS으로, 각각은 다문화적 과학교육처럼 계속되는 다량의 연구 분야가 있으며 논쟁이 가득하다.

STS와 다문화적 과학교육 사이의 일치는 오래전에 알려졌다(Aikenhead, 1996). 그러나 최근 보고서를 통한 관찰에 의하면, 'STS는 대부분의 영역에서 그 옹호자들의 기대에 맞춰 존속하고 있지 않다. STS의 35년을 돌이켜 보면, 옹호자들은 그동안 일어났던 일에 놀라워한다(Nashon, Nielsen, & Petrina, 2008, p. 387). 놀랄 만한 점은 아마 과거

35년 동안 HPS와 STS의 헌신자들이 많은 논리적 근거를 발전시켜 온 부분이지만, 그 혁신은 실천의 의지까지 이어지지 못했다는 것이다(p. 399). 이 보고서의 저자들은 STS 1(학문적인 해석)과 STS 2(혹은 '행동주의자 STS')로 나눈 역사를 추적하였다. HPS는 STS 1을 확장하고 조작하기 위해 사용되었으며 그런 의미로 이 부분 또한 포함하였다. 그러나 '행동주의자/학문적' 분리는 현대 이데올로기 영향력에 의해 불이익을 받는 집단을 위한 해방의 잠재력을 방해하는 바로 그 문제를 확인시켜 준다(예컨대 이런 것들은 양립할 수 없는 것으로 보인다).

HPS는 또한 다문화적 과학교육 연구와 겹치게 된다. 예를 들면 HPS는 Cathleen Loving과 Bernard Ortiz de Montellano(2003)는 현재 폭넓게 사용되는 문화적으로 적절한 자료들이 '나쁜 과학'에 근거했던 자료들을 많이 발견하고 비판한다. 그리고 '좋은 문화에 적절한 과학'은 특정 과학 현상에 연관된 인류학과 역사에서 구성되고 있다고 제시하고 있다(pp. 160-161).

이 연구 전통 각각에서 실제적인 결과 혹은 진전의 유사한 결핍 —STS, HPS와 다문화적 과학교육 — 은 세 가지 모두에 대해 경고를 하고 있다. 늘어나고 있는 특수화 경향은 '혼합 분야'(Jobin, 2008, p. 63)로서의 다문화 과학교육 연구 망토 안에 남아 있는, 최근 출현한 과학교육에서의 문화연구Culture Science in Science Education, CSSE를 포함하고 있다. 위에 제시된 분석은 반대 방향으로, 아니면 다른 전통에 대한 연합으로, 혹은 적어도 더 나은 연합으로 움직일 필요성을 제시하고 있다.

결론 : 비판다문화적 과학교육자 배양

이 장은 과학교육에 대한 비판다문화적 접근이 과학, 과학교육과정, 교실 실천과 자원들이 비서구적 학생들의 생활경험과 정치적인 영향력에 미치는 효과에 대한 주의가 필요하다고 주장했다. 이 접근은 과학교육에서의 문화적 현안들에 대한 학문적인 연구 수준에는 물론 교실 교사들이 떠맡은 변화에도 영향을 준다.

민족 존엄성의 문제로서 모든 교사들은 (과학교사를 포함하여) 문화에 대한 그들 자신과 타인의 결핍사고deficit thought에 도전해야 하며 모든 학생에 대한 높은 기대치를 충족시켜 주어야 한다. 이것은 일반적으로 학교교육의 다문화적 비판에서 요구된다(이 책의 Bishop 참조). 게다가 이것에 대해 문화적으로 다양한 교실이 더 잘 운영되기를 원하는 과학교사들은 두 가지 분야의 이론적인 수준에서 그들 자신의 이해를 향상시키는 이점을 얻을 수 있다.

- 과학과 제국주의 사이의 역사적 관계를 포함하는 과학의 철학과 역사
- 인종, 세계관 이론, 그리고 원주민 교육과정에 대한 더 다양한 학문적 분야(과학교육을 넘어서)를 포함하는 문화이론

두 번째 분야와 관련된 교사의 이해들은 더 지역화되었다. 그것은 교사들이 학생들의 실제 문화들에 익숙해지기에 적절하다. 상징적 측면(믿음과 가치)은 물질문화의 세부항목만은 못하지만 꽤나 유용하다.[3] 위에 언급한 대로, 과학과 그 역사에서 기술의 역할을 비롯한 인종차별 집단이 가진 지배문화와 상호작용의 역사는 일반적인 교육, 특히 과학 내에서 민족성을 확인하거나 그것들에 대한 태도에 영향을 주는 학생들의 현재 상황과 많은 관련이 있다.

위에 기술된 학습은 소수인종집단 불평등에 대한 교육 문제 의식의 정치화된 관점을 발전시키는 데 기여할 것이다. 그런 정치화는 비판다문화적

관점을 위해 필요하며, 객관적 작업은 물론이고 주관적으로도 도전해야 하는 개인의 과정이다.

다른 문화들은 다른 세계관으로부터 나타날 수 있다. 그러나 이것은 그 자체만으로는 전 세계 원주민 학생들을 위한 과학교육에 오랫동안 계속되는 불평등을 설명하지는 못한다. 서구 과학과 원주민 과학을 위해 무언의 지원을 하는 '문화중재자로서의 과학교사'라는 생각에 대한 한계들을 널리 인식할 필요가 있다. 향후 연구는 세계관 이론에 근거한 문화적 인식론적 다양성에 대한 필요성이 제기되나 이것은 엄격하게 보면 과학교육자에 대한 관심인지 아닌지는 의심스럽다.

과학의 철학과 역사, 식민지화와 원주민에 대한 압제 그리고 과학적 개념들에 대한 사회적 이데올로기의 영향력을 고려한 과학교사 교육에 더 많은 관심을 쏟아야 한다. 역시 더 큰 평등을 위한 변화의 기회를 극대화하기 위해서는, 현대 분리주의자의 경향에 대항하여 더 통합하기 위해 STS, HPS, CSSE같은 과학교육 연구에서의 개혁에 대한 노력들이 더 필요하다.

주

1. Boyd의 의견 역시 원주민 사회 학교교육 운동과 그 맥락 속에서 발전한 과학교육과정의 중요성을 명확하게 한다(May, 1999b; 아래 참조).
2. 이 장은 과학언어 본질과 관련된 현안이나 위태롭게 된 원주민 언어가 경험하는 활성화에 대한 논의를 제외했다. 왜냐하면 더 광범위한 다문화 과학교육 논쟁에 적용될 것이 적기 때문이다.
3. 윤리 이야기를 통해 표현되는 원주민 지식의 가치들은 자연세계 지식의 본질을 조사하는 과학교육에 유용하다. 원주민 지식을 사실체로 보려는 과학적인 요구에 저항하거나 원주민 지식을 과학교육과정 안에 체계화하려는 것은 중요하다.

참고문헌

Aikenhead, G. (1996). Science education: Border crossing into the subculture of science. *Studies in Science Education, 27,* 1–52.

Aikenhead, G. (2000). Renegotiating the culture of school science. In R. Millar, J. Leach, & J. Osborne (Eds.), *Improving science education—The contribution of research* (pp. 245–264). Buckingham, England and Philadelphia: Open University Press.

Aikenhead, G. (2008). Objectivity: The opiate of the academic? *Cultural Studies of Science Education, 3*(3), 581–585.

Barker, M. (2006). Ripping yarns: A pedagogy for learning about the nature of science. *New Zealand Science Teacher, 113,* 27–37.

Boyd, R. N. (2001). Reference, (In)commensurability and meanings: Some (perhaps) unanticipated complexities. In P. Hoyningen-Huene & H. Sankey (Eds.), *Incommensurability and related matters* (pp. 1–63). Dordrecht, The Netherlands: Kluwer.

Cobern, W. W. (1991). *World view theory and science education research.* Manhattan, NY: NARST.

Cobern, W. W., & Loving, C. C. (2008). An essay for educators: Epistemological realism really is common sense. *Science & Education, 17,* 425–447.

Durie, M. H. (2005). Pūtaiao: Tides of discovery. In *Ng tai matat: Tides of Māori endurance* (pp. 136–162). Melbourne: Oxford University Press.

Duschl, R. A. (1985). Science education and philosophy of science: Twenty-five years of mutually exclusive development. *School Science and Mathematics, 85*(7), 541–555.

Hines, S. M. (Ed.). (2003). *Multicultural science education.* New York: Peter Lang.

Hodson, D. (1999). Critical multiculturalism in science and technology education. In S. May (Ed.), *Critical multiculturalism: Rethinking multicultural and antiracist education* (pp. 216–244). London: Falmer Press.

Keane, M. (2008). Science education and worldview. *Culture Studies of Science Education, 3*(3), 587–621.

Kearney, M. (1984). *World view.* Novato, CA: Chandler & Sharp.

Lacey, H. (2001). Incommensurability and "multicultural science." In P. Hoyningen-Huene & H. Sankey (Eds.), *Incommensurability and related matters* (pp. 225–239). Dordrecht: Kluwer.

Loving, C. C., & Ortiz de Montellano, B. R. (2003). Good versus bad culturally relevant science: Avoiding the pitfalls. In S. M. Hines (Ed.), *Multicultural science education* (pp. 147–166). New York: Peter Lang.

May, S. (Ed.). (1999a). *Critical multiculturalism: Rethinking multicultural and antiracist education.* London: Falmer Press.

May, S. (Ed.). (1999b). *Indigenous community-based education.* Clevedon, England: Multilingual Matters.

McCarthy, C., & Crichlow, W. (Eds.). (1993). *Race, identity and representation in education.* New York and London: Routledge.

McKinley, E. (2001). Cultural diversity: Masking power with innocence. *Science Education, 85*(1), 74–76.

McKinley, E. (2005). Locating the global: Culture, language and science education for indigenous students. *International Journal of Science Education, 27*(2), 227–241.

McKinley, E. (2007). Postcolonialism, indigenous students, and science education. In S. K. Abell & N. G. Lederman (Eds.), *Handbook of research in science education* (pp. 199–226). Mahwah, NJ and London: Lawrence Erlbaum Associates.

Michie, M. (2004). Teaching science to indigenous students: Teacher as culture broker or is it something else? Retrieved from http://members.ozemail.com.au/~mmichie/teacher_cb.htm

Nashon, S., Nielsen, W., & Petrina, S. (2008). Whatever happened to STS? Pre-service physics teachers and the history of quantum mechanics. *Science & Education, 17,* 387–401.

Patterson, J. (1994). Māori environmental virtues. *Environmental Ethics, 16,* 397–409.

Salmond, A. (1985). Māori epistemologies. In J. Overing (Ed.), *Reason and morality.* London and New York: Tavistock Publications.

Scantlebury, K., McKinley, E., & Jesson, J. G. (2002). Imperial knowledge: Science, education and equity.

In B. E. Hernandez-Truyol (Ed.), *Moral imperialism—a critical anthology* (pp. 229–240). New York: New York University Press.

Siegel, H. (2006). Epistemological diversity and education research: Much ado about nothing much? *Educational Researcher, 35*(2), 3–12.

Stewart, G. (2005). Māori in the science curriculum: Developments and possibilities. *Educational Philosophy and Theory, 37*(6), 851–870.

Sutherland, D. (2002). Exploring culture, language and the perception of the nature of science. *International Journal of Science Education, 24*(1), 1–25.

Tobin, K. G. (2008). Contributing to the conversation in science education. *Cultural Studies of Science Education, 3*(3), 535–540.

Tuhiwai Smith, L. (1999). *Decolonizing methodologies—research and indigenous peoples.* Dunedin, New Zealand: University of Otago Press.

Young, R. E. (1989). *A critical theory of education: Habermas and our children's future.* New York: Harvester Wheatsheaf.

PART 4

인문학과 사회과학에서의
비판적 다문화주의

제12장 | 중학교 교실에서 인종과 문화 말하기

비판적 다문화주의를 발판으로

JILI EWING FLYNN

중학교 교실에서 혼란스러워 자주 피하게 되는 인종과 문화라는 주제를 어떻게 하면 충실히 토의할 수 있을까? Glazier와 Seo(2005)는 사회계층, 정치, 종교, 문화, 인종과 같은 주제는 교사들이 어렵고 복잡해지는 대화가 일어날 것이 두려워 피하게 되는 위험한, '뜨거운 용암과 같은 주제'로 여기기 때문에 일반적으로 침묵하게 된다고 단언했다(p. 687). 미국 사회에서 인종주의와 편견이 만연하고 성취 격차가 고착화될 때 뜨거운 용암처럼 폭발할 수 있는 현안을 피한다는 것은 현 상태를 영속시키는 것에만 기여할 것이라는 점은 분명하다. 교사와 교사 교육자들은 인종과 문화에 대한 생산적인 대화들이 교실에서 일어나는 방법에 대한 더 많은 이해가 이루어져야 한다.

이 장은 다음의 질문으로 유도하여 어떻게 한 교사가 비판적 다문화주의 교육과정을 구성했는지를 검토하는 데 있다 — 어떻게 인종, 권력과 문화의 현안들이 다양한 중학교 사회과 교실에서 생산적으로 거론될 수 있는가? 이런 교육으로부터 일어날 수 있는 몇몇 가능성과 도전은 무엇인가?

에반스의 사례연구 배경

이 장은 내—백인[1], 여성, 중산층, 이성애자, 신체 건강한, 대학원생, 전직 중학교 교사—가 최근에 했던 질적 연구 중 한 부분이다. 2007년 10월부터 2008년 6월에 걸쳐 나는 메트로 예술학교Metro Arts School[2] 8학년 교실에서 평균적으로 일주일에 세 번의 참여관찰을 했다. 나는 교실에서 이루어진 토의를 녹음하고, 현장일지를 쓰고, 교사를 면담하고, 학교 서류와 교육과정 자료들을 수집하고, 1년간의 학생 수업을 검토하였다. 이 장은 메트로 예술학교에서 백인이고 기혼인, 신체 건강한 20대 후반의 남성이자 5년째 사회과를 맡고 있는 에반스(가명)라는 교사의 사례 연구이다. 그의 교실에서 내가 연구했던 대상은 8학년 학생들로서 대략 60%가 백인이고 35%가 아프리카계 미국인이며, 5%가 라틴계 혹은 아시아계 미국인이었다(현장일지, 10-15-07). 그들은 또한 사회경제적으로 다양한 배경을 갖고 있었다.

메트로 예술학교 교직원은 지구별 전문성 개발 프로그램을 통해 학생들의 수업에 영향을 줄 수 있는 방식과 자신의 인종 정체성을 반성해 보도록 강력하게 장려되었다(이 책의 Bishop 참조). 이 학교는 성취 격차를 좁히는 데 상당히 성공적인 성과를 내 왔다. 학교장에 따르면, 8학년의 경우 주에서 실시한 유창성 평가에서 아프리카계 미국학생들의 평균이 상위 20%의 성적을 보여 준다. 주 평균 점수는 이보다 훨씬 못한 상위 40%이다.[3]

사회문화 및 다문화교육 학습이론들은 에반스와 그 반 학생들의 수업을 검토하기에 유용한 렌즈를 제공하고 있다. 사회문화이론들은 학습을 무엇보다 사회활동으로 개념화하고 있다. Vygotsky(1978)의 연구를 보면, 이들은 모든 학습이 사회적이고 문화적으로 결정되기 때문에 지역사회에 의해 지원받는 것이 필요하다. 그는 전문가가 학습을 통해 초보학습자를 안내하는, 학생이 점차적으로 복잡한 개념과 아이디어를 이해하고 동화하도록 돕는 구조로 근접발달지대Zone of Proximal Development, ZPD라는 개념을 사용하였다. Vygotsky 자신은 '지적 발판Scaffolding'이라는 용어를 사용하지 않았으나 다른 교육학자들이 근접발달지대ZPD를 교육적인 맥락에 적용해 발전시켰다(Balaban, 1995).

다문화교육과 비판이론 역시 에반스의 이해를 위해 중요하다. Banks와 Banks(2004)에 따르면 다문화교육의 주요한 목표는 교육의 평등에 도달하는 것이다. 효과적인 다문화교육은 다양한 사회, 국가, 세계에서 중요한 목적에 기여하게 되는데, 이는 학생들이 공동의 선을 위해 일하는 시민들로 구성된 도덕적 사회를 만들기 위해 다양한 집단의 사람들과 함께 생산적인 일에 필요한 지식과 성향, 태도를 함양하도록 돕는 데 있다. 미국에서의 다문화교육은 자주 유색 학생을 위한 교육으로 개념화되어 왔던 반면에, Banks와 Banks(2004)는 효과적인 다문화교육에서 육성하는 기술과 태도는 백인과 비백인, 즉 모든 학생에게 '다문화적 민주사회에서 효과적으로 기능하려면' 필수적인 것임을 보여 주었다.

그러나 이 책의 서론 부분에서 논의한 것처럼 다문화교육의 분야는 그 자체를 규정하면서 관심을 유지하도록 노력해 왔으며 결국 '비판적 다문화주의'라는 새로운 용어를 출현시켰다. Freire(2000), McLaren(1998), Delpit(1999) 등 많은 학자들의 연구는 교실에서의 권력체제에 대한 비판적 검토, 특히 인종과 문화에 관련해서 비판적 검토를 할 필요성을 주장하고 있다. Ukpokodu(2003)는 비판다문화적 시각의 교수를 다음과 같이 정의하고 있다.

> 교사와 학생이 의식적으로 지식의 구성에 참여하여 교육체제에 내재한 다양한 형태의 불평등과 부정의를 비판하며, 문화적으로 반응하여 책임 있는 실천에 참여하기 위해서 요구되는 권한 부여를 하기 위해 노력하는 패러다임. (p. 19)

다른 이론가들은 인종차별주의와 백인 특권의 현안들에 중심이 될 필요성을 강조하고 있다. Mat(1999)는 다음과 같이 설명했다.

> 비판적 다문화주의는 아동들이 학교로 가져오는 여러 문화적 지식을 인정하고 통합하는 양쪽을 다 요구하는 반면, 동시에 그들에게 더 광범위한 헤게모니적 권력관계의 결과에 기여하는 차별된 문화적 자본에 초점을 맞추어 쟁점화한다. (p. 32)

비판적 다문화주의를 실행하고자 하는 교육자들은 실질적인 장애에 마주칠 수밖에 없다. 교실 교사들이 직면하는 문제점 중 하나는 이론과 실천 사이의 격차이다. Sleeter와 Bernal(2004)은 비판적 교육이 '자주 실천가들이 무엇을 할지에 관해 불투명하게 남는'(p. 244) 이론적 수준에서 가장 깊이 있게 조사되어야 한다고 보았다. 그런 수업을 하려고 하는 교사들이 마주치는 여러 장벽은 인종의 민감한 본질과 백인 학생들이 자신의 피부색 때문에 받았던 과분한 특권과 함께 자기 문화의 역할을 이해하고 인정하게 하는 어려움에 있다(McIntosh, 1990). 마지막으로, 미국 교육의 더 큰 사회정치적 맥락은 인종과 문화에 대한 논의가 실현가능하다는 교사의 인식에 영향을 미친다. 미국에서 교사들은 자주 이런 현안들이, 표준화된 고부담 평가체계에 반영된 아동낙제방지법No child Left Behind의 본보기가 된 표준화의 기준과 책무성에 초점을 두는 바람에 다문화교육은 어느 정도

주변적이라 이를 위한 교육과정을 만들 여지는 없다는 생각을 갖는다(이 책의 May & Sleeter 참조). 장애들이 있음에도 불구하고, 교사들과 교사 교육자들은 그들 학생에게 이 현안들을 중요하게 보도록 하는 것이 중요하다. 그래서 에반스 같은 교사들이 어떻게 중요한 비판적 교육과정을 실행해 왔는지를 검토하는 것이 중요하다(이 책의 Fitzpatrick 참조).

비판다문화적 교육과정을 발판으로 하기

연구들은 백인이 인종과 문화에 관해 이야기하기는 어렵다는 점을 말해 주고 있다. 예들 들면, 교사 교육에 대해 연구한 많은 분야에서 인종편견에 대한 학생들의 자가 측정에서 백인 학생들은 측정을 거부했다는 점을 제시하고 있다(Florio-Ruane, 2001; LeCompte & McCray, 2002; Gay & Kirkland, 2003). 학생들은 자신의 입장을 고수하고 백인이 특권을 받고 있다는 점을 인정하지 않으려고 인종의 차이를 고려하지 않음colorblindness, 능력사회, 개인주의의 담론에 의존하곤 한다. 많은 백인 교사들 역시 자신의 정체성에서 인종이 주었던 역할을 이해하지 않으려 한다. LeCompte와 McCray(2002)는 자신이 "백인이라고 특권과 권력을 얻은 것은 없으며 유색인종 학생들에게 위협적으로 제약을 주는 점은 없다고 생각하는 사람들과 종종 부딪히면서, 학교 같은 제도 내에 존재하는 인종차별주의를 인정하지 않는다."(p. 26)는 점을 관찰해 왔다. 그럼에도 결국은 백인 교사와 학생들이 미국 내에, 더 나아가서 여러 맥락에서 인종차별주의자나 사회문화적 요소들을 이해하게 된다는 것은 고무적인 활력이 된다.

백인 학생들이 자신의 인종을 보도록 도와 모든 학생이 제도적 인종차별주의를 자각하게 만드는 것이 에반스의 주요 목적이다. 그는 어느 정도 더 '안전한' 생각, 즉 즉각적으로 학생들을 소외시키거나 위협하지 않도록,

그리고 국가표준의 지도를 그리는 것이 쉬운 개념이 되도록 문화를 위한 교육과정을 만들었다. 그래서 교육과정은 다수의 측면에서 권력, 인종, 특권이라는 더 곤란한 현안을 넣었다. 에반스는 의미 있고 비판적인 방식으로 문화를 중심에 두기 위해 교육과정을 발판으로 하는 방법에 관한 주의 깊고 성찰적인 선택들을 해 왔다. 그는 학기 중에 다음의 네 가지 주제를 조직했다 ― (1) 문화 규정, (2) 문화 충돌, (3) 문화 갈등, (4) 문화 해결.

문화 규정 : 지역사회 세우기와 인종 소개하기

에반스는 '뜨거운 용암'이 되는 주제들을 철저히 조사하기 위한 기본원리를 설정하기 위해 적극적이고 협력적인 교실사회를 세우도록 첫해를 시작한다(이 책의 Fitzpatrick 참조). 키가 크고 마른 체형에 에너지가 왕성한 그는 부드럽게 지분거리며 자학적인 유머로 교실을 웃음으로 즐겁게 했다. 에반스는 학생들을 위해 자기성찰의 중요성을 모형화하여 문화 이해를 위한 토대를 개발하고, 게다가 그 학생들 각각과 연관해서 수업을 하는 것에 그 학기의 1/4을 보냈다. 학기 중 처음 두 달간 학생들은 문화를 규정하였고 문화가 인종에 의해 했던 역할을 포함해서 그들의 삶에 미쳤던 많은 영향력에 대해 자세하게 토의하였다.

이 중요한 1/4의 프로젝트를 위해 학생들은 문화적 정체성과 그들 개개 정체성 사이의 관계 및 그들이 속한 문화를 규정해 주는 동료들을 만들었다. 그것들을 수업에서 제시하기 위해 학생들은 의장을 중심으로 원으로 모여 동료들의 요소들에 관해 말했다. 에반스는 "여러분이 실제 나를 안다면 여러분은 …을 알게 될 거예요." 그리고 "여러분의 주위에 있는 사람과 상호작용하기 위해서 알 필요가 있는 것을 말해 보세요."와 같이 강의를 하는 동안 즉석에서 학생들의 대답을 끌어내기 위한 질문을 했다. 그는 즉석에서 나온 대답들을 모형화했으며 자신의 아버지와 계부의 관계에 대한 정보를 학생들과 공유하였다. 교실에서 이런 방식의 '문화 콜라주'가 그려지면서 이 기간 내내 언급된다.

'순환'에 대한 공유된 구조와 틀은 그만큼 중요하다. 에반스는 화자話者에게 완벽히 초점을 맞추고 적극적으로 청취하는 것을 포함하는 이 시기 동안 예상된 행동과 관습에 관한 분명한 가르침을 주게 된다. 각 교실친구가 그날 어떻게 하며 왜 하는지를 들을 기회인, 심각한 학문적 주제와 '체크인 시간' 양자를 순환하게 되는데, 에반스는 전형적으로 한 학기 내내 일주일에 한 번 이상 '순환'을 실행하며 계속 교실 공동체를 세우고 강조하게 된다.

문화 콜라주에 대한 에반스의 또 다른 목적은 토의를 발전시킬 주제가 인종이라는 것을 인정하는 것이다. 에반스가 언급한 대로 "여러분은 친구에게 자신에 관해 이야기했을 때 인종 문제가 수면에 떠오르게 됩니다. 그렇다고 억지로 그 주제를 건드려서는 곤란합니다."(현장일지, 10-2-07) 많은 학생들은 스스로에 대해 이중 혹은 다중 인종의 정체성을 갖고 있다. 이 학생들의 문화 콜라주와 프리젠테이션은 그들의 배경 안에 인종세계 사이의 영향력과 갈등을 반영하게 된다. 에반스는 그가 문화적 민감성을 배양하기 위해 1/4학기를 어떻게 할애했는지 설명하였다.

> 그것은 흑인 학생들과 신뢰를 만드는 것이다.. 처음 주간 혹은 우리가 문화 콜라주를 하고 있을 때 … "인종은 여기 테이블 위에 있습니다. 우리는 이제 그것에 대해 말해 볼 거예요." 그 말은 흑인 학생들에게 구원의 의미가 되는데 그들은 여러분이 문화적으로 자각하는 … 여러분은 그것이 존재하며 여러분은 앞에서 "나는 모든 사람을 똑같게 다룬다!"고 말하고 서 있지 않다는 점을 안다 … 그리고 그들은 … 모든 사람이 같게 다루어진다는 것은 사실이 아니라는 점을 안다고 … 그래서 나는 흑인 아동과의 관계에 도움이 된다고 생각한다. (면담, 3-14-08)

에반스는 그의 유색 학생들을 소위 인종을 고려하지 않는 철학을 통해 보았다. 그의 경험에서 이 학생들은 인종에 관한 이야기를 할 수 있기를 원한다. 학교(이 책의 Lea 참조)에서 전형적으로 침묵되는 듯한 현안들의 주제를 부각하는 의미 있는 방식을 발견하는 것은 가장 중요하다. 에반스 교실에서는 백인 학생들에 대하여 문화를 규정하고 중점화하는 것은, 인종이 자신의 정체성에서 얼마나 중요한 측면인지를 이해하기 시작하도록 돕는다.

이 1/4 동안 일부 백인 학생들은 그들의 종교, 가족 지위 그리고 다른 정체성 형성요인과 마찬가지로 인종이 자신의 경험을 형성했던 바로 '아무 것' 혹은 '미국인'은 아니라는 점을 알기 시작했다. '나시레마Nacirema 가운데 신체 의식'을 읽은 후(Miner, 1956), 미국인의 단정한 습관에 대한 풍자적인 모습에 대해 학생들은 그들이 일상적으로 당연하게 여기는 것 — 면도하고, 이를 닦고, 눈썹을 뽑고, 방취제를 뿌리는 것 — 이 다른 시각에서는 이상하거나 다른 것으로 보일 수 있다는 논의를 하였다. 한 학기의 1/4은 한 사람의 개인적 정체성이 유력한지 혹은 문화적인 정체성이 더 유력한지에 대한 논의를 포함해서 인종이 중심이 된 탐구로 마친다. 학생들에 대한 인종과 문화의 학기 초 검토와 마찬가지로 교실에서 만들어진 안전한 공간 확보 역시 다음의 논의들이 이루어지기 위한 필수조건들이었다.

문화 충돌 : 주변화와 식민지화 검토하기

한 학기의 2/4 시기에 학생들은 문화가 충돌할 때, 식민지화 요소들이 원주민들의 영역에 들어갈 때 나타나는 조우encounter 유형들을 검토하였다(이 책의 Bishop 참조). 그들은 원주민들이 역사적인 것만큼이나 시각적으로 주변화된 타자들로 이국적인 것으로 그려내는 방식을 보기 위해서 자신의 교과서로부터 내셔널 지오그래픽Natioanl Geograhic이나 신은 분명 미쳤어God Must Be Crazy(Uys, 1980)라는 필름까지 총망라한 자료들과 기사들을 분석했다.

그들은 식민지화의 영향력 및 역사에 관해 원주민 작가가 쓴 해석들을 읽었다. 그 단원에서 사용된 주요한 텍스트(에반스는 영어교사인 램지와 공동수업을 했던)들은 짧은 이야기와 Spokane/Coeur D'Alene 감독과 Sherman Alexie라는 작가가 만든 영화이다. 학교행사에 참가하기 위해 집에 가서 받아오는 가족의 승낙서를 세분화함에 따라서 그들은 '인종차별주의, 고정관념, 주변화, 그것이 잘못 이해될 수 있는 광범위한 개념들'을 조사하기 위해 Alexie의 작업을 활용했다(Alexie의 승낙문서, 1-14-08).

학생들 역시 아메리카 인디언 보호구역 생활에 관한 사실을 공부했고 스포츠 팀들이 미국 인디언을 마스코트로 사용하는 것에 대해 토론했다. 후자의 활동은 굉장히 많은 토의와 논쟁으로 이루어졌는데, 시간이 지나서 점심과 쉬는 시간을 다 할애할 정도로 동의와 논박들이 있었다. 에반스는 이 현안에 참여했던 학생들이 어느 날 수업 후 "아이들이 나에게 그 주제를 이야기하고 말하게 되는 것이 좋습니다. 나는 이것을 가르치는 것을 좋아합니다!"(현장일지, 1-16-08)라고 말하는 것으로 정열을 즐겼다.

여전히 모든 학생이 충분히 참여하는 것은 아니다. 시간이 지나면서 에반스는 수업거부를 하는 듯 보이는 학생들로 인하여 좌절감을 표현했다. 그는 부정적으로 그들을 판단함 없이 무관심의 위험을 그들에게 경험시킴으로써 행동을 요구하고 참여하도록 했다. 한 토의를 하는 동안, 그는 "이것들은 우리가 이야기하게 될 때 서로에게서 강화되는 중요한 것들입니다 … 우리는 우리가 한 집단으로서 이것을 어떻게 이해할 수 있는지의 지역사회 여론 조성에 대한 기초를 놓치고 있습니다."(현장일지, 1-16-08)라고 말했다. 학생들이 개인적인 향상을 용이하게 하기 위해 참여하도록 요구하기보다, 에반스는 학생들이 서로로부터 배우는 학습으로써 '더 영리

해지기 위해' 배울 필요가 있고 배울 수 있는 방식을 강조했다(현장일지, 1-25-08). 대부분 교실에서 강조했던 개인주의적인 윤리와는 달리, 이 교사는 자주 학생들이 함께 배우기 위해 일해야 하는 방식에 초점을 맞추기 위해 일했다.

이 단원 동안, 에반스는 정신적으로 향후 작업을 위한 교실을 준비했다. 8학년 시기의 산만함을 염두에 두고, 그는 학생들에게 수업 시작 후 1분 동안 그들이 머리를 아래로 숙이고 '차분' 해지도록 요구한다. 그들에게 그 주제는 '거친 내용'이라는 점을 주지시키고 학생들이 노는 시간의 들뜬 분위기에서 전환하도록 만들거나 그의 교실에서 문화, 인종, 권력에 대한 심각한 작업으로 다른 주제에 지적인 도전을 하도록 도왔다(현장일지, 1-18-08). 에반스는 이런 유형의 조용한 시간과 마찬가지로 사적인 저널 쓰기를 메타인지와 성찰을 조장하기 위해 사용했다.

게다가 그는 학생들이 비판적으로 생각하도록 요구하기 위해 명확하게 가르쳤다. 그가 두 번째에 필름에서 한 장면을 보면서 "자, 이제 너희들은 비판적인 렌즈를 썼겠지?"라고 하면 일부 학생들은 상상적인 안경을 쓴 척했고, 그는 "집중해 봐."라고 말했다(현장일지, 1-30-08). 많은 학생들은 에반스의 충고대로 도전했으며 신중하게 비판적이고자 했다. 예를 들면, 5월에 한 학생이 왜 사회과 교과과정에서 그들이 중남미는 소홀히 하면서 우선적으로 유럽, 미국과 아프리카를 공부했는지에 대한 토의를 장황하게 했다. 에반스는 이 토의가 잘 이루어지도록 격려했으며 확장시켜 갔다(현장일지, 5-13-08).

2/4학기 동안, 에반스와 그의 학생들은 어떻게 피부 색깔의 차이가 식민지와 착취에 중요한 역할을 했는지를 고려하면서 인종 현안을 계속 발전시켜 나갔다. 그런 검토는 학생들에게 계속적으로 비판적이고 문화적으로 이해를 넓혀 나가도록 도왔다.

문화 갈등 : 백인의 특권과 '타자화하기'를 이야기하기

'인종 토의'

학기의 3/4에서는 인종과 종교적 차이의 결과로 나타나는 특권, 권력 현안, 문화갈등에 초점을 맞추었다. 에반스 교과과정의 핵심은 '인종 토의'로, 다시 램지와 공동수업을 하는 단원이다. 그가 이 단원에 기술한 목적은 다음과 같다.

- 시험적으로 학생들에게 교실 안팎의 인종과 인종주의에 관하여 이야기하게 한다.
- 유색인종 학생에게 발언권을 주고 인종주의 경험을 공유하기 위한 공개토론을 한다.
- 특히 백인 특권에 대해, 그러나 백인만을 말하지는 말되, 학생들이 이해할 수 있게 한다.
- 학생들이 반인종차별주의의 기술 및 언어를 개발하도록 돕는다(면담, 12-18-07).

이 목적은 에반스와 그의 동료가 인종에 대해 토의해야 한다고 믿는 방식을 반영하고 있다. 그들은 만연된 인종주의에 대한 증거로 학생의 '목소리'에 가치를 둔다. 그들은 이런 현안에 관해 이야기하는 것이 학생들에게, 특히 백인 학생들에게 매우 힘든 것이라는 점을 인정하고 그 문제를 토의하기 위한 안전한 공간을 제공하고자 한다. 그들은 또한 학생들을 이해시켜야 한다는 분명한 목표가 있었으며 궁극적으로 제도적인 인종주의 같은 사회문화적 요소들에 투쟁하기 위해 노력하였다.

함께 책, 웹사이트, 개인면담으로부터 모은 인종주의의 규정들을 토의하고 공유하게 된 후, 학생들은 백인 특권 : 보이지 않는 배낭 풀기White

Privilege: Unpacking the invisible Knapsack를 읽고 토의했다(McInotsh, 1990). 에반스와 램지는 토의를 이끄는 다음의 '네 가지 논쟁'으로 넘어갔다.

- 참여하도록 한다.
- 불편함을 경험한다.
- 진실을 말한다.
- 폐쇄적이지 않기를 기대하고 수용한다.[4]

이런 논의들을 통해 일하므로 — 그들이 의미하는 것과 그들이 학급에서 보이는 것을 토의하는 것 — 두 교사는 다시 학생들이 이어서 이루어질 힘든 수업을 심리적으로 준비시킨다. 교사들은 '순환적'으로 점검하고 토의에 몰입하기 전에 매번 지침서를 학생들에게 상기시켰다(현장일지, 2-5-08, 2-6-08). 이 토의들은 완벽하지 않지만, 그들은 그럼에도 불구하고 토의를 인도하기 위한 일부 중요한 원리들을 제공하였다. 에반스는 그 구조가 특히 백인 학생들과 어려운 대화들을 용이하게 하는 데 필요한 것이라는 점을 지적했다.

> 그 대화 역시 백인을 교육하는 데 대한 것이다. 그것의 현실에 관하여, 그리고 나는 일부 인종주의 문제에 대해 백인은 말하지 않을 것이라고 믿는다 … 그래서 나는 그들에게 대화에 들어갈 수 있는 일부 언어, 일부 단어, 그리고 능력을 주며, 그것이 우리가 왜 이 논쟁으로 … 계속 돌아가야 하는지에 대한 이유이다. (면담, 3-14-08)

다음으로, 학생들은 자기 피부 색깔의 특권을 검토하게 된다. '내 인종 혹은 피부 색깔 때문에'라고 써 있는 도표를 채우며, 교사는 학생들에게 자신이 속한 인종을 주류 미디어에서 얼마나 긍정적으로 묘사하는지, 그들은 매일의 상황에서 자신과 같은 피부색을 가진 권력자 중 누군가를 만날 가능성이 얼마나 있는지, 그들은 쇼핑을 하거나 여행할 때 등의 경우에 얼마나 자주 인종 때문에 호의적인 대접을 받을 수 있는지 점수를 매기고, 학생들과 교실의 성인들 ― 교육보조교사 ― 은 최고점 115점에서 최저점 30점의 점수에 따라 원으로 둥글게 앉았다(피부로 인해 가장 많은 특권을 받았던 사람이 최고점을 받는데, 이는 결국 거의 모든 백인들의 점수이다).

에반스와 램지는 조사 결과로 둥근 원의 한 부분을 차지한 백인, 라틴계와 아시아계 학생에 이어서 다른 쪽에는 아프리카계 미국인 학생들로 형성된 '색깔 라인'에 반응하도록 학생들에게 요구함으로써 토의를 시작했다. 그 주간 동안 이에 대한 대화가 계속 이루어지면서, 학생들은 사적인 편견 이야기, 역인종주의의 생각, 인종적 부정의를 다루기 위한 제도들의 역할, 흑인-백인의 이중구조, 사람들(특히 백인들)이 가진 인종, 죄책감과 책임감, 그리고 다른 비중 있는 주제들을 논의하는 데 있어서의 어려움에 관해 깊이 파고들게 된다. 교사들은 저널과 공적인 진술로 인종주의에 관해 존중하는 쪽으로 움직이게 만들 수 있는 임무를 한 가지씩 갖게 함으로써 '인종 토의'를 마쳤다. 에반스는 한 가지 도전을 했다.

> 이제, 여러분은 저기 잘못된 것이 있다는 그 정보로 무장되어 있기만 하면 무엇을 할 수 있을까요? 여러분, 여러분이 할 수 있는 유일한 것은 자신을 계속 교육하여 그것에 대항하도록 움직이는 것입니다. 그리고 특히 백인이라면 그것은 "자, 나는 내가 가진 이 특권들에서 벗어나는 것을 원한다."라는 말을 하라는 것이 아닙니다. 여러분은 그럴 수 없습니다. 사실 일어난 것은 자신의 삶에 은유로 누군가가 전달한 것이지요. 의심의 여지도 없어요. … 여러분의 피부 색깔은 모든 이런 다른 상황에서 여러분에게 작동됩니다. 그러면 여러분도 그런 특권을 사용하고 있나요? 아니면 인종차별주의 체제를 반대하는 쪽에 있나요? 반대하는 쪽

학생들은 다양한 반응을 나타냈던 반면, 교실은 대체로 이런 도전을 심각
하게 받아들였다. 많은 학생들은 자신에게 영향을 준 경험으로 인종차별
주의의 논의들을 확인했다. 한 소녀는 자신이 그 경험을 했다고 말했다.
"나는 결국 내가 몇 년간 말하기를 원했던 것을 말하게 된 것처럼 느꼈어
요. 제 자신에게 무척 자긍심을 느낍니다."(학생작품 사례, 6-1-08) 다른
사람은 뒤에 "나는 내 가족, 친구, 내가 전혀 모르는 많은 사람들과 인종차
별주의에 대해 이야기하는 것이 많이 편안하다는 것을 느꼈어요."(학생작
품 사례, 6-1-08) 그들의 교실 참여, 면담, 일지들이 증거가 된 바, 흑인과
이중/다인종주의 학생들은 긍정적으로 반응하여 인종에 대해 백인 동료와
함께 토의하고 차별의 사적인 이야기들을 공유할 기회를 중요시하였다.
라틴계, 아시아계 미국인, 백인 학생들의 반응은 더 다양했는데 저항으로
부터 백인의 특권, 배제와 죄책감의 수용, 인종적 각성의 의미, 책임감의
수용과 행동하기 위한 권한 부여 등 다양하게 이루어지게 되면, 교사는 이
단원에 대한 목적이 많은 부분 달성되었음을 확인하다. 38명의 학생 중 23
명은 그들이 이 교실로부터 없어진 가장 중요한 개념 중 하나 혹은 백인 특
권과 인종차별주의에 대한 지식을 무엇보다 새롭게 알게 되었다(학생작품
사례, 6-1-08).

제2차 세계대전과 홀로코스트

학기의 3/4 시기에는 계속해서 더 '전통적인' 역사교과과정인 제2차 세계
대전의 단원으로 돌아갔다. 홀로코스트에 관하여 공부함으로써 에반스는
그것이 인간이 폭력으로 이끌 수 있는 인간 혹은 집단을 탈인간화하는 방

식인 '타자'들의 효과를 강조하였다. 교과서, 파워포인트 프리젠테이션, 전쟁에 대한 필름을 포함한 자료는 이 시대에 대한 학생들의 깊이 있는 이해를 용이하게 했다. 에반스 역시 역사적 시기부터 현재로 연결하여 다음과 같이 주장했다. "우리는 타자들이 우리 세계에서 바로 지금 일어나는 것을 보아야 한다."(현장일지, 4-14-08) 그는 나에게 면담에서 다음과 같이 말했다.

> 우리가 홀로코스트를 다루기 시작했을 때, 실제로 그들에게 타자라는 아이디어에 관하여 가르치기를 원했습니다. 또한 나는 한 주제로 … 다름 대 이해 … 인종적 타자 혹은 종교적 타자 혹은 … 중학교에서 타자 … 우리는 인간이 그것을 하는 방식에 대한 주제로 그것을 취했습니다.
>
> (면담, 3-14-08)

에반스는 학생들이 탈인간화의 역사적 함축성뿐만 아니라 그 과정이 중학교 생활에서 지속되는 듯이 보이는 아주 작은 방식들을 이해하고자 했다. 학생들이 제2차 세계대전 단원을 공부하면서 함께 해야 하는 것은 학기의 3/4 시기에 확장되어 연합된 영어-사회과 과제물, 문화 갈등과 연관된 자신의 선택적 주제에 대한 연구 보고서에 대한 과제이다. 학생들은 탐구 주제를 쓰고, 온라인과 복사한 자료로부터 주석을 달고, 가설 진술과 온라인/사고 지도, 보고서 포맷하기와 자원을 서류화하기, 전통적인 연구기술 등을 훈련받게 된다. 그들 역시 조사했던 주제들인 홀로코스트에서 르완다 대학살, 유태인 갱단, 음악에서 인종주의, 말콤 X와 그들에게 불러일으키는 정서에 대한 디지털 콜라주를 만드는 것을 통해 연구 주제들로 인한 정서적인 효과를 성찰했다. 연구 보고서에 대한 이런 접근으로 학생들에게 계속 교과과정에 대한 개인적인 연관성을 만들도록 했다.

문화 해결 : 아프리카를 연구하고 그 해를 마무리하기

학기의 마지막 4/4 시기에는 주로 아프리카에 초점을 맞추는데, 다이아몬드 교역이 남아프리카에서 분리주의의 조정과 문화 정체성을 형성했던 방법을 포함하였다. 학생들은 인종 현안, 착취, 문화와 관련된 권력을 계속 탐구하였다. 그러나 시험, 현장여행, 수행, 공휴일과 다른 스케줄의 비규칙성에 의해 무너진 마지막 8주에 에반스와 학생들은 한 해의 나머지가 가졌던 논리적으로 의미 있게 그것 자체에 새워졌던 교과과정을 따르는 것이 어렵다는 것을 증명했다. 에반스는 대부분의 교사처럼 자신이 지쳤기에 그들이 준비하고자 했던 것에 대해 맞춰 줄 수 없었다. 그는 그 자신이 문화적 해결의 아이디어가 덜 변화되었다고 느꼈다.

학교의 마지막 주간에, 에반스는 학생들에게 메트로 예술학교에서의 5년, 특히 8학년에 배웠던 것을 성찰하기를 요구했다. 그들은 웃고 이야기하고 경험을 즐겁게 회상한 후에, 시를 읽고 마지막 현안에 도전함으로써 마친다. "여러분, 여러분을 위한 내 마지막 생각들, 우리가 했던 대화에 대해서 생각해 보세요. 비판적이고 도전한 것에 대해서 생각해 보세요. 현 상태를 인정하지 마세요. 타자화하는 것을 경계하세요."(현장일지, 6-2-08)

마지막 생각하기

교사들은 관련 방식과 반응된 방식을 통해 가르치기 위해 비판적 다문화주의의 실행을 배우는 것이 필요하다. 그러나 이 일은 쉬운 것이 아니다. 면담에서 에반스는 교사집단 각각은 그의 교과과정에 다르게 반응하였다고 적어 두었다. 그는 또한 때때로 일부 학생들에게 연결고리를 만들어야 하는 것에 관해 좌절되었다고 설명했다. 어떻게 일이 진전되는지에 대한 만족과는 별개로, 에반스가 성찰적인 연습을 좋은 교사로 특징짓고 제시하는 것은 개선의 여지가 있다고 보았다.

Moodley(1999)는 교사 입장의 중요성에 대해 코멘트를 하고 학생들은 시작부터 당황하거나 침묵함 없이 자신의 고정관념을 통해 학습하는 것을 허용해야 한다고 설명하였다. 또한 반인종차별주의자 중 대다수는 규정상 발화자를 인종차별주의라는 죄악에서 면제된 자기-정당화된 탁월한 도덕성을 지닌 자로 표현했다(p. 141).

자기성찰을 조장하고 모형화하여, 이 현안들로 그 자신의 그리고 학생들의 투쟁을 인정함으로써 에반스는 인종, 권력, 그리고 문화 모두의 현안을 탐구하기에 안전한 공간을 만들었다(이 책의 Fitzpatrick 참조). 따라서 자신의 문화적 정체성을 의미 있게 검토하도록 하는 경험을 구조화하는 데는 시간이 걸리며, 민감성을 지닌 주의 깊은 설계가 필요하다.

비판적 다문화 훈련을 위한 지침 리스트에서 Nieto(1999)는 비판적 다문화주의 교육이 문화 자체의 개념을 시시한 것으로 여기지 않고 학생문화를 긍정화한다고 썼다. 그것은 "헤게모니적인 지식에 도전하는 것이다."(p. 206) 그것은 "교육적 방법을 복잡하게 한다."(p. 207) 그것은 '위험한 담론들'을 장려한다."(p. 209) 그 일은 혼란을 일으키며 불확실한 것인데 에반스의 교육과정과 교육적 방법은 대체로 이런 원리들을 따랐다. 다른 비판적 교사와 그의 학생들처럼 에반스의 노력은 비판적 다문화 관습의 성공과 딜레마를 둘러싸고 점차 중요하게 되는 연구와 교수대화에 기여하여 우리에게 어떻게 우리 자신의 방식으로, 우리 자신의 교실에서 이 일을 실행할 수 있는지를 고려하도록 돕는다.

주

1. 나는 심지어 인종적 정체성 구성에 사용될 때조차도 인종이 사회적이고 문화적으로 구인된 용어라는 점을 깨닫게 된다. 인종 범주의 유연하고도 혼합된 본질로 인해 나 자신을 포함해서 연구 참여자들을 기술할 때 이 범주의 지시명사는 여전히 유용하게 사용된다. 여기서 정체성과 연관된 많은 방법론적 현안들을 다룰 수 없긴 하지만, 나에게 이러한 위치 정하기 ─ 나 자신, 교사, 학생, 그리고 학교지역사회의 나머지 ─ 는 이 일을 경험했던 방식과 그것에 관하여 지금 쓰는 방식에 유의미하게 영향을 미쳤다.
2. 메트로 예술학교 형태를 설명하는 것이다.
3. 이 그림은 지역 신문에서 발간된 학교에 대한 기사에서 나온 것이다. 기밀성을 보장하기 위해 나는 이 기사에서 인용을 제공하지 않는 쪽을 택했다.
4. 이 지침서들은 모든 메트로 예술학교Metro Arts School 교직원이 태평양 교육집단Pacific Educational Group에 의해 제공된 교직원 개발 프로그램으로부터 인용했다.

참고문헌

Balaban, N. (1995). Seeing the child, knowing the person. In W. Ayers (Ed.), *To become a teacher: Making a difference in children's lives* (pp. 49–57). New York: Teachers College Press.

Banks, J., & Banks, C. (2004). Introduction. In J. Banks & C. Banks (Eds.), *Handbook of research on multicultural education* (pp. xi–xiv). San Francisco, CA: Jossey-Bass.

Delpit, L. (1995). *Other people's children*. New York: New Press.

Florio-Ruane, S. (2001). *Teacher education and the cultural imagination: Autobiography, conversation, and narrative*. Mahwah, NJ: Lawrence Erlbaum.

Freire, P. (2000). *Pedagogy of the oppressed* (30th anniversary edition). New York: Continuum.

Gay, G., & Kirkland, K. (2003, Summer). Developing cultural critical consciousness and self reflection in preservice teacher education. *Theory Into Practice, 42*(3), 181–187.

Glazier, J., & Seo, J. (2005). Multicultural literature and discussion as mirror and window? *Journal of Adolescent and Adult Literacy. 48*(8), 686–700.

LeCompte, K., & McCray, A. (2002). Complex conversations with teacher candidates: Perspectives of whiteness and culturally responsive teaching. *Curriculum and Teaching Dialogue, 4*(1), 25–35.

May, S. (1999). Critical multiculturalism and cultural difference: Avoiding essentialism. In S. May (Ed.), *Critical multiculturalism: Rethinking multicultural and antiracist education* (pp. 11–41). Philadelphia and London: Falmer Press.

McIntosh, P. (1990, Winter). White privilege: Unpacking the invisible knapsack. *Independent School, 49*(2), 31–36.

McLaren, P. (1998). *Life in schools: An introduction to critical pedagogy in the foundation of education*. New York: Longman.

Miner, H. (1956). Body ritual among the Nacirema. *American Anthropologist, 58*, 503–507.

Moodley, K. (1999). Antiracist education through political literacy. In S. May (Ed.), *Critical multiculturalism: Rethinking multicultural and antiracist education* (pp. 138–152). Philadelphia and London: Falmer Press.

Nieto, S. (1999). Critical multicultural education and students' perspectives. In S. May (Ed.), *Critical multiculturalism: Rethinking multicultural and antiracist education* (pp. 191–215). Philadelphia and London: Falmer Press.

Sleeter, C.E., & Bernal, D.D. (2004). Critical pedagogy, critical race theory, and antiracist education. In J. Banks & C. Banks (Eds.), *Handbook of Research on Multicultural Education* (pp. 240–258). San Francisco, CA: Jossey-Bass.

Ukpokodu, O.N. (2003). Teaching multicultural education from a critical perspective: Challenges and dilemmas. *Multicultural Perspectives, 5*(4), 17–23.

Uys, J. (Writer, Director). (1980). *The gods must be crazy.* United States: Sony Pictures.

Vygotsky, L. (1978). *Mind and society: The development of higher psychological processes.* Cambridge, MA: Harvard University Press.

제13장 | 체육교육에 대한 비판다문화적 접근
신체특질 담론에 도전하기 및 학교에서 저항훈련하기

KATIE FITZPATRICK

서론

체육교육은 움직임, 몸, 운동능력, 스포츠의 연구에 중점을 두는 유일한 학교 교과이다. 이 교과는 문화적 맥락의 다양성에서 성차별적이고 인종 차별적인 신체와 연관된 비판적인 현안을 제공함은 물론이고 구체화된 교육과정 학습을 탐구할 기회도 제공한다. 이때 체육교육은 비판적 다문화주의, 반인종차별주의 교육과 비판적 인종이론의 핵심인 현안 조사에 독특하면서도 유력한 맥락이다.

그런데도 비판적 다문화 실천의 세분화를 위한 구체적 현장으로서의 체육교육에 대한 논의는 드물다(예 : Fernandez-Balboa, 1997; Kirk & Tinning, 1990; Wright, MacDonald, & Burrows, 2004 참조). 그나마 있는 연구의 대다수는 몸, 성별gender, 성징sexuality, 신체장애, 계급과 통합에 초점을 맞추고 있다. 주목할 만한 몇몇 예외는 있지만(예 : Azzarito & Soloman, 2005; Hokowhitu, 2008; Oliver & Lalik, 2000, 2004 참조), 이 연구들이 스포츠 사회학에서 중요한 역할을 함에도 불구하고, 그 분야의 학자들은 대체로 인종, 인종차별주의, 민족성, 인종차별화를 무시하고 있다(Entire, 2000; Hoberman, 1997; Palmer, 2007).

그렇다면 체육교육에서 비판다문화적 교수 방법은 어떻게 실행하는 것일까? 그 방법에는 어떤 담론이 필요할까? 이 장에서 나는 네 부분으로 나누어 이 질문들에 답하는 것을 목적으로 했다. 이를 위해 우선 체육교육을 비판다문화적 실천에 있어서 핵심이면서도 모순되는(날씬한 백인 신체를 우상화하면서 지성과 반대되는 의미로서 체육교육을 보고 평가절하하기 때문에) 분야로서 탐구한다. 참여자들은 몇몇 논의에서 인종차별적이고 성차별적인 결론을 갖도록 이 주제에 대해서는 비판다문화적인 접근을 하게 된다. 두 번째 부분에서는 체육교육과 비판다문화적 접근의 사례를 공유할 예정이다. 뉴질랜드에서 노동계급이 거주하는 근교 지역에서 이루어진 비판적 연구를 제시하면서, 댄Dan이라는 체육교육 교사의 교수 방법을 공유할 것이다. 나는 다문화적인 연구를 간략하게 소개한 후 주요한 다섯 가지 측면으로 댄의 교수법에 접근하여 그의 접근이 체육교육의 비판다문화적 교수 방법이라 볼 수 있는지를 논의할 것이다. 세 번째 부분에서는 모든 비판적 다문화 프로그램에서 맥락의 중요성을 강조하고 댄이 계급과 함께 제시한 배경을 공유할 것이다. 그리고 마지막으로 체육교육에서 비판적 다문화 실제의 잠재력에 관해 배워 왔던 것을 성찰하면서 이 장을(수업) 마칠 것이다.

편협한 담론 : 신체에 대한 성차별 및 인종차별적인 생각

우리가 볼 수 있듯이 체육교육은 비판적 실재reality를 위해 잠재적으로 중요한 장소일 뿐만 아니라 인종차별 및 성차별적인 요소들에 문제의식을 가질 수 있는 과목이다. 여기서 초점을 맞추는 두 가지 중 첫 번째는 날씬함과 백인을 우상화하는 억압된 신체 규범에 대한 관심이다. 두 번째는 신체 및 신체교육을 비학문적인 것으로 보는 부분이다.

날씬한 백인 신체 : 체육교육과 신체 통제

날씬한 백인 신체는 서구사회에서 고도로 가치화되어 있다. 적어도 최근에는 말이다. 특별히 날씬한 신체가 매스미디어와 패션, 피트니스와 미용 산업에서 매력적이고 섹시한 것으로 간주되며 지역사회에서 바람직한 것으로 사회화된다(Garrett, 2004). 게다가 서구사회에서 비만이나 체중 증가에 대한 도덕적인 공포는 대중 및 미디어 담론에서는 '유행성 비만'이라고 이름붙여 신체에 대한 자각과 관리에 대한 열광으로 이어지게 한다. 많은 서구사회에서 이제 건강 전문가들과 정부기관들은 비만을 국민의 건강 문제로 보도록 압력을 받고 있다. 사람들이 더 비만이 되어 가고 있다는 생각은 사람들의 체중을 감소하는 것을 목적으로 한 과도한 신체활동이나 영양섭취 관리를 우선하게 하였다. 그러나 이러한 담론에 대한 비판적 분석(예 : Campos, 2004; Gard & Wright, 2005 참조)들은 대체로 무시되었다. 다만 이 담론들은 학교에 직접적으로 매점음식에 부과된 칼로리 제약이라는 형태로 영향을 미쳤으며 학생들을 위한 체육활동과 스포츠 프로그램들을 더 만들게 하였다.

　비만에 관한 담론에서 신체 사이즈와 체중에 대한 공공연한 강조는 바람직하고 '건강한' 신체로 통상 백인을 우상으로 하는 관점을 장려하고 있다 (Gard & Wright, 2005). 이 담론에서 황인종과 흑인의 신체는 언제나 문제가 많다는 식으로 언급하고 있다. 뉴질랜드에서 노동계급 마오리족,[1] 태평양 연안 원주민,[2] 아프리카계 미국인의 국가적인 비만통계를 다루는 미디어에서는 비만이 문제점으로 부각되고 원인 제공자들에 대한 질책으로 이어졌다(Campos, 2004). 발달 단계의 중간에 있는 청소년에 대한 신체규범을 비현실적으로 날씬한 백인의 몸이 바람직한 것으로 보고 이를 긍정적으로 수용하여 그렇게 되고자 할 때는 많은 '문제점'이 발생하게 된다 (Burrows & Wright, 2004; Oliver & Lalik, 2004). 서구사회에서의 체육교육은 비만을 해결할 책임이 지워지는 것과 함께 자주 '유행성 비만'이라는 말을 만든 미디어나 정책 담론에 의해 비난을 받는다(Gard, 2004).[3]

더 낮은 위치로 평가절하되는 체육

체육교육은 빈번히 스포츠와 함께 교육에서 생략되거나, 엘리트 체육인을 양성할 책임을 진다거나, 단순히 교실로부터 '노는 시간' 혹은 '중간 휴식 시간'으로 판단된다. 체육교육은 연구분야로서보다는 신체관리와 스포츠를 위한 훈련 근거로서, 공부에 대한 훈련이라기보다는 일로부터의 해방으로서, 수학과 과학 같은 엘리트 과목과는 거리가 먼 비주류 과목이자 비학술적인 것으로 여겨지고 있다. 교과의 서열은 학교 밖까지 확장된다. 놀이와 레저는 일과 이분화되고, 신체를 사용하는 직업의 서열은 연구직 전문가보다 더 낮으며, 스포츠는 엘리트 수준에서 제외되어 진지한 활동을 하는 직업으로 취급받지 못한다(Shivers, & deLisle, 1997). 많은 민족국가에서 스포츠는 국가정체성의 일부분이 되며, '변덕스러운' 비행청소년 (흑인, 황인 그리고 저소득층)을 위한 '중재' 활동 중 하나이고, 청소년을 위한 활동으로서는 긍정적인 특성을 갖는 것으로 여겨진다. 뉴질랜드의 마오리족 및 태평양 연안국의 운동선수들이 역할 모델로 빈번히 등장해 청소년을 격려하는 책임을 부여받게 된다. 뉴질랜드의 황인종 청소년들에게 스포츠는 미국에서 농구를 하는 청소년처럼 가난에서 벗어나기 위한 통로로서, 그러나 교육적으로는 실패한 경우에 권유하는 종목이 된다 (Entire, 2000).

인종차별적인 인식에서 마오리족 및 태평양 연안국의 운동선수들과 미국의 흑인 운동선수들은 천부적인 재능을 받은 자들이라는 생각이 지배적이다. 이런 생각은 스포츠 해설가, 텔레비전 출연자, 다양한 문화로부터 온 사람들에 의해 계속 강화되었다(Bruce, falcuous, & Thorpe, 2007; Entire, 2000). 뉴질랜드와 미국에서 '천부적인 재능'이라는 라벨은 황인종 및 흑인 운동선수들에게 스포츠의 성공이 힘든 훈련과 몰입의 결과가 아니라(Entire, 2000; Hokowhitu, 2008) 약간의 노력만으로 이루어 냈다는 인식 등에 구체적인 영향을 주었다. 스포츠에서의 성공은 갈색의 신체에 대해 무식한 하층민의 '태생적인 신체'로 간주하면서 사회적 다원주의의 관점을 강화했다(Banton, 1998). 마오리족 및 태평양 연안 원주민 그리고 흑인 학생들이 '천부적으로' 운동의 재능을 부여받았다는 것은 그들이 천부적으로 학문적인 재능은 없다는 쪽으로 신체와 정신을 분리하는 데카르트의 생각을 강화했다(Hoberman, 1997). 이 이원주의에서 신체의 위계서열은 낮은 수준이며 반지성적인 인간 특성인 신체로 규정되는 반면, 학문적이고 영적인 발전은 높은 수준으로서 정신과 마음에 거주한다고 본다(Arnold, 1979; Descartes, 1988). 체육교육을 과거의 수준으로 되돌리는 것은 마오리족, 태평양 연안 원주민 그리고 흑인 청소년과 연관한 사회다원주의의 인종차별적인 계급제도hierarchy를 강화한다(Hoberman, 1997).

체육교육은 그래서 신체의 인종차별 및 성차별 담론과 관련하여 문제의식을 가질 만한 위치에 있다. 교사들이 그런 구인construction을 무시한다면, 계층질서는 체육교육교실에서 계속 강화될 것이다. 그러나 이런 담론들은 체육교육에 대한 비판다문화적 접근의 출발점도 제공한다. 여기서 교사 댄이 어떻게 현장에서 그런 현안에 접근하는지가 이 장 두 번째 부분의 주제이다. 나는 우선 주제가 된 연구를 소개하고 체육교육의 비판다문화적 실천에 기여한 '댄'의 다섯 가지 측면을 대략적으로 설명하고자 한다.

비판적 접근 : 댄의 체육교육 교수 방법

2007년 내내, 나는 한 학교에서 '건강과 체육교육' 수업을 받는 청소년들에 대해 비판적인 질적 연구를 행했다. 뉴질랜드 대도시인 오클랜드 남부 외곽에 위치한, 키코란지Kikorangi 고등학교(가명)는 도시 근교에 위치한 다인종 고등학교이다. 나는 1999~2003년에 그 학교에서 '건강과 체육교육'을 가르쳤다. 참석한 학생은 마오리인 그리고/혹은 파시피카 pasifika : 태평양 연안의 문화적 배경을 가졌다. 학교의 인근 지역은 오클랜드 남부South Auckland로서, 특히 미디어를 통해 범죄, 마약과 갱 활동이 왕성한 곳으로 알려진 곳이다(예 : Collins, 2008; 이 책의 Locke 참조).

비록 2007년 한 해 동안 '건강과 체육교육'이라는 교과에 시간을 보냈긴 했지만(300시간이 넘게), 내 연구의 대부분(150시간)은 20대 중반인 유럽계 백인 교사[4](댄)의 수업교실에서 보냈다. 나는 댄이 가르치는 16명의 어린 학생(나이가 모두 16~17세)들과 교사로서가 아니라 참여자로 함께 교실에 참여하고 관계 세우는 것에 주안점을 두었다(Fine, 1994; Fine, Weiz, Weseen, & Wong, 2000). 나는 학생들에게 이 시간 동안의 경험과 사고를 저널로 쓰게 하고 (집단으로, 개인으로) 그들이 관심을 둔 주제에 대한 연구 모임들에 참석하게 하였다.[5] 나는 댄의 교실에 참여하는 동안 비판적 다문화실제에 기여하는 (그렇게 믿고 있는) 그의 교수 방법을 몇 가지 측면에서 적어 두었다.

나는 댄의 교수 방법에 의한 접근을 다섯 가지 주요 활동으로 구성했다―(1) 환경 세우기, (2) 권력 해체하기, (3) 농담하기, (4) 비판적 주제 연구하기, (5) 구체화된 위험상황 연구하기. 나는 댄과 학생들의 대화와 이야기가 혼합되어 있는 것을 차례로 정리하여 이것 각각을 논의하고자 한다.

환경 세우기

댄이 했던 교수법의 근본적인 부분은 계급 간의 관계와 신뢰를 세워 다음 네 가지의 교육적인 측면이 스며들게 하는 것이다(이 책의 Flynn 참조). 댄은 학생들을 팀으로 만들어 그 속에서 학생들이 가졌던 경험들과 다른 이들에 대한 의문에 초점을 두고, 문제를 해결하고 토론하길 요구했다. 그의 학급은 학년 초기에 일주일 동안 함께 야외 교육캠프에 참석하여 하이킹, 캠핑, 문제해결 활동을 경험했다. 많은 학급활동 동안 댄은 지속적으로 관계에 초점을 맞추도록 학생의 토의를 이끌어 가며 기술, 격려, 신뢰에 귀 기울이는 것의 중요성을 강조하였다. 그는 교수를 할 때 지시적인 태도보다 가능한 여지가 있는 태도를 취했다. 그는 학생들에게 문제를 해결하고 교섭하는 시간과 공간을 허용하였지만, 방향 지시와 해결책에 직접 관여하지는 않았다. 관계 세우기에 초점을 맞추는 몇 가지 체육교육 교수 방법을 토대로(예 : 스포츠 교육과 사회책임감),[6] 댄은 그의 학습활동을 공동작업teamwork과 문제해결에 관한 것으로 구성하였다.

결과적으로 학생들은 체육교육을 관계에 관하여 배웠던 공간으로 보았다. 댄의 학급에 속한 학생인 벤Ben은 체육교육이 "우리에게 서로를 알게 하도록 돕지요… 우리는 이전에는 누군지를 알지 못했지만 이제 서로 단단히 뭉쳤어요."라고 말했으며, 이때 또 다른 학생 중 한 명이 의기양양해서 "내의처럼(속옷), 우리는 내의처럼 서로 긴밀해졌어요."라고 말했다. 댄의 학생 중 또 한 명인 해리엇Harriet은 서로 다른 학생과 연결되는 것을 '우리 문화의 일부분'이라고 믿었다. 그녀는 "우린 서로 잘 알지 못하지만, 우리는 그들이 혹은 그 누구라도 아무 존재도 아니라고 느끼기를 원하지 않아요. 그것은 우리 방식이 아니에요."라고 말했다. 해리엇은 후에 이 행동이 마오리족과 태평양 연안 원주민의 가치와 경험들에 기여한다고 보며, '갈색 피부'를 가진 사람들은 차별받아 왔으므로 타인들과 더 깊은 공감을 가질 수 있었다고 말했다. 이런 의미로, 댄 역시 학생들이 가진 문화적 세계와 연결하고자 하였는데, 학생들의 문화적 실천과 가치들이 학급의 중심 부분이 되도록 허용하였다(Bishop & Glynn, 1999). 댄이 학급 내에서 관계에 관한 강력한 연결망을 세웠던 것은 그 자체로 주요한 교수 방법적 접근인 동시에 학생들에 대한 자신의 권력을 해체시키면서 소개했던 비판적 접근을 이루는 기반이 되었다.

권력 해체하기

12세 학생들이 3개의 다른 문을 통해 체육관으로 우르르 들어온다. 많은 수의 학생들이 이미 체육관 바닥을 가로질러 걸어가면서, 티셔츠와 반바지를 벗고 유니폼으로 갈아입었다. 또 다른 학생들은 바닥의 중간에서 학교 셔츠를 벗기 위해 근육을 수축시켜 머리 위로 티셔츠를 당긴다. 분위기는 시끌벅적하고 학생들은 이미 운동을 할 준비를 하고 있다. 체육관은 학생들의 소리로 웅성거린다. 댄은 학생들에게 체육관의 중앙으로 손짓하며 불러 원을 그리며 앉게 하였다. 그는 "우리는 왜 이렇게 앉아 있지?"라는 물음으로 시작했다. 그러자 해리엇은 "그래야 우리 모두는 서로를 볼 수 있으니까요."라고 했다. 또한 시온Sione은 "그래서 우리 모두는 같은 수준에 있게 되니까요, 선생님." "아, 그럼 차이를 둔다면 어떻게 되지?" 댄이 물었다. 그러고는 앉았던 자세에서 일어나 "내가 너희에게 이렇게(일어서서) 말하니 어떻게 변했니?" "선생님은 선생님이 제일인 것처럼 우리에게 말하고 있어요. 그래서 우리는 아무것도 아닌 사람이 되었어요… 선생님이 서 계시면 선생님은 이미 우리 중 하나가 아닌 관계가 되는 것이지요."

댄에 의해 인도되어, 학생들은 교사와 리더가 어떻게 그들의 신체언어에서조차 교실 분위기에 영향을 미치는지를 토의했다. 처음 활동은 '충돌'하는 게임인데, 두 팀으로 나눠 체육관의 끝에다 공을 놓아 충돌해서 공을 뺏는 팀이 점수를 얻는 것이다. 댄은 휴식을 하는 동안 자연스럽게 게임을 변화시켜서 새로운 규칙을 추가하였다. 첫 번째로 특정 색깔의 셔츠를 입은 학생만이 공에 터치하는 것을 허용하였으며, 다음 차례로 남학생만, 그다음 차례에는 여학생만 가능하게 하였다. 학생들은 자신들이 게임에서 제외될 때 화를 냈다. 교실은 일부 학생들이 어떻게 게임을 장악하고 다른 학생들은 제외되는지, 그리고 교사의 활동과 규칙의 선택이 어떻게 참여에 영향을 미치는지에 관한 논의로 끝마친다. 댄은 학생들에게 곧 그들이 저학년 학생들을 가르칠 것이기에 모든 학생을 포용해야 할 필요성과 책임이 있다는 점을 주지시켰다.

이와 같은 논의를 하는 동안, 댄은 학생들이 권력관계를 그리고 단순한 상호작용조차 어떻게 권력의 담론으로 적용되었는지를 의식하게 만들었다. 모든 수업 동안 댄은 학생들에게 수업 내용, 주제, 활동들에 대해 선택하게 했다. 그는 사고를 자극하기 위해 질문들을 했다. 그러나 대답을 강요하지는 않았다. 오히려 그는 학생들이 해결책을 발견하기까지 토의하고 논쟁하도록 허용했다. 댄은 교사들이 학생들의 생각보다 그렇게 권한이 많지 않다는 점, 학생들에게 무엇인가를 하도록 강요할 수 없다는 점, 학생들이 많은 부분을 선택할 수 있다는 점을 알려 주었다.

댄은 또한 종종 수업하는 동안 그가 '백인임'에 대해서 특별히 언급하였다. 그는 자신에 관하여 '토종 유럽인Palagi'임을 농담처럼 말하고는, 학생들에게 어떤 사람들이 뉴질랜드 국회에서 가장 우세한지로 불평등에 의문을 제기하도록 인도하였다. 여기서 중요한 것은 댄이 백인 교사로서 교사 권력과 그의 문화적 위치에 대해 의문을 제기했다는 점이다(McLaren, 2003). 교사 교육과 불평등을 인정하고 토의함으로써 그는 학생들이 인종차별주의와 성별을 포함하는 권력의 현안을 토의하고 경쟁할 수 있는 토대를 마련한다(아래를 보라). 권력의 공유와 권력관계의 인정은 항상 솔직하지만은 않다. 학생들에게 수업하는 동안 선택을 인정하고 권력의 현안을 푸는 것을 허용하는 것은 혼란을 일으키고, 때때로 '토의된' 학교 환경의 규범적인 생각들을 해체시킨다. 댄의 교실들은 종종 통제가 안 된다거나 해체된 듯 보일 수 있다. 학교가 주목하고 있다는 징조들을 종종 발견하게 되는데(Foucault, 1977), 교실에서 학생들과의 권력관계들을 해체시키는 교사들은 때때로 그들 자신이 감시대상이 되는 것을 발견하게 된다. 댄은 관계를 세우고 그 자신의 권력을 반성하는 것과 더불어 교실에서의 농담 문화나 비판적인 현안에 학생들이 참여하도록 허용한다.

농담하기

댄은 농담에 가치를 두고 격려하는 환경을 만들었다. 댄은 즐거운 태도를 모델로 하여 농담을 하고 얼빠지게 행동하여 권위적인 접근을 피함으로써 학생들이 즐거운 방식으로 그와 상호작용할 수 있도록 허용했다. 실험연습, 엄격한 구조가 없는 게임, 교실의 모든 학생들로부터의 투입, 그리고 많은 웃음과 모방 등은 댄이 수업하는 교실들의 특징이다. Lugones(1994)는 농담을 의도적인 활동, 불확실성과 놀람에 개방된 것으로 정의한다. 그녀는 농담이 부분적으로 '바보가 되는 것을 개방적으로 받아들이는 것'이라고 설명한다. 그런 개방성은 '능력에 대해 근심하지 않음, 잘난 체하지 않음, 규범을 성스러운 것으로 취급하지 않음과 모호성이라는 양날의 검을 지혜와 기쁨의 자원으로 발견함'으로써 합해진다(p. 636). 다른 문화세계들은 다른 가치와 경계들을 갖는다는 점을 지적하면서 Lugones는 즐거워지는 능력이 모든 세상에서 통하는 신호signal로 설명한다. 사람들은 사회와 지역사회에서 충분히 인정받을 때 농담을 하게 된다. 뉴질랜드의 문화적 유럽주의는 마오리족과 태평양 연안 청소년이 농담을 할 기회를 덜 가져 농담에 대한 잠재력이 상대적으로 많지 않다는 의미이다.

　교실에서 즐거움에 초점을 맞추는 것은 교사에 의해 그리고 학생과 교사의 상호작용에 의해 만들어진 환경에 달려 있다. 댄은 즐거운 태도를 모델화하는 동안, 학생들은 이때까지 형성된 깊은 관계 때문에 같은 방식으로 반응할 수 있었다. 그래서 관계들의 기초는 농담에 대한 더 위대한 잠재력을 창조한다. 경쟁의 정도 역시 중요한데 환경이 더 경쟁적일수록 농담할 가능성은 더 적어진다. 댄은 지속적으로 그의 교실을 위해 막간 희극을 제공했다. 그는 게임에 참여하고 자주 웃기고 풍자적인 움직임을 보여 주었다. 그는 고정관념을 가진 확고한 남자교사의 체육교육을 거절했다. 그리고 학생들은 그의 인도를 받아들였다. 예를 들어 댄의 학생 중 한 명인 윌리엄William은 탁월한 중재로, 자신감으로, 경쟁으로 엘리트가 된 럭비선수이다. 그는 학급활동 동안 공격적인 운동은 거의 하지 않으며 과도한 경쟁을 하지도 않는 선수이다. 이것은 그가 이기기 위해서 경기를 하지 않는다는 것이 아니라 승리라는 것은 학급활동에서 강조되는 것이 아니라는 의미이다. 왕성하고 역동적인 게임들의 끝에 아무도 그 점수를 알지 못하며, 또한 결코 조정자가 있는 것도 아니다. 그는 장난스럽게 그의 역할을 하면서 게임의 경계들을 넓혀 나간다. 공을 가지고 뛰면서, 그는 사람들의 눈을 맞춘다. 그들을 웃음의 세계로 초대하며 자신의 섬세함과 실수에 대해 농담을 한다. 그는 '기적의 공'을 과장스러우면서도 꽤나 코믹하게 옆으로 비껴가게 해서 그의 다리 아래로 공을 가지고 놀다가 팀 동료에게 전달한다. 윌리엄은 진지하게 경기를 하지만 심각하지는 않다. 농담은 실제로 적대감과 반대이다(Lugones, 1994).

농담과 관계를 가치화하는 것과 함께 댄은 그의 프로그램에서 비판적인 주제들을 솔직하게(명시적으로) 탐구한다.

비판적 주제 연구하기

댄의 교실에서는 신체 이미지에 대한 토의를 했다. 학생들에게는 패션 잡지에 실린 사진들이 주어졌고 댄은 그림에 관한 일련의 질문에 대답하도록 요구했다. 일부 사진은 차, 향수, 내의 광고를 하는 여성의 포장된 성적 이미지에 대한 것이다. 또 다른 사진들은 최근의 '유행하는' 옷을 입은 남성 모델이고, 마지막 사진들은 거리에서 포즈를 취하는 남녀 양성의 청소년인 듯 보였다. 그 학급 내에서 소년들은 사진에 있는 '깡마른 백인'을 조롱하였다. 윌리엄은 질문이 시작되기도 전에 웃으면서 '게이'라고 불렀다. 댄은 이 사진을 집어서 윌리엄에게 이 사진들의 어떤 부분이 '게이'를 나타나는지에 관하여 질문을 던졌다. "오, 전 동성애자 같은 게이를 의미한 것은 아니에요 선생님. 선생님은 동성애자로만 알고 있지만, 전 슬퍼 보인다는 뜻으로 게이라는 말을 했어요." 그 후 교실에서 어떻게 '게이'를 부정적인 방식으로 사용되지 않게 할 수 있을까에 대해서 논의를 했는데 한 학생이 이렇게 밝혔다. "아, 저는 동성애든 뭐든 간에 별 상관없어요. 우리는 단지 슬프다는 의미의 단어로 게이라는 말 대신 사용할 말이 필요할 뿐이에요."

댄은 그때 학생들이 사진을 주의 깊게 보게 하고, 성별과 성징에 관하여 어떤 메시지가 주어지는지를 물었다. 학생들이 처음에는 대답하는 것을 어려워해서, 그는 화장에 대한 광고를 설명하면서 대답의 방향을 유도했다. 사진 안에 한 여성의 얼굴이 있었다. 그녀는 완벽한 피부에 빨간 립스틱을 바르고 카메라를 삐죽거리며 보고 있었다. "이 여성이 어떻게 보이니?" 댄은 물었다. 소녀들 중 한 명이 그녀의 친구에게 휘파람을 불면서 "귀여워요."라고 말했다. "나도 저런 피부를 가졌으면." "그렇지만 그녀는 가짜 같아요." 소피아Sofia가 대답했다. "실제 그렇게 보이는 사람은 없어요." "네 말이 맞다 소피아, 이 이미지는 아마 만들어진 것일 거야. 어느 누구도 현실에서는 이처럼 보일 수는 없단다. 그렇다면 이 그림은 여성에 관해 어떤 이미지를 전달하고 있지?" "당신은 완벽하게 보여야 하며 여드름이 없어야 한다는 말을 하고 있어요."라고 해리엇이 대답했다. "아, 이 창백한 피부는 립스틱이나 어떤 것을 발라도 멋있어요." 에마Ema가 덧붙였다. "맞아." 댄이 긍정했다. "우리는 이 그림으로부터 메시지를 얻고 있지. 특정 이미지들이 여기에 드러나고 있단다." 댄은 학생들을 집단으로 나눠 어떤 광고 리스트들이 매력적인 것으로 조장되는지를 모아서 왜 신문이 그런 협소한 형태의 미를 조장하기를 원하는지에 대한 토의에 들어갔다. "자, 이제 이 메시지에 귀를 기울여 보겠니?" 댄이 물었다. "싫어요." 소피아가 대답했다. "저는 까다로운 그림들을 고르는 것에는 관심이 없어요." "그럼 네가 어떻게 보이는지에는 관심이 있니?" 댄은 그녀에게 한층 더 강하게 질문을 했다. 그녀는 우물거리며 "나는 내가 원하는 것만 해요." "너에 대한 것은 무엇이고, 넌 무엇처럼 보이길 원하지?" 댄은 또다시 물었다. "귀엽게요, 선생님." 시온이 비웃었고 다른 아이들도 웃었다. "우리는 이들처럼 보이기를 원하는 것은 아니에요." 윌리엄도 웃었다. "그들은 바보 같고 약해 빠져 보여요." 그는 근육을 수축하면서 이를 드러내며 웃었다.

이것은 댄이 비판적인 주제를 어떻게 그의 학생들에게 소개하는지에 대한 짧은 예이다. 그는 성차별 및 인종차별적인 미에 대한 이미지에 관한 지배적인 생각에 도전했으나, 점잖은 방식으로 학생들에게 담론과 비평을 개인적으로 확인하도록 인도했다. 위의 수업들은 신체 이미지의 수업들로부터 얼마나 인종차별, 성차별적인, 성적인 신체를 미디어에서 표현하고 있는지를 보여 주며 그런 이미지가 어린 사람들에게 어떻게 영향을 미치는지를 보여 주었다. 이 연구는 스포츠 이미지를 조사하여 어떻게 우수선수의 신체가 스포츠 광고에서 성적으로 상품화되는지에 대한 것으로 주제를 넓혀 나갔다. 댄은 비판적 탐구적 접근을 그 주제에 활용하였다. 유명한 비판 체육교육자인 Jan Wright는 비판적 사고하기와 비판적·탐구하기 사이의 차이점을 설명하고 있다. 전자에서 그녀가 제시하는 것은 '논리적인 추론'인 반면 후자는 학생들에게 불평등을 생산하는 권력관계와 현실에 대한 주요한 구인contstuct인, "현 상태에 대해 검토하여 도전하도록 돕는 데 관심이 있다."(Wright, 2004, p. 7) Wright는 논리적인 추론과 평가가 청소년을 위해 유용한 기술인 반면 비판적 탐구는 그들에게 권력의 작품들에 의문을 갖게 할 수 있다고 주장했다. 댄은 명시적으로 그의 학생들을 한 해 동안 주제들의 범위에서 비판적 탐구에 참여하게 했다. 그런 탐구들은 다음 내용을 포함하게 된다 — 인종차별주의와 스포츠, 성별, 신체 이미지와 미디어, 리더십, 야외수업. 댄의 접근에서 마지막 부분은 구체화된 비판적 오리엔테이션이다.

구체화된 위험상황 연구하기

나는 이 부분을 마지막으로 남겨 두었는데 이유는 댄의 교수법 중 가장 급진적이라 생각하기 때문이다. 나는 댄이 특히 성별과 성징이라는 지배적인 생각들을 어떻게 해체시켰는지를 이해하고자 Bourdieu의 '아비투스habitus'(Bourdieu & Passeron, 1990 참조)라는 생각을 여기에 도입하였다. Bourdieu의 '아비투스' 이론은 사람들이 어떻게 그들의 육체를 통해 문화를 재생산하면서 살아가고 있는지, 부수적으로는 사회집단의 영역(계급, 문화, 성별을 포함한)들이 어떻게 유지되는지를 기술하고 분석하기 위해 종종 사용된다. 예를 들어, David Brown(2005)은 그의 연구에서 남성 체육교육 교사들의 아비투스를 기술하고 있다.

> 적절한(대부분 중간 정도) 체격, 전문화된 실용능력의 과시, 강한 경쟁 성향, 고도로 맥락화되고 체계화된 정서표현, 물리적 접촉의 자발적인 수용, 스포츠에서의 노력과 고통, 그리고 아마 그 무엇보다 지배적인 성향과 타인에 대한 통제 (p. 10)

Brown의 기술에서 전제된 암묵적 가정은 남성 체육교육 교사 역시 절대적으로 이성애자라는 것이다. Brown(2005)과 그의 동료들(Evans, Davis, & Penney, 1996)은 체육교육 교사들이 아동이나 청소년일 때 이런 종류의 성향들을 갖게 되었다고 암시하였다. 이 성향들은 후에 교사 교육과 학교실천을 통해 강화되고 정규화된다. Brown(2005)의 교사들이 보여 준 지배적 혹은 '헤게모니적' 남성성은 체육교육과 스포츠 맥락에서 이론적으로 확고한 위치이긴 하나 논쟁의 여지 또한 매우 많다. Pringle과 Markula (2007)도 가장 공격적인 스포츠에서조차도 더 많은 다양성과 용인 가능한 수준의 남성성이 존재한다고 역설했다(Francis, 2008 참조). 여전히 많은 숫자가 그렇긴 해도, 적어도 꽤나 많은 체육교육 교사들이 이런 성향에 일치되지 않는다고 보는 것이 근거 있는 설명이다(Webb & Macdonald, 2007).

댄의 경우 Brown(2003)에 의해 확인된 이성애 규범 모델보다 다른 종류의 체육교육 교사 아비투스와 다른 종류의 남성성을 구체화하였다. 그는 의식적으로 이런 차이점을 성별, 성, 그리고 성징이라는 지배적인 개념들을 전복시키기 위한 교수 방법pedagogy으로 사용하였다. 그는 몇 가지 방식에서 체육교육의 수행과 통제를 주장하는 대신에 놀이를 장려하고 경쟁을 완화했다. 여성성이라는 라벨을 붙일 수 있는 분홍색을 포함해서 색깔대로 옷을 입히고 성별에 관한 정서와 사고들을 명료하게 논의함으로써 그는 '남자라면 이래야 한다'는 식의 가정을 '흔들고자' 했다. 그는 일상적 소통에서 그리고 공식적인 교육을 하는 동안 통합적인 언어를 통해 이성애적인 규범의 주석에 의문을 제기함으로써 이성애 규범적인 가정에 도전하고자 했다. 댄이 구체화할 비판적 접근은 Deborah Youdell(2003)이 '성-성별-성징 배열'이라 일컫는 것으로, 직접적으로 학생들의 성별, 성, 그리고 성징의 관계에 관한 가정들을 해체하는 것이다. 이 배열은 다음과 같은 세 영역 사이의 절묘한 연결고리를 설명하고 있다.

> 여성의 몸은 이미 여성화되어 있다. 여성은 이미 이성애적이다. 이성애-여성은 이미 여성적이다. 성-성별-성징은 그러므로 우연히 연결된 것은 아니다. 오히려 그것들은 관련 사고의 어떤 범주를 만드는 것이 암묵적으로 그 이상의 범주들을 추론하기 위한 것이라는 불변의 진리로 존재하게 된다. (p. 256)

댄의 경우 상기된 관련 사고는 이성애-남성적인 남성으로서, Brown(2005)에 따르면 구체적인 방식에서 전문지식을 가르치는 체육교육에 의해 재생산된다. 댄의 구체화된 성향과 함께 그의 교실 교수 방법들은 성별-성-성징의 배열에 대한 직접적인 도전이다. 그의 구체적이고 비판적인 접근은 침묵이나 혹은 적어도 학교 내에서의 성징과 과도한 동성애 공포와 이성애 규범의 담론(Epstein & Johnson, 1998)에 놓인 극단적인 불안을 허물어 버린다(Youdell, 2005).

그의 학급 교실과 마찬가지로 규범적인 성별에 대한 기대들을 해체하는 댄의 능력은 이미 논의되었던 접근 모두에 근거한다. 관계와 공동의 작업이 존중되는 통합교실의 분위기 없이는 농담이 가능할 수 없다. 댄의 사례가 비판적 현안, 즉 일상적인 소통과 명료한 연구주제들 양자에 비판적 현안들을 제기하는 방식은 학생들이 그들 자신의 방식으로 권력의 현안에 참여할 수 있게 한다.

맥락에 대한 설명 : 뉴질랜드와 체육교육과정 정책

댄이 교수하고 있는 맥락은 구체적인 것이다. 비판적 다문화실제가 효과적이기 위해서는 맥락의 미묘함에 유의해야 한다(McLaren, 1995). 특정 교사가 그 자신의 상황에서 댄의 실제적 측면을 적용하려고 한다면 특정 지역에 대한 사회, 정치, 경제적 배경을 고려하는 것이 중요하다. 여기서 맥락의 한 특별한 측면은 뉴질랜드의 건강과 체육교육과정의 정책에서 중요하다.

뉴질랜드와 교육과정 정책

식민지 사회처럼 뉴질랜드의 역사는 유럽인, 마오리족, 태평양 연안국 원주민들과 그 밖의 이민자들(이 책의 Bishop: Stewart 참조)로 이루어졌다. 물론 이와 같은 불평등들은 비판적 접근이나 혹은 명료하게 권력의 현안에 초점을 맞추는 행위가 거의 이루어지지 않는 학교나 여러 사회제도에 의해 재생산되고 지속된다(Hokowhitu, 2004a, 2004b; Bishop & Berryman, 2006).

그러나 댄의 교수법은 '건강과 체육교육'에 대한 현대의 국가 교육과정 정책상 지원을 받는다.[7] 최근의 국가 교육과정(뉴질랜드 교육부, 1999, 2000)은 '사회적으로 체육교육, 그리고 정책적으로 함께 이루어지는 건강교육의 비판적인' 관점에 근거하고 있다(Tinning, 2000; Penny &

Harris, 2004). 체육교육의 경우에 그런 정책은 교사들이 체육교육의 개별화된, 스포츠 중심의, 경쟁적이고 위계적인 형태로부터 댄이 사용하는 비판적 탐구 유형을 포함하여 더 비판적이고 통합적인 교수 방법으로 움직이는 것을 허용한다. 최근 뉴질랜드의 건강과 체육에 대한 교육과정정책(교육부, 1999, 2007)은 내가 여기서 언급할 3개의 사회비판적인 개념과 용어를 포함한다. 처음은 '사회-생태적인 시각'이라는 용어를 붙였다. 그 개념은 교사로 하여금 대인관계와 더 광범위한 사회적 상황 안에서 체육교육활동을 맥락화하도록 격려한다. 두 번째로 '비판적으로 사고하기' (비판적 참고, 위를 보라)에는 학생들이 스포츠문화와 미디어 메시지에 대한 비판의식을 개발할 기회를 갖는 것 역시 포함된다. 마지막으로 교육과정에 마오리 원주민 세계의 '하우오라hauora'가 포함된다.[8] 하우오라는 신체tinana, 영성wairua , 정신과 정서hinengaro 등의 인정과 웰빙이라는 사회적 측면whānau이 있다. 이 전체적인 개념은 여전히 다른 차원에서는 소외되고 있는 '신체'에 초점을 맞추고 있는 체육교육의 유럽 중심적 관점에 도전하고 있다.

생각 정리

댄과 함께 지냈던 시간은 나에게 청소년들을 가르치는 것에 대해 많은 것을 가르쳐 주었다. 나는 여기서 맥락은 중요한 것이고 서로 간의 인간관계가 핵심이라는 점을 배우거나, 최소한 상기하게 되었다. 그것은 또한 나에 대한 도전이 되거나 때때로 불편하게 하기도 했으나 비판적인 교수 방법을 하는 것이 즐겁다는 점도 알게 해 주었다. 고등학교나 평생교육기관에서 학생들에게 비판적인 주제들은 내놓을 때 종종 좋지 않게 끝나는 경우가 많다. 성별, 인종차별주의 혹은 성징에 관한 비판적 논의를 하게 되면 학생들이 화를 내기도 하고 사적이고 방법적인 논쟁으로 번지게 되기도 해서, 내 '긍정적이고 통합적인' 교실 환경은 길을 잃게 되기도 했다(이 책의 Hanley; Lea 참조). 그러나 나는 매우 현실적인 비판적 현안들을 피하거나, 아무 일 없는 척해서 권력질서에 아무런 영향을 못 주는 것을 거부했다. 더 집중적인 비판적 조사를 하기 이전에 인간관계를 학생들과 함께하거나 학생들 사이에 세우는 것과 우리가 교사 권력을 어떻게 실행하는지에 대해 반성하는 것은 좋은 출발점이 될 수 있다. 댄 교실의 농담과 그가 행했던 지배적인 남성다움 문화에 대한 사적인 도전들은 더 구체화된 방식으로 권력에 대해 비판적인 담론들을 보여 줄 기회를 제공한다.

댄이 함께 일하는 어린 친구들은 마오리족과 태평양 연안국 출신이다. 그들은 뉴질랜드의 가장 큰 도시에서(이 책의 Locke 참조) 가난하고 비참한 외곽 변두리에서 살아가고 있다. 그들의 동료들은 성취도 수준이 최하위거나 그 나라 대학에도 거의 다니지 못하는 실정이다. 한 교사의 교수 방법이 이 학생들이 직면하는 사회화 및 정치적 환경을 전적으로 변화시킬 수는 없다. 그러나 차이점을 만들 수는 있을 것이다. 학생들이 비판의식을 갖도록 하는 데 도움을 주어 비판적 접근들을 장려하는 학문적인 텍스트들은 흔하지만 대부분 비판적인 실재의 구체적인 본보기를 제공하지 못하고 있다. 이런 의미에서 댄은 우리 모두에게 꽤나 희망을 주고 있다.

주

1. 뉴질랜드의 원주민들
2. 파시피카Pasifika는 공통적으로 뉴질랜드에서 사모아, 통가 제도, 토켈라우 제도, 투발루, 니우에, 쿡 제도로 이민 온 태평양 연안 사람들을 기술하기 위한 용어로 사용된다(더 자세한 논의는 MacPherson, Spoonley, & Anae, 2000; Spoonley, MacPherson, & Pearson, 2004 참조).

3. 비만의 재앙은 많은 학자들 사이에서 논쟁의 주제이다. 여기서 제시된 재앙의 견해들에 의문을 제기하는 부분은 영양, 신체적 활동과 신체 체중 사이의 가장 단순한 관계를 부각하는 미디어 논쟁에 대한 것이 아니다. 게다가 그런 미디어의 보고는 마른 백인의 신체를 표준화하고 그렇지 않은 신체를 배제시켜서 '건강하지 않은' 것으로 생각하게 한다. 체육교육에 대한 비판적인 접근은 이런 가정들에 대한 더 세심한 연구를 요구한다(확장된 논의는 Gard & Wright, 2004 참조).

4. 파케하Pākēha는 유럽인 혹은 비마오리족을 지칭하는 마오리족 용어이다. 팔라지Palagi도 같은 의미로 사용된다.

5. 이 연구 안에서 방법론적 접근과 현안들을 논의하는 것은 이 장의 범위를 넘어서는 것이다.

6. Siedentop, Hastie, Van der Mars(2004); Hellison(2003) 참조.

7. 뉴질랜드 체육교육과정 정책의 비판적 측면에 대한 논의를 참조하려면 Fitzpatrick(2009)을 보라.

8. 여기의 공간은 이 개념에 대한 심층적 개입을 배제한다(여기와 관련된 부수적인 논쟁은 Durie, 1994; Fitzpatrick, 2006; Hokowhitu, 2004a를 보라).

참고문헌

Arnold, P. J. (1979). *Meaning in movement, sport and physical education.* London: Heinemann.

Azzarito, L., & Solomon, M. A. (2005). A reconceptualization of physical education: The intersection of gender/race/social class. *Sport, Education and Society, 10*(1), 25–47.

Banton, M. (1998). *Racial theories* (2nd ed.). Cambridge, England: Cambridge University Press.

Bishop, R., & Berryman, M. (2006). *Culture speaks.* Wellington, New Zealand: Huia.

Bishop, R., & Glynn, T. (1999). *Culture counts: Changing power relations in education.* Palmerston North, New Zealand: Dunmore Press.

Bourdieu, P., & Passeron, J-C. (1990). *Reproduction in education, society and culture* (R. Nice, Trans., 2nd ed.). London: Sage.

Brown, D. (2005). An economy of gendered practices? Learning to teach physical education from the perspective of Pierre Bourdieu's embodied sociology. *Sport, Education and Society, 10*(1), 3–23.

Bruce, T., Falcous, M., & Thorpe, H. (2007). The mass media and sport. In C. Collins & S. Jackson (Eds.), *Sport in Aotearoa/New Zealand society* (pp. 147–169). Melbourne, Australia: Thomson.

Burrows, L., & Wright, J. (2004). Being healthy: Young New Zealanders ideas about health. *Childrenz Issues, 8*(1), 7–12.

Campos, P. (2004). *The obesity myth: Why America's obsession with weight is hazardous to your health.* New York: Gotham Books.

Collins, M., & Kay, T. (2003). *Sport and social exclusion.* New York: Routledge.

Collins, S. (2008). Mayor urges focus on drugs. *New Zealand Herald,* 2 December.

Descartes, R. (1988). The real distinction between the mind and body of man. In W. J. Morgan & K. V. Meier (Eds.), *Philosophic inquiry in sport* (2nd ed., pp. 70–72). Champaign, IL: Human Kinetics.

Durie, M. (1994). *Whaiora: Māori health development.* Auckland, New Zealand: Oxford University Press.

Entire, J. (2000). *Taboo: Why Black athletes dominate sports and why we're so afraid to talk about it.* New York: Public Affairs.

Epstein, D., & Johnson, R. (1998). *Schooling sexualities.* Buckingham, England: Open University Press.

Evans, J., Davis, B., & Penney, D. (1996). Teachers, teaching and the social construction of gender relations. *Sport, Education and Society, 1*(1), 165–184.

Fernandez-Balboa, J. M (Ed.). (1997). *Critical postmodernism, human movement, physical education and sport.* New York: SUNY Press.

Fine, M. (1994). Dis-stance and other stances: Negotiations of power inside feminist research. In Andrew D. Gitlin (Ed.), *Power and method: Political activism and educational research* (pp. 13–35). New York: Routledge.

Fine, M., Weiz, L., Weseen, S., & Wong, L. (2000). For whom? Qualitative research, representations and social responsibilities. In N. K. Denzin & Y. S. Lincoln (Eds.), *Handbook of qualitative research* (2nd ed., pp. 107–131). Thousand Oaks, CA: Sage.

Fitzpatrick, K. (2006). The dangers of minimalism: Health and physical education in the draft New Zealand curriculum. *Teachers and curriculum, 9,* 11–18.

Fitzpatrick, K. (2009). Indigenous perspectives in HPE curriculum: Contradictions and colonisation. In M. Dinan-Thompson (Ed.), *Health and physical education: Contemporary issues for curriculum in Australia and New Zealand.* Melbourne, Australia: Oxford University Press.

Fitzpatrick, K. (2010). Stop playing up! Physical education, racialisation and resistance. *Ethnography,* forthcoming.

Foucault, M. (1977). *Discipline and punish: The birth of the prison* (Trans. A. Sheridan). New York: Random House.

Francis, B. (2008). Teaching manfully? Exploring gendered subjectivities and power via analysis of men teachers' gender performance. *Gender and Education, 20*(2), 109–122.

Gard, M. (2004). An elephant in the room and a bridge too far, or physical education and the "obesity epidemic". In J. Evans, B. Davis, & J. Wright (Eds.), *Body knowledge and control: Studies in the sociology of physical education and health* (pp. 68–82). London: Routledge.

Gard, M., & Wright, J. (2005). *The obesity epidemic: Science, morality and ideology.* London: Routledge.

Garrett, R. (2004). Gendered bodies and physical identities. In J. Evans, B. Davis, & J. Wright (Eds.), *Body knowledge and control: Studies in the sociology of health and physical education* (pp. 140–156). London: Routledge.

Hellison, D. (2003). *Teaching responsibility through physical activity* (2nd ed.). Champaign, IL: Human Kinetics.

Hoberman, J. (1997). *Darwin's athletes: How sport has damaged Black America and preserved the myth of race.* Boston: Houghton Mifflin.

Hokowhitu, B. (2004a). Challenges to state physical education: Tikanga Māori, physical education curricula, historical deconstruction, inclusivism and decolonisation. *Waikato Journal of Education, 10,* 71–84.

Hokowhitu, B. (2004b). Physical beings: Stereotypes, sport and the "physical education" of New Zealand Māori. In J. A. Mangan & A. Ritchie (Eds.), *Ethnicity, sport, identity: Struggles for status* (pp. 192–218). London: Frank Cass.

Hokowhitu, B. (2008). Understanding the Māori and Pacific body: Toward a critical pedagogy of physical education. *Journal of Physical Education New Zealand, 41*(3), 81–91.

Kirk, D., & Tinning, R. (1990). *Physical education, curriculum and culture: Critical issues in the contemporary crisis.* London: Falmer Press.

Lugones, M. (1994). Playfulness, "world" travelling, and loving perception. In D. S. Madison (Ed.), *The woman that I am: The literature and culture of contemporary women of color* (pp. 626–638). New York: St Martin's Griffin.

MacPherson, C., Spoonley, P., & Anae, M. (2000). *Tangata o te moana nui: The evolving identities of Pacific peoples in Aotearoa/New Zealand*. Palmerston North, New Zealand: Dunmore Press.

McLaren, P. (1995). *Critical pedagogy and predatory culture: Oppositional politics in a postmodern era*. New York: Routledge.

McLaren, P. (2003). *Life in schools: An introduction to critical pedagogy in the foundations of education*. Boston: Allyn & Bacon.

Messner, M. A., & Sabo, D. F. (Eds.). (1990). *Sport, men and the gender order: Critical feminist perspectives*. Campaign, IL: Human Kinetics.

New Zealand Ministry of Education. (1999). *Health and physical education in the New Zealand curriculum*. Wellington, New Zealand: Ministry of Education.

New Zealand Ministry of Education. (2007). *The New Zealand curriculum*. Wellington, New Zealand: Ministry of Education.

Oliver, K. L., & Lalik, R. (2000). *Bodily knowledge: Learning about equality and justice with adolescent girls*. New York: Peter Lang.

Oliver, K. L., & Lalik, R. (2004). "The beauty walk": Interrogating whiteness as the norm for beauty within one school's hidden curriculum. In J. Evans, B. Davis, & J. Wright (Eds.), *Body knowledge and control: Studies in the sociology of physical education and health* (pp. 115–129). London: Routledge.

Palmer, F. (2007). Treaty principles and Maori sport: Contemporary issues. In C. Collins & S. Jackson (Eds.), *Sport in Aotearoa/New Zealand society* (2nd ed., pp. 307–334). Melbourne, Australia: Thomson.

Penney, D., & Harris, J. (2004). The body and health in policy: Representations and recontextualisation. In J. Evans, B. Davis, & J. Wright (Eds.), *Body knowledge and control: Studies in the sociology of physical education and health* (pp. 96–111). London: Routledge.

Pringle, R., & Markula, P. (2006). *Foucault, sport and exercise: Power, knowledge and transforming the self*. London: Routledge.

Shivers, J. S., & deLisle, L. J. (1997). *The story of leisure: Context, concepts and current controversy*. Champaign, IL: Human Kinetics.

Siedentop, D., Hastie, P. A., & van der Mars, H. (2004). *Complete guide to sport education*. Champaign, IL: Human Kinetics.

Spoonley, P., Macpherson, C., & Pearson, D. (2004). *Tangata Tangata: The changing ethnic contours of New Zealand*. Palmerston North, New Zealand: Dunmore Press.

Thomas, J. (1993). *Doing critical ethnography*. Newbury Park, CA: Sage.

Webb, L., & Macdonald, D. (2007). Dualing with gender: Teachers' work, careers and leadership in physical education. *Gender and Education, 19*(4), 491–512.

Wright, J. (2004). Critical inquiry and problem solving in physical education. In J. Wright, D. MacDonald, & L. Burrows (Eds.), *Critical inquiry and problem solving in physical education* (pp. 3–15). London: Routledge.

Wright, J., MacDonald, D., & Burrows, L. (Eds.). (2004). *Critical inquiry and problem solving in physical education*. London: Routledge.

Youdell, D. (2003). Sex–gender–sexuality: How sex, gender and sexuality constellations are constituted in secondary schools. *Gender and Education, 17*(3), 249–270.

**제14장 | 비판적 다문화교육 교실에서의
예술과 사회정의**

MARY STONE HANLEY

내가 공립학교, 고등교육, 지역사회센터, 도서관, 여름학교, 극장프로 등에서 일하면서, 교육자로서의 40년 인생은 직접적으로나 간접적으로나 예술이라는 형태를 지닌 일을 하면서 보내 왔다. 그 경험으로부터 나는 예술의 가치를 배웠다. 내 어린 시절 최초의 즐거웠던 기억들은 예술과 연관된다. 20대 중반까지 흑인 거주 지역에 살면서 나에게 예술은 문화, 즐거움, 주체성agency의 원천이었다. 흑인의 대중음악과 종교음악은 흑인의 탁월함이 대중매체에 거의 제시되지 않았을 시기에도 우수성의 기준으로 제시되었으며 백인우월주의 주장에 대항하는 긍지로 여겼었다. 많은 시인, 특히 Dunbar와 Hughes 같은 흑인 시인의 시들은 나의 집에서 규칙적으로 암송되곤 했다. 드라마에의 참여 경험은 창의적인 표현과 비판적인 사고의 수단이 되었다. 나는 이 많은 기억들과 기술들을 교육에 접목시키고자 했다.

나는 예술을 비판적 다문화교육에 대한 교사 교육과정에 활용해 왔다. 그리고 동시에 학생들에게 예술가로, 학습자로, 시민으로서 충분한 권리를 갖게 할 목적으로 다양한 지역사회에서 이루어지는 드라마 프로젝트에서 성인들과 함께 일해 왔다. 비판적 다문화교육교실에서 주안점을 둔 것은 본질적인 동기나 예술성에 접근하는 권한 부여의 결과(Hanley, 2002)보다는 오히려 그 과정이다(Csikszentmihalyi & Schieffle, 1992). 예술교육의 목적은 학생들이 상상력, 창의력, 개념화, 변혁적인 역량을 위한 초인지를 할 수 있도록 돕는 데 있다.

이 장은 예술통합을 위한 교육방법이나 이론적인 추론과 함께 예술의 활용을 통해 비판적 다문화주의에 성인과 청소년을 어떻게 참여시키는지 그 본보기를 제시하고자 한다. 내 연구는 우선적으로 성인과 청소년에 초점을 두었지만 초등학교에서도 여기서 제시된 많은 아이디어들을 적용할 수 있다.

비판적 다문화교육

Sleeter와 McLaren(1995)은 비판적 다문화교육과 교육방법을 다음과 같이 정의하고 있다.

> 문화적인 삶을 위협하는 해석과 교실 관행에 반란적이고 저항적인 태도를 가르치는 것을 학교 교육 분야로 들여오고, 적절한 행동, 태도, 사회적 상호작용에서 전제가 되는 공공 담론의 틀과 제도에 문제의식을 갖는 것.
> (p. 7)

비판적 다문화교육의 다양하고 복잡한 차원들에 관해 교수teaching하는 것 (Banks, 2007; Sleeter, 1996)은 목적과 수단에서의 다면화된 본질에 대한 주의를 요구한다. 비판적이라는 용어 표현은 비판주의, 즉 사회를 검토하기 위해 사용되는 분석행위라는 의미를 함축한다. Leonardo(2004)는 비판주의의 과정을 담론적인 영역에서 비판적 이론들과 교수 방법에서 확고하게 나타나는 '학생들이 의문을 제기하고 탈구조화하며, 관심에서 벗어난 지식을 재구성하는 능력을 배양하는 것'(p. 12)이라는 뜻으로 설명하고 있다. 그러나 사회 변화는 지적인 것은 물론 육체적이고 정서적이며, 비판다문화적인 교수 방법은 이러한 것들을 반영해야 한다.

여러분이 이전에 의문의 여지가 없이 진리라고 믿었던 모든 것에 의문을 갖게 되고, 그것들이 많은 것을 억압하는 체제의 일부분일 수조차 있다는 생각을 다루는 것은 위협적으로 보일 수 있다. 여러분이 알고 있다고 생각하는 것을 다시 배워야 하고 잘못 배웠다는 것을 안다는 것은 매우 두려운 일일 수 있다. 더구나 여러분은 결코 모든 것을 알 수 없기 때문에, 문화와 변화의 모호한 전환 과정을 지나감에 있어서 명확한 대답을 하거나 주장하지 못할 것이다.

많은 학생들이 초기에는 놀랄 정도로 압도당하고 두려워하거나 혹은 화가 나기 때문에 변혁적인 학습에 저항하게 된다. 비판적 다문화교실에서 참여자들은 정서적으로는 놀라울 정도로 깊이 찔려 아픈 자국이 생겨 당황하게 되는데, 조심스럽게 주의를 기울이지 않으면 이 중요한 반응은 결코 다시 나타나지 않는다. 마지막 분석에서 학생과 교사들의 작업은 지원, 보호, 희망의 맥락에서 이루어져야 할 필요가 있다(Freire, 1994; Wink, 2000; 이 책의 Fizpatrick 참조).

나는 보이지 않는 위험한 장소를 항해하기 위해서 자주 예술을 활용한다. 왜냐하면 상상, 창의성, 신체적이고 정서적 학습에 참여하는 기회들은 대화를 가능하게 하고 숨겨져 있던 감정과 믿음을 중요시할 수 있게 하기 때문이다.

청소년 교수하기

예술을 통해 비판적 다문화 학습에 참여하는 도시 청년들이 추가적으로 보여 주는 정서 반응들이 있다. 많은 이들이 폭력과 실패 속에 얽혀 들어서 힘을 잃고 성장하지 못하고 무기력 속에서 헤엄치고 있다. 예술과 비판적 다문화경험에 대한 반응은 많은 안도감(누군가 그들의 이야기에 흥미가 있다는 것을 보여 줄 때 생기는 안도감, 그들의 문화지식이 가치가 있다는 것을 알 때의 안도감, 그들이 자신을 변화 주체나 예술가로 이해할 때 결국 무기력하지 않아도 된다는 안도감)을 준다. 한 여학생이 10주 과정 드라마 프로그램이 끝난 후 반응에서 다음과 같이 썼다.

> 전 드라마 프로그램이 좋아요. 왜냐하면 이 프로그램은 나 자신에 대해 자신감을 주었기 때문이에요. 이제 전 스스로를 믿게 되었어요. 저는 이제껏 하찮게 여겨지는 것에 익숙해져 있었어요. 사람들이 나보고 넌 할 수 없다, 노력도 안 할 테니 결코 잘될 수도 없다고 했던 말에 저 자신을 포기해 왔는데… 이제… 감사해요. 선생님이 저를 많이 도와주셨어요.

그녀는 드라마를 통하여 밑바닥 계층 사람들이 갖는 무기력으로부터 탈출하여 창의적이고 유망한 예술가로서 자리매김해, 모임 공동체 내의 교사들을 포함한 다른 이들에게 자신이 누구이며, 자신이 꿈꾸는 것은 무엇인지를 가르칠 충분한 권한을 가질 수 있는 지지를 동료들과 그들을 돌보아 주던 어른들로부터 받았다.

예술가들은 변화의 주체들이다. 그들은 세계에 대한 자신의 표현을 통해 미디어, 그들 자신, 청중들을 변화시킨다. 수동적인 학습과 타자의 사고를 획일적으로 받아들이는 데 대한 끊임없는 부작용 때문에 소외를 경험한 학생들에게 있어서, 예술을 통한 권한과 소유권에 대한 즐거움은 생활을 변화시키는 경험이 될 수 있다. 그러나 청소년에게 예술을 가르칠 때 주의할 점은 교사가 청소년의 삶에 어떻게 해서든 관련되어야 한다는 점이다. 교사들이 학생들의 사전 지식과 문화를 고려하지 않고 예술의 기준을 정한다면 어떤 과목의 교사가 되건 반발을 얻게 될 것이다. 나의 교육 프로젝트는 학생들이 자신들의 교육수준과 사회적 위치에 관계없이 본인의 의식을 자각하여 공포와 저항을 극복하고 변혁적인 학생이자 변화 주체자가 될 수 있도록 하기 위해 언제나 교육적인 경험들로 개념화하여 쌓도록 구성한다(Freire, 1993; Wink, 2000).

교수 틀

교사 교육에서 우리는 다수의 시각, 문화, 사회 변화와 사회정의를 마음속에 가능성을 꿈꾸기 위해 인간의 재능인 상상력의 이론에서 시작한다 (Egan, 1992; Sigurdardottir, 2002). 처음 우리의 활동과 토의 중 하나는 세상을 상상하는 것이다. 그것은 무엇과 같겠는가? 우리는 Bell(2007) 에 의해 제시된 사회정의 개념을 사용하고자 한다. "사회정의에는 자원의 분배가 공평하며 모든 구성원들이 신체적으로나 심리적으로 안전해야 한다는 비전을 포함한다."(p. 1) 우리는 그런 삶의 가능성과 모순들을 상상한다. 그것은 가능한가 혹은 바람직한가? 그 비전에 도달하도록 하는 데 있어서 상상력은 어떤 역할을 하는가?

나는 Lanston Hughes(Hanley, 1999)가 쓴 '질문과 대답(Question and Answer)'이라는 시를 청소년과 함께 읽은 후 사회 변화와 상상력 같은 논의로 시작하였다. 시의 마지막 구절에는 '꿈이 날아가 버렸다. 왜 이루어지지 않나?/ 얻을 수 있는 세상이 있다/ 그러나 나는 그것을 원하지 않는다고 가정해 보자, 왜 그것을 꼭 택해야 하지?/ 이것에 대해 말하기 위해 우리는 그들이 가진 세상에 대한 비전을 논의한다. 불쌍하게도 많은 사람들은 긍정적적인 비전을 갖고 있지 않다. 논의는 희망을, 사회 변화 유산에 대한 역사적인 시각을, 그리고 변화 주체로서 그들이 가진 힘power에 대한 것을 포함해야 한다.

우리는 또한 상상력의 확장으로서, 그리고 문제풀이와 적용에 대한 인간의 성향으로서 창의성(Cornett, 2007; Csikszentmihalyi, 1996)을 검토한다. 상상과 창조성으로 시작한다는 것은 사회정의가 인간의 생존을 위한 적응이라고 보는 인류학적 시각을 토대로 학생들은 변화를 일으키는 주재자로서 자리매김하게 한다. 모든 비판적 다문화교육과정에서 사회적 구성으로서 탐구된 또 다른 개념은 '의미의 사회적 구성'으로서의 문화이다(Bruner, 1996; Geertz, 1973; Nasir &Hand, 2006). 우리는 어떻게 문화, 정체성, 사회적 힘이 관념적인 세계를 구성하기 위한 인간의 작업으로서의 상상력과 창의력으로부터 나왔는지를 논의한다.

내가 꼭 필요하다고 생각해 왔던 여러 교육적 가치와 관습들은 Shor (1992)에 의해 설명되고 있다. 그는 교육을 '참여적, 정서적, 문제 제기, 상황적, 다문화적, 대화적, 탈사회화, 민주적, 조사, 간학문적 그리고 활동가'(p. 17)로의 권한 부여로 묘사하고 있다. Shor가 묘사한 가치나 관습 중에서 나는 정서적, 대화적, 민주적 활동들이 창의성과 호기심을 자극한다는 점, 그리고 비판적 의식으로 연결될 수 있다는 점을 발견해 왔다. Nieto(2004)가 지적하듯, 아주 활발하게 참여한 교실은 다문화교육 역시 비판적 교육학의 양상을 보여 준다. 학생들이 비판적 의식을 주장하기 위해서 학습은 학생들의 것이어야 하고 관념적인 리더에 의해 수동적으로 지배받지 말아야 한다. 그래서 상상력, 창의성, 문화는 우리가 다문화교육, 내용 통합, 형평교육, 편견 감소, 지식 구성, 학교문화역량 강화 (Banks, 2007; Sleeter, 1996)의 차원을 검토할 수 있게 하고, 비판적 다문화교육을 다문화세계에서 사회 재구성주의 프로젝트로 검토하게 함으로써(Sleeter &Grant, 2003), 비판적 다문화교육의 이론과 실제를 위한 틀을 제공한다.

예술 통합

교육에서 예술은 두 가지 방향으로 이루어진다 — 예술 생산과 미적 교육. 예술통합은 양쪽 모두와 관련되어 있다. 미학은 문화적 상징, 형태와 의미를 탐구하기 위해 예술을 감상하는 기회를 제공한다. 예술 생산을 통해 예술가는 모든 단계에서 마음속의 상상력과 창의성을 갖는 변혁적인 의미 만들기 과정에 참여하게 된다. 심지어 경험이 없는 예술가들조차도 사회적으로 자리 잡은 상상력을 이용하여 의미의 사회적 구성을 형태화하고, 상식적인 것을 거부하며, 다른 가능성을 탐구하고, 대안적인 현실들을 창조하는 예술 형태를 해석하려는 사람들을 위한 수단들을 만들어 낸다. Eisner(2002)는 예술적인 개념화 과정에서 예술가의 창의적인 작품을 다음과 같이 묘사하고 있다.

> 개념들은 어떤 감각의 형태 혹은 경험의 특별한 것을 재현하기 위한 형태의 조합 내의 이미지들에서 정수를 뽑아낸다. 개념과 함께라면, 우리는 우리가 만나지 못한 가능성을 상상할 수 있다. 그리고 우리가 공공영역에서 창조적으로 만들기 위해 노력하는 동안, 사적 의식의 전용 영역 안에 상상했던 새로운 가능성을 타인과 공유함으로써 사적인 공공영역을 만들 수 있다. (p. 3)

한 학생은 계급, 성별, 성징, 종교와 그들이 자아를 확인하는 다른 방법들을 표현한 다수의 색깔, 크기, 넓이를 가진 형태를 중첩시켜 시각적으로 그들의 정체성 지도를 만드는 교실 내 활동을 통해 되새김한 후에 Eisner가 지적한 내용을 정리하였다. 그 학생은 이렇게 썼다.

> 예술이 사적인 경험에 반대되는 공적인 순간 속으로 들어갈 때 새로운 책임감을 수반한다… 나 자신처럼 내향적인 사람들에게, 예술은 개방과 자발성의 행위를 하면서 창의적으로 되고 동기유발이 되는 양쪽의 경험을 준다. 예술은 우리가 순수하게 타인들과 함께하기 위해서 갈 필요가 있는 장소가 아닐까?

목소리와 표현

교육과 학습에서 예술 활용을 바라보는 다른 방식은 학생의 목소리, 즉 자신의 표현으로서 혹은 학생들이 그들 자신의 교실을 확인하는 방식이라고 Giroux와 McLaren(1986)이 규정한 것으로써 가능해질 수 있다. 목소리는 내적이자 외적인 과정이다. 내적인 목소리는 학생들이 자신의 현실을 이해하고 질서를 갖는 방식이다. 유력하지만 금지된 정서가 숨겨져 있는 아이디어들은 예술 형태를 통해 검토되고 표현되는 것으로 드러날 수 있다. 다음의 인용은 쌍으로 묶인 학생들이 한 공간 속에서 서로를 교대로 이끌어 인도하는 호주인 식 최면상태Australian Hypnosis(Boal, 2002) 게임에 참여한 아프리카계 미국인 학생의 내적 목소리의 본보기이다. 그녀는 이렇게 되새겼다.

> 나는 코로부터 5인치쯤 떨어진 거리에서 손으로 상대방을 이끌어 달라고 요청받았을 때 매우 긴장되었다는 점을 기억한다. 내 파트너는 백인 여성이었는데 그녀의 손을 잡고 내가 이끌었을 때 느꼈던 긴장감과는

> 다른 종류의 상당한 긴장감을 그녀의 손에 의해서 반대로 내가 인도되
> 었을 때 느꼈다(나 역시 긴장을 느끼는 것에 대한 죄책감을 가졌던 것으
> 로 기억한다). 나는 이렇게 느낀 유일한 사람은 아니며 우리가 교실에서
> 이것을 논의할 수 있는 유일한 사람이 아니라는 점을 기억한다. 다문화
> 적 갈등은 우리가 교실에서 신체들을 규율하는 방식에서조차 일어나고
> 있다.   (권한/억압 체계에서)

외적인 목소리는 아이디어들과 감정들의 교환과 구성을 위한 수단이다.
그래서 예술의 활용은 다른 학생과 교사가 참여할 수 있는 표현과 느낌과
아이디어를 표현하고 씨름하는 수단을 제공해 주고, 더 많은 대화로 이끌
어 평가를 위한 탁월한 수단 또한 제공해 준다.

예술의 속성

일반적으로 예술은 교육적인 가능성을 풍요롭게 제공한다. 표 14.1에 있는
리스트는 동료, 예술가, 그리고 학생들의 도움으로 개발되었다. 다양한 환
경에서 나는 "여러분은 예술의 가치가 무엇이라 생각하나요?" 혹은 "여러
분은 이런 학습 활동을 통해 예술에 대하여 무엇을 배웠나요?"라는 질문
을 던졌다. 이 외에도 내 경험과 연구로부터 알게 된 속성들을 추가했다.
이 리스트들은 예술의 생산 및 감상과 연관이 있으며, 계속해서 질문들을
덧붙이고 있기 때문에 부분적인 리스트일 뿐이다. 각 특징들은 비판다문
화적 교수와 학습에 가치 있는 기여를 하고 있다. 비판적 사고, 상상력, 창
의성, 연구기술, 가설 세우기 등과 다른 높은 수준의 사고기술들은 비판적
사고와 문제제기를 개발하는 데 필수적이다. 위기관리(모험)는 왜곡과 허
위 거짓말에 의해 구성된 낡은 세계관을 파헤치기 위해 필요한 것이며, 특

표 14.1 예술의 속성

상상력	활동적인 학습	자기훈련
창의성	정서적 학습	가설 세우기(만약의 가정)
문제해결	모험 감수/자발성	정신 그리고 육체적 민첩성
높은 수준의 사고기술	감각적 자각	연구기술
협력	지역사회 세우기	미학 : 미 연구
본질적인 동기유발	대안적 상징체계	다수 시각
의사소통	유형/리듬	언어
간학문적 사고	조화, 균형과 조합	학문적 지식
구조	비판적 사고하기	
관찰 기술	사회적 변화	*예술적 주체성*
몸, 육체, 정서와 영성의 연결	문화지식	인식
문화적 역사	즐거움	개념화
권한 부여	집중력/초점	표현
흐름	공감	변혁

권과 복종이 시각과 경험에 영향을 미쳐 타인들을 억압하게 하는 많은 방식들에 관해 비판적으로 자기성찰을 하도록 취약점을 유발시키고 있다.

취약점은 새로운 학습에 의해 만들어진 불균형을 의미한다. 예술작업에서 협력은 비판적 의식을 구성하는 위험한 노력으로 참여자들을 지원하는 지역 공동체를 세운다. 몸, 육체, 정신과 영성의 통합은 참여자가 차이와 맥락의 복잡성과 밀도를 이해하도록 돕는다. 이런 점들이 탐구되는 예술작업은 학생들이 학습과 행위자에게 예술의 중요성을 초인지적으로 이해하도록 도울 수 있다.

미적 경험, 즉 작품을 보는 사람들에 의한 예술에 대한 인식 역시 앎과 행위함의 정서적이고 인지적인 방식 등을 통합하며 사회적 변화를 관리할 때 필요한 정서, 인간관계, 직관의 섬세함을 활성화하기 위한 기회들을 제공한다(Reimer, 1992). 구조, 조합, 형태, 유형, 리듬은 변화의 변증법적 성격을 이해하는 정보를 제공할 수 있다. 이것들은 사실상 리듬들이자 유형들이며 생산관계 혹은 문화처럼 인간의 사회적 구성물들이다. 예를 들면 학생들과 나는 Horsman(1981)의 *Race and Manifest Destiny*(인종과 명백한 운명)에 표현된 백인우월주의나 Zinn(2001)이 *A People's History of the United States : 1492-Presen*(미국 국민의 역사 : 1942년에서 현재까지)에 제시한 분리와 정복기법의 유형들에 나타난 백인우월주의의 사회적 구성 유형을 비교하면서, Picasso의 게르니카Guernica 작품의 리듬과 유형, 혹은 '의식적' 힙합에서 나타나는 사회비판 유형에 대해 토의했다. 미학적 경험은 우리가 익숙한 것을 익숙하지 않은 방식으로 보도록 하며 새로운 아이디어와 감정을 관찰자에게 소개하도록 도울 만한 잠재력이 있다.

예술행위 주체자

예술을 만드는 경험은 학습자들이 인식, 개념화, 표현과 변혁의 수준에서 지적 및 정서적으로 학습에 참여하려는 창의적인 요구들로 충만하게 만든다(Eisner, 1980). 이 과정의 상호작용은 예술 형태를 생산하는 동안 그 혹은 그녀는 호기심, 상상력, 창의성, 놀라움, 자기효능감이라는 예술가의 중심 행위를 사용하게 만든다. 심리학 분야에서, Bruner(1996)는 행위주체자agency란 문제 해결과 의사결정을 만드는 과정에 그 자신이 성공적인 선택을 하도록 생각하는 자라는 위치로 규정하고 있다. 철학에서는 Martin Sugarman, Thompson(2003)이 행위주체자란 "그들의 삶에 차이를 만드는 방식을 선택할 수 있는 자유로운 인간이다."(p. 15)라고 진술하고 있다. 예술행위 주체자는 예술을 통해 변혁을 일으키는 힘을 갖고 있다. 나의 교실에서 학생들은 몸, 신체, 정서와 영성, 문화적 지식, 정서, 합리성, 직관들을 통합하여 개념화하고 가설을 만들고 문제를 해결하기 위해 노력하며, 예술매체, 자신 그리고 그들의 작품을 해석하고 관찰하는 사람들을 변화시킨다.

구체적인 예술기반 활동 – 극장, 힙합, 영화

내가 교사 교육과정에서 처음으로 시도하는 예술기반 활동 중 하나는 자서전이다(이 책의 Vavrus 참조). 자서전은 학생들이 모을 수 있는 기억과 가공물들이 무엇이든 간에 검토한 후 그들의 삶을, 특히 계급, 성별과 성적 취향에 관한 자신의 경험을 재현하기 위해 선택하는 모든 예술 형태를 활용한다. 예술 형태에서 자서전의 재현은 자기 생애 이야기, 이미지, 리듬, 압운과 다른 대안적인 형태의 유의미성이 쌓인 표현을 제공한다. 아래는 우리가 극장, 힙합, 영화를 어떻게 사용해 왔는지의 본보기이다.

극장

극 쓰기(Cahpman, 1991)의 일부는 억압과 무기력함을 경험한 학생들의 세계관에 대해 비판적 대화를 가능하게 하는 놀랄 만큼 다용도의 활동이다. 이것은 또한 학생들의 문식성 학습에 기여하고, 읽기기술들을 강화하며, 그들이 그들 자신과 청중을 변화시키도록 자극한다.

　학생들에 의한 극 쓰기는 본래 문화적으로 민감한데 그 이유는 이것들이 작가의 문화에서 만들어지기 때문이다. 가장 통합적인 접근은 연극 각본을 쓰는 방법이다(Bray, 1994). 나는 학생들에게 연극은 작가가 어떻게 세상을 이해하는지에 관하여 사람들에게 알려 주는 것이라는 점을 말하고 그 과정을 시작하였다. 나는 학생들에게 그들이 청중들에게 가르치고 싶은 것이 무엇인지를 묻는다. 그러면 그들은 연극에 대한 주제를 내놓는다. 이때 과거의 사례들을 제시한다 ― 나는 내가 날 수 있다는 것을 믿는다, 최선을 다해라, 미워하는 사람들은 잊어라, 꿈을 좇아라, 누군가가 되어라, 자신이 되라. 항상 뜨거운 토의가 있은 후에 그들은 전체 연극을 위한 하나의 주제를 선정한다. 다음 단계는 학생들이 즉흥적으로 쓰고, 주제에 대한 장면, 성격, 대화, 갈등을 수정한다. 마지막으로 연극의 연기에 음악, 시, 춤 등에 의해 연결된 독백과 캐릭터를 포함시킨다.

Augusto Boal(1979, 2002)은 억압받은 자의 극장Theater of the Oppressed 기술들이 비판적 다문화작업을 위해 적절한 것이라고 보았다. Schutzman과 Cohen-Cruz(1994)는 이런 기법의 목적을 이렇게 묘사하고 있다 ― "Boal의 비전은 사적이자 사회적 변화를 위해 참여자를 시연하는 전략에 참여케 하여 수동적인 관중에게 활력을 주어 관중이 아닌 관객배우spect-actor가 되게 하는 극적인 기법을 통해 구체화된다."(p. 1) 참여자는 게임에 참여하여 신체와 이야기를 활용해 비판적 의식에 연루되는 성과를 보인다.

나는 다문화 개념, 사회적 변화, 활동주의, 변동과 문제 해결의 이미지를 탐구하기 위하여 이미지 극장, 포럼, 극장 등에서 즉흥적인 게임을 활용해 왔다(Boal, 2002). 이미지 극장은 경험과 담론의 본질을 탐구하기 위해 생각을 물질화한다. 언어의 사용 없이, 육체를 진흙처럼 이용하여, 참여자는 의식과 무의식의 의미와 정서를 만지기 위해 신체를 조각하거나, 경험, 정서, 개념, 관계들의 재현을 통해 조각된다. 참석자는 또한 이미지화를 통해 관점과 입장의 다양성을 찾는다. Jackson(2002)은 "개개인들의 모임은 전 범위의 다른 그러나 자주 교묘하게 연관된 하나의 이미지 속에 있는 의미들을 인식하게 되며, 조각가들도 보지 못한 것들을 보게 된다."(p. xxiii)고 설명하였다. 그래서 이미지 극장은 학생들과 교수자로 하여금 전체 이미지 중에 연관된 의미들과 안정된 생활 이미지로 본질을 정제함으로써 사회적 연결의 복잡성을 파악하도록 돕는다.

포럼극장(Boal, 2002)은 청중이 억압적인 생활경험의 해결에서 적극적인 역할을 하는 수행 형식이다. 학생들은 교실 구성원의 삶을 토대로 주변화, 착취, 인종차별주의, 성차별주의 등에 관한 장면을 연극한다. 그리고 미해결 상태로, 관객으로서의 청중에게 효과적인 변화를 일으키고, 장면 내에서 억압된 주인공을 긍정적으로 변화시키기 위해 장면 속으로 들어가도록 초대한다. 해결을 위한 다수의 아이디어는 학생들이 실제 생활상황을 준비하기 위해 검토된다. "그 결과는 Boal이 '현실을 위한 리허설'이라 부르는 결과물인 동시에 지식, 책략, 경험의 연합망pool으로 나타난다."(Jackson, 2002, p. xxiv)

즉흥적인 극장게임(Rohd, 1998; Spolin, 1983)은 교실에서 놀 수 있는 기회를 제공한다. 사실 게임들은 모험하기, 신뢰 세우기, 감각적 자각(이 책의 Fitzpatrick 참조)을 할 만한 가치가 있음에도 불구하고, 중요한 결과는 학습을 위한 인정할 만한 형식이 무엇인가라는 생각 속에서 게임들이 만들어 낸 틈들이다. 게임들은 경험과 경험의 은유로써 다수의 가능성을 제공한다. 몸과 직관적 지식은 신뢰를 갖게 하고, 사람들의 관계와 아이디어들은 한 텍스트 안에서보다 오히려 순간에 탐구될 수 있으며 그것들은 지원적인 지역 공동체를 세우게 한다.

힙합

힙합은 많은 젊은이들을 위한 현대 문화이다. 또한 경험과 비평을 표현하기 위한 시의 활용은 비판적 다문화교실 내에서 가치 있는 도구이다. 우리는 계급, 성별과 여성혐오에 관한 상업적이고 언더그라운드에 있는 랩, 서정시와 비디오 등의 내용을 분석하면서 교사 교육을 위한 교실에서 뜨거운 논쟁을 해 왔다. 힙합에 대한 정치·경제적인 활용은 시장을 위한 예술 형태와 의미의 통제, 소비주의, 산업에서 청소년을 착취하는 것을 조사함으로써 학생들이 자본주의의 윤곽을 이해하도록 하는 역사적 분석의 토대가 될 수 있다.

교실에서 이루어지는 힙팝 문화의 또 다른 활용은 학생들이 교실 상황이나 다른 상황에서 썼던 구어들을 공유하는 것이다. 구어는 젊은이들 사이에서 그들이 지역사회 센터, 교회, 클럽, 시 낭독회나 모두가 격려받고 누구도 표현하는 것을 거절당하지 않는 개방된 공간에서 쓰고 행하는 민주적 연설이 되어 왔다. 나는 청소년 문화를 민주적이고 창의적인 충동으로서 접근하기 위하여 교실 안으로 힙합 문화를 초대하였다. 좋아하는 서정주의자와 시인의 작품을 가져와서 어떤 때 우리는 함께 쓰고, 또 어떤 때 우리는 작품을 읽고, 또 역시 어떤 때 우리는 논의하는 주제에 관해 읽는다. 또한 구어의 수행적인 측면은 지역사회 격려가 필요한 사람들에게는 오히려 상처를 줄 가능성이 더 있기 때문에 비판적 다문화 교과과정에서 어렵고 도전적인 현안을 다루기 위한 지원이 필요하다.

영화

영화 역시 맥락의 검토와 내용 분석을 위해 사용할 수 있는 유력한 매개체가 될 수 있다(이 책의 Lea; Sharma 참조). 영화 **토끼 울타리**Rabbit Proof Fence (Noyce, 2002)는 20세기 초기 호주 인종청소 정책의 영향력을 보여주는 대표적인 이야기이다. 혼혈인 아동은 본래 부모로부터 분리되어 혼혈 아동을 위한 학교에서 교육받아야 했으며 결코 가족을 다시 볼 수 없었다. 3명의 어린 소녀들은 이런 국가권력에 저항하여, 수천 마일을 여행해서 집으로 돌아갔다. 이 영화는 백인우월주의와 억압에 직면했을 때 위 아이들처럼 분출되는 저항에 대한 우리의 연구를 뒷받침해 주었다. 영화 *Smoke Signals*(Eyre, 1998)는 미국 원주민인 Sherman Alexie라는 작가의 극본과 창의적인 팀에 의해 만들어진 것으로, 미국 원주민 스태프와 남성적 관점의 본보기를 제공한 최초의 영화이다. 우리는 문화 안팎의 다양성에 관한 것을 생각하기 위해 이 영화에서 제시되지 못한 질문을 하는 것과 동시에 지식영역의 외부에 있는 문화적 측면들을 심사숙고했다. 이 영화 역시 편견과 인간조건 부분으로의 부분적인 지식개념을 논의하기 위해 본토 원주민 문화에 대해 갖고 있는 가정과 집단적으로 갖고 있는 무지를 인정할 기회를 제공해 준다. 물론 앞서거나 뒤따라가기 위하여 영화의 시각적 경험과 이야기를 이용하여 가르치고 주안점을 두는 데 활용할 수 있는 수많은 영화들이 있다.

결론

상상력과 창의력은 행위주체자에게 있어 중심이 되는 측면이다. 그것들은 인간의 의미와 제도들을 구성하는 데 사용되는 정신적인 능력들이며 그래서 문화와 사회 변화에 필수적인 것이다. 그것들은 사회정의 교육과정에 필요하다는 것이 분명하다. 어떻게 우리가 그것에 대한 상상 없이 새로운 세상을 건설할 수 있겠는가? 창의력을 불러일으키는 희망과 공감, 지원이 없는 비판적 교육과정이라면 무엇이 그렇게 좋겠는가? 예술과 함께, 학생들은 의미를 찾는 과정에서 창의성의 변혁적인 힘을 활용한다. 예술 역시 인지하지 않고는 영향이 없고 영향 없이는 인지가 되지 않는다는 점을 인정하면서 감정에 관한 학습을 통합한다.

예술을 활용하여 비판적 다문화교육을 가르친 것에 대한 보상은 학생들의 작품을 활용하여 자신의 교실에 있는 학생들과 함께 작업하는 데 있다. 지금 예비교사로서 가르치고 있는 전자의 박사과정 학생은 그녀의 교육에서 활용하는 Boal 극장Boal theater 기법의 대화적 본질을 지적하면서 이렇게 말했다.

> 이미지 극장과 포럼극장은 대화의 공간을 열어서, 사람들을 사건과 현
> 안들에 대해서 적극적인 관계로 인도한다… 우리의 역할이 언제나 선두
> 에서 사람들을 자신의 자유를 향하도록 이끌고 가야 하는 것은 아니지
> 만, 이런 일들 속에서 사람들과 함께 일하면서 그들의 세계와 그들의 욕
> 구를 어떤 강요도 없이 이해하려고 노력해야 한다.

내 수업에서 예술을 경험했던 1학년 담당 교사는 학생들에게 예술을 활용
하기 시작했다. 그 교사는 자신의 다문화적 교실에서 예술기반 프로젝트
를 이렇게 설명했다.

> (나의) 학생들은 배우는 것에 대해 그리고 함께 작업하고 만들고 생각하
> 려는 것에 대해서 매우 적극적이다. 학생들은 프로젝트에 참여하면서
> 사실상 모든 수업시간을 다 빼먹었지만 그들이 얼마나 많이 학교를 사
> 랑했는지를 말했다. 다양한 수준의 학생들이 존재하는 나의 교실 수업
> 에서도 학생들 모두 프로젝트에 활발하게 참여했다.

예술은 12학년 교실의 비공식적 교육 환경에서, 대화적인 학습에 적극적
인 표현, 다수의 시각, 학생 주체자에 대한 존중을 지원하며, 항상 배움에
있어야 한다는 강박관념으로부터 해방시킨다.

참고문헌

Banks, J. A. (2007). Multicultural education: Characteristics and goals. In J. A. Banks & C. A. M. Banks (Eds.), *Multicultural education: Issues and perspectives* (pp. 242–264). Hoboken, NJ: John Wiley & Sons.

Bell, L. A. (2007). Theoretical foundations of social justice education. In M. Adams, L. A. Bell, & P. Griffin (Eds.), *Teaching for diversity and social justice* (2nd ed.) (pp. 1–14). New York: Routledge.

Boal, A. (1979). *Theater of the oppressed*. New York: Theater Communications Group.

Boal, A. (2002). *Games for actors and non-actors*. London: Routledge.

Bray, E. (1994). *Playbuilding: A guide for group creation of plays with young people*. Portsmouth, NH: Heinemann.

Bruner, J. (1996). *The culture of education*. Cambridge, MA: Harvard University Press.

Chapman, G. (1991). *Teaching young playwrights*. Portsmouth, NH: Heinemann.

Cornett, C. E. (2007). *Creating meaning through literature and the arts: An integration resource for classroom teachers* (3rd ed.). Upper Saddle River, NJ: Pearson.

Csikszentmihalyi, M. (1996). *Creativity: Flow and the psychology of discovery and invention*. New York: HarperCollins.

Csikszentmihalyi, M., & Schiefele, U. (1992). Arts education, human development, and the quality of experience. In B. Reimer & R. Smith (Eds.), *The arts, education, and aesthetic knowing: Ninety-first yearbook of the National Society for the Study of Education* (pp. 169–191). Chicago: University of Chicago Press.

Egan, K. (1992). *Imagination in teaching and learning: The middle school years*. Chicago: University of Chicago Press.

Eisner, E. (1980). Artistic thinking, human intelligence and the mission of the school. *The High School Journal, 63*(8), 326–334.

Eisner, E. (1998). Aesthetic modes of knowing. In *The kind of schools we need: Personal essays* (pp. 32–43). Portsmouth, NH: Heinemann.

Eisner, E. (2002). *The arts and creation of mind*. New Haven, CT: Yale University Press.

Eyre, C. (Director). (1998). *Smoke signals* [Motion picture]. New York: Miramax Films.

Freire, P. (1993). *Pedagogy of the oppressed*. New York: Continuum.

Freire, P. (1994). *Pedagogy of hope*. New York: Continuum.

Geertz, C. (1973) *The interpretation of cultures*. New York: Basic Books.

Giroux, H., & McLaren, P. (1986). Teacher education and the politics of engagement: The case for democratic schooling. *Harvard Educational Review, 56*(3), 213–238.

Hanley, M. S. (1999). A Culturally relevant lesson for African American students. Retrieved April 1, 2009, from http://www.newhorizons.org/strategies/multicultural/hanley2.htm

Hanley, M. S. (2002). Learning to fly: Critical multicultural education through drama. *Arts and Learning Research Journal, 18*(1), 75–98.

Horsman, R. (1981). *Race and manifest destiny: The origins of American racial Anglo-Saxonism*. Cambridge, MA: Harvard University Press.

Jackson, A. (2002) Translator's introduction to the first edition. *Games for actors and non-actors*. London: Routledge.

Leonardo, Z. (2004). Critical theory and transformative knowledge: The functions of criticism in quality education. *Educational Researcher, 33*(6), 11–18.

Martin, J., Sugarman, J., & Thompson, J. (2003). *Psychology and the question of agency*. Albany, NY: State University of New York Press.

Nasir, N. S., & Hand, V. M. (2006). Exploring sociocultural perspectives on race, culture, and learning. *Review of Educational Research, 76*(4), 449–475.

Nieto, S. (2004). Critical multicultural education and students' perspectives. In G. Ladson-Billings & D. Gillborn (Eds.), *The RoutledgeFalmer reader in multicultural education* (pp. 179–200). London: RoutledgeFalmer.

Noyce, P. (Director). (2002). *Rabbit proof fence* [Motion picture]. New York: Miramax Films.

Reimer, B. (1992). What knowledge is of most worth in the arts? In B. Reimer & R. Smith (Eds.), *The arts, education, and aesthetic knowing: Ninety-first yearbook of the National Society of the Study of Education* (pp. 20–50). Chicago: University of Chicago Press.

Rohd, M. (1998). *Theatre for community conflict and dialogue: The hope is vital training manual.* Portsmouth, NH: Heinemann.

Schutzman, M., & Cohen-Cruz, J (Eds.). (1994). Introduction. *Playing Boal* (pp. 1–16). London: Routledge.

Shor, I. (1992). *Empowering education: Critical teaching for social change.* Chicago: University of Chicago Press.

Sigurdardottir, B. (2002). Imagination. *Thinking, 16*(2), 34–38.

Sleeter, C. E. (1996). *Multicultural education as social activism.* Albany, NY: State University of New York Press.

Sleeter, C.E., & Grant, C. A. (2003). *Making choices for multicultural education: Five approaches to race, class, and gender.* New York: John Wiley & Sons.

Sleeter, C. E., & McLaren, P. (1995). Introduction: Exploring connections to build a critical multi-culturalism. In C. E. Sleeter & P. L. McLaren (Eds.), *Multicultural education, critical pedagogy, and the politics of difference* (pp. 5–32). Albany, NY: State University of New York Press.

Spolin, V. (1983). *Improvisation for the theater.* Evanston, IL: Northwestern University Press.

Wink, J. (2000). *Critical pedagogy: Notes from the real world.* New York: Addison Wesley Longman.

Zinn, H. (2001). *A people's history of the United States: 1492—present.* New York: Perennial Classics.

제15장 | 비판적 다문화주의를 위한 음악교육의 잠재력

관습의 벽 깨기

CHARLENE A. MORTON

다른 예술 형태처럼 음악은 변혁적 교육과 사회 변화를 위한 도구로서 환영받아 왔다. 그러나 음악은 의문을 제기하지 못하도록 이루어짐으로써 사회적 불평등을 유지하도록 돕는 문화 형태라는 비판 또한 받아 왔다. 예술교육의 해방적이고 변혁적인 잠재력을 확인하는 동안, Maxine Greene은 예술교육자들에게 관습의 벽, 왜곡된 물질숭배, 편협한 믿음의 쓴 맛 등 일부를 깨는 데 더 많은 관심을 기울일 것을 요구하였다(Green, 1995, p. 146). 그녀는 유럽 중심 미적 감각의 메타담화로 구성된 예술교육과정으로 인해 왜곡되고 생략되어 있는 다양한 세계관을 예술교육에 포함하도록 수정되어야 한다는 것에 대해 '한 점의 의혹'이 없다(p. 162; 이 책의 Hanley 참조). 이에 덧붙여 그녀는 "우리는 개방, 다양성과 함께 통합이 필요하다… 서로 간의 차이를 본질로 하는 다문화주의에 관련된 고정관념에서조차 고정화되는 것을 피해야 한다."(pp. 162-163)고 역설했다.

음악교육이 유럽 중심의 음악교육과정에서 탈피하여 다양한 음악적 감각을 환영하며 공부하고 찬양할 수 있도록 얼마나 많은 진보가 이루어져 왔는가? 음악교육은 음악예술을 통해 지속 가능해졌던 고정관념과 편견의 고착된 부분을 비판해서 해체시키는 것에 얼마나 충분히 기여해 왔는가? 1980년대 초 이래 캐나다 대학교수와 전직 학교 음악교사였던 나는 크지 않은 음악교육학자 공동체 가운데서 사회정의와 다문화교육에 대한 관심이 증가하고 있는 것을 목격하고 있다.[1] 이와 비슷하게, 나는 사회 변화를 위해 세계음악들에서 음악 프로젝트를 조사하도록 위임받은 학교현장가들에게 주는 재정지원에 대해 알고 있다. 그러나 대부분 교실과 콘서트 무대의 음악적 레퍼토리repertory를 늘리려는 노력들이 음악여행의 최선인 양 설명되고 있다. 전 세계적인 음향세계를 소개하는 다문화교육의 표현 형태가 있지만 간학문적 이해, 비판적 대화 혹은 사회정치적 행위를 권장하기 위한 공간은 제공하지 못하고 있다. 한 예로 교실에서 앙상블 활용을 위한 레퍼토리로 영화음악이 많이 선정되어 있는데 여기에는 원초적으로 할리우드Hollywood의 담화 및 인종차별·성차별화적인 비유들을 계속 재현하기 위한 것이 대다수이다. Joseph Abramo(2007)는 영화 킹콩King Kong(2005)에 대한 보급을 예로 들어 음악 구성의 ABA 포맷 중 B가 인종적인 혹은 이국적인 비유인 점과 대조적으로 2개의 A 부분에서는 친밀한 서구 오케스트라 소리를 내는 기술을 사용하고 있다고 지적하면서, "이런 조합의 … 음조는 실제 일부 아프리카의 북, 원숭이가 먹고 있는 많은 바나나들, 부족들 속에서 '원시인'을 실제 세상에 나오게 한다."(p. 7)는 음악 제작사의 주장을 부각시켰다. 그는 또한 학생들이 종을 치고 손을 모아 허리 굽혀 절을 하게 함으로써 아시아 사람인 것처럼 생각하도록 만든다는 것을 지적하였다. 마찬가지로 그는 학생들에게 아프리카 드럼의 진동과 반복으로 유혹적인 리듬을 즉석에서 흉내 냄으로써 아프리카인의 춤을 모방하던 이야기도 했다. 그는 모든 미디어 포맷에서 유행하는 흔한 소리 소품과 고정관념을 비판하는 데 실패함으로써 음악교육은 '인종차별적인 상징적 폭력'을 구체화하는 데 기여하며, 궁극적으로 잠재적 교육과정과 마찬가지로 공식교육과정의 해체에 도전하기보다 강화시키는 역할을 하게 되었다고 결론을 내렸다(p. 21).

많은 교육과정과 교육정책 서류들은 사회 불평등에 대한 재검토와 문화적 다양성을 촉진한다는 양자를 위하여 음악교육에 사회·정치적 권한을 주고 있다. 그렇다고 정책이 긍정적인 변화로 나타나서 음악교육과정의 목표 혹은 교실의 실천으로 이어지는 것은 분명 아니다. 여기에 해당되는 사례는 캐나다 브리티시컬럼비아 주에서 이루어진 통합예술자원 패키지 Fine Arts Integrated Resource Package이다. 다문화 및 반인종차별주의 교육에 대한 임파워먼트empowerment는 원주민 연구, 제2언어로서의 영어, 환경과 지속 가능한 개발, 그리고 남녀평등 같은 여러 초학문적인 주제들과 함께 '부록C : 교차-교육과정의 관심'이라는 오래된 서류철 끝으로 밀려나 방치된 채 있다. 게다가 교사 측에서 보면 음악에서 공유했던 경험이 인간경험들의 다양성을 반영하고 존중하는 활동을 통해 더 건강한 사회의 발전에 의미 있게 기여한다는 것을 상기시키는 몇 가지 일반적인 주석들을 서문 페이지에서 삽입한 것을 제외하고는, 이러한 주제들 중 직접적으로 유치원부터 7학년까지의 음악교육과정 부분에서 강조된 것은 하나도 없다(BC 교육부, 1998, p. 120).

관련된 다른 사례는 캐나다의 온타리오 주에서 최근에 수정했던 예술교육과정의 경우이다. 이 교육과정은 처음에는 희망이 있어 보였다. 공식적인 예술교육과정의 지침은 사회정의를 약속하는 것을 포함해서 네 가지 조직 아이디어에 대한 준거를 기술하면서 시작한다(온타리오 교육부,

2009, p. 6). 그래서 서문 중에는 교육용 전략으로 시작해서 전통 레퍼토리, 공연 선정에 관련된 유럽 중심적이고 가부장적인 교육과정에 대한 문제 분석을 포함하고 있다.

> 교사들은 오직 한 가지 유형만을 반영하는 혹은 한 가지 장소에서 나온 예술 형태에 초점을 맞추는 것을 피해야 한다. 일부 예술 형태들을 다른 것들보다 '더 나은' 것으로 판단하는 것을 피해야 한다. 예술운동 혹은 특정 기간에서만 가르치는 것을 피해야 한다. 그리고 연구를 위해 오직 남성 예술가의 작품 혹은 오직 유럽인의 작품만을 선택하는 것을 피해야 한다. 교사들은 긍정적인 용어를 제시하기 위해 전 세계 및 다양한 시대에 생겨난 예술품, 즉 살아 있는 예술가의 작품을 고려해 볼 항목들도 포함시켜야 한다. 주제, 소재, 목적별로 다양한 예술작품을 비교하고 남성과 여성 예술가 양쪽의 연구들을 살펴보아야 한다. (pp. 37-38)

이 외에도 포함되었던 것은 편견과 고정관념에 대한 실질적인 분석, 체계적 차별과 불평등에 관한 진술, 반차별 교육에 대한 부분이다(pp. 49-50). 그러나 사회정의, 개발 활용, 문화적 제국주의 혹은 다문화주의라는 용어로 제시된 것은 없었다. 게다가 새로운 예술교육 자료들은 음악교육자들에게 새롭고 실제적인 통찰을 거의 제공하지 못하고 있다. 그 자료들은 단지 플루트 혹은 바이올린은 여학생에게, 트롬본과 더블베이스는 남학생에게 배정하라는 등의 음악전통과 장르의 광범위한 기본 고정관념의 재현에서 벗어나 음악을 선택하여 특정 밴드악기를 연구하라는 내용만 반복해서 말하고 있다. 이와 유사하게, 그 자료들은 아동들이 '반 왕따와 폭력 예방을 위한 프로그램'을 지지하여 노래를 부르도록 제안하고 있다(p. 50). 대부분 이런 현안이나 주제들은 30년 전에 확인된 것이며, 적어도 그런 것들은 멈춰지지 않을 만큼 계속 논의될 것이라고 믿는다. 다시 말해 예술교육과정에 대한 철학적 기반이 지속적으로 사회정의에 도전하고 조사하기 위해 더 강력한 임무로 발전하는 동안 교육과정 학습의 결과들은 이런 변화를 반영하지 못해 왔으며, 관습의 장벽을 부수고 개방하기 위한 교수학습방법의 리더십을 거의 제공하지 못하고 있다(Greene, 1995, p. 146).

이 장의 목적은 이런 꽉 막힌 관습들에 진지하게 도전하는 데 있으며, 음악교육이 비판적 다문화주의 교육사업의 일부분으로 사회적 변화와 변혁적 교육에 더 많은 기여를 하게 만드는 데 있다. 이 장의 처음 부분은 **음악문식성**music literacy에 대해 살펴보고, 다문화음악교육에서 교육개혁에 미치는 음악 문식성의 효과를 검토하고자 한다. 문식성literacy의 개념을 간략하게 설명하고 초등학교 음악 프로그램에서 그 위치를 검토한 후에 고등학교의 교사 교육에서 그 개념이 갖는 중요성과 다문화사회와 구술음악 전통에 대한 영향력을 말하고, 음악 문식성의 관습적인 요소들에서 벗어나고자 했던 나 자신의 노력을 소개하고자 한다. 두 번째 부분에서 나는 더 폭넓은 음악적인 선택을 제공하거나 연주하라는 요구와 다양한 음악전통으로 진정성 있는 레퍼토리를 제시하고자 할 때 나타나는 자신감 부족 사이의 긴장을 검토하려고 한다. 나는 왜 많은 사람이 다문화교육을 즐겁게 받아들이기를 주저하는지 그래서 결과적으로 음악제작 산업에 의해 제시된 음반들을 무비판적으로 소비하는지에 대해 설명함으로써 전통적인 방법으로 실천하는 음악교사의 초등교육과 중등교육 이후의 훈련을 비판적으로 검토한다. 마지막으로 음악교육자들은 학교 교육과정이 발전에서 소외된 위치를 넘어갈 수 있도록 관습의 장벽에 도전하기 위해, 협력적인 노력을 기울이는 완전한 동반자가 되어 비판적 다문화주의를 위한 문화교류적인 연결망을 세울 것을 권고하며 이 장을 마친다.

음악 문식성과 음악 표기법으로서의 음악

학생들에게 음악을 읽는 것과 쓰는 것을 가르치는 방법은 보는 것을 들을 수 있게 하고(음악적 표기로 쓴) 듣는 것을 볼 수 있게 하는 것(표기법에 의해 들린 소리를 볼 수 있는 것)으로 종종 설명되는, 음악 훈련에서는 근본적인 측면이다. 교육과정 모두에서 유력한 성취 기준으로 취급되는 음악 문식성은 학생의 음악적인 기교와 음악적인 지식을 평가하는 데 우선적인 방법이다. 비록 누군가의 교육에서 문식성의 중요성에 반대하는 논쟁을 펼칠 수 없을 뿐 아니라 펼칠 마음이 없다 해도, 나 자신을 포함하여 우리는 문식성이 중요하다고 생각하는 이와 같은 '편협한 믿음'(Greene, p. 146) 같은 것들 때문에 들어도 그대로 기억하기 어려운 구전으로부터 배우고, 환영하고, 통합하려는 책임을 소홀히 하고 있다. 문식성에 대한 지속적인 강조로 북미 미국인 등 음악가들 가운데 성차별적인 멸시로 우수한 노래를 하찮게 여기거나 혹은 두려움과 연관하여 보며, 학교 음악 프로그램에 의해 이런 경향은 더 심해져서 음악적 불안정성에 주의를 기울일 필요성은 종종 무시되고 있다(Pascale, 2002).

이와 연관된 사례는 Kodály 방식으로서 이것은 초등학교 프로그램에서 음악 문식성에 대한 교육을 하는 음악교육자들 사이에서 가장 잘 알려져 있는 방법이다.[2] 그의 방식은 캐나다뿐만 아니라 다른 여러 나라에서도 교육과정 설계의 초석이 된다. "음악은 모든 사람에게 속한다."고 믿으면서 Zoltan Kodály(1929)는 보편적이던 독일의 문화적 유산과 '쓰레기' 음악에서 탈피하여 헝가리 국민들이 접근 가능한 '바람직한' 헝가리 음악을 만들기 위한 방법으로 음악 문식성을 가르치기 위한 계획들을 설계하였다 (p. 119). 헝가리인의 국가주의를 부활시키려는 계획은 마자르인 언어의 언어적 리듬으로 이루어지는 민속노래를 통해 음악 문식성 교육을 개발하는 쪽으로 많은 투자를 하도록 하였다. 그러나 헝가리인의 음악은 상대적으로 동질적인 문화를 반영하기 때문에 단일 언어와 단일 문화적 접근을 다문화적이거나 혼합된 사회에 성공적으로 적용시킬 수 없다는 비판이 있어 왔다. 이 사례는 음악 문식성적인 접근을 수용하는 것이 어떻게 다양한 다문화적 세계관의 통합을 어렵게 만드는지 그리고 어떻게 유럽 고전음악의 엘리트주의와 배타적 메타 담화를 유지시키도록 보여 주는지의 일례이다.

다문화개혁에 초점을 맞춘 음악 문식성의 효과는 캐나다 온타리오 주 Ontario에 있는 고등학교 음악교실의 사회학적 연구에서도 분명히 나타난다. 1983년 비교연구의 재발행물에서 Shepherd와 Vulliamy(2007)는 영국에서와는 달리 온타리오 학교에서는 학교음악과 학생들의 음악에 대한 관심 사이에 명백한 문화 충돌이 없었다는 점을 발견했다. 그들은 온타리오가 영국과는 달리 음악교육이 고등학교 내에서 의무적이지 않아 음악감독관이 밴드와 합창 프로그램을 설계하는 데 있어서 더 유연한 다문화적 접근을 시도하는 것이 상당히 쉬웠기 때문에 학교 음악 프로그램들은 다문화적 접근을 하기에 좋은 위치에 있다고 보았다. 그럼에도 불구하고 그 프로그램들은 영국에서의 프로그램들처럼 교수학습 과정에서 지배적인 음악 문화가 가진 특정 이데올로기를 여전히 뿌리 깊게 담고 있었다. 공유하고 있는 발상은 음악개념을 음악 표기법과 동등한 것으로 보는 부분이다. 즉 학교 음악 프로그램은 여러 음악적 장르, 문화적 레퍼토리, 미적 세계를 다 포함하는 듯해 보일지라도, 실제 수업들은 서구적 표준에서 유래하는 음악과 동일하게 이루어진다. 다른 말로, 음악적 재능은 대부분 페이지를 넘겨 음악을 읽는 능력에 의해 계속적으로 규정되고 있어서 여러 음악적 언어나 사회/문화적 맥락의 새로운 교육과정에서 사용될 수 있는 참고자료들은 다 생략된다.

서구의 음악 표기법을 읽도록 학습하는 것 같은 서구 음악방법의 지도를 비서구 음악의 연구로 보여 주는 것은 심각하게 "서구교육의 헤게모니를 강화하고 다문화주의의 토대를 부정하는 것이다."(Dumbar-Hall, 2002, p 67; Robinson, 2002, pp. 223-224). 문제는 음악교육과 음악산업 사이의 상업적 관계에 의해 악화되는 부분이다.[3] 음악점수가 없는(4학년 초에 뽑는) 밴드 프로그램은 어떤가? 음악출판업체와 함께 악기를 생산하거나 밴드 유니폼과 음악 스탠드 같은 다른 큰 앙상블ensemble 자원들을 생산하는 음악산업체 모두는 멜로디나 리듬 같은 음악의 구성요소들에 대한 연구에 의존하는 학교 프로그램을 유지시키는 데 관심을 갖는다. 그리고 비록 학교 음악 작곡가와 출판업체들은 그들의 음악적 제안들이 다양하다 할지라도 교육과정의 목표는 음악이 서구 표기법에 의해 학습되어야 하고 이에 따라 연주할 것을 요구한다. 게다가 대규모 앙상블들을 위해 만들어진 이런 가짜 다문화적 작곡들은 보통 이국적인 문화들에 대해 본질화된 시각으로 접근한 허위작곡과 다름이 없다. 이런 음악적 허위작곡의 역사는 무대와 스크린을 위한 음악작곡의 역사로서, 자주 '모호'하고 '우연'함이나 음악적 동양주의와 다른 대안적인 소리의 즐거움과 연관된 '부주의한' 이미지를 불러일으킨다(Scott, 1998).

음악 표기법이 소멸될 위험에 처해 있는 음악적 문화를 유지하기 위한 전략이라는 것은 음악 문식성을 가르치는 것에 대한 긍정적인 논쟁 중 하나이다. 인류학자인 Bonnie C. Wade(2004)는 아마도 단순하게 "심금을 울리는 이야기들이 몇 가지 이유(국제적인 영향이나, 잊혀짐으로 인한 근본적인 변화와 같은)로 전통음악이 더 이상 존재하지 않는 집단 사이에서 퍼져 나가는 것을 관찰했다."(p. 19) 그녀는 재생과 부흥이 일종의 국제음악 언어를 구성하고 음악적 소통을 위한 도구로서 큰 도움이 될 수 있는 표준화된 음악 표기법을 통해서는 물론이고 기록을 통해서도 가능하다고 설명했다. 그녀는 이전 교사인 Mantle Hood의 말을 인용하면서 기록된 전

통은 그것을 뒷받침하는 구전 전통만큼 강하다는 점을 덧붙였다. Hood의
생각은 음악 문식성 교육을 장려하는 데 있어서 음악교육의 위치와 성공
에 관한 의문들에 적용시킨다면 더 유용할 수도 있다. 북미에서 구전과 청
각기술의 교육과정 위치는 잘해야 두 번째이며 음악교육을 서구 음악 표
기법으로 읽고자 하는 사람들을 위한 교육과정을 만드는 것이 우선이다.
게다가 비록 음악 프로그램이 교육과정의 큰 부분을 할당받고 특별교육과
정 시간으로 교육된다 해도, 성공은 피상적이고 단기간적이다. 다시 말해
기록된 전통은 그것을 뒷받침하는 구전만큼 강하다는 격언은 왜 음악교육
이 음악교양 인구를 양산하지 못하는지를 설명해 준다. 이런 상황에서 윈
윈win-win 전략으로 잠재력이 있는 대안이 있다. 교육과정이 음악을 읽는
훈련으로부터 구전의 민감성 개발로 초점이 전환됨으로써, 음악교육은 전
세계적인 음악전통에 적응을 더 잘할 수 있는, 특히 악기를 다루고, 노래하
고, 춤추고, 서사, 허식, 의례와 다수의 여러 문화적 기능들과 같은 음악 만
들기의 여러 차원을 통합하는 것들을 포함하는 음악 문식성의 광범위한
이해를 배양할 수 있다.

음악 표기법은 구전 문화를 보유하고 유지할 수 있다는 기대와는 대조적
으로, 음악 표기법과 함께 여러 형태의 서구문화 중심의 관행들은 소외된
문화들을 더욱 배제해 왔다. Elizabeth Oehrle(2002)는 1980년대 줄루
Zulu 음악 학생들과의 면담을 토대로 하여 대학에 들어온 학생들이 서구화
된 생활 방식으로 음악을 작곡하게 되면서 그들의 문화를 얼마나 많이 잃
어 가고 있는지를 설명하였다.

> 그래서 우리는 완전히 처음으로 되돌아왔다. 우리는 아프리카인들을 미
> 국으로 데려와서 그들이 음악을 만드는 전통적인 방식을 장려하였다.
> 우리는 노래와 음악 표기법인 문식성에 근거한 음악교육과정을 만들기

시작했고, 이런 개념들과 그 밖에 여러 것들이 돌아서 아프리카 지역들로 전달되었다. 아프리카 지역에서 음악 만들기는 그것을 통해 얻고자 희망했던 것에 비교해서 더 많은 것을 잃을 위치에 있다. 왜냐하면 오늘날 이런 개념들은 여전히 음악교육에 들어가 있기 때문이다.　(p. 79)

Greene(1995)에 따르면 문식성을 개발하는 과정은 "많은 문식성 양식, 선호하는 언어들, 언어의 다양성, 그리고 더 많은 문화적 맥락에서 이것들 중 모든 것과의 연결에 관해 비판적인 질문들로 자극을 받아야 한다."(p. 111)고 설명했다. 불행하게도, 브리티시컬럼비아에서도 다른 북미의 사법권처럼 음악 문식성의 양식은 음악 표기법을 읽고 쓰는 것을 배우기 위한 교육과정 범주의 구성요소들인 '멜로디와 리듬'의 핵심이다. 나는 다른 음악적 양식을 조성하기 위해서 두 번째와 세 번째 범주('사고, 이미지, 감정' 그리고 '사적이고 사회적, 역사적 및 문화적인 맥락')에 초점을 맞추는 예비교사들을 위해 음악교육과정의 앞부분을 변형시켜 왔다. 나는 일반 교양인generalist으로서 예비교사들에게 사적으로나 공적으로 음악교육 전문가를 위한 고등교육을 통해 오로지 음악 문식성을 개발하는 데 초점을 맞추었고 기술적인 연주는 부수적으로 가르쳤다. 이것은 전문가들이 훈련받은 음악가로서 할 수 있는 최선의 방법이었다. 나는 이 음악교육의 편협한 이해를 보완하기 위해 미래의 일반 교양인으로서 교사들에게 다른 2개의 중요하지만 소홀히 되던 범주들에 참여하여 최선을 다해야 하고 아마도 더 잘할 수 있는 부분이 되어야 한다고 장려하고 있다. 나는 그들이 감정, 사고, 이미지를 조사하고 세분화하여 다양한 범위의 문화들과 문화적 관행들로부터 음악적 가공물을 활용하는 것을 실천하도록 하기 위해 활동과 과제들을 설정하였다. 이것들은 차례로 음악을 가르치는 데 있어서의 신뢰 부족에 대한 그리고 그들 자신을 음악적인 교양이 없다거나, 노래를 못한다거나, 음악적이지 않다거나 혹은 연주하지 못한다고 소개되는 두려움에 대한 비판적 대화를 위한 기반platform이 된다. 이런 활동들은 창의적, 사회적, 정치적 용어로 좋거나 혹은 그렇게 좋지 않은 음악이라고 간주하는 것에 관한 대안적인 관점들을 조사하는 것도 허용한다. 마지막으로, 현대의 멀티미디어 엔터테인먼트에서 그렇게 공통적인 이미지와 어울리는 음악을 듣게 될 때, 이런 연습들은 학생들에게 맥락 안에서의 사회적 현안을 논의하여 규정하도록 도울 수 있다.

예비학생교사들에게 이루어졌던 나의 음악교육과정이 왜 음악의 구조적인 요소들에 초점을 맞추지 않는지에 관한 최초의 설명은 음악을 음악 표기법과 동등하게 취급하고 있는 이념적인 가정을 제대로 해체시키지는 못했다. 오히려 일부 예비교사 학생들은 음악 표기법으로부터 읽고 연주하는 것을 배울 기회가 더 필요하다는 피드백을 주었다.[4] 그러나 예측컨대 음악교육이 음악 표기법을 읽는 것으로 규정되어 음악 문식성의 개발로 설계되는 한, 음악교육은 다양한 문화와 세계관을 문자적으로나 비유적으로 충분하게 반영하는 '표현'의 책임감을 유지할 수 없게 될 것이다. 게다가 교육과정의 전 부분에서 문식성에 대한 끈질긴 일관성이 주어진다면, 음악교육에서 비판적 다문화주의에 대한 프로젝트들은 지식개조의 청각과 구술의 역동성이 더 개방적이고 통합적인 연구를 채택하는 데 부정적인 효과를 가진 '편협한 믿음의 쓴맛'(Greene, 1995, p. 146)을 조사하는 다른 교과 분야의 교육과정 동료들에 의해 지원을 받아야 한다.

진정한 연주, 진정한 실천으로서의 음악교육

이제 학교 음악 프로그램에서 연주에 몰두하거나 다문화음악의 맥락에서, 즉 진정한 연주를 하는 맥락에서 여러 관습의 껍질을 검토하고자 한다. 진정한 연주와 실천에 대한 개념과 전문가적인 고착을 간략하게 설명하고[5] 문화적 순수에 대한 이런 고착의 잠재적인 이유를 조사한 후, 한편으로는 더 통합적이고 대표적인 음악 레퍼토리를 위해 인정되는 요구라는 점에서 다른 한편으로 익숙지 않는 다양한 음악전통으로부터 레퍼토리를 제시하고 자리 잡아 가면서 생기는 자신감 부족이라는 양자 사이에 긴장을 해소하는 방법을 비판적인 예로 보여 준다.

진정한 연주에 대한 현안은 "아마 철학자, 음악가, 음악학자, 청중 같은 이들의 존재론적 현안에 대한 관심일 것이다."(Kainia, 2007, sec. 2). J. S. Bach의 영국식 예법English Suit을 피아노보다 하프시코드harpsichord로 연주해야 한다는 예는 바로크 음악의 음악학자, 음악인, 청중에 의해 즐겨 말하곤 했던 주제들이다. 그러나 피아노 대 하프시코드 논쟁에 대한 문화적 혹은 사회 · 정치적인 중요성은 비교적 작은 편이다. 즉 비록 피아노가 바로크의 음을 정확히 재현하거나 실제로 연주하지 못한다고 해도, 이것의 사용이 상황을 위태롭게 한다거나 이국적이게 한다거나 대체로 하프시코드 키보드의 전통이나 바로크 음악 사회의 음을 잘못 전한다거나 하지는 않는다. 이와 대조적으로, 소외된 음악사회들 가운데 일부 음악학자들과 인류학자들은 그들의 연구에서 문화적 보전에 대한 학문적인 관심과 잠재적인 이용 사이에 균형을 맞추려고 시도하다가 윤리적 문제로 곤란을 겪는다. 학교의 상황으로 옮겨 가서 보면, 젊은 음악학생들에게 나바호의 문화적 관습을 소개하기 위해 오르프orff 악기를 사용하는 것은 유사한 딜레마를 보여 주게 된다. 그러나 이 경우에, 교수 방법적인 관심과 문화적인 이해 사이의 균형은 분명하지 않다. 나바호족 음악은 본질적으로 나무망치를 이용해 연주하는 음판악기를 사용하는 역사가 없는 보컬 음악이기 때문에, 제대로 된 연주를 하기 위해 이 교실과 다른 아메리카 원주민 음악의 편곡에서 오르프 악기를 사용했다는 말은 별로 타당하지 않다. 그러므로 그 어떤 것도 오르프 악기나 다른 타악기들을 씀으로써 나바호 문화의 방식을 왜곡하는 것보다 진정성이 덜하거나 덜 명확하게 하는 것은 없다는 비판주의를 이해하는 것은 어렵지 않다(Leonhard, 1989, p. 6). 그래도 더 문제가 되는 것은 다문화교육이라는 이름으로 교육적인 목적을 위해 주변화된 문화에 대한 실천을 개선하는 부분이다.[6]

음악교육자들에 의해 진정성 있는 연주의 중요성에 기여할 주요 요인은 음악가로서 받는 전문적인 훈련 초기에 이루어진다. 대부분 음악교육 전문가들은 연주가가 되어 유럽고전의 음악전통에서 정확한 연습에 대한 심도 있는 공부를 통해 거장의 대표작을 되살리는 성악 혹은 악기음악을 공부하게 된다. 비록 음악 사회학자들과 역사가들이 바로크, 고전음악을 전통의 진화로 제시한다 해도, 현실은 음악가들이 각각에 대한 특이한 음악적 특징들을 인정하고 정확한 해석에 맞춰 재현하도록 교육받게 된다. 나는 이런 종류의 경험을 하는 과정을 거쳐 음악에 집중하면서, 음악교육자들로 하여금 문화전통을 계속 변화하고 있는 것보다 불변하는 것으로 만들려고 하는 유혹들이 차이, 특히 낯선 음악적 전통들 사이에서 정수를 뽑아내려는 심리적인 성향을 갖게 한다고 믿는다.[7] 음악교육자가 진정한 연주로서의 다문화적 음악교육을 이해하지 못하도록 역량을 복잡하게 하면서, 어떤 이는 아마도 관찰자(아니면 학생)가 그것의 고정된 형태를 제외하고는 복잡한 현상을 인식할 수 없으며, 연속적인 안정상태가 변화되어 만약 문화가 무언가로 계속 바뀐다면 문화를 오직 추상적인 개념으로만 취급할 것이라고 주장할 것이다(Nettl, 2005, p. 222). 게다가 자신이 누구인지를 보여 주기 위한 음악을 만들거나 듣는다는 생각은 오래전부터 있어 왔으나, 정체성이 음악의 중요한 기능이라는 점은 지난 20년 동안 인식되지 못하였다(p. 257).

아마도 음악문화들은 원주민 문화보다 정체성 정치politics에 관심이 없었

다. 그리고 아마도 음악문화들은 음악교육에서 충분하게 거론되지 못하였
다.[8] 전통과 혼종 정체성들의 보존과 개발을 하는 데 적극적이지만, 생태
적이고 영성적인 앎의 방식에 대해 문화적으로 근거하여 억압과 동화의
역사와 싸우면서, 원주민 음악/문화들은 음악의 서구적 개념에서 존재론
적으로나 인식론적으로 맞지 않는 듯 보이기에, 그 연주를 진정한 연주로
서 이해하거나 재현하는 것이 궁극적으로 불가능하다. 그들이 가진 문화
가 창의적으로 남아 있는 것은 비원주민의 음악은 물론이고 메티스 바이
올린 음악metis fiddle music과 원주민 힙합, 블루스와 컨트리 뮤직과 종족 간
사냥의식intertribal powwows 같은 원주민의 혼종음악이 전통적인 연주들과
함께 부활했다는 증거이다. 진정한 연주에 근거한 전통적인 음악 이해의
발전은 충분히 투자된 음악교육을 위하여 원주민 음악을 조사하는 방식에
서는 난처한 전망을 갖고 있다. 그러나 진정한 연주에 대한 임무—연구를
위하여 제대로 된 시간과 장소에서 그것을 준비하는 것과 정체성 정치의
연구들과 연결시키지 않는 것—가 인정된다면, 음악교육자들은 음악과
문화 양쪽에서 필수적인 개념에 대한 믿음을 비판할 수 있으며 더 나은 이
해를 할 수 있다.[9] 그들은 부수적으로 사회 부정의의 해결책에 대한 이해
를 조장하도록 도울 교육적 책임감은 물론이고 문화 제국주의와 착취 내
에서 음악이 하는 역할에 의문을 제기할 수 있다.

음악교육자들은 그럼에도 불구하고 대부분 적절하지 않은 유럽 중심 교
육과정에 활력을 불어넣어야 할 필요성과 학교에서 다문화인구 증가가 나
타내는 의미를 인식하고 있다. 동시에 그들은 일반적으로 그들 자신의 음
악교육은 다문화교육을 준비시키지 못한 상태거나 지금 교육의 양으로는
누군가에게 다문화적 음악교육의 업무를 위해 적절히 훈련시킬 수 없다는
정당한 걱정을 하고 있다. 역설적으로 그리고 아마도 다문화교육의 중요
성에 관한 자각 때문에, 그들은 세계음악 워크숍, 교실에 대한 자료나 양상

블의 활용을 제공받았을 때 진정한 연주가 잘못 전해지는 것에 대한 관심으로 자주 시간을 낭비하게 된다. 음악산업은 페르시아 서막, 인디언 춤, 아시아인 정장, 킹콩처럼 인종차별적인 음악 기법을 쓰는 등의 음악 관광사업 속 모험과 함께한 연주와 음악 문식성을 통해서 음악적 기교에서 발전을 갖춘 상품들을 만들면서 소비자의 요구들에 주의를 기울이는 듯하다. 그러면 어떻게 음악교육이 그 보수적인 관습의 껍질, 음악적 고정관념들의 무비판적인 이용, 문화적 체계들에 대한 집착을 떨치고 사회 변화를 위한 비판적 다문화주의 교육산업에서 전문적인 에너지를 재투자할 수 있을 것인가?

비판적 다문화주의에 대한 잠재적 기여

음악교육에서 이런 관습의 껍질은 내부자에게는 부차적인 것으로 보일 수도 있다. 음악교육자들은 분명히 학교 음악 프로그램의 위치를 보편적으로 구현하거나 높이는 것에 오랫동안 집착해 왔다. 그런 것들을 지지하면서 종종 음악교육은 다문화주의 기초와 미적 이데올로기의 섬세하면서도 뿌리 깊은 일원주의 사이의 긴장을 노출시키면서 갈등을 일으키는 다수의 이유들을 제시한다(Bowman, 1993, p. 24). 음악교육자들은 "모든 맥락에서 모든 문화를 망라하여 공통적으로 '비효능적'인 본질을 음악이 구현하게 될 때, 이런 논쟁은 음악교육에 대한 보편적인 임무를 정당화하기 위한 기능으로 돌아가게 된다. 그러나 사회정의와 다양한 정치적 위치의 현안을 관점으로 가져오기 위해 필요한 일을 하지는 않는다."(Vaugeois, 2007, p. 178)고 주장했다. 게다가 "학생들이 음악에 관한 그 자신의 의견을 더 다양하게 생각하도록 격려하면서 다른 문화에 대한 이해를 발전시키는 동안, 잠재적으로 중요한 재료들에 대한 관심은 무시된다."(Vaugeois, pp. 182-183). Scott Goble(2008)은 음악교육이 계속 미적 감각과 다른 것들('음악 내부의 의미, 음악교육 밖 무언가와 중요치 않은 연결들')에 초점을 맞추게 될 때 공식적인 교육과정이 왜 있어야 하는지를 설명하는 것은 거의 불가능하다고 결론 지었다(p. 67).

따라서 음악교육학자, 교육과정 개발자, 실천가들은 관습적 장벽의 일부, 물신주의의 왜곡, 편협한 믿음의 쓴 맛을 깨기 위해서나 음악교육이 그 교육과정의 지위를 높이거나 자기개선을 하기 위해서 무엇을 할 수 있겠는가? Bryan Burton(2002)이 인정한 것처럼 '세계의 가장 위대한 밴드(오케스트라 혹은 합창단) 감독'과 위대한 백인 아버지Great White Father(p. 162)의 이미지가 되기 위해 훈련한다면, 음악교육자들은 자주 비판적 다문화주의에서 전문적 개발을 추구하는 것에 스스로의 동기를 발견하고 확인해 보아야 한다. 무대에서 연주해야 하는 것과 문식성 개발에 주의를 기울여야 한다는 압박을 받는 것은 물론이고 이렇게 지원이 부족하다는 이유로 비판적 다문화주의에 대한 선천적으로 윤리적이고 실용적인 요구를 사회·정치적 현안들, 즉 사회적 연구들을 조사하기 위해 이미 준비된 교과영역으로 넘기는 것은 좀 더 신중해야 하지 않을까? 나는 신중해야 한다고 대답하겠다. 음악의 '창조, 생산, 소비'(Haynes, 2005, p. 366)와 관련된 정치적 문제를 탐구하는 것에 대해 검사되지 않은 무능의 감정과 일반적인 실패는 학생과 교사 교육을 교육과정의 한 모퉁이에 맡기기 위한 교육학적인 문제가 아니다.

나는 비판다문화주의에서 음악교육에 잠재적으로 기여하기 위해서는 초학문적인 전문지식의 개발과 대화에 참여할 것을 권장한다. 음악교육자는 문식성에 대한 과장된 중요성과 전 교육과정 속에서 무비판적으로 교화된 문화적 진정성에 관한 논의들에 참여해야 한다. 그것이 원주민 혹은 반인종주의 교육이거나 사회, 경제정의, 민주 혹은 도덕교육이든 간에 공립교육에서 교차 교육과정인 의무 또는 윤리적 사업은 교육과정의 저장고silo들이 단순히 주제 중심의 내용으로 남아 있는 한 확립될 수 있다. 이와 관련된 경우는 이 장에서 구분된 두 가지 주제 — 문식성과 진정한 연주 — 이다. 양쪽 다 *World Misics and Misic Eduaction: facing the Issues*(세계음악과 음악교육 : 현안 직면하기)(Reimer, 2002)라는 세미나 보고서의 출판을 통해 퍼진 주제들이다. 그러나 대다수의 세미나 대화에서 빠진 것은 권력 문제들, 역사적 배제, 그리고 음악적 관습에 흡수되거나 예속된 다른 형태의 억압에 대한 논의들이다. 이론에 있어서 더 많은 전망은 음악교육에 대한 실행, 비판주의, 이론에 대한 임무들이다.[10] 비록 구전 전통, 지역사회 봉사, 통합적 실제, 비판적 미디어 문식성, 사회실행주의, 민주적 책임, 그리고 생태 중심 전통을 반영하는 교차 교육과정의 해결들에 대한 관심을 가진 곳은 어디에도 없지만, 대부분이 연구의 제도적 현안으로 비판적 조사 혹은 심지어 즐기기 위한 기관의 장벽 안으로 쉽게 들어오지 못한다.

마지막으로, 우리는 음악을 가르치는 것을 즐기고, 음악의 절대적인 치유력과 조화로운 힘들만이 여전히 하루를 구할 수 있다는 오래된 가정을 기꺼이 받아들이는 일반교양인generalist은 물론이고 많은 음악교육 전문가spectialist로서의 경향성을 과소평가할 수 없다. 일반적인 사람처럼 교사들에게도 "음악은 격렬한 가슴을 진정시키고/음악은 바위를 부드럽게 하거나 옹기투성이인 참나무를 구부리는 마력이 있다."[11] 그래서 음악교육자들이 권력과 압제적 관계에 대한 함축적인 교훈을 잠재의식이라는 교수 방법의 마술에 맡기게 되는 것은 놀랄 일이 아니다.

이런 경향성이 주어지면서, 음악교육은 음악 문식성, 연주기술, 그리고 음악적 여행을 소개하는 교육과정의 기반을 쉽고 간단하게 지속할 수 있게 되었다. 나는 전문지식이 그것의 교육적 실천을 포함한 교육과정의 고착된 관습을 붙잡고 싸우게 될 때, 무언가를 기꺼이 해체하고, 수정하고 또는 소개하는 것을 탐구하면 도움이 될 것이라고 믿는다. 이런 프로젝트는 현재 정부, 주와 지방의 교육 정책 문서들에 나타나는 초과학적 의무들의 범위만큼이나 크다. 이런 사회적 책임을 완수하기 위한 아이디어, 지원, 자극을 발견하려면, 음악교육은 교육과정 개발, 멘토십, 실천, 장학금에 관한 초학문적 대화에 더 적극적이어야 한다. 나는 이런 비판적인 관찰들을 음악교육 혹은 음악교육자들을 선발하기 위해서가 아니라 오히려 나의 관찰들이 변혁적인 과정에서 중요한 파트너들로서 음악교육을 환영하고 멘토링하기 위해, 그리고 나의 관찰로 인해 집단 프로젝트에 참여하도록 모든 교육자를 격려하기 위해 제공한다.

주

1. 음악교육과 사회정의에 초점을 둔 최초의 두 북미 학술대회는 2006년과 2008년에 조직되었다.
2. http//kodaly.eu/index.php?option=com_content&task=view&id =20&Itemid=35를 보라.
3. http//www.musicounts.ca를 보라.
4. UBC 박사과정생인 Vetta Vratulis가 수집한 인터뷰 자료를 보면 이전의 사범대학 학생은 음악교육, 음악문해, 수행을 동일시했다는 점이 나타난다. 일부는 온라인 다문화 연주곡 목록과제는 흥미롭고 멋지다는 것을 안다 해도, 대부분은 그것을 음악기술을 가르치는 방법의 기제를 비교하는 제2의 학습경험으로 본다.
5. 나는 여기서 진정한 연주와 진정한 실천을 바꿔 가면서 사용한다. 이 맥락에서 실천은 피아노를 치는 것과 같은 실습을 의미하지는 않는다.
6. 싫증난 할리우드 영화 이야기들에 대한 음악점수와 이국적 환경처럼, 이런 종류의 진정성 없는 해석은 문화적 이해, 보존 혹은 통합보다 소망에 의해 더 많이 동기유발될 가능성이 있다(Scott, 1998, p. 328).
7. 사실 교실 실천에 대한 관심은 원주민 음악인보다 음악교육자에 의해 더

많은 우선권이 주어지는 듯 보인다(Robinson, 2002, p. 231). 유사하게,
세계 음악산업에서 문화중재자는 진정한 음악 연주를 본질주의자나 인종
화된 생각으로 문화를 파괴하고 '자신들의 레퍼토리'를 확장하기를 소망하
는 세계 음악예술가들을 위한 잠재적인 제약으로 본다(Haynes, 2005, p.
377).

8. 원주민들은 미국에서 "법적으로 가장 많이 차별받았고, 공식적으로 연방정
   부에 의해 특수한 지위와 권리를 인정받았던 유일한 집단이라, 원시적인
   차별을 대표한다"(Young, 1990, p. 181). 더 자세히 알고 싶다면 원주민
   문화의 음악적이고 정치적인 주제들을 조사한 Diamond(2008)를 보라.

9. 진정한 연주를 구분하는 것에 대한 관심을 표현하는, 음악교육에 대한
   Bruno Nettl의 관심이 좋은 예다. 좌절 가운데 그는 "유일한 것은 지속적
   인 변화"임을 참여자들에게 상기시켰다(McCullough-Brabson, 2002, p.
   133).

10. 메이데이 그룹MayDay Group(www.maydaygroup.org)의 전자저널, 특히
    Vol. 6(4)에서

11. William Congreve(1697). *The Mourning Bride*(애통해하는 신부) 1막
    1장.

참고문헌

Abramo, J. (2007). Mystery, fire and intrigue: Representation and commodification of race in band
  literature. *Visions of Research in Music Education, 9/10*. Available at http://www.
  usr.rider.edu/~vrme/
Bowman, W. (1993). The problem of aesthetics and multiculturalism in music education. *Canadian
  Music Educator, 34*(5), 23–30.
British Columbia. Ministry of Education. (1998). Fine arts kindergarten to grade 7: Containing cur-
  ricula for dance, drama, music, visual arts. Integrated resource package. http://www.bced.
  gov.bc.ca/irp/fak7.pdf [Revised edition in progress, 2008–2009]
Burton, B. (2002). Weaving the tapestry of world musics. In B. Reimer (Ed.), *World musics and music
  education: Facing the issues* (pp. 161–185). Reston, NJ: National Association for Music Education.
Diamond, B. (2008). *Native American music in Eastern North America: Experiencing music, express-
  ing culture*. New York: Oxford University Press.
Dunbar-Hall, P. (2002). The ambiguous nature of multicultural music education: Learning music
  through multicultural content or learning multiculturalism through music? In B. Reimer
  (Ed.), *World musics and music education: Facing the issues* (pp. 57–67). Reston, NJ: National
  Association for Music Education.
Goble, J. S. (2008). Music education curriculum, new media policies, and the next generation: A
  philosophical opportunity. In C. Leung, L. Yip, & T. Imada (Eds.), *Music education policy and
  implementation: International perspectives* (pp. 63–71). Hirosaki, Japan: Hirosaki University

Press.

Greene, M. (1995). *Releasing the imagination: Essays on education, the arts, and social change.* San Francisco, CA: Jossey-Bass.

Haynes, J. (2005). World music and the search for difference. *Ethnicities, 5*(3), 365–385.

Kania, A. (2007). The philosophy of music. Retrieved from E. N. Zalta (Ed.), *The Stanford Encyclopedia of Philosophy.* http://plato.stanford.edu/entries/music/

Kodály, Z. (1929/1974). Children's choirs. In F. Bonis (Ed.), *The selected writings of Zoltan Kodály* (Trans. L. Halápy & F. Macnicol). London: Boosey & Hawkes.

Leonhard, C. (1989). Music education: A unifying force with social significance. In T. Rice & P. M. Shand (Eds.), *Multicultural music education: The "Music Means Harmony" workshop* (pp. 3–7). Toronto, ON: Institute for Canadian Music, University of Toronto.

McCullough-Brabson, E. (2002). Passing the cultural baton of music. In B. Reimer (Ed.), *World musics and music education: Facing the issues* (pp. 119–137). Reston, NJ: National Association for Music Education.

Nettl, B. (2005). *The study of ethnomusicology: Thirty-one issues and concepts* (new edition). Urbana: University of Illinois Press.

Oehrle, E. (2002). A diverse approach to music in education from a South African perspective. In B. Reimer (Ed.), *World musics and music education: Facing the issues* (pp. 71–90). Reston, NJ: National Association for Music Education.

Ontario Ministry of Education. (2009). *The arts: Grades 1–8* (revised). Retrieved May 2009. http://www.edu.gov.on.ca/eng/curriculum/elementary/arts18b09curr.pdf

Pascale, L. (2002). "I'm really NOT a singer": Examining the meaning of the word *singer* and *non-singer* and the relationship their meaning holds in providing a musical education to schools. In A. Rose & K. Adams (Eds.), *Sharing the voices: The phenomenon of singing III* (pp. 164–170). St. John's, NL: Memorial University.

Reimer, B. (Ed.). (2002). *World musics and music education: Facing the issues.* Reston, NJ: National Association for Music Education.

Robinson, K. (2002). Teacher education for a new world of musics. In B. Reimer (Ed.), *World musics and music education: Facing the issues* (pp. 219–236). Reston, NJ: National Association for Music Education.

Scott, D. B. (1998). Orientalism and musical style. *Musical Quarterly, 82*(2), 309–335.

Shepherd, J., & Vulliamy, G. (2007). A comparative sociology of school knowledge. In L. Barton (Ed.), *Education and society: 25 years of the British Journal of Sociology of Education* (pp. 209–227). London: Routledge.

Vaugeois, L. (2007). Social justice and music education: Claiming the space of music education as a site of postcolonial contestation. *Action, Criticism, and Theory for Music Education, 6*(4), 163–200. http://act.maydaygroup.org/articles/Vaugeois6_4.pdf

Wade, B. C. (2004). *Thinking musically: Experiencing music, expressing culture.* New York: Oxford University Press.

Young, I. M. (1990). *Justice and the politics of difference.* Princeton, NJ: Princeton University Press.

찾아보기